현대한국구술자료관 고도화연구 구술자료집 4권

# 평화·통일을 열어가는 사람들 2

한성훈, 송치욱, 한동현 **엮음**
강종일, 김영주, 원기준, 방용승, 김경성 **구술**

진인진

**일러두기**

태백지역 탄광과 노동자들의 활동 자료는 원기준 목사가 민주화운동기념사업회에 기증한 것을 오픈 아카이브에서 내려받은 것입니다. 책의 나머지 이미지 자료는 구술자들이 제공한 것입니다.

## 평화·통일을 열어가는 사람들 2

초판 1쇄 발행 | 2025년 5월 25일

엮은이 | 한성훈, 송치욱, 한동현
구　술 | 강종일, 김영주, 원기준, 방용승, 김경성
발행인 | 김태진
발행처 | 진인진
등　록 | 제25100-2005-000003호
주　소 | 경기도 과천시 관문로 92(힐스테이트 과천중앙) 101동 1818호
전　화 | 02-507-3077-8
팩　스 | 02-507-3079
홈페이지 | http://www.zininzin.co.kr
이메일 | pub@zininzin.co.kr

ⓒ 한국학중앙연구원 2025

ISBN 978-89-6347-628-5 94300
ISBN 978-89-6347-505-9 94300(세트)

* 책값은 표지 뒤에 있습니다.
* 이 저서는 2019년 대한민국 교육부와 한국학중앙연구원(한국학진흥사업단)의 구술자료 아카이브 구축사업의 지원을 받아 수행된 연구임(AKS-2019-OHA-1230001).

# 차례

서문: 함께 쓰고 읽는 글 ················································· 7

## I. 한반도 영세중립 통일방안 연구와 사회운동(구술: 강종일) ··········· 14

1. 일제 강점기에 보낸 어린 시절 ·································· 16
2. 통역장교 시절 겪은 4·19 혁명과 5·16 쿠데타 ················· 22
3. 언론사 수습기자와 남베트남주재 미국 국제개발처(USAID) 근무 ··· 26
4. 외무공무원으로서 미얀마 근무 ·································· 34
5. (주)대우에 이사로 입사해 리비아 벵가지에서 근무한 때 ········· 36
6. 학업과 미국 유학 준비 ·········································· 42
7. 하와이대학교 대학원에서 수학한 미국과 조선의 관계에 대한 연구 ··· 45
8. 박사학위 논문의 주제와 내용 ···································· 48
9. 고종의 대미 외교와 영세중립정책 ································ 52
10. 조선의 영세중립과 일본 제국주의의 식민지배 ················· 59
11. 해방 이후 한반도 영세중립운동이 갖는 의미 ·················· 63
12. 귀국 이후 평화통일운동에 참여한 계기와 한반도중립화연구소 설립 65
13. 한반도의 통일과 영세중립 방안에 대한 학계와 시민사회의 이해 ··· 68
14. 김용중 선생의 독립운동과 영세중립 통일을 위한 노력 ········· 71
15. 한반도중립화연구소의 활동 ···································· 74
16. 정치사회 변동과 한반도의 영세중립 연구 흐름 ················ 77
17. 영세중립 방안에 대한 시민사회와 주변국의 인식 ············· 81
18. 한반도 비핵화와 영세중립 통일방안의 관계 ··················· 84
19. 한반도 지정학과 영세중립화의 조건 ··························· 86
20. 「한반도 중립화 헌장」 제정과 그 내용 ························· 90
21. 국제사회를 향한 한반도 영세중립을 위한 노력 ················ 94

22. 북한이 주장하는 스위스식 한반도 영세중립 방안 ················· 96
23. 북한의 스위스식 무장중립방안에 대한 평가 ······················· 99
24. 국제사회의 다양한 영세중립국가 ······································· 102
25. 한반도 영세중립 통일방안에 대한 학계와 시민사회의 반응 ········ 106
26. 2000년 6·15남북공동선언과
    한반도 영세중립 통일방안의 내적 연관성 ························ 109
27. 한반도 영세중립통일과 동아시아 국제관계 ····················· 111
28. 한반도 중립화와 한미동맹의 관계 ···································· 114
29. 한반도의 평화협정 체결과 영세중립의 길 ······················· 117


## Ⅱ. 진정한 통일은 민간의 화해와 협력으로 이루어집니다(구술: 김영주) ··· 126

1. 유년시절 감리교 전도사와의 만남 ······································ 131
2. 신학대학에서 민주화운동 경험과 기독교농민회 활동 ·········· 132
3. 전국목회자정의평화실천협의회 조직과 NCC 활동 ············· 134
4. 인권과 통일문제에 대한 참여와 인식 ································· 138
5. 1993년 남북인간띠잇기대회 기획 ······································ 145
6. 북한의 남한 교회 방문 실패와 북한 방문 경험 ················· 152
7. 감리회 활동과 남북평화재단 창립과 사업 ························· 161
8. 남북교류의 경험과 정부 독점 방식의 통일운동 방식에 대한 견해 ··· 171
9. 평화통일 희년선언의 의미 ················································· 179
10. 향후 통일운동에 대한 전망과 역할 ································· 185


## Ⅲ. 마음으로 주고 받는 남북한의 온정: 사랑의 연탄나눔운동(구술: 원기준) 188

1. 학창시절 공부와 신앙, 사회의식 형성 ································ 190
2. 농촌 봉사활동과 태백 탄광촌의 인연 ································· 192

3. 보안대의 간첩 조작과 고문, 한국기독교교회협의회의 구명 활동 … 195
4. 고문으로 만드는 간첩 조작과 하나님 앞에 선 신앙 ………………… 200
5. 탄광 노동자들과 함께한 민주주의 사회운동 ……………………… 202
6. 탄광지역 노동조합 결성과 광업소 노동조건 개선,
   성완희기념사업회 활동 ……………………………………… 206
7. 『광산노동자신문』 제작 과정과 노동자들의 변화 ……………… 212
8. 정부의 석탄산업 합리화 정책과 노조탄압 ……………………… 217
9. 지역 광업소의 폐광과 석탄산업의 활로 모색 …………………… 223
10. 사랑의 연탄나눔운동 사업과 북한 방문 ……………………… 227
11. 북한지역 연탄나눔 사업 추진 과정과 경과 …………………… 234
12. 온정리 마을에서 연탄 하역작업으로 만난 북한 사람들 ……… 239
13. 북한 지역의 연탄 배송과 하역, 주민들에게 분배하는 방식 …… 243
14. 생활밀착형 대북지원사업 ……………………………………… 247
15. 사랑의 연탄나눔운동에 참여한 사람들의 경험담 ……………… 253
16. 학생들과 함께하는 평화나눔교육 ……………………………… 256
17. 유엔과 국제사회의 대북한 제재에 대한 단상 ………………… 257
18. 따뜻한 한반도포럼과 남북협력사업의 활로 모색 ……………… 259
19. 연변지역 조선족 동포 지원 협력사업과 북한의 임농복합사업 …… 265
20. 남북교류의 다양한 방향과 지방정부 차원의 협력 사업 ……… 271
21. 남북교류가 가져오는 여러가지 변화의 가능성 ………………… 274
22. 남북교류 분야의 전문성과 역할, 성격에 대하여 ……………… 275
23. 사랑의 연탄나눔운동이 남북교류협력에 끼친 영향과 평가 …… 285

## Ⅳ. 평화로운 세상을 향한 길: 시민사회운동은 이렇게(구술: 방용승) … 296

1. 꿈을 꾸는 어린 시절과 5·18 광주 ……………………………… 298
2. 전주대학교, 1987 ………………………………………………… 304
3. 전북지역 청년노동운동 ………………………………………… 311

4. 노동자 통일운동과 분단 문제 ………………………………… 320
   5. 전북겨레하나 결성 과정 ……………………………………… 329
   6. 남북교류협력과 민간 거버넌스 ……………………………… 336
   7. 여행협동조합 평화소풍에 대하여 …………………………… 343
   8. 2017년 무주 세계태권도선수권대회 시범공연 응원단 조직 …… 349
   9. 3·1운동 100주년 기념 1000인 평화원탁회의 ……………… 353
   10. 청소년 평화통일교육과 청소년 기자단 …………………… 356
   11. 평화통일에 대한 전망과 북한 사회에 대한 이해 ………… 366

## V. 평화와 통일을 노래하는 불굴의 스포츠 아리랑(구술: 김경성) ………… 374
   1. 포천스포츠센터 설립과 중국에 꽌시를 만들었던 과정 ……… 378
   2. 홍타스포츠센터 임대 및 운영의 과정 ……………………… 382
   3. 북한 축구단과의 연결 과정 ………………………………… 385
   4. 리찬명과의 만남과 경평축구단 정신 ……………………… 389
   5. 축구 지도를 통한 북한으로부터의 인정과 남북체육교류 계약 …… 394
   6. 북한의 핵실험과 남북 축구 교류 …………………………… 398
   7. 북한 청소년 대표팀의 전국 순회와 이회택과 리찬명의 만남 …… 406
   8. 남북 축구 선수단의 끊임없는 교류와 균형적 교류에 관한 생각 …… 411
   9. 어린 선수들의 남북교류 의의와 마라톤, 탁구 합동 훈련 …… 418
   10. 북한과의 교류 매개체로서의 경험과 북한에서 단장으로 세웠던~? … 420
   11. 정부 차원에서의 교류 역기능 ……………………………… 427
   12. 북한이 바라보는 남한 정부의 모습, 그리고 한미워킹그룹 …… 432

# 서문: 함께 쓰고 읽는 글

봄입니다. 2024년 출간이 미루어지고, 그 사이에 계엄이 있었습니다. 생강나무, 산수유, 진달래, 벚꽃이 만발하는 봄이 사라지는 줄 알았습니다. 이제는 장미와 아까시나무 꽃이 활짝 피었습니다. 송이마다 꽃망울을 한껏 터뜨렸고, 시선을 사로잡은 꽃이 그 향기를 뿜뿜 뿜어대고 발걸음을 이끕니다. 교정의 언덕배기에 있는 윤동주 동산과 기념관을 앞서거니 뒷서거니 걷는 길은 고즈녁합니다.

이 책은 시민사회에서 이룩한 남한과 북한 사이의 교류와 협력이 주제입니다. 책에 등장한 분들은 남다른 경험을 했고, 자신이 선택한 항로에서 감내해야 할 고통이 적지 않습니다. 왜 그런고하니 이 분들은 살아온 길을 벗어나지 않을 것이고 흐트러짐 없이 나아갈 것이기 때문입니다. 무엇보다 가슴에 새겨 자신을 다스리는 심(心)이 굳건해 흔들리지 않기 때문이죠.

구술 채록은 보물찾기와 같습니다. 한 사람을 만나 그의 삶을 이야기로 듣는 것은 서사이지요. 자기 자신에 대한 서사이자 시대 앞에 내놓는 증언입니다. 한쪽으로 쏠림이 심한 우리 사회에서 편견을 두려워하지 않은 말입니다. 그럼에도 삶을 들여다보는 것은 큰 실례일 겁니다. 고상한 작업이라 하더라도 사람에게는 밝혀야 할지 말아야 할지, 그 속사정이 있기 마련이니까요. 남한의 정세에서 북한과 협력하는 일은 누구나 할 수 있을 것 같지만, 아무나 할 수 있는 과업은 아닙니다.

한 길을 가는 내면은 고독합니다. 처음부터 올곧은 흔적을 남기며 가는 경우는 아주 드물지요. 친구와 선후배, 동료, 가족이 있어 쓸쓸함을 가끔 떨쳐버릴 수 있지만 때때로 찾아오는 고독은 피할 수 없을 겁니다.

속사정에는 혼자 감당해야 하는 몫이 반드시 있기 마련이지요. 21세기 우리 역사가 그렇지 않습니까. 북녘땅을 보고 있자니, 이것만이 할 수 있거나 이렇게밖에 할 수 없을 때 더욱 착잡했을 겁니다. 절실함과 간절함으로 버티고 또 행자가 산방에서 수행하듯 묵묵히 지켜온 행보입니다.

　5~6년 전 구술을 채록한 후 녹취문을 검토하고 이번에 윤문하며 다시 쓰고 읽습니다. 출간하면서 새로 느낀 감동은 책에 실은 사진으로 보았던 이분들의 나머지 생(生) 때문입니다. 나머지라고 에둘러 썼습니다만 이것은 여러분이 책에서 읽는 글과 글 사이, 막간에 숨어 있는 지난 세월의 여유분을 말합니다. 타인을 보고 긍휼히 여기는 마음이 발동하는 사람이라면, 꼭 이 흘러가는 시간을 기억해 주길 바랍니다.

　강종일 회장님, 1999년부터 한반도중립화연구소 소장을 맡았고 2001년부터 영세중립통일협의회를 설립해 아직 현직에 있습니다. 깊은 인상을 남긴 것은 외무부 1등 서기관과 ㈜대우 리비아 현지에서 근무한 후, 50대 중반에 하와이대학교 대학원으로 유학해 박사학위를 한 것입니다. 그 뒤의 행보는 오직 한반도의 영세중립 통일방안을 연구하고 전파하는 것이었습니다. 베트남 전쟁이 한창일 때 주월남 미국 국제개발처(US-AID: United States Agency for International Development)에서 보고 듣고 몸소 겪은 일은 아마, 한국인에게는 유일하지 않을까 싶습니다.

　식민지 한반도와 한국전쟁, 경제발전, 분단의 일상이 담긴 그의 구술은 영세중립 외교정책과 통일방안에 던지는 시사점이 큽니다. 영세중립국을 풍부한 해외 사례와 함께 소개하고 국제질서 속에서 한국 현대 정치의 행보를 묻습니다. 오늘도 어김없이 새벽 4시에 일어나 일과를 시작했을 회장님은 날짜와 사람을 기억하는 데 탁월합니다. 지하철 3호선 경복궁역 근처 오피스텔에서 구술을 채록하고, 여러 가지 일로 도곡역에서 만나면 언제나 점심을 같이합니다.

　서대문역 인근 한국기독교사회문제연구원에서 뵙는 김영주 목사님은 쾌도난마와 같이 삶의 이치에 명쾌합니다. 어지럽게 뒤섞여 있는 우리 사회의 복잡한 일이 한 두 가지가 아닙니다만, 이를 십분 고려하면서 추구해야 할 목표를 놓치지 않고 기어이 달성하고야 마는 목사님의 의지에는 따뜻한 신앙이 자리하고 있습니다. 1993년 8·15를 맞아 벌인 '남북 인간띠잇기대회'부터 '평화와 통일의 희년' 선언을 들을 때면, 공동체의 이상을 향한 남모를 새벽기도를 듣는 것 같답니다.

한국기독교교회협의회(NCCK: National Council of Churches in Korea) 시절부터 몸에 밴 평화, 인권, 자유 테제는 정치권력의 문제와 남북 교류, 미국 문제, 시민사회의 역량을 평하는 말씀으로 이어집니다. 여느 광야에서 들을 수 없는 소리입니다. 목사님은 종교인으로서 당대 기독교의 역할을 분명하게 밝혀놨습니다. 흔한 말인 듯하지만 평화통일의 신념과 이것을 실천하기 위한 사회운동으로서 남북교류협력은 고단한 과정입니다. 무엇보다 목사님의 가슴은 배움에 대한 의지로 활짝 열려 있습니다.

연탄 1천만 장을 금강산과 개성으로 보낸 따뜻한 한반도 사랑의 연탄나눔운동 원기준 사무총장은 목사님으로 친근합니다. 태백선린교회에서 사역하고 계시죠. 태백지역 탄광과 인연을 맺은 20대의 한 청년이 40여 년 가까이 그 자리를 지키고 있습니다. 혼자 이북으로 연탄을 나른 것은 아니지요. 수많은 사람들이 함께한 것을 증언합니다. 책에 인쇄된 것은 몸에서 나오는 조각 조각난 말일 뿐인데, 이 말로 형상이 된 것은 마음속에 간직한 사연이 맞을 겁니다.

구술을 받으려고 만날 때나, 전화로 안부할 때면 떠오르는 이미지가 있습니다. '연탄'과 '웃음'입니다. 목소리는 늘 우렁차고 수화기 너머로 빙긋한 표정이 보입니다. 금강산 기슭의 온정리 마을에서 연탄을 나르는 모습은 광부들이 사용하는 폭탄으로 테러할 것이라고 전두환 정권이 조작한, 무시무시한 간첩 사건과 어울리지 않습니다. 봉사, 탄광, 인권, 노동, 금강산, 평화, 기도, 태백이 한곳에 모인 글이 이 구술입니다.

남한 사람과 북한 사람이 서로 맞잡은 손에 눈길이 머물면, 그 감동으로 200여 차례 군사분계선을 넘나들 수 있었을 겁니다.

방용승 전북겨레하나 상임이사는 전주에 여행가는 설레임을 줍니다. 2023년부터 책을 내려고 준비할 때 큰 변고가 있어 가슴 아픈 일을 더했습니다. 빛이 사라진 시간에 길을 잃은 것이 분명합니다. 어떤 때는 삶이 손가락 끝에 매달려 있는 물 한방울 같으니까요. 그만큼 이번 원고를 퇴고하고 교열하는 작업이 힘들었겠지요. 가슴에 새겨진 것은 지울 수 없고 그 흔적은 사라지지 않을 겁니다. 생채기와 같은 인생의 아픔이 조금씩 나아지기를 기다리는 수밖에, 어쩌겠습니까. 슬픔을 안고, 이전에 그랬던 것처럼 또 이 길을 매진할 것으로 믿습니다. 방용승 이사는 신사다운 쾌남입니다.

인생의 무게중심을 잡는다면 그것이 어디에 있는지 구술에서 알려줄 겁니다. 단 두 마디, 평화통일운동의 폭넓은 대중 조직과 이 운동의 지평을 전 세대에 걸쳐 넓힌 것으로 말하겠습니다. 한 발 두 발 내딛다 보면 빙빙 돌아 그 자리로 되돌아오는 듯하지만 삶의 끝자락은 이전의 그 삶이 아닙니다. 텍스트에 사용할 젊은 시절의 사진을 보고 한결같은 모습에 반합니다. 그대로인 듯한 얼굴 표정과 변해가는 몸에 시간의 무게가 얹혔지만, 어깨에 걸친 기세는 변함이 없더군요. 좀 더 알았으면 더 많이 증거할 수 있을텐데, 다른 분에 비해 짧은 구술에 속이 터집니다. 복장 터질 짓을 구술을 채록하는 그때는 몰랐던 겁니다.

(사)남북체육교류협회 김경성 이사장은 탁월한 업적을 남겼습니다. 2014년부터 아리스포츠컵 국제축구대회 조직위원장을 맡아 여러 차례 북한 스포츠단의 남한 방문을 성사시키고, 각종 경기를 실행하였지요. 이회택-리찬명의 만남을 주선한 뒷이야기를 들을 때면 역사 속의 한 장면 같습니다. 일제 강점기 경평축구의 정신을 되살리기 위한 노력과 북한 청소년 대표팀의 남한 전국 순회, 어린 선수들의 남북교류, 군사 위기

속에서 개최된 아리스포츠컵, 인공기 게양 문제를 정치적으로 다루는 것에 대한 비판이 담겼습니다.

구술하러 여러 차례 학교에 오는 수고를 마다하지 않고 국학연구원에서 지난 얘기를 흔쾌히 풀어놓았습니다. 김경성 이사장의 활동을 시민들은 거의 모릅니다. 남북한이 갈등을 겪고 대치하고 있는 상황에서 긴장을 풀고, 관계를 개선하는 데 체육 분야의 교류가 어떤 역할을 했는지 말이죠. 2006년 북한이 1차 핵실험을 감행했을 때 남북은 축구로 교류했고 탁구는 합동훈련을 가졌습니다. 2019년 이후 열린 평창평화포럼에서 뵈면 반갑습니다.

구술에 오류가 있으면 채록을 잘못한 저희 책임입니다. 글이 과장되어 여러 사람이 같이한 사업을 일일이 밝히지 못한 점, 이해해 주십시오. 한 사람의 글이지만 다양한 분들의 수고가 모자이크되어 있음을 밝힙니다. 그때 한 일은 단순해 보였지만 이렇게 모아 놓고 보니 엄두를 낼 수 없을 만큼 큰 사건이 되었고, 결국 우리가 기억해야 할 시대의 광경으로 탈바꿈했습니다.

이 책이 세상에 나온 연유는 이렇습니다. 2019년부터 3년 동안 교육부와 한국학중앙연구원의 지원을 받은 연세대학교 국학연구원 역사와공간연구소는 '평화통일운동과 남북교류협력 구술채록 사업'을 수행하였습니다. 연구책임을 맡은 김성보, 이기훈 교수의 기획 아래 대학원생 김세림, 김지훈, 엄승미, 박좌진, 성건호, 김재형, 이영조가 연구원으로 참여했답니다. 강종일, 김영주, 원기준, 방용승, 김경성 다섯 분의 구술은 한성훈이 채록하였고 성명이 빠져있으나 녹취문 작성에 참여한 지원 인력까지 심혈을 기울였습니다.

말이 글이 되어 빛을 보게 된 것은 큰 기쁨입니다. 첫 책과 함께 이번 책을 출간한 한국학중앙연구원 현대한국구술자료관의 연구책임을 맡은 김원 교수님을 비롯하여 관계자 분들께 각별히 감사드립니다. 송치욱 선생님이 출판을 주도하면서 한동현 선생님은 실무까지 마무리해 주었습니다. 구술을 채록하는 지난한 시간, 녹음기와 촬영 카메라, 질문지, 사진, 자료들이 뒤엉켜 있는 책상을 머릿속에서 치웁니다. 그들의 행적이 보여주듯이, 남들이 하지 않거나 하지 못한 일을 한 사람은 누구든지 존경받아 마땅합니다.

마침표를 찍기 전에 하나 덧붙이고 싶습니다. 몇 줄의 글이 소제(小題)가 될 수 없으니 처음부터 끝까지 빠뜨리지 말고 읽어 보길 권합니다. 책에 있는 분은 이것이 끝이 아니지요. 일생으로 치면, 여기 말과 글은 한때 일어난 사건의 연속이므로 마지막이거나 전부가 아니라는 뜻입니다. 다섯 분이 헤쳐온 일생은 계속 진행 중이고 책장 바깥에 있음을 고백합니다.

책을 집어 들은 독자 여러분!
여기에 있는 '말과 글'에 '매이지' 않기를 바랍니다.

2025년 5월
엮은이를 대신하여 한성훈

# I
# 한반도 영세중립 통일방안 연구와 사회운동

**강종일**

- 2001년~현재   한반도중립화통일협의회 회장
- 1999년~현재   한반도중립화연구소 소장
- 1996년          미국 하와이대학교 대학원 박사
- 1992년          연세대학교 행정대학원 행정학 석사
- 1984년~1992년 (주)대우 이사(리비아, 인도네시아 근무)
- 1983년          주미얀마대한민국 대사관 1등 서기관
- 1969년          외무공무원(주인도네시아, 주미얀마한국대사관 1등 서기관)
- 1967년          남베트남주재 미국 국제개발처(USAID: United States Agency for International Development) 수퍼바이저
- 1964년          (구) 대한일보사 편집국 기자
- 1964년          고려대학교 대학원 정치외교학 수료
- 1962년          경희대학교 정치외교학과 졸업

저서: 『고종의 대미외교』(2006), 『한반도 생존 전략: 중립화』(2014), 『고종의 영세중립정책』(2015).

## 1. 일제 강점기에 보낸 어린 시절

일제 강점기에 태어나 한반도의 식민지를 겪은 구술자는 어린 시절 한반도가 남한과 북한으로 나누어져 전쟁을 치르는 역사를 보고 자랐다. 우리가 과거로만 알고 있는 그 시절을 지금 돌이켜보면 어떤 느낌일까. 회장님이 삶을 시작한 곳이 어디입니까?

일제 식민지 시기에 있었던 나의 초등학교 시절부터 말하겠습니다. 이 내용들은 주로 곡성군 목사동면을 중심으로 있었던 일들입니다. 나는 1937년 1월생으로 전라남도 곡성군 목사동면 신전리에서 태어났습니다. 1944년 4월 목사동 초등학교에 입학하였고, 1945년 8월 해방이 되었으니 1년 반 정도 식민지 시대의 일본 교육을 받은 셈이지요. 초등학교에 입학하는데 일본 선생들이 면접을 보았고 이것저것 질문했어요. 일본말을 공부한 적이 전혀 없는 나로서는 선생들의 질문을 알아들을 수 없었지요. 아무런 대답을 하지 못하자 선생들은 좋지 않은 표정으로 "빠가야로"라고 한 후 한국어로 물었습니다. 기억 나는 질문은 "개구리는 어떻게 우는가?"라고 했으며, 나는 "개굴개굴 운다"라고 대답하고 말았어요.

초등학교 1년 반 동안 겪었던 일들은 공부하는 시간보다 군사훈련, 목사동면 출신으로 일본 군대에 가는 한국인 장정들을 배웅하거나, 또는 일본 기마병을 위한 마초(馬草)를 베어 말린 후 학교에 공출하였습니다. 가장 큰 행사는 전교생이 한국인이 군대 가는 날 아침부터 2km 떨어진 보성강 나루터까지 군가를 부르면서 장정들의 무운을 비는 군가를 불렀습니다. 학생들은 학교에 돌아오는 도중에 일본의 신사당(神祠堂)에 가서 천황의 초상화에 인사하고 왔습니다.

일본은 초등학교 1학년 학생들에게 두 가지 일을 많이 시켰습니다.

하나는 군사훈련을 강도 높게 시키는 것이었고, 다른 하나는 소나무 뿌리를 캐서 불에 태우면 나오는 송진 기름을 학교에 내는 일들이었습니다. 군사훈련 선생(기리야마)은 가죽끈으로 된 회초리를 들고 잘 못한 학생의 등을 때리고, 학교에 내는 마초의 분량이 적으면 기합을 받았지요. 일본인들은 농촌 가정에서 사용하는 놋쇠로 된 밥그릇과 숟가락, 요강, 세수대야를 모조리 걷어갔기 때문에 대나무 젓가락을 사용해서 밥을 먹었어요. 생산되는 쌀과 보리는 모두 군용 양식으로 공출(供出) 명목으로 가져갔으며, 그 대신 만주에서 생산되는 콩기름을 짜고 남은 대두박(大豆粕)을 배급했습니다. 농촌 사람들은 소나무 속에 있는 하얀 껍질을 벗겨서 말린 후 절구로 빻은 후에 거친 가루와 쑥과 대두박을 섞어 끓인 죽을 많이 먹었습니다.

초등학교 1학년때 공부한 과목들은 수신(修身), 국어(일본), 산수, 이과, 체육, 음악, 도화, 공작 등으로 비교적 많은 과목을 공부했습니다. 일본어를 공부할 때는 책을 달달 외우라고 했으며, 군가를 종종 연습하였는데 국어책을 외우지 못한 학생은 학교에 남아 늦게 집에 보낸 것이 가장 많이 생각납니다. 초등학교 1학년이면 코 흘리는 작은 아이들에게 학교 공부가 끝난 후, 과외 공부는 주로 일본 국어책을 외우든가 군가를 연습하는 것으로 오후 공부를 하였습니다. 이렇게 일제시대 초등학교 생활이 끝나게 되었어요.

초등학교 시절 내가 경험한 몇 가지 안 좋은 사건들이 있습니다. 초등학교 4학년 가을 1948년 10월 20일 순천과 여수로 수학여행을 가기로 했으나 10월 19일 여수에 주둔한 국군 제14연대가 주동이 된 '여수 순천 사건'이 발생하자 수학여행이 취소되었어요. 시골 학생들이 모처럼 꿈에 그리던 도회지 수학여행 계획이 무산되자 학생들의 실망은 크고 아쉬움이 가득했지요. 국군의 토벌작전에 따라 반란군의 주력부대는 지리산으로 들어가 곡성군과 구례군에 많은 피해를 주었지요.

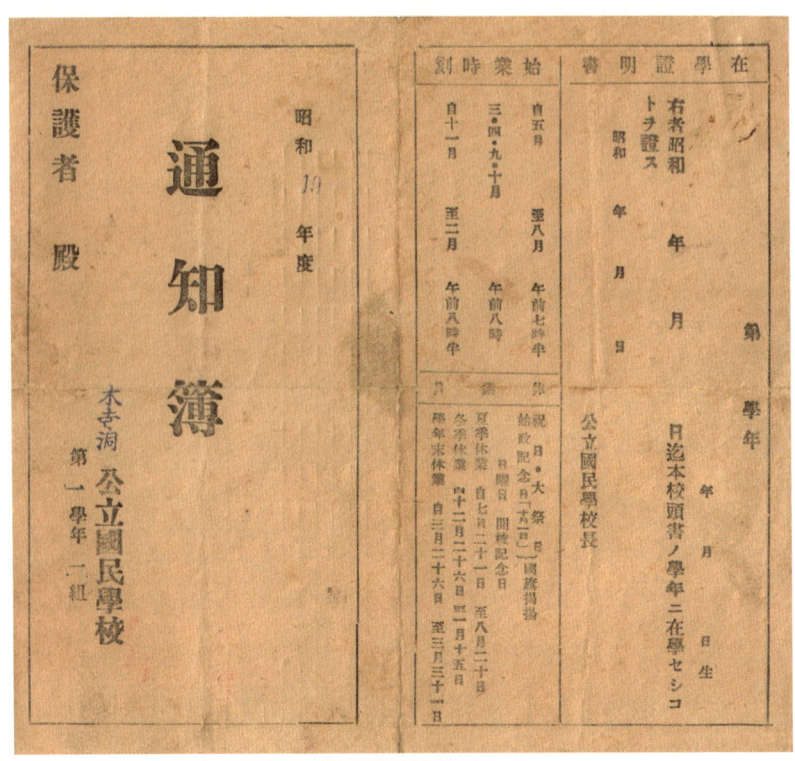

사진 1    1944년 목사동 공립국민학교 통지부 앞면

　　목사동에 의료시설이 없어 시골에서 먹지 못해 영양실조로 여러 가지 병에 걸리면 치료도 한 번 받지 못하고 죽어 가는 어린이들이 많이 있었어요. 나의 형과 동생들 3명이 희생당했어요. 형은 초등학교 4학년 때 알 수 없는 병으로 하루만에 죽었고, 남동생 2명도 병이 들었는데 병원에 한 번 가보지 못하고 세상을 떠나는 슬픈 경험을 했어요. 시골에서 아이들이 병에 걸리면 어떻게 손 한 번 쓰지 못하고 죽게 되는 것이 다반사였고, 이게 시골 아이들의 운명이었습니다.

　　나도 병마에 시달린 적이 있습니다. 내가 초등학교 4학년 시절 말라리아(추학)에 걸렸어요. 추위가 찾아오면 체온이 많이 오르고, 위아래 이가 서로 부딪치는 정도였습니다. 하루는 이른 새벽에 어머니께서 왼쪽

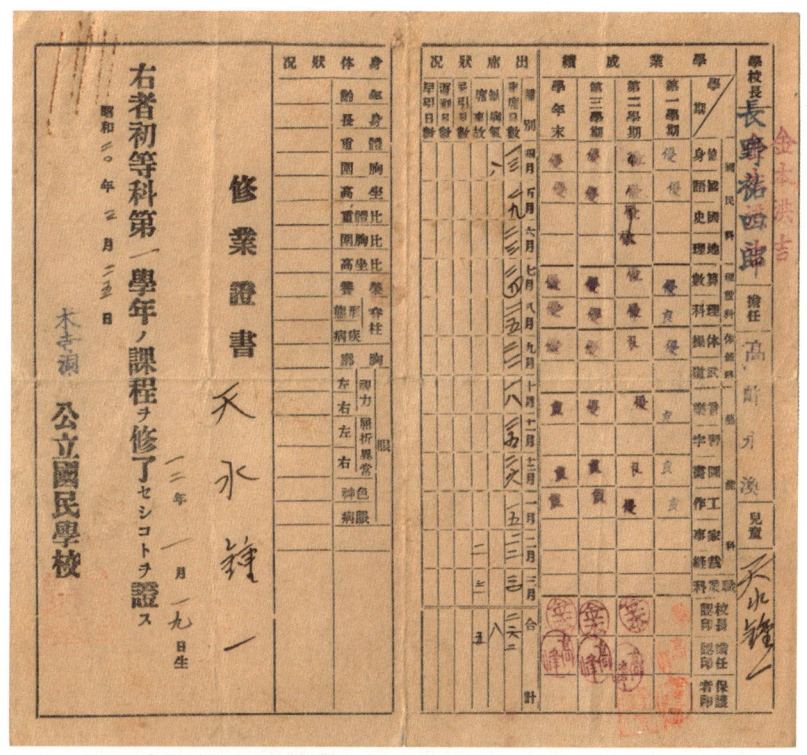

사진 2　1944년 목사동 공립국민학교 통지부 뒷면

통지부에는 "아동 천수종일"로 성명이 기재되어 있고 과목으로 수신, 국어, 국사, 산수, 이과, 체육, 음악, 도화, 공작, 가사과 있다. 1학기부터 말학기(4학기)까지 출석일수가 적혀있다.

으로 꼰 새기 줄에 나의 목을 묶어 어느 무덤으로 데리고 갔어요. 나에게 "묘 위에 올라가 머리를 대고 밑으로 한번 굴러 보라"고 말했습니다. 그렇게 하고 나서 나는 어머니께 물었어요. "어머니 왜 이렇게 이른 새벽 무덤에 와서 재주를 넘어야 하지요?" 어머니의 대답은 "추학이란 병은 무서운 경험을 해 놀라게 되면 병이 떨어진단다"라고 했습니다. 말라리아는 내가 무서워서 놀라면 떨어진다고 믿었던 것이었어요. 그만큼 시골에서는 병이 나면 대책이 전혀 없는 시절이었습니다.

해방 후에 우리나라가 혼란스러웠잖아요. 지리산과 가까워서 그런지 몰라도 피해를 많이 본 지역이 곡성군과 구례군이었어요. 곡성군과 구례군은 지리산을 등지고 있고 여수와 순천에서 반란을 일으킨 제14연대 주력부대가 지리산으로 들어왔기 때문에 그런것 같았어요. 이런 사정으로 우리 마을에 어려움이 많았습니다. 낮에는 경찰이 오고 밤에는 공비가 와서 마을 주민들의 피해가 컸다는 말을 들었어요. 시골집에 와보니 경찰과 반란군 출신 빨치산들이 낮과 밤에 교대로 마을에 왔습니다. 경찰이 낮에 오니 빨치산은 이른 새벽에 산으로 도망가고, 경찰들은 마을에서 반란군에 대해 조사했어요. 빨치산이 된 반란군은 산으로 가면서 농촌에 있는 닭이나 돼지, 소를 가져갔어요. 청년들을 붙잡으면 데리고 갔습니다. 나는 나이가 어려서 그런지 공비들이 같이 가자고 하는 말을 들어보지는 못했어요.

전쟁 얘기를 해보겠습니다. 1950년 5월 예정인 초등학교 졸업식에 참석하지 못하고 4월에 중학교에 입학하기 위해 전남 광주시로 가야 했습니다. 4km의 신작로를 걸어간 후, 버스를 타고 광주로 가는데 타이어가 4번이나 터지는 바람에 밤 11시경 광주시에 도착했어요. 5월에 입학했으나 다음 달에 6·25전쟁이 발발했습니다. 전쟁으로 중학교를 더 이상 다닐 수 없게 되었고, 분위기도 어수선하여 목사동 신전리 고향으로 돌아와서 집에 있었어요.

인민군이 광주를 점령한 시절 중학교에서 등교하라는 연락이 왔다고 같은 학교에 다니는 친구가 알려 주었어요. 그때는 광주지역을 북한 인민군이 점령한 후였습니다. 중학교에 같이 들어간 초등학교 동창생과 같이 걸어서 재를 넘어가기로 했어요. 전쟁을 실감하지는 못했습니다. 비행기의 폭격이 걱정되어 큰 신작로를 걸어서 광주에 가지 못하고, 같은 학교 친구들과 함께 곡성군 석곡면 운월리 뒷산인 운월산(675m)의 재(운월재)를 넘어 동복면과 화순을 거쳐 광주까지 걸어가게 되었지요.

광주에 도착해서 보니 우리는 어리니까, 나오라고 해서 학교에 나간 것이지 무얼하는지 처음에는 아무것도 몰랐어요. 북한 군인들이 정치나 사상 교육 같은 것을 말하더라고요. 어려서 그런지 별로 흥미를 느끼지 못했는데, "우리들을 북한 사람으로 만들려고 하는구나"라고 생각 들었습니다. 사상이라는 말을 잘못 알아들었지만 "똑바른 정신을 가져야 합니다"라고 하는 것이 이념을 주입하려고 하는 말이라는 생각을 어렴풋이 했어요.

사진 3    1955년 조선대학교 부속고등학교 시절

광주에 그냥 있을까 아니면 고향으로 갈까 망설이다가 고향으로 가기로 하고 다시 걸어서 고향으로 왔어요. 마을에서 광주까지는 약 150리 정도입니다. 하루에 다 가지 못하고 하룻밤을 중간에서 자고 가야 했어요. 다행히 겸면에 광주에 사는 매형의 친척 집이 거기에 있어 신세를 지기로 했습니다. 고향 마을에서 광주까지 네 번을 걸어 다녔어요. 처음 두 번은 운월재의 산길을 걸었고, 나중 두 번은 석곡, 삼기, 겸면, 창평을 지나는 길을 이용했어요.

내가 시골에서 느낀 것은 시골 벼가 거의 영글어 가는데 인민군을 돕는 주민들이 와서 벼 낟알을 하나씩 세고 있었어요. 공출을 받아 가야 한다면서 평당 면적의 수확량을 계산해서 공출량을 결정하는 근거로 삼으려 한 것이었어요. "공출을 근거 없이 받지는 않는구나" 하고 생각했어

I. 한반도 영세중립 통일방안 연구와 사회운동    21

요. 인민군은 마을에서 공출을 가져가지 못했어요. 그해 9월 15일 유엔군의 인천상륙작전으로 경상도까지 진격한 인민군이 후퇴하였기 때문이지요. 그 후로는 우리 마을에 공비들이 들어오는 것이 뜸하게 되었습니다.

## 2. 통역장교 시절 겪은 4·19 혁명과 5·16 쿠데타

회장님 세대는 험난한 10대 시절을 보냈습니다. 어린 시절부터 20세기 한국 현대사의 질곡을 갖고 계신데 군복무에 대해 여쭤보겠습니다. 육군 통역장교에 지원해서 복무하게 된 경위는 어떻게 됩니까? 자료에는 1958년부터 1963년까지 통역장교로 복무한 경위는 어땠습니까?

1957년 무렵 징집영장이 나오면 군대에 가야 했습니다. 잘 모르겠습니다만, 면제나 연기라는 제도 자체가 없는 때가 아니었나 싶군요. 군대 기피자가 거리에서 붙잡히면 그 길로 논산 훈련소에 가야 했어요. 그렇게 되면 사병으로 가게 되어 돈을 벌 수 없다고 생각했어요. 사병으로 입대하면 고생을 더 할 것 같아서 장교로 가는 것이 좋겠다고 막연한 생각을 하게 되었지요.

광주에서 형같이 지내고 있는 지인 선배에게 물었습니다. "이제 군대 가야 할 것 같은데 어떻게 하면 좋겠습니까?"라고 했더니, "그러면 제일 좋은 곳이 통역장교네"라고 말했어요. "통역장교는 뭐 하는데요?"하고 다시 물었더니, "미군하고 한국군 중간에서 영어 통역을 하면 된다네"라고 말했어요. 그리고 바로 중위 계급을 붙인다는 말도 추가했어요. 그때부터 마음속으로 통역장교를 생각하고 준비하게 되었습니다. 장교로 갈 바에야 소위를 붙이지 않고 바로 중위를 주는 통역장교로 가면 월급이 많고, 미군과 같이 일하게 되면 영어를 더 공부할 수 있을 것 같았지요. 통역장교는 중위로 임관된 후 영천에 있는 군사영어학교에 들어가서 1년간 더 영어를 공부한다는 것을 알게 되었어요.

1957년 대학교 2학년 겨울 방학 때 광주에 있는 누나 집에 머물렀어요. 1월경이라고 기억되는데 신문에 통역장교 모집 요강이 보도되어 응시하게 되었습니다. 통역장교에 관한 이야기는 선배 통역장교로부터 들었고 그 선배로부터 영어 공부도 조금 하게 되었어요. 통역장교 시험에 대비해 영문 타자 개인교습을 받고, 시사학원에서 잠깐 공부했어요. 선교사들의 성경 공부 모임에 나가 회화를 공부하면서 선교사들의 요구로 통역을 해보기도 했구요.

그해 겨울에 광주 상무대에 있는 육군보병학교에서 통역장교 시험을 치렀습니다. 얼마 지나지 않아 육군 방첩대에서 신원조회가 나왔다고 해서 장교시험에 합격한 것으로 짐작하였습니다. 갑자기 신원 조회가 나왔길래 일부러 "왜 신원조회합니까?"라고 물었더니, "장교시험 안 봤어요? 그것과 관련 있습니다"라고 말했습니다. 1958년 3월 19일 논산훈련소에 입소해 사병 교육을 마친 후, 5월에 광주 육군보병학교에 들어가서 7월 26일 중위로 임관했어요.

임관 후 영천에 있는 부관학교에서 1년간 영어 공부할 것으로 기대했는데 엉뚱하게 원주에 있는 장교보충대로 발령이 났습니다. 동기생들 모두가 의아하게 생각했어요. 내막은 전방 부대의 통역장교가 부족해서 부관학교 입소가 취소되어 바로 배속을 받게된 것을 알았지요. 동기생들 거의 모두가 실망했습니다. 나는 1958년 8월 육군 제15사단으로 배속받았어요. 사단에 부임해 갔더니 다시 연대로 발령이 나고, 또다시 대대로 보직을 받게 되었어요.

그때는 나 자신도 좀 의아하게 생각했는데 통역장교가 대대까지 내려가니 말이지. 대대본부에 갔더니 부관장교가 우리 대대는 부산 하야리아(Hialeah) 부대와 인천 에든버러(Edinburgh) 미군 부대에 배속된다는 것을 알게되었어요. 나의 장교 초임 근무지가 부산입니다. 부산과 인천에서 근무한 후 사단 본부로 전속 명령을 받고 작전참모부에 있다가 사단장 전속부관으로 일하게 되었습니다. 그 무렵 4·19학생 혁명이 일어났다.

지리적으로 서울에서 가까운 양평에 주둔한 15사단이 서울지구계엄사령부에 배속되어 서울 중앙청에 주둔했어요. 나는 15사단 미군 고문관 로버트 C. 포브스(Robert C. Forbes) 대령과 함께 양평에 잔류하게 되었습니다. 15사단이 계엄군의 임무를 마치고 양평으로 돌아온 후에도 계속 포브스 대령과 같이 근무했어요. 포브스 대령의 임기가 끝나고 다음 고문관으로 케인(Cain) 대령이 부임하였고, 그다음에 미국 육군사관학교(West Point) 출신 브란트(Brante) 대령이 부임했으니 세 사람의 고문관과 일을 같이한 셈이 되었어요. 1961년 나는 광주 상무대 보병학교의 초급장교 교육과정(OBC: Officer Basic Course)에 입소하였고 거기서 5·16쿠데타 소식을 접했지요.

1960년 4·19혁명이 발생했을 때 군에 미군 장교의 통역관으로 복무 중이었는데, 특이 동향은 없었습니까? 5·16쿠데타가 일어나기 전후에 군부대는 어떤 상황이었습니까?

15사단 장병들이 중앙청에 포진하고 있을때 사단장은 서울지구 계엄사령관으로서 두 가지 어려움이 있었다는 말을 들었어요. 하나는 장병들에게 총과 실탄을 지급한 후 예기치 않은 발포 사고가 발생하면, 큰 문제로 비화될 수 있기 때문에 그런 사고를 방지하기 위해 군인들에게 실탄을 지급하지 않고 임무에 임했다는 것입니다. 두 번째는 데모대가 군의 탱크 위에 꽃송이처럼 올라와 앉아 있어도 제지하지 않고 정부와 학생 사이에서 군이 중립을 지키려고 노력한 것이었어요.

계엄군의 입장에서 보면, 군대가 중립을 유지했기 때문에 4·19 혁명이 성공할 수 있는 요인 중 하나였다고 자평합니다. 아무튼 계엄군이 아무 사고 없이 임무를 마치고 양평으로 무

사진 4 통역 장교

사히 귀대할 수 있게 된 이면에는 그런 역사적 사실들이 있었다는 것을 알 수 있게 되었어요. 나 역시 계엄군이 중립을 지켜 주었기 때문에 4·19 혁명이 성공할 수 있지 않았나 생각하고 있습니다.

4·19때 느꼈던 또 다른 한 가지는 포브스 고문관이 중앙청에 갔을 때, "나는 밀리터리 어드바이저(military advisor)이지 계엄군은 아니다"라고 말을 한 겁니다. 그렇게 말한 것은 고문관이 계엄군의 군사 문제에 관여할 의사가 없음을 밝힌 것으로서, 어떠한 개입을 하지 않으려는 것임을 알게 되었지요. 당시 매그루더(John L. Magruder) 유엔군사령관이 청와대를 다녀온 다음날 4월 26일 이승만 대통령이 하야 성명을 발표한 것을 알게 되었을 때, 미군이 한국의 정치에 개입하는 것을 인지하게 되었어요. 이승만 대통령의 하야는 미국의 영향력이 작용했구나, 생각했습니다. 서울지구 계엄사령관은 육군본부 민사군정감으로 전출이 되었고 나는 초급장교 교육을 이수하고 다시 민사군정감 조재미 장군의 전속부

관으로 근무하였습니다.

한 가지 특이한 사항은 나중에 4·19 유족회로부터 학생들의 동향에 대해 직접 듣게된 것입니다. 데모에 참여한 한국 학생대표들이 판문점에서 북한 학생대표들과 회담을 갖고 "가자 북으로 오라 남으로, 판문점에서 만나자"라는 구호를 외치면서 남북의 중립화 통일문제를 심도 있게 논의한 사실을 4·19세대로부터 듣게 되었어요. 학생들은 또한 1960년 10월 22일 미국 민주당 마이크 맨스필드(Michael Mansfield) 상원의원이 의회에서 아시아 출장 결과를 보고하면서 "미국은 한국의 통일문제를 오스트리아식 중립화 조건으로 해결하는 가능성을 신중하게 검토해야 할 것"이라고 발언한 것에 상당한 영향을 받았다는 것도 함께 듣게 되었어요. 1961년 1월 15일자 『한국일보』 여론조사에 의하면 한국인의 32.1%는 남북 영세중립을 찬성하는 것으로 보도되었어요. 이런 조사 결과는 장면 정권 시절 영세중립운동이 정부의 간섭을 받지 않은 것이 중요한 요인이라고 생각하게 되었습니다.

## 3. 언론사 수습기자와 남베트남주재 미국 국제개발처 (USAID: United States Agency for International Development) 근무

회장님은 1963년 통역장교 제대 후 사회활동을 시작합니다. 『대한일보』 기자와 유세이드(USAID) 소속으로 주월남에서 근무한 것으로 알고 있습니다. 베트남전쟁 때 구정 공세(Tét Offensive)를 받았을 때는 죽을 고비까지 넘겼는데, 유세이드에서 일하게 된 과정은 어떻게 되십니까?

1963년 7월 군에서 제대하고 사회에 나와 최초로 가진 직장이 신문기자였습니다. 솔직히 말하면 처음에는 은행에 가려고 했지요. 시내 한 은행에 가서 원서를 요청했더니 무엇을 전공했느냐고 물어봐서, 정치외교를 공부했다고 하니 정치학을 공부한 사람은 채용하지 않는다고 원서를 주지 않았어요. 다음은 신문사를 알아보니 정치과 출신을 환영한다고 해서 신문사에 지원하게 되었

사진 5  1964년 대한일보 견습5기로 입사해 편집국에서 근무할 당시의 모습

지요. 『대한일보』 견습 5기로 입사하게 된 동기와 배경입니다. 신문기자 중에서 어떤 전공을 한 사람이 가장 많은가 보니, 정치를 전공한 기자들이 많은 편이었어요. "내 길은 이거구나"하고 생각했습니다. 신문사에서 견습으로 일하면서 많이 들은 말 중 특이한 것은 "개가 사람을 물면 뉴스거리가 되지 않지만 사람이 개를 물면 뉴스거리가 된다"는 말을 데스크로부터 들었습니다.

『대한일보』에 입사해 견습기자 출신으로 오전에는 데스크로 들어오는 기사를 받아쓰는 내근직에서 일하고, 오후에는 선배 기자를 따라 여기저기 돌아다니면서 취재원을 만나고 취재하는 방법을 공부했어요. 1964년 후반기에는 한일국교 정상화 문제로 반정부 데모가 심했고, 학생들을 중심으로 한 시민들이 한일회담에 반대하는 시위가 아주 심할 때였어요. 한일국교 정상화가 1965년 12월 18일 조인되었는데, 군대에 남아 있는 동기들이 신문기자 생활이 어떠냐고 물으면, '별것 아닌 것 같

다'라고 답변하는 정도였어요. 그만큼 흥미를 갖지 못한 거에요.

신문사에 들어가서 견습 기간이 끝나고 근무하는데 내가 생각하고 있는 것과 다른 것을 알게 되었습니다. 신문기자를 생각하면 재미가 있어야 할 텐데 별로였어요. 우선 월급이 적고 기자란 자기들이 알아서 뛰고 취재하고 특종을 해야 한다고 선배들이 말하지만 실제는 많이 달랐어요. 군대 동기 중 한 친구가 다른 신문사에 입사해서 다녔는데, 나와 비슷한 생각을 하고 있는 것을 알게 되었어요. 할 수 없이 그 친구와 효자동에 방을 하나 얻어서 자취를 같이했고, 도시락을 들고 태평로를 걸어서 출근하였어요. 그 친구와 나는 직장을 옮기자고 합의하였는데 결국 친구는 산업은행으로 갔고 나는 월남에 있는 미국 국제개발처로 가게 되었습니다.

1966년에 신문사를 사직하고 1967년에 베트남으로 출국했습니다. 내가 월남에 있는 미국 국제개발처로 가게 된 동기는 서울 주한미국대사관에 근무하는 군대 동기가 남베트남 사이공에 있는 미국대사관에 근무할 한국인(TCN: Third Country National)을 모집한다는 소식을 전하면서 응시해 보라고 해서 된 것이지요. 용산 미8군사령부 공보처에서 시험을 봤는데 나중에 알고 보니 합격자가 4명이었어요. 베트남에 가는 항로가 그렇게 어려울 수가 없었습니다. 직행하는 비행기는 없었고 동경에 가서 하룻밤을 자고 다음에 홍콩에서 다시 하룻밤 자고 다음날 사이공에 도착했어요. 월남에서 일하게 될 소속은 미국 국제개발처였어요.

나는 미국대사관의 총무국(GSO: General Services Office) 부서에 배속되었어요. 직책은 재산을 관리하는 수퍼바이저(PMS: Property Management Supervisor) 보직을 받았어요. 주요 업무는 월남에 근무한 미군을 제외하고 모든 미국기관에 근무하는 미국인에게 필요한 생활용품을 지급하는 자리였습니다. 상관으로는 미국인 재산관리관(PMO: Property Management Officer)이 1명 있고, 밑으로는 월남인 25명이 같이 일하는 부서였어요. 미국인들이 가정에서 필요한 물품을 지급하기 위한 재산을 관리하는 것이었어요. 심지어 월남에 있는 미군 시설물을 관리하는 용역을 받아 일하는 한국인 회사들이 필요한 건설 자재나 페인트, 각종 물품도 공급하였지요. 업무 범위가 상당히 넓고 다양한 품목을 관리하면서 청구하고, 지급하는 일을 하게 되었습니다.

내가 수행하는 주요 업무는 재고가 얼마나 남아 있고, 언제 보관한 재고가 떨어지는지, 언제 청구하고 언제까지 창고에 보관하는 지를 관리하는 것이었어요. 물건을 지출할 대상자들은 월남에서 근무하다가 제대한 미국인들이 새로 부임하거나 전출와서 받아 가야 할 가재도구들이 많았지요. 예를 들면, 월남에서 미군으로 근무한 후 미국대사관이나 유세이드에 재취업하는 사람들에게 물품을 지급하는 대상자들입니다. 그들은 나에게 "무슨 물건을 얼마나 주느냐"고 많이 질문합니다. 대개 "내가 무엇을 준비하고 무엇을 가지고 와야 하느냐?"고 문의하는 것이 보통이지요. 그러면 나는 "너 결혼했느냐?"고 반문합니다. "결혼했다"고 하면 "너의 부인만 주지 못하고 다 준다"라고 대답하면서 한 번씩 웃고 지나갑니다. 그러니까 너는 몸만 오면 필요한 물건은 다 준다고 하는 거지요.

한번은 일하고 있는데 누가 책상을 톡톡하고 두드리는 거에요. 고개를 들어 올려다보니 미군 장군이 별 두 개를 달고 앞에 서 있었어요. 눈을 껌뻑이며 자세히 보니 한국에서 통역장교로 근무할 때 모시고 있던 로버트 포브스 장군이었습니다. 정말 반가웠지요. 별 둘이 되어 주월미군의 사단장으로 부임해 왔어요. 어찌나 반가운지 벌떡 일어나 포옹했습니다. 전쟁 통이라 사무실에서 차 한잔 할 수 없는 사정이었어요. "어떻게 알고 왔느냐"고 물으니, "네 신원조회가 나에게 왔다"라는 대답을 듣고는 또 한 번 놀랐습니다. 미국이라는 나라는 "외국인 한 명을 모집하는 데 그렇게 신원조회를 철저하게 하는구나"라는 생각이 들어서요. 아무튼 옆 의자에 앉아 얘기만 한 후 헤어졌지요. 그는 "자기 사령부로 한

번 놀러 오라"면서 주소를 남긴 후 떠났습니다. 어찌나 서운한지 마치 부모가 면회 왔다 떠난 것 같은 기분이 들었어요.

하루는 큰맘 먹고 포브스 장군을 방문하기로 했는데, 어느 토요일 오전 건성으로 일을 마치고 친구의 군대 지프차를 하루 빌렸어요. 그 친구는 한국 육군 대위로 고등학교 시절 동기동창인데 탄손누트(떤선녓, Tân Sơn Nhất) 공항 부근에 주둔하는 월남 공수부대 태권도 교관으로 파병되었지요. 호랑이 마크가 있는 이정남 대위 차를 빌려 사이공에서 아주 멀지 않은 곳에 주둔한 포브스 장군의 사령부를 찾아갔어요. 참으로 살벌한 사단사령부 식당에서 저녁을 먹은 후 차 한잔하고 "사이공으로 가겠다"고 말하니까, 장군이 자고 가라고 그래요. 일요일에 약속이 있고 해서 일어나는데 그가 "여기는 베트콩이 자주 출몰하는 지역이니 누가 손을 들어도 절대 차를 멈추지 말고 가라"고 강조했어요.

사이공으로 돌아오는 길에 반 정도 왔을까, 월남인 남자 둘이 100여 m 앞쪽 오른편에서 손을 들고 라이딩 수신호를 보냈어요. "아, 수상한 사나이들이구나" 생각하고 어떻게 돌파할 것인가 궁리하느라 속도를 아주 줄였습니다. 지프차의 전조등도 한 번 껐다 켜고 속도를 줄였어요. "어떻게 돌파해야 하지" 생각에 일부러 속도를 줄이면서 시간을 더 가지려고 한 거죠. 앞에 있는 사나이는 왼손을 내리고, 오른손을 들었으니 의심되지 않았으나 약간 뒤에 서 있는 남자가 의심이 들었어요. 앞에 있는 사나이가 넘어지면서 뒤에 있는 사나이를 밀어야 무사히 길을 통과할 수 있을 것이란 생각이 순간로 들었지요. 지프차의 오른쪽 앞 범퍼로 사나이의 다리 무릎을 치고 가면 되겠구나 싶었어요.

나는 차의 전조등을 끄고 아주 천천히 앞 사내에게 접근했지요. 마치 정지하려는 의도를 보인 것처럼 거의 다가갈 무렵 최대로 액셀러레이터를 밟고 쾅음을 내면서 앞의 남자를 받고 그가 1시 방향으로 넘어지는 것을 눈으로 확인하면서 달렸습니다. 차가 상당한 거리를 벗어날 무렵 뒤에서 총소리가 들렸어요. 시간으로 보아 앞 사나이가 뒤 사나이를 밀어서 넘어지고 다시 일어나 총을 쏘는 것으로 짐작하고는 속도를 더욱 빠르게 해서 위험을 넘긴 적이 있어요. 온 몸에서 많은 땀이 흐르는데, 그런 경우는 처음이었지요. 마치 토끼가 용궁에서 빠져나온 것 같은 기분이 들었지요. "이제는 살았구나"하는 안도감이었어요.

베트남에서 근무할 때 아주 위험한 고비도 경험했지요, 1968년 2월 1일은 베트콩의 구정 공세(Tết Offensive)로 많은 어려움을 겪었습니다. 이날은 월남인들의 설날로 구정 기간 1주일 정도 공휴일로 쉽니다. 나는 월남 북부에 있는 휴양도시이자 군항(軍港) 도시인 다낭에서 휴가를 보내려고 1일 아침 탄손누트 공항으로 가는데 미군 헌병이 제지하면서, "어디 가느냐"고 물어요. "다낭에 가기 위해 탄손누트 공항에 간다"라고 했더니, "빨리 집으로 돌아가서 외출하지 말고 집에 있으라"고 그래요. "무슨 일이 있느냐고 물었더니", "현재 사이공이 베트콩의 구정 공세로 시가전이 진행되고 있다"고 대답했어요.

이런 말을 듣고 집에 와서 꼼짝하지 않고 대기했지요. 사이공 시내는 월남의 대통령궁을 비롯해 미군과 한국군 장교 숙소, 외국공관, 베트남 경찰서, 그리고 월남 정부의 주요 시설을 제외하고는 베트콩의 수중에 들어갔어요. 월남군과 베트콩 간에 시가전이 전개되고 있었던 것이지요. 월남인이나 미국인, 한국인들에게 즐거운 구정 설이 아니라 가장 위험을 느끼고 기억에 남을 불안한 구정을 보내게 되었습니다.

일주일 정도 꼼작 못했어요. "죽을 수도 있겠구나"하는 나쁜 생각도 들었고요. 내가 거주하는 지역은 사이공에서 조금 잘사는 중류 이상의 베트남 사람들이 살고 있는 지역으로, 경비나 보안이 비교적 잘된 3층짜리 콘크리트 집이었어요. 그 지역이 베트콩에게 점령당하면 내가 잡혀갈 것이고, 그렇게 되면 개죽음을 면하기 어려울 것으로 생각했기 때문이지요. 같은 집에 살고 있는 사이공대학교 영문과 학생, 가끔 통역해 준 미

사진 6    1967년 베트남 USAID 사무실에서 근무하는 모습

스터 힝(Hing)에게 부탁했어요. 만약 내가 베트콩에게 붙잡혀 가면 나의 짐을 한국으로 보내달라고 주소를 써서 붙여놓기까지 했지요.

그때는 일주일이 왜 그렇게 길게 느껴졌는지 알 수 없었습니다. 베트콩이 내가 살고 있는 지역을 점령하고 수색하면 한국인들이나 미국인들은 무조건 잡아가는 것이 통례였지요. 내가 근무한 총무국(GSO: General Services Office)은 영선(營繕)반도 있었어요. 미국인들이 시내에 나갔다 운이 없으면 잡혀서 끌려가 팔이나 다리를 잘라버리고 몸뚱이는 천장에 감추어 둔다는 말이 나돌 정도였어요. 미국인 직원이 며칠간 출근하지 않으면 헌병들로 하여금 그의 자동차를 찾으라 하고, 자동차가 발견되면 그 차를 중심으로 약 100m 주위를 미군 헌병과 월남 경찰이 철저하게 수색한 것을 보았지요. 심지어 천장도 쇠로 된 송곳으로 찌르면서 수색한다고 했어요.

어느 날 아침 3층 베란다에서 통역인 힝과 얘기하고 있는데 골목길에서 경찰이 베트남인의 유조차(油槽車) 상단 뚜껑을 열고 속을 보는 것을 목격했지요. 통역은 저 유조차 속에 베트콩의 무기 소총, 박격포가 있어도 거기에는 가솔린으로 가득 채워져 있기 때문에 오랫동안 내려다

사진 7    1967년 베트남에서 다시 만난 로버트 포브스(Robert C. Forbes) 소장과 함께 찍은 사진(1961년 구술자는 15사단 고문단장인 포브스 대령의 통역장교로서 보좌함)

볼 수 없어서 뚜껑을 바로 닫게되고 또 무기가 있어도 신고하지 못한다고 그래요. 왜냐하면 만약 그 경찰이 유조차를 끌고 가거나 신고해서 제지하면 그날 밤으로 그 경찰은 베트콩으로부터 보복을 당해 죽는 것이 보통이라고 말했습니다. 베트남 경찰이 그렇게 베트콩을 무서워하니 월남 정부는 남베트남 국민이 이미 심리전에서 패배했기 때문에 베트콩을 이길 수 없을 것이란 말도 그는 서슴없이 했어요. 남베트남은 베트콩을 이길 수 없는 구조적 문제를 안고 있었다고 말할 수 있지요.

## 4. 외무공무원으로서 미얀마 근무

베트남에 있는 미국 국제개발처에서 근무한 후 국내로 들어옵니다. 외무공무원을 하게 되었는데 1등 서기관으로서 첫 부임지는 어디였습니까?

내가 1968년 8월경 휴가차 한국에 들어오게 되었어요. 다시 사이공으로 돌아가지 못했지요. 두 가지 이유가 있었습니다. 하나는 집에 와서 알게 되었는데 아버지께서 1967년 3월 22일 돌아가신 것이에요. 어머니는 시골에서 혼자 살고 계신 상태였어요. 어머니께서 "월남에 다시 갈래?"라고 물길래, "가지 말까요?"라고 했더니 "더 이상 가지 말거라"라고 말씀하셨어요. 그래서 "그러면 가지 않겠습니다"라고 대답했지요. 어머니는 아주 만족한 표정을 보였습니다. 나는 비행기 표를 주한미국대사관에 반납하고 사이공에 있는 직속상관에게 사직서를 편지로 제출하고 사이공에 돌아가지 않았어요.

또 다른 이유는 월남의 미국 국제개발처에 근무할 때 미국인 친구에게 본국의 직장으로 전직하고 싶은데 추천할 곳이 있는지 문의한 적이 있어요. 그 친구가 육군에서 운영하는 서해육군 어학원(West Coast Army Language School in Monterey)에서 가르치는 선생을 추천했어요. 이 어학원은 한국이나 일본으로 파견되는 미국 병사들에게 일정 기간 그 국가의 언어와 풍습을 교육하는 기관이었어요. 내가 어학원에 편지를 보냈더니 응시원서가 왔습니다. 내용은 영어 시험 문제를 보내온 거에요. 아마 일곱 가지의 영어 시험을 요구한 것 같아요. 영어 읽기를 녹음하고 다이제스트 몇 페이지부터 몇 페이지까지 읽고 요약하기, 어떤 주제에 대해 영작문을 쓰는 것이었어요. 이걸 준비해서 보냈더니 몇 개월 후 '나중에 오라는 통보를 하겠다'라는 결과를 받았어요. 이 어학원에 응시하는데 포브스 소장의 추천서를 같이 보냈지요. 나는 그 어학원 선생의 대기자 명단에 포함된 것입니다.

한국에서 취직하려는 생각없이 6개월 정도 그냥 보냈어요. 미국 어학원의 통보를 기다리고 있었기 때문인데, 그 어학원은 포브스 소장을 통해 잘 알고 있었어요. 그런데 포브스 장군으로부터 색다른 편지가 왔습니다. "미국 정부가 베트남전쟁에 너무 많은 예산을 쓰고 있어 군대 예산이 삭감되었는데 육군 어학원의 교수들이 감원될 입장이라고. 네 신규 채용은 어려운 문제가 될 것 같다"라는 것이었어요. 졸지에 실직자가 되어 서울에서 새로운 직장을 구해야 했어요.

1969년 4월 공무원 시험을 보게 되었고 운 좋게 합격했지요. 통역장교와 미국대사관의 근무가 참작되었는지 모르지만 나는 외국인들의 한국 투자를 유치하는 일과 관련한 업무를 하게 되었어요. 한국에 이미 진출해 있거나 앞으로 진출할 외국인들이 무엇을 원하는지, 불편한 일이 무엇인지 파악해서 처리하는 일을 맡았어요. 1970년대 중반 국제 석유파동이 일어났는데 원유가가 너무 많이 올라 한국의 외환 보유고가 위험한 수준에 달하는 시기가 있었어요. 외국에서 차입하기로 약속한 외화가 들어오지 않았기 때문이었어요.

한국 정부는 외국으로부터 단기 차입이 필요하게 된 거죠. 그래서 한국에 진출해 있는 외국계 은행장을 찾아가 이 문제를 상의한 거에요. 미국계 씨티은행의 콜린스(Mr. Collins) 지점장을 만나 약 3억 불 정도의 단기 차입 문제를 협의했어요. 콜린스 지점장이 미국 본사와 협의한 후 알려 준 내용은 국제금리 리보(LIBOR; 런던에서 대형 은행들끼리 거래할 자금을 서로 빌리고 빌려주고 할 때 사용되던 금리) 플러스 1% 마진에 6개월 이내의 브리지 론(bridge loan; 갱신 가능한 단기 차관)을 하는 조건이었어요. 나는 우리 정부 관련 부처에 이첩했지요.

내가 한 일 중에 기억하는 것은 서울에 주재한 미국상공회의소를 비롯해 한국 지점에 근무하는 외국인들이 미국 식품을 사고 싶은데 미 8군에 가지 않으면 살 수가 없으니 한국 정부가 외국 식품을 외국인에 게만 팔 수 있는 상점을 개설해 주는 것이었어요. 한국 정부가 캄미사리 (commissary)점을 개설했습니다. 그런데 미국인 여권을 가진 한국인들이 몰려와 물품을 매점매석해버려 정작 필요로 하는 미국인들이 살 수 없는 일이 벌어졌어요. 미국인들의 불평을 해소하기 위해 캄미사리가 외국 여권을 소지한 한국인들에게는 한정 판매한다는 조건으로 외국인들의 불평을 해소해 주었어요. 나는 공무원으로서 약 14년 정도 일한 뒤에 외국에서 근무하는 특별 전형에 응시하였고, 1983년 버마(현, 미얀마)에 1등 서기관으로서 근무하게 되었어요.

## 5. (주)대우에 이사로 입사해 리비아 벵가지에서 근무한 때

버마 근무를 끝으로 공무원 생활을 마감하고 1984년 ㈜대우 이사로 입사해 리비아 벵가지에서 업무를 봤어요. 벵가지는 리비아의 제2도시이며 가장 큰 항구 도시입니다. 영업부는 리비아 당국과 건설 업무 계약을 체결하고, 대금을 받는 것이 주 업무였어요. ㈜대우 벵가지 본부는 병원을 비롯해 비행장, 도로, 아파트, 플랜트, 모스크 건설을 주로 수주하였고, 대금은 달러를 받거나 원유로 받았어요. 원유는 벨기에 앤트워프에 있는 정유회사에서 정제한 후 유럽에 판매하기도 했어요.

리비아 벵가지에서 근무할 때 인근에 동아건설이 인공 수로(man made river) 시공 공사를 진행했어요. 리비아 동아건설의 책임자로 내가 전속부관으로 근무한 바 있는 유양수 장군(5·16 쿠데타 주체)이 사장으로 부임했어요. 그는 직업군인으로서 제2차 세계대전의 격전지였던 토브룩(Tobruk) 전투 현장에 관심 갖고 있었어요. 우리는 1986년 7월 어느 날 자동차로 약 1천 km 떨어진 토브룩에 갔습니다. 거기에는 1942년 6월 연합군과 독일군 간의 치열한 공방전에서 전사한 수천 명의 병사들 이름이 대형 석판에 기록된 전적비가 있어요. 아프리카에서 가장 방대한 격전지로 알려진 토브룩 전투를 실감 나게 느꼈습니다.

토브룩은 미국을 비롯한 연합군과 독일 군인들이 아프리카에서 가장 많이 전사한 유명한 전쟁터이지요. '사막의 여우'라는 독일군의 에르빈 롬멜(Erwin Rom'mel) 원수와 영국의 버나드 몽고메리(Bernard L. Montgomery) 원수 사이에 두뇌 싸움이 치열하게 전개된 전쟁터를 보니 감회가 새롭고 숙연한 마음이 들었어요. "지도자들이 자신의 정치적 야욕을 위해 수많은 생명을 죽음으로 가게 만든 원죄를 어떻게 처벌할 수 있는 방법이 있을까?"하는 부질없는 생각을 해보았어요.

리비아 사막은 남북의 길이가 1,200km로 하루에 도저히 갈 수 없고, 사막 중간쯤에서 반드시 1박 해야 합니다. 잠을 잘 때는 사막에 있는 듄(dune: 움푹패인 곳)에 차를 숨기고 문을 잠근 후 차에서 하룻밤을 보내는 거지요. 사막에 있는 강도들에게 발견될 경우 자동차를 빼앗기고, 옷까지 훔쳐 가는 것이 통례라고 합니다. 어떻게 하든지 사막의 무법자들에게 들키지 않는 방법을 강구해야 하는 겁니다. 강도들은 카다피 정권에 반대하는 사람들인데 사막으로 도망나온 사람들이라고 하더군요. 사막 중간쯤에 옥시덴탈 석유회사가 있어 대우 차들의 왕래가 빈번한 곳인데 어려운 일들이 많았어요. 사막에 간다고 하면 운전기사는 휘발유 여분부터 물통, 담요, 빵 이렇게 숙식에 필요한 물건을 많이 준비합니다.

리비아에서 일할 때 주로 미국인 변호사를 상대로 일을 많이 했어요. 리비아 사람들이 영어로 협상이나 계약, 공사대금 지급하는 것을 버겁고 귀찮게 생각해 아예 미국인이나 영국인 변호사를 고용하는데, 법률

사무실을 따로 만들어 그들에게 일을 맡기는 거에요. 변호사들이 결정하면 리비아 회사는 집행만 하는 셈이지요. 통역장교, 월남, 리비아에서 만난 미국인들은 뼛속까지 국가 이익만을 최우선으로 챙기는 것을 보고 감탄하였고 부럽기도 했어요.

리비아를 통치한 카다피 정권이 미국에 적대적인 정권이었습니다. 당시 남한은 미국에 우호적인 친미 정권이었는데 리비아에서 우리나라 기업인이나 그들과 관련한 사람들에 대한 위협이라든지, 불미스러운 일은 일어나지 않았습니까?

리비아에는 한국 기업들이 많이 진출해 있었고 그들이 일을 잘했기 때문에 리비아 사람들의 인식과 평판이 아주 좋은 편이었어요. ㈜대우는 한국과 리비아가 국교를 수립하기 전부터 진출해 있었어요. 두 나라가 1980년 6월 국교를 수교함으로써 한국 기업들의 리비아 진출은 더욱 활발하게 추진되었어요. 김우중 회장은 국교가 없는 나라에 가서 기업을 하느라 초기에는 참 고생을 많이 했다고 들었습니다. ㈜대우 총본부는 트리폴리에 있었고 제2항구 도시인 벵가지에도 많은 사업체를 가지고 있었어요. 벵가지 국립병원을 비롯해 비행장, 아파트, 도로, 공공건물을 신축했습니다. 대우에 대한 리비아 정부의 신뢰는 대단했어요. 무아마르 알 카다피(Muammar al-Gaddafi)는 벵가지에 오면 김우중 회장을 불러 면담하기도 했지요. 대우는 건설 분야에서 유럽이나 국내 회사들이 따라오지 못할 정도였어요.

나는 1984년 8월부터 87년 중반까지 리비아 벵가지에서 수주 업무를 보았는데, 가장 어려운 문제는 공사대금을 계약된 기간에 받지 못하고 연체되는 미수금이었어요. 미국의 경제제재를 받는 리비아는 외화가 부족해 달러 지불이 사실상 어려웠거든요. 미수금이 증가함에 따라 대우는 리비아 원유를 공사대금으로 받아 벨기에에 있는 앤트워프 정유회사를 매입해 원유를 정제한 후 유럽 시장에 팔아 미수금 문제를 어느 정도 해결하곤 했어요. 특이하게 느낀 것은 카다피 지도자는 언제나 암살에 많은 신경을 쓰고 있었던 거에요.

카다피 암살 미수 사건은 수시로 발생했지요. 미국이 카다피를 암살하려고 여러 차례 시도했잖아요. 1984년 4월 어느 날 새벽으로 기억합니다. 미국 비행기가 벵가지에 있는 리비아의 작은 마을을 폭격했습니다. 공군의 폭격 기술은 참으로 정교했는데 서지컬 오퍼레이션(surgical operation)으로 외과 수술같이 아픈 자리만 잘라 내는 그런 타격 기술이었어요. 리비아 사람들은 대부분 흙벽돌로 지은 집에 사는데 집들을 육안(肉眼)으로 보면 거의 붙어 있는 것 같이 보였지요.

미군이 폭격하는데 세 집 중에 가운데 집만 폭격당했습니다. 양옆에 있는 집은 전혀 피해받지 않고 가운데 집만 새벽에 폭격한 거에요. 용량이 큰 폭탄을 사용했으면 양옆에 있는 흙벽돌 집들이 파괴되었을 텐데 손상되지 않을 정도의 폭격 기술을 보여주는 것이 신기했어요. 나중에 알려진 일인데 그 가운데 집이 리비아 혁명수비대를 양성하는 책임장교의 집이라는 말도 있었어요.

카다피 자신이 암살을 모면하기 위해 상상할 수 없는 일을 하기도 해요. 카다피가 김우중 회장을 만나자고 전갈이 오면 사하라 사막 가운데로 갈 때가 있다고 했어요. 미국의 폭격을 피하려는 위장술이라는 거지요. 또 어떤 때는 카다피가 다음날 트리폴리에서 리비아 주재 외국 대사들에게 중요한 내용을 발표하기로 해놓고 밤중에 소집해 버스에 탑승시켜 1,200여 km 떨어진 벵가지로 이동합니다. 이 행사를 하기 위해 벵가지 주지사는 대우에 사람을 보내 한밤 사이에 실내 장식을 완료하라고 요구한다는 거에요.

카다피는 대우를 신뢰하고 있어 김우중 회장과 대우는 리비아 정부의 각별한 신임을 받았지요. 모스크 같은 공사를 하면 그들이 도면을 그

사진 8, 9　1985년~1986년 리비아 벵가지에서 근무할 당시 사막을 지나는 모습

사진 10   1988년 인도네시아 P. T. Petrowidada 합작법인에서 부사장으로 근무하는 모습

려서 가지고 오는데 그러면 대우는 건축을 완료하고 열쇠를 넘기는 턴키(turn key) 베이스 공사를 했어요. 리비아 말로 '샤리카테 대우'라고 하면 '대우회사'란 뜻이에요. 대우를 그 정도 일으키는 데 김우중 회장이 얼마나 많이 고생했겠어요. 대우가 리비아 건설시장을 개척했을 때 그것은 한국과 중동 그리고 리비아와 수교가 없을 때이니 대우인들이 고생을 많이 했지요.

　　나는 리비아 근무를 마치고 1987년 중반 인도네시아로 전출되었어요. 소속도 ㈜대우건설회사에서 무역회사로 변경되었지요. 인도네시아 제2도시 수라바야시의 위성 도시 그레식(Gresik)에 화학공장을 건설하게 되었습니다. 정치외교를 공부한 사람이 화학공장 부사장으로 부임하게 되었지요. 화학공장이 페 테 페트로위다다(P. T. Petrowidada)였습니다. 이 공장의 소유 주식 비율은 인도네시아 정부가 50%를 투자하였고, ㈜대우가 25%, 나머지는 인도네시아 민간 회사가 25% 지분을 가졌어요.

아시아에서 4번째로 건설된 프탈릭 앤하이드라이드(phthalic anhydride, 플라스틱 제품이 조형을 만들게 하는 중간 소재) 공장이었어요. 4년 정도 일한 후 1990년 9월 본사로 귀국하였고 그해 말 ㈜대우에서 퇴사하였습니다.

## 6. 학업과 미국 유학 준비

한반도 중립화 연구에 뛰어들기 전 회장님은 다양한 이력을 가지고 있습니다. 학부에서 정치외교학을 전공한 이래 일하는 도중 대학원에서 공부했는데, 남다르게 배움에 대한 열정이 있었습니까? 대우에서 퇴사했을 때 55살이고 늦게 미국 유학을 결심한 계기가 있을까요?

㈜대우를 끝으로 봉급생활을 마치고 미국 유학을 목표로 연세대학교 행정대학원에 등록해서 유학 준비를 했습니다. 토플(TOEFL)과 지알이 (GRE: 미국 대학원 필수) 공부를 위해 사설 학원에 다니고 그랬어요. 지금도 거의 똑같죠? 미국으로 유학을 택한 동기는 '미국과 한국은 혈맹'이라고 말하는 우리나라 사람들이 많이 있잖아요. 혈맹 관계가 되기 위해서는 미국도 한국을 혈맹으로 생각해야 한미 간의 혈맹이 성립되는 것인데 이런 것을 알고 싶었어요. 과연 미국이 한국을 그런 나라로 생각하는지에 대해서 의문이 들었지요. 요즘도 보면 일부 한국의 보수는 태극기를 들고 데모하면서 "주한미군이 철수하면 다 죽어"라는 식으로 미국의 바짓가랑이를 붙들고 성조기를 흔들고 있잖아요.

미국 사람들이 국가 이익을 많이 생각하는데, 미국은 어떤 나라인가? 앞으로 한국인은 한국의 입장에서 미국을 봐야 할 것입니다. 유학을 준비할 때 퍼뜩 떠오르는 것이 있었어요. 1882년 5월 22일 인천 앞바다에 텐트치고 조미수호통상조약(朝美修好通商條約)이 체결된 날입니다. 그 다음에 생각난 것이 1905년 7월 29일로, 미국과 일본이 가쓰라-태프트 비밀협약을 맺은 날이에요. 미국은 조선의 종주권(宗主權)을 일본에 넘기고 그해 11월 17일 을사보호조약(乙巳保護條約)이 강제로 체결되었지요. 11월 30일에는 조선 주재 미국공사관이 어느 나라보다 가장 먼저 조선에서 철수해요.

1882년 5월 22일 이후부터 1905년 11월 30일까지 조선 주재 미국공사관과 미국무성 사이에 오고 간 공문들을 찾아보면 미국이 조선을 어떻게 생각하고 취급했는지 알 수 있을 것이란 막연한 생각이 들었어요. 그렇게 생각하니 또 생각나는 것이 있었습니다. 1871년 6월 10~11일 2일간 미국이 조선을 무력으로 침략한 신미양요(辛未洋擾)가 왜, 어떻게 해서 일어나게 되었는지 관심 갖게 된 것이에요. 훗날 하와이에서 박사학위 논문을 쓸 때 1871년부터 1905년까지를 연구 범위로 설정하게 된 동기와 그 이유입니다. 이 기간의 조선과 미국의 관계를 연구하면 미국이 어떤 나라인지 알 수 있을 것이란 믿음을 갖게 되었지요.

정확하게 말해 내가 대우를 퇴사한 때가 한국 나이로 55세였습니다. 통역장교 시절부터 시작해 외국에서 일한 것과 더불어 미국대사관에서 일했기 때문에 일생을 거의 영어를 가지고 밥 먹고 살았는데 공부를 더 해서 뜻있는 무엇을 해보고 싶은 생각이 들었어요. 외국에 유학해 학위를 따면 연결이 되겠다고 생각하게 되었지요. 그래서 유학을 꿈꾸고 인생을 총정리하는 증표가 있기를 바란 것입니다. 나이 들어 공부하게 되니까 처음부터 몇 가지 또 다른 생각이 들었지요. 유학을 될 수 있으면 비밀로 하려고 했어요. 심지어 시골에 계신 어머니께도 말씀드리지 않았습니다. 나이가 들었으니 공부하다가 중도에서 그만둘 가능성이 있기 때문이었어요. 영어 실력이 부족하거나 돈이 떨어지거나, 아니면 건강이 안 좋거나 하는 것을 걱정했어요.

내가 하와이로 떠난 날이 1993년 1월 6일입니다. 짐을 아주 많이 가지고 갔어요. 미국에서 필요한 살림 도구는 거기서 사지 않고 될 수 있으면 전부 가지고 간다고 생각했어요. 김포공항에서 가방의 무게를 달 때 짐이 너무 크니까 항공사 직원이 미국에 무엇하러 가느냐고 물었어요. 공부하러 간다고 하니까, 나이 먹은 학생이라 그런지 그냥 봐주는 것 같은 생각이 들었어요. 하와이공항에 도착한 날은 1월 5일이었는데 아무도 나오지 않았어요. 떠나기 전에 학생처에 분명히 차를 보내달라고 해서 약속했는데 말입니다. 공항에는 비가 폭포같이 내리고 있어서 어떻게 할 수가 없었지요. 공중전화를 찾아 학생처에다 문의하고 짐이 많아 카트에다 포개서 얹어 나오는데 앞이 잘 보이지 않을 정도였어요.

한참을 기다렸더니 몸이 좀 통통한 아주머니가 나와서 '미스터 강'이냐고 물어요. 그렇다고 했더니 무거운 가방 세 개를 번쩍 들어서 차에다 실어 주었어요. 참 고마운 생각이 들었습니다. 비가 너무 많이 오니까 조금 기다리자고 한 후 공항을 나섰어요. "어디로 가느냐"고 물어 "예약한 곳이 없으니 대학교 아무 기숙사에나 가자"고 말했어요. 내려 준 곳은 할레 마노아(Hale Manoa) 기숙사였습니다. 데스크의 알바하는 학생이 방이 없다고 해서 결국 채드윅(Chadwick) 지도교수에게 전화했지요. 마침 지도교수가 기숙사 운영위원이어서 잠시 후 데스크가 임시로 방 하나를 내주었습니다. 그 방이 한동안 공부하는 방이 되었어요.

나중에 알게 되었는데 나를 공항에서 픽업한 아주머니는 미세스 조이(Joy)라는 분이었고 감리교 신자로서 유학 오는 학생을 공항에 마중 나가 편의를 제공해 주는 봉사를 한다고 들었어요. 그 뒤로 그녀와 많이 교류하였고 졸업할 때까지 나의 멘토가 되어 도움을 주었습니다. 조이가 다닌 그 교회는 매주 목요일 유학생들에게 점심을 제공하는 프로그램을 운영했어요. 매주 가지는 못했지만 미스터 가테가루(Katekaru) 장로를 소개받았는데, 그는 일본계 미국인으로 미세스 가테가루와 우리 가족이 친한 관계가 되었어요.

호놀룰루의 하와이대학교에 유학 가서 미국과 한반도와 관련된 학위논문의 연구를 구체적으로 어떤 걸로 삼을까하고 고민했을 것 같습니다. 한미외교 측면에서 앞서 말씀하신 주제를 연구하겠다는 계획서를 제출하고, 공부하는 과정과 졸업에 대한 걸 말씀해 주십시오.

늦게 하와이대학교에서 공부를 시작했는데 대학원에서 두 가지 현상이 일어났어요. 하나는 57세에 입학했기 때문에 대학원 한국 학생들의 평균 나이가 높아져 버렸어요. 다른 하나는 긍정적 요인이라고 보는데, 내가 4년 만에 학위 최종 심사를 통과해 후배가 되거나 젊은 친구들에게 더 열심히 공부하는 동기를 부여한 것으로 생각해요. 나이가 60인데 저렇게 일찍 학위를 끝내는 사람이 있구나 싶은 거지요. 내가 떠날 때 후배들이 기념품을 선물해 주었어요. "저희의 모델입니다. 60세에 학위 받고 우리보다 먼저 귀국하는 것이 자랑스럽다"라고 하면서 송별회를 해주었습니다.

## 7. 하와이대학교 대학원에서 수학한 미국과 조선의 관계에 대한 연구

한국인 대학원 학생회장은 57세의 유학생이 한 명 왔다고 하니까, 어떻게 생각하면 정치인이 6개월 바람 쐬러 나온 걸로 알고 있었어요. 석사

과정을 마치고 박사과정에 입학했다는 것을 알고는 무척 놀랐다고 그랬어요. 한번은 학생회장이 찾아와서 "선생님, 나이가 제일 많은데 정치학과 학생 대표를 해주시겠습니까?" 그래서 "좋습니다"하고, "학생들이 하지 않으려는 것이 있으면 무엇이든지 나를 시키라"고 말했지요. 그렇게 시작한 정치학과 대표를 4년 동안 하였습니다. 공부하다 보니 내용들이 머릿속에 꽉 차고 정리가 되었어요. 신미양요에 관한 것은 공식 서류가 부족하면 전쟁에 참전했던 미국 장교들의 자서전을 찾아보니 상당한 내용들이 연결되어 있었어요.

관심은 온통 미국이 믿을 수 있는 국가인가 그렇지 않은가에 초점을 맞추고 공부했기 때문에 과거 이씨 조선시대 자료부터 검토했지요. 1871년부터 1905년까지 미국 국무성과 조선 주재 미국 공관 사이에 오고 간 문서들을 찾았어요. 그때는 컴퓨터가 보급되지 않아 주로 마이크로필름을 돌려서 기록을 읽었습니다. 어느 때는 눈이 빠질 것 같은 적도 있었고, 고종실록(高宗實錄)이나 이조실록(李朝實錄)을 열심히 읽었어요. 나이 들어 경험이 쌓이니까 공부하는 요령이 생긴 게 아닌가 싶어요. 그런 느낌이었습니다.

실록에 보면 조선과 미국의 관계는 별로 수록된 것이 없었습니다. 좀 이상한 점이 있었는데 미국 자료에는 고종(高宗)의 영세중립 자료가 나와 있는데 고종실록에는 없었어요. 일본의 조선사편수회가 고종의 영세중립 활동에 대한 기록을 고의로 삭제한 것을 알게 되었습니다. 일본인 역사학자 하야시 다이스케(林泰輔)가 1912년에 쓴 조선통사(朝鮮通史)를 보았는데 조선 역사를 단군조선, 즉 조선의 상고사(上古史)를 모조리 삭제하고 위만조선(衛滿朝鮮)부터 시작한 것을 알게 되었어요.

나는 조선과 미국의 관계를 위주로 자료를 찾았으니까 상고사는 필요 없었지만 조선통사의 진위(眞僞)를 먼저 확인해야 했기 때문에, 그 뒤부터는 미국의 1차 자료와 조선의 2차 자료에 더 많은 관심을 가지게 되었어요. 1871년 6월 1일 미국이 조선의 문호를 개방하기 위해 무력 침략한 조선전쟁(The Corean War)인 신미양요는 조선 자료보다 미국 자료에 의존을 많이 해서 봤어요. 고종실록에는 신미양요에서 조선 병사 53명이 전사한 것으로 기록되었으나, 미국 자료에는 350여 명이 전사한 것으로 되어 있었지요. 1871년 미국의 대통령은 제18대 율리시스 그랜트(Ulysses S. Grant)였습니다. 그는 웨스트포인트 육군사관학교 생도 시절에 공부를 잘하지는 못했으나 남북전쟁에서 북군 총사령관이 되어 남군의 항복을 받았어요. 예편 후 육군장관을 거쳐 1869년 대통령에 당선된 무인으로 군대 시절 별명이 '백정' 또는 '무조건 항복'을 받은 장군으로 알려졌어요.

이러한 기질의 그랜트 대통령이 아마 조선을 무력으로 침략한 것으로 추론할 수 있었어요. 미국이 조선의 종주권(宗主權)을 일본에 넘겨준 미국 대통령 제26대 시어도어 루스벨트(Theodore Roosevelt)는 일본이 그를 친일본 대통령으로 만들었기 때문에 1905년 가쓰라-태프트 비밀각서를 통해 조선의 종주권(sovereignty)을 일본에 넘겨주게 된 대통령이 되었습니다. 그는 사냥, 운동, 독서를 좋아했어요. 1903년 4월 30일 일본은 루스벨트 대통령의 하버드 법대 동기 동창인 가네코 겐타로(金子 堅太郞) 남작을 워싱턴에 파견해 그를 친일파로 만드는 데 성공했어요. 루스벨트는 가쓰라-태프트 비밀각서를 구두(전화)로 승인했구요. 1905년 9월 루스벨트는 러-일전쟁을 종결하는 포츠머스 조약을 주선함으로써 그 공로를 인정받아 1907년 노벨 평화상을 수상했습니다.

조선을 식민지로 지배하기 위한 일본의 치밀한 계획과 친일본 정책을 추구한 루스벨트 대통령 때문에 고종 황제가 구국운동으로 조선의 특사를 6회나 미국에 파견하고 협력을 요청했으나 실현되지 못했어요. 일본의 방해와 루스벨트의 비협조로 영세중립 정책이 좌절된 겁니다. 1904년 1월 21일 고종은 조선이 영세중립국임을 선포합니다. 그러나 일본은 고종의 영세중립 정책을 방해하기 위해 그해 2월 10일 러일전쟁을 일으킴으로써 결국 이 정책은 실패로 돌아갔지요. 조선과 미국의 역사적 관계를 확인한 후로 나는 미국의 조선 정책을 다시 검토하였고, 미국에 대해 신뢰할 수 없는 요인 중의 하나가 되었어요. 물론 미국은 국가 이익 차원에서 일본을 지원한 것이겠죠.

대국이 소국의 운명을 자국의 이익에 제물로 사용한 것은 정당한 국제정치의 가치로 평가할 수 없었어요. 그때부터 미국에 대해 새로운 시각으로 접근하고 관찰하기 시작했어요. 미국은 1882년 5월 체결한 조미수호통상조약 제1조에 명시된 거중조정(居中調整)을 이행하려는 의지를 보이지 않았고 오히려 무시했지요. 일본을 위해 조선의 정책을 추진한 미국의 진위를 이해함으로써 미국을 재평가하게 된 겁니다. 고종의 영세중립 정책은 아직도 한반도와 동북아 평화를 위해서 유효한 정책이고, 이것이 한반도 중립화 운동을 하게 된 동기가 되었어요. 미국에 대해 평가하자면, 결론은 "지나치게 국가 이익만 추구하는 국가로서 믿을 수 없는 나라"라는 거지요. 한국은 "남북통일과 한반도의 영구평화를 위해서는 미국에 지나치게 의존하지 말고, 남북이 화해하고 협력하여 자주 안보를 찾아야 한다"라는 결론에 도달하게 되었어요.

## 8. 박사학위 논문의 주제와 내용

학위논문의 주제와 내용을 여쭤보겠습니다. 고종의 대미 외교에 대한 박사학위 논문인데 연구 시기는 신미양요부터 1905년까지이고, 연구 내용을 상세하게 말씀해 주십시오.

연구 범위는 1871년부터 1905년까지 24년간 조선과 미국의 관계인데, 고종의 대미국 외교였습니다. 학위논문은 2006년 일월서각에서 한국어판이 책으로 출간되었어요. 『고종의 대미 외교: 갈등·기대·좌절』입니다. 제목을 이렇게 한 이유는 1871년 6월 미국이 조선을 침략함으로써 조미전쟁이 일어나 '갈등'하게 되었고, 1882년 5월 조미수호통상조약을 체결함에 따라 고종은 미국이 조선을 지켜줄 것으로 '기대'했으나 미국의 비협조로 일본에 국권을 상실하게 되어 '좌절'한 것을 가리킵니다.

학위 논문을 열심히 쓰고 있는데 심사위원 중의 한 분 납탈리(Naptali) 교수가 만나자고 연락왔어요. 납탈리 교수는 마이크 맨스필드(Mike Mansfield) 상원의원이 쓴 조선의 문호 개방에 관련된 책을 보여주면서, 나의 논문과 상당 부분 중복되는데 박사논문을 쓸 수 있겠느냐고 물었습니다. 그 말은 논문 제목을 바꾸라는 암시였어요. 만약 나의 주장이 밀리기라도 하면 제목과 내용을 수정해야 하고, 지금까지 연구하고 조사해 온 작업이 물거품이 되어 다시 시작해야 할 처지가 될 수 있었지요. 나는 이렇게 반론을 제기했어요.

두 논문의 제목과 연구 기간이 상당히 중복되는 지적에 전적으로 동의합니다. 맨스필드 의원의 논문은 미국인을 대상으로 하고 있으나 나의 논문은 한국인을 대상으로 합니다. 다시 말하면 독자의 대상이 완전히 다르다는 점입니다. 맨스필드 논문을 읽은 미국인들은 나의 논문이 오버랩 되었다고 생각할 수 있을 것입니다. 그러나 내가 쓴 논문은 대상이 한국인들로서 한국에서는 고종이 어떻게 나라를 지키기 위해 노력했으며, 일본인들이 어떻게 해서 조선을 식민지로 만들었는지에 대해 자세히 알지 못하고 있습니다. 미국은 1882년 5월 체결한 조미수호통상조약 제1조에 명시되어 있는 '양국 중 누가 제3국의 침략이나 간섭을 받았을 때 이를 통보받은 즉시 개입하여 도움을 주어야 한다'는 거중조정(good offices) 규정을 무시하였고, 조선의 종주권을 일본에 넘긴 태프트-가쓰라 비밀각서를 체결해 조선이 전혀 알지 못하는 상황에서 일본의 식민지로 전락하였습니다. 나의 논문은 읽을 대상이 오로지 한국인들이기 때문에 한국인에게는 새로운 사실들(new findings)이므로 연구 내용이 중요한 의의를 가질 수 있을 것입니다.

나의 설명에 납탈리 교수가 수긍하면서 "알겠다. 논문 잘 쓰기 바란다"고 말했어요. 그런데 납탈리 교수는 하와이대학교에서 테뉴어(tenure: 종신교수)를 받지 못하자 나에게 알리지도 않고 다른 대학으로 간 것을 나중에 알게 되었지요.

논문과 관련해 또 다른 에피소드가 있었습니다. 고종 시기의 논문을 쓴다고 하니까 한국 교수인 심사위원이 나이가 많은 학생인지 몰랐나 봅니다. 그 교수가 제 지도교수에게 무슨 말을 한 것 같아요. 지도교수가 보자고 해서 갔더니 『고종실록』을 펼치면서 "고종 시기의 논문을 쓰려면 이런 책을 읽어야 하는데, 이 내용을 읽을 수 있는가?"라고 물었어요. 나는 "잘 읽을 수 있고 뜻도 이해할 수 있다"고 말하고, 그 내용을 영어로 설명했지요. 교수는 『고종실록』 책을 가지고 나가더니 조금 있다가 돌아왔어요. 아마도 심사위원인 한국 교수가 그러한 문제를 지도교수에게 제기한 것 같았어요.

영세중립을 위한 고종의 노력, 외교적으로 고종이 미국의 지원을 받아 일본을 견제하고 조선의 자주 외교정책을 펼치려고 한 것이 좌절되었습니다. 영세중립 정책은 언제부터 등장합니까?

고종은 1891년 6월부터 영세중립에 관심을 가지고 있었습니다. 처음에는 중국이 조선에 미국과 외교관계를 맺을 것을 제의해 왔어요. 중국은 일본이 조선을 침략하려는 정한론(征韓論)을 알게 되었고, 미국을 이용해서 일본의 조선 침략을 저지하려는 이이제이(以夷制夷)를 생각하게 되었지요. 이이제이는 "오랑캐의 힘을 이용해서 오랑캐를 저지한다"는 뜻입니다. 중국 이홍장(李鴻章) 북양대신이 처음에는 조선과 미국의 수호통상조약 체결을 반대했으나 일본의 조선 침략을 저지하기 위해서 이 통상조약 체결을 권유하게 되었어요.

일본은 1868년 1월 명치유신(明治維新)을 통해 막부정부(幕府政府)를 쿠데타로 전복시키고 모든 권한을 왕에게 환원하게 되었지요. 명치유신을 성공시킨 사람들은 일본의 최남단에 있는 사스마번(薩摩藩)의 사이고 다카모리(西鄕隆盛)와 장주번(長州藩)의 이와구라 도모미(岩倉具視) 등이 연합하여 유신을 성공한 것입니다. 정한론을 주장한 사이고 다카모리는 조선을 당장 침략하자는 주장이었고, 이와구라 도모미는 나라의 재정이 어렵고 새로운 정부가 완전히 확립되지 않았으니 침략을 뒤로 미루자고 했는데, 왕이 조선 침략을 연기하게 됩니다. 사이고 다카모리는 사표를 내고 고향으로 돌아가 군사학교를 세우고 군대를 양성해 1877년 중앙 정부군과 서남전쟁(西南戰爭)을 일으킵니다. 사이고 다카모리는 전쟁에서 연패하자 그해 49세의 나이로 자결하였지요. 그 사건으로 일본의 조선 침략은 연기되었습니다.

일본의 조선 정한론은 1870년 중국을 통해 조선에 전달되었는데 정한론을 최초로 주창한 이는 요시다 쇼인(吉田松陰)입니다. 그는 군사학, 사상가, 존왕파(尊王派)로 일본의 근대화를 주장하였지요. 요시다 쇼인은 일본이 섬나라이기 때문에 대륙으로 진출하기 위해서는 조선과 만주를 지배하고, 대만과 필리핀을 지배해야 한다고 주장한 사상가였어요. 그는 모든 권리는 왕이 가져야지 막부 정부의 쇼군(將軍)이 가지는 것을 반대하는 반정부 활동을 한 사람이었습니다. 요시다 쇼인은 외국의 배를 타고 밀항을 시도했다는 죄명으로 1829년 29세의 나이로 사형당합니다. 조선을 강제로 병합하는 데 주도적인 역할을 한 이토 히로부미(伊藤博文)가 요시다 쇼인의 제자였어요. 요시다 쇼인은 『일본이 근대로 나갈 길』이란 책을 감옥에서 썼는데 먼저 대만을 복속하고 그다음에 조선, 그리고 알류산 열도와 필리핀을 빼앗아 대양국가가 돼야 한다는 전략을 내세웠어요. 일본이 나아갈 길은 주변 나라의 영토를 점령해서 그다음 해양을 지배해야 한다는 것을 제시한 것이었습니다.

1870년 중국으로부터 일본의 정한론 소식을 전해 들은 고종은 여러 가지 방책을 궁리하던 중 1891년 6월부터 조선의 영세중립 정책에 관심 갖게 되었어요. 고종은 영세중립 정책에 본격적으로 관심을 가지고 대응책을 구상하였으며, 1900년부터 일본과 미국에 특사를 보내 조선의 영세중립을 요구하게 되었지요. 그때부터 조선의 영세중립 방안이 활발하게 논의되기 시작한 겁니다. 조선의 '영세중립'이라는 말은 역설이게도 중국 주재 일본 공사인 에노모토 다케아키(榎本武揚)가 1883년 1월 중국에 주재한 독일, 프랑스, 러시아, 영국 공사들에게 논의하자고 제안한 거에요. 중국은 전통적으로 조선이 자신들의 속국이므로 조선의 영세중립을 논의할 수 없다고 반대함으로써 이 문제가 진척되지 못했지요.

## 9. 고종의 대미 외교와 영세중립정책

조선의 영세중립 문제가 본격적으로 제안되기 시작한 것은 1885년 3월 서울에 주재한 독일 공사관 허먼 버들러(Hermann Buddler) 부영사가 "조선은 스위스와 같이 영세중립 정책을 해야 한다"라고 대한제국 정부에 제언한 뒤부터입니다. 같은 해 미국에서 공부하고 귀국한 유길준(俞吉濬 1856~1914)도 1885년 12월 러시아의 남진을 저지하기 위해서는 조선이 벨기에와 같은 영세중립을 해야 한다고 정부에 제안했지요.

유길준은 근대 교육을 많이 받은 개화파 신진 엘리트였어요. 1881년 6월 그는 일본 수신사의 자격으로 일본에 갔다가 귀국하지 않고 게이오 의숙(慶應義塾)에서 공부한 후 귀국합니다. 유길준은 일본에서 공부하는 동안 후쿠자와 유키치(福澤諭吉)의 집에서 머물면서 에드워드 모스 (Edward Morse) 교수를 알게 되었습니다. 유길준은 1883년 민영익(閔泳翊 1860~1914)이 미국 보빙사절단 단장으로 갔을 때 일원으로 합류했습니다. 유길준은 민영익의 허락을 받아 미국에서 공부하게 되었어요. 일본에서 만난 모스 교수의 알선으로 1884년 8월 대학 예비학교인 덤머 아카데미(Dummer Academy)에 입학했지요.

김옥균(金玉均 1851~1894)을 중심으로 한 개화파가 1884년 12월 우정국 낙성식에 참석한 민씨 일파를 제거하고 혁명을 시도했으나 3일 천하로 실패하고 일본으로 망명합니다. 유길준도 김옥균의 개화파에 속해 있었기 때문에 정부의 소환을 받고 유럽을 경유해 1885년 6월 귀국하지요. 유럽 견문을 위해 대서양을 경유해 벨기에에서 공부하고 귀국했습니다. 고종은 유길준을 그대로 두면 암살당할 것을 우려해 보호하려는 목적으로 이상설(李相卨 1870~1917)의 집에 유폐시켰으며, 거기서 유길준이 『조선 중립론』을 저술해요. 조선 사람으로서는 최초로 영세중립 논문을 쓴 학자가 되었어요.

유길준을 중심으로 영세중립 정책이 탄력을 받기 시작했는데, 여기서 말하는 영세중립의 개념이 궁금합니다.

'영세중립'이란 용어는 원래 중립에서 파생되는 단어입니다. '중립'이란 전쟁과 관련된 용어입니다. 2개의 국가가 전쟁한다고 가정하면 당사자가 아닌 제3자는 전쟁 당사자 누구도 지원하지 않고, 편의를 제공하거나 개입하지 않으면서 방관자 입장을 견지하는 중간자를 의미합니다. 전쟁이 종료되면 중간자의 중립적 효력은 상실됩니다. 즉 분쟁 당사자 어느 편에도 개입하지 않은 제3자의 행동을 말하지요. 정의를 내리자면, 어느 편에도 개입하지 않고 공정한 3자의 지위를 뜻합니다.

중립에는 두 가지 종류가 있어요. 중립(中立)의 종류는 통상중립(通常中立)과 영구중립(永久中立)으로 구분합니다. 통상중립은 전쟁이 끝나면 그 효력이 정지되는 중립을 의미하고, 영구중립은 평시나 전시를 막론하고 그 중립의 지위를 유지하는 것을 의미합니다. 영구중립의 정의는 그 국가의 자주독립과 영토의 통합을 주변 국가들과 협정을 통해 영구적으로 보장하는 제도적 장치를 말합니다.

고종은 영세중립에 대해 버들러, 유길준, 윌리엄 샌즈(William F. Sands)의 영향을 받아 그 중요성에 관해 이해하게 된 것 같아요. 영세중립국은 외국의 침략을 원칙적으로 받지 않고 평화를 유지할 수 있어 군대를 유지하는 비용 대신에 복지를 확충하게 됩니다. 스위스는 1815년 영세중립국이 된 이래 외국의 침략을 받지 않았고 어떠한 전쟁에도 개입하지 않았기 때문에 부유한 국가가 되는데 유리했지요. 유길준은 1885년 귀국하면서 벨기에를 방문하였고, 영세중립에 대해 상당히 공부하고 귀국했기 때문에 조선의 영세중립 모델로 벨기에를 제시했고 반면에 허먼 버들러는 조선의 영세중립을 위해 스위스 모델을 제시했어요.

당시의 배경을 살펴보면, 1895년 청나라가 일본과 치른 전쟁에서 패배한 후 민비 황후가 일본의 낭인들에 의해 시해되자 고종의 마음은 더욱더 조급하게 되었어요. 미국 호레이스 알렌(Horace Allen) 총영사의 보고에 의하면 황후를 살해한 국가는 일본이라는 확신을 가진 것 같아요. 알렌은 고종이 "내가 죽지 않는 이상 또 민비가 살아서 돌아오지 않은 이상 나는 일본 사람 손에 민비가 죽었다고 생각한다"라는 보고서를 작성했습니다. 고종은 1896년 2월 러시아 공사관으로 피신하는 아관파천(俄館播遷)을 하게 되지요. 황후가 시해된 후 고종이 무서워 일을 못 하니까 미국 외교관들이 돌아가면서 왕궁에 와서 하룻밤씩 잠을 잤다고 합니다. 고종에게 무슨 변고가 생길 것을 우려한 조치였지요.

고종의 영세중립 정책을 볼까요 1891년 6월 고종은 일본과 러시아, 영국, 미국에 스위스와 같은 영세중립국으로서 조선 문제를 제의했으나 중국의 반대로 무산되었지요. 1897년 고종은 미국에 조선의 영세중립국 실현을 다시 요구했으나 도움을 받지 못했습니다. 1900년 8월 29일 고종은 조병식(趙秉式) 특사를 일본에 파견했는데 그는 고노에 아쓰마로(近衛篤麿) 의원에게 조선의 영세중립 실현을 위해 협력을 요청했지요. 고노에 아쓰마로는 "조선의 영세중립 준비가 부족함으로 외치는 일본에 맡기고 조선은 내치에 충실할 것"을 요구하면서 협력을 거절했습니다.

1900년 10월 고종은 조병식에게 동경 주재 미국 공사에게 부탁하라고 지시합니다. 조병식은 알프레드 버크(Alfred E. Buck) 공사에게 미국 정부가 조선의 영세중립을 위해 노력해 줄 것을 요구하지만, 버크 공사는 조선의 영세중립 정책과 같은 중요한 외교 문제는 조선 정부가 워싱턴 주재 조선공사를 통해 정식 외교문서로 미국 정부에 직접 제출할 제안하면서 접수를 거부합니다. 미국과 일본으로부터 조선의 영세중립 정책에 협력을 받지 못한 고종은 동경 주재 러시아 공사에게 이것을 요청하라고 지시하지요. 조병식은 알렉산더 이스볼스키(Alexander P. Isvolski) 러시아 공사를 통해 조선의 영세중립 정책을 지원해 달라고 요구하지요. 러시아 공사는 일본에 조선의 영세중립 문제를 이미 문의했으나 일본은 이 문제를 논의할 입장이 아니라는 답변을 받았다고 대답했습니다.

그 후 고종의 밀사로 일본을 방문한 현영운(玄暎運)은 1903년 9월 고노에 아쓰마로 의원에게 조선의 영세중립방안을 일본 정부에 다시 제출했으나 거절당했지요. 고종은 할 수 없이 1904년 1월 21일 조선이 영세중립국임을 일방적으로 선포하였고 미국, 일본, 러시아, 중국 정부에 이를 통보하면서 조선에서 외국군대의 철수를 요구했습니다. 그해 2월 10일 일본이 러일전쟁을 일으킴에 따라 고종의 영세중립 정책은 더욱 어렵게 되었어요. 그러나 고종은 영세중립 정책을 포기하지 않고 미국에 여러 차례 특사를 보냅니다.

1904년 1월 22일 워싱턴 주재 조민희(趙民熙) 공사에게 조선의 영세중립 선언문을 미국 정부에 정식 제출하지요. 고종은 워싱턴에서 조선의 로비스트로 활동하면서 워싱턴 주재 조선공사관의 자문으로 일하는 찰스 니담(Charles W. Needham)으로 하여금 조선 문제를 루스벨트와 협의할 것을 비밀리에 지시했습니다. 비밀리에 지시한 이유는 일본이 1904년 2월 강제로 체결한 조일의정서로 소위 고문정치 때문이었어요. 니담은 다음과 같은 고종의 메시지를 존 헤이(John Hay) 국무장관에게 제출합니다.

> 지금 러시아와 일본은 전쟁을 하고 있습니다. 일본은 조선 문제를 강압적으로 처리하고 있습니다. 일본은 조선의 국내 문제뿐만 아니라 외교 문제도 전적으로 그들의 뜻대로 실행하고 있습니다. 조선은 독립을 잃게 될 위기에 처해 있습니다. 조선이 독립을 상실하면 어찌 슬프지 않겠습니까? 이렇게 위험한 시기에 조선은 귀하의 친절한 지원을 받기를 원하고 있습니다. 그러므로 귀하는 루스벨트 대통령에게 미국이 조선의 자주독립과 황실의 보존을 유지할 수 있도록 적절한 조치를 건의해 주기를 간절히 부탁드립니다.

고종은 미국으로부터 아무런 회신도 받지 못했어요. 두 번째 특사는 1905년 7월 이승만(李承晩)과 윤병구(尹炳求) 목사를 미국에 보냈습니다. 고종은 그들에게 미국으로 가서 일본이 조선을 침략하려고 하니 1882년 5월 조미수호통상조약에 따라 미국이 조선을 도와 줄 것을 요구하라는 것이었지요. 그들은 호놀룰루에서 일본으로 가고 있는 윌리엄 태프트(William H. Taft) 육군 장관을 만나 루스벨트 대통령 앞으로 쓴 소개편지를 받아서 미국으로 갑니다. 이승만과 윤병구는 루스벨트 대통령을 방문하고 조선의 사정을 설명하면서 미국의 중재와 도움을 요청했으나 루스벨트는 '그처럼 중요한 문제는 조선 정부가 외교 문서를 갖고 요구하라'고 말하면서 거절했습니다.

  세 번째 조치는 1905년 7월 서울 주재 미국 공사 에드윈 모건(Edwin V. Morgan)에게 미국이 조선을 위해 거중조정을 해줄 것을 요구했으나 모건 공사는 이 요구를 거절합니다. 고종의 네 번째 사절은 교사, 작가, 편집인으로서 조선을 위해 일하던 호머 헐버트(Homer B. Hulbert)를 미국에 파견하였지요. 헐버트는 1905년 11월 25일 엘리후 루트(Elihu Root) 국무장관을 방문하고 고종의 서신을 전달합니다. 루트 국무장관은 고종의 서신을 루스벨트 대통령에게 제출했으나 루스벨트는 국무장관에게 "헐버트가 제출한 고종 황제의 편지를 잘 읽었다. 조선의 황제는 그의 서신 내용을 비밀로 해주기를 바라면서 미국 정부가 조선을 공식적으로 도와 줄 것을 요청했으나, 이는 조선의 공식 문서로 볼 수 없기 때문에 도와주기가 어렵다. 모든 것을 고려해 보아도 조선을 도울 수는 없다"라고 말했다는 겁니다.

  고종의 다섯 번째 요청은 1905년 12월 7일 파리 주재 민영찬(閔泳瓚) 공사에게 지시한 거에요. 민영찬 공사는 고종의 지시를 루트 국무장관에게 전신으로 제출했으나 협력이 불가능하다는 답변을 받았어요. 전신으로 지시한 내용은 "1905년 11월 17일 체결된 을사보호조약은 일본의 강압으로 조인된 것으로 무효라고 생각합니다. 그러므로 미국은 조선을 도와 주기 바랍니다"라는 것이었어요. 루트 국무장관은 '고종 황제의 서신은 비공식 경로를 통해 접수되었기 때문에 미국 정부가 아무런 행동을 할 수 없다'라고 대답했습니다.

고종의 여섯 번째 사절은 1905년 12월 전 서울 주재 미국 공사였던 호레이스 알렌(Horace Allen)을 미국으로 파견한 겁니다. 고종은 알렌에게 로비활동과 여행경비로 1만 달러 상당의 금괴를 주었지요. 알렌은 미국에서 로비스트 적임자를 찾지 못하고 포기한 후, 그 자금을 고종 황제에게 반납합니다. 알렌은 미국 정부가 이미 조선을 일본에 넘기는 것으로 결정했기 때문에 로비자금을 사용하거나 사용하지 않거나 실패할 것으로 생각해 사용을 포기한 것입니다.

고종의 일곱 번째 시도는 1906년 2월 러일전쟁을 취재하기 위해 조선에 체류하고 있는 영국 일간 트리뷴(Tribune)지의 더글러스 스토리(Douglus Story) 기자에게 6개 항의 밀서를 내렸지요. 그 밀서는 1906년 2월 8일 영국의 트리뷴지에 보도되었는데 중요한 내용을 보면, "1905년 일본과 체결한 을사보호조약은 조선의 황제가 조인하거나 동의한 일이 없다. 그러므로 일본이 조선의 재정을 통제하는 것은 부당하다. 조선의 황제는 세계열강이 조선을 집단 보호로 통치하되 기한은 5년이 넘지 않도록 하기 바란다. 열강이 일본의 조선 침략을 막아주고 조선의 영세중립을 보장해 달라"는 내용을 담고 있습니다.

고종의 마지막 사절은 1907년 6월 이상설, 이준, 이위종을 헤이그 만국평화회의에 파견하지요. 고종은 일본의 강압적 조선 지배를 폭로하라고 지시했으나 그들은 일본의 방해로 회의장에 들어가지 못하고, 뜻을 이루지 못함으로써 계획은 실패하게 되었습니다. 이 사건을 구실로 일본은 고종을 강제로 퇴위시킵니다. 미국이 조선을 도와줄 수 없다고 한 이유는 공식 외교 문서를 가지고 오라고 한 것이었으나, 일본이 조선에 차관 정치를 하면서 관인을 관리했기 때문에 공식적인 외교 문서를 발행할 수 없는 처지를 이해하지 못하면서 정식 외교 문서만을 요구한 것은 미국이 친일본 정책에 동조하면서 조선과 일본의 문제에 개입하지 않고 중립을 유지하려고 했기 때문입니다. 실상은 중립이 아니라 일본 편을 든 것이지요.

## 10. 조선의 영세중립과 일본 제국주의의 식민지배

고종의 영세중립 정책을 둘러싼 내부 상황을 보면, 이 정책의 결정 요인이 한반도라고 하는 지정학적인 요인이 크게 작용하는 것인데 대한제국 내부의 요인은 없었을까요?

고종은 초기에는 영세중립에 별로 관심을 보이지 않았으나 중국으로부터 일본의 정한론을 듣게 되었고, 일본의 침략 의도를 간파한 후부터 영세중립 정책에 아주 적극성을 보이게 되었지요. 1904년 1월 21일 고종이 "조선은 영세중립국이다"라고 발표하였고, 서울에 있는 외교공관에 문서를 보내 통보하기도 했어요. 그해 2월 10일 러일전쟁이 일어나자 고종의 영세중립 정책은 더 이상 전파되지 못하였고, 조선은 일본의 계획된 각본에 따라 식민지로 전락하는 과정을 거치게 되었어요.

조선을 중심으로 한 국제정세는 시시각각 불리하게 변하고 있었으나 국내에서는 이를 잘 파악하지 못했지요. 중일전쟁에서 승리한 일본은 조선의 상전국인 중국을 조선에서 몰아냈고, 1903년 3월부터 루스벨트 대통령을 친일파로 만드는 데 성공했고, 1904년 2월 러시아와 전쟁을 시작했지요. 1905년 7월 29일 가쓰라-태프트 비밀각서를 미국과 체결하고 8월 12일 영국과 제2차 영일동맹을 맺었으며, 9월 5일 러일전쟁에서 승리하고 11월 17일 을사늑약을 강제로 맺었습니다. 얼마나 치밀한 각본인가요.

조선을 식민지로 만들기 위해 일본은 국제적으로 관련 있는 국가들과 협정을 체결한 후 강제로 조선과 각종 협약을 맺었으나, 국제 사정을 알지 못한 고종과 대한제국은 일본과 미국에 영세중립을 위한 특사만을 파견했으니 외교가 진척되기 어려운 국제정세였지요. 간단하게 말하면 달걀을 가지고 바위를 치는 격이 되었던 것이에요. 영세중립 정책이 성공할 수 없는 환경에서 고종은 모든 외교를 집중한 것이라고 봅니다. 일본과 미국은 이미 조선을 일본의 식민지로 만드는 각본을 진행하고 있는데 영세중립 외교를 전개한 것은 성공할 수 없는 외교를 한 것이지요. 고종의 영세중립 정책에 중국은 열외가 되었고 러시아, 독일, 프랑스가 관심을 가지는 정도였어요.

고종이 영세중립 정책에 집중하고 있을 때 조정의 대신들은 암암리에 4개 파로 분열되어 권력을 잡기 위한 경쟁에 몰두했어요. 김윤식(金允植)을 중심으로 한 친중파는 고종의 개방정책을 반대하였고, 김옥균(金玉均)을 중심으로 한 개화파는 일본을 업고 민씨 일파를 축출하고 정권을 획득하려는 3일 천하를 일으켰고, 이범진(李範晉)을 중심으로 한 친러파는 고종의 아관파천 후 권력을 행사했으나 단명했으며, 박정양(朴定陽)을 중심으로 한 친미파는 미국과 소통했으나 정책 면에서 두각을 내지 못하고 소외되었습니다. 고종과 대신들, 정치인들의 단결은 실종된 상태에서 형편없었던 것이에요.

일본은 조선을 식민지로 만들려고 공작과 매수로 대신 중 을사5적을 출현시킴으로써 조선의 식민지배는 완결되지요. 일본 정부는 을사늑약을 강제로 체결한 후 동경대학교 역사학자 하야시 다이스케(林泰輔)에게 사업을 진행시켰습니다. 조선인을 일본 황국신민으로 개조하기 위해서 제일 먼저 조선 역사를 왜곡하는 사업을 시행합니다. 일본은 하야시 다이스케에게 600만 엔의 자금을 지원하면서 조건 하나를 제시하죠. "앞으로 조선의 역사학자가 300년을 연구해도 당신의 연구를 따라 올 수 없도록 조선의 역사를 깊게 연구하라"고 해요. 1906년 1월 하야시 다이스케 교수는 36명의 조수와 보조원을 데리고 조선과 만주에서 1910년까지 자료를 수집했습니다.

하야시 다이스케가 조선에 나올 때 누구를 대동하고 나왔느냐 하는 문제가 대단히 중요합니다. 그의 활동 목적과 관련이 있기 때문인데요. 학문적으로 자기를 도와 줄 조교수 4명, 조선 사람들이 말을 잘 듣지 않으면 죽이려고 낭인 칼잡이 3명, 조선에는 천주교 신자가 많으니 일본 신부 1명, 스님 1명, 작명가 1명, 사주쟁이 1명, 지관 2명, 여자 점쟁이 1명, 여자 무당 1명, 기생 3명, 경호원 다수 이렇게 총 36명을 대동하고 5년 동안 조선과 만주 일대의 자료를 조사하고 수집한 후 1910년 일본으로 귀국합니다.

일본으로 돌아간 하야시 다이스케가 1912년에 펴낸『조선통사』(朝鮮通史)는 조선의 역사에서 단군조선(檀君朝鮮)을 완전히 삭제하고 위만조선(衛滿朝鮮)에서 시작합니다. 그는 조선을 '사대주의(事大主義)' 국가라는 표현과 함께 조선 정부가 '쇄국정책(鎖國政策)'을 추구했다는 용어를 최초로 사용하면서 대원군(大院君)을 '쇄국주의자'로 조선인을 '사대주의자'로 폄하했지요. 이런 조선인의 외래지향적 국민성은 오늘날 친미파 또는 친일파를 형성하고 국민의 단합을 방해하는 실정으로 이어집니다. 조선인의 이런 파벌정치는 고종의 영세중립 정책을 방해하는 내부요인으로 작용할 수 있었을 것으로 추정하지요. 고종의 영세중립 정책이 실패한 가장 큰 외부요인은 일본의 식민지배 야욕과 미국의 비협조적인 정책의 결과라고 평가할 수 있을 겁니다.

하와이대학교에서 고종의 대미 외교정책을 중심으로 박사학위를 받았는데, 한반도 영세중립에 대한 심사위원들의 평가는 어땠습니까? 미국 교수들은 한반도의 역사와 상황에 대해 자세하게 알지 못하고 있을텐데요. 중립화 통일방안에서 '중립화'라고 하는 것에 대한 남북한 내부의 사정이 있지만, 이 개념은 주변 국가들로부터 중립이라고 할 수 있는 것 아닙니까. 전쟁을 치르지 않는 중립화를 연구하면서 평화의 대상이 되는 상대로서 남북관계를 고려하지 않을 수가 없을 것 같습니다.

처음에는 고종의 영세중립 정책이 학위논문의 목표가 아니었어요. 고종의 대미국 정책이 어떻게 전개되었는지 알고 싶었는데, 이것을 연구하다 보니까 영세중립 정책이 나오게 되었지요. 심사위원들이 관심을 가졌던 것이 두 가지인데, 하나는 어느 교수가 있었는데 어느 날 하루 불러요. 갔더니 무슨 책을 내놓는데 "당신이 설정한 연구기간이 1871년부터 1905년까지인데 범위에 해당하는 연구 내용이 미국 사람이 쓴 게 있다. 그 논문을 대강 봤는데 논문이 어떻게 나올지 모르겠지만 이 책을 참고하면 좋겠다"라고 그래요. 앞서 말한 마이크 맨스필드가 한국의 영세중립을 주장한 미국 의회 민주당 원내총무였어요. 그가 "사우스 코리아(South Korea)는 영세중립국이 되어야 한다"라고 주장한 것이 4·19혁명이 일어난 해니까, 우리 학생들이 많은 영향을 받았고 혁신계 쪽 사람들도 그 논의를 진행했어요.
　나는 일본이 식민지를 만든 과정을 연구하고 싶었고, 그 과정에서 미국이 대한제국을 어떻게 했는가를 살펴보는 내용인데, 이것을 논문으로 쓸 가치는 충분하다고 제시했죠. 지도교수가 생각하더니 말이 맞단 말이야. 고종이 영세중립으로 가려고 노력했는데 안 되었죠. "영세중립 정책은 오늘날에도 분단된 한반도에서 반드시 필요하다. 이것이 나의 주장이기 때문에 영세중립 정책을 상당히 유용한 것으로 본다"라고 했어요.

## 11. 해방 이후 한반도 영세중립운동이 갖는 의미

고종이 영세중립을 하려고 시도하다가 거기서 끝났지요. 내가 연구를 시작할 때는 이것을 전혀 몰랐고 나중에 보니까 그런 과정과 결과를 알게 되었어요. 영세중립운동은 한국에서 여전히 필요하다, 한반도의 영세중립을 연구했으면 좋겠다고 이런 방향에 대해 지도교수를 설득했어요. 지도교수 얘기는 100년이 되었지만 한반도의 주변 상황이 유사하고, 미국의 개입이 분단 상황을 초래한 이유가 있다는 거지요.

1945년 해방 이후 우리나라에 영세중립운동이 있었어요. 한반도 문제 해결과 관련해서 영세중립국으로 하는 아주 큰 의제가 되지는 않았지만, 몇몇 사람들과 언론에서 이 문제를 제기하고 그랬습니다. 분단 과정에 미국이 개입하죠. 김용중 선생이 가장 마음 아파했는데, 그분은 18세에 항일독립운동을 미국에서 했어요.[1] 해방이 되어 일본의 속박으

---

[1] 김용중(金龍中 1898~1975)은 재미 한국인으로서 조선의 독립운동과 남북통일, 민주화 운동에 기여한 학자이자 언론인이다. 전라북도 금산에서 태어나 일찍이 미국으로 이주한 그는 하버드대학교, 남가주대학교, 콜롬비아대학교에서 수학하였으며 독립운동에 헌신할 역량을 쌓았다. 1940년 12월 대한인국민회 제5차 대표대회에 몬타나지방 대표로 참가하여 중앙상무위원회 선전위원에 선임되었다. 1941년 4월 하와이에서 개최된 해외한족대회에서 민족통일운동과 독립운동 강화라는 중대 임무를 띠고 재미한족연합위원회가 결성되어 하와이 호놀룰루에 의사부(議事部), 미주 로스앤젤레스에 집행부를 두었다. 김용중은 이 위원회의 집행부 선전과장으로서 서방 외교활동을 책임지는 중책을 맡았다. 그는 워싱턴에 주재하던 대한민국 임시정부 주미외교위원부와 협조하며 태평양 전쟁 하에서 재미동포들의 신분보장과 미국 정부의 임시정부 승인을 위해 노력을 아끼지 않았다. 또한 1942년 2월에 개최된 한인자유대회를 준비하고 동 대회에서 단합하여 독립운동에 나설 것을 호소하는 등 활동하였다. 이어 3월에는 뉴욕에서 개최된 26개국 동맹원탁회의에 참가하여 한국 독립의 필요성을 역설하였다. 같은 해 9월 17일에는 할리우드에서 한국광복군 창설 2주기

로부터 벗어났는데 38선이 그어지니까 1946년에 김용중 선생이 최초로 영세중립을 주장하기 시작했어요. 상당히 빨랐지요.

1946년이니까 우리나라에서는 영세중립이 뭔지 알지 못했어요. 일본에 나가 있던 김삼규 선생이 또 영세중립을 주장하죠. 그는 1952년에 이승만에게 쫓겨서 일본으로 갔죠. 김삼규 선생은 그때『동아일보』편집국장을 하다가 나간 겁니다. 해외에서 영세중립을 주장했던 사람이 김용중 선생, 김삼규 선생이 있었고 1950년대 국내에는 아직 영세중립이라는 말을 못 꺼냈어요. 영세중립 하자고 그러면 '빨갱이'라고 몰릴 때였어요.

질문한대로, 북한에 대해서 생각하지 않을 수가 없어요. 전쟁 경험부터 시작해서 북한을 생각하게 되지요. 나는 "분단을 어떻게든 해결해야 한다"고 봅니다. 분단 78년이 지났는데 전쟁을 극복할 수 있느냐, 그럼 어떻게 극복해야 하겠냐라는 것을 느꼈어요. 1960년에 4·19가 일어나고 북한은 1960년대 후반부터 비동맹중립국 회원이 되었어요. 1955년 비동맹중립이라는 말이 나오는데, 그해 4월 반동회의에서 비동맹 용어가 나옵니다. 비동맹, 제3세계 국가들이 대외정책으로 소련이나 미국

---

를 맞아 임시정부의 승인과 무기지원을 요청하는 내용의 라디오 방송을 하기도 하였다. 1943년 한국문제연구소를 창립하고 기관지『한국의 소리』를 간행하며 미국 정관계 및 국제기구의 요인들에게 한국의 실상과 독립의 필요성을 알리는데 힘을 쏟았다. 미국 전쟁공보국에서는 그에게 대한국인 방송을 요청하기도 하였다. 카이로 선언이 발표되자 미국의 대표적 신문인 『워싱턴포스트』지에 한국의 독립을 요구하는 글을 기고하였다. 1919년 이후 광복될 때까지 독립운동 자금을 헌납하였으며 광복 후 파리에서 개최된 유엔총회에 옵서버로 참가하였으며, 중립화 통일방안을 제시하는 등 한반도의 분단을 해소하고 통일독립국가를 건설하기 위해 노력하였다. 2000년 대한민국 정부는 그에게 건국훈장 애족장을 수여하였다. 그의 생애와 중립화에 대한 내용은 다음 글을 참조. 김도형,「김용중: 이역만리에 묻은 중립화의 꿈」,『발굴 한국현대사인물 3』, 한겨레신문사, 1992; 정병준,「김용중의 생애와 통일·독립운동」,『역사문제연구』 12, 역사문제연구소, 2004.

이 아니고 자신들만의 길을 가는 거죠. 김일성은 소련과 중국 사이에서 주체사상을 꺼냅니다. 이런 것에서 북한이 따온 것이 비동맹중립이고 오늘날까지 통일방안으로서 연방제를 주장하지만 외교정책은 비동맹중립을 하자고 요구하고 있습니다.

  4·19정국에서 우리나라에 영세중립운동이 불같이 일어나 학생 대표들 사이에 논의가 되고 혁신계 정당들이 평화통일운동을 주장하였지요. 혁신계 사회단체들은 1961년부터 우후죽순처럼 일어났는데 나중에 그 사상이 북한에서 비동맹중립으로 나오니까 중립이라는 말이 오버랩 되지 않겠습니까. 이미 얘기한 『한국일보』 여론조사를 보면 32.1%가 중립통일을 찬성한단 말입니다. 장면 정권 8개월 동안 국민의 32.1%가 그렇게 찬성한 것은 많은 학자와 학생들이 한반도의 영세중립을 주장하고 정치쪽에서 혁신계가 같은 주장을 했기 때문이에요.

## 12. 귀국 이후 평화통일운동에 참여한 계기와 한반도중립화연구소 설립

귀국 후 경실련(경제정의실천시민연합) 통일협회에서 활동하고 연구소를 설립합니다. 한국에 귀국한 후 대학에서 강의하고 중요한 사회활동을 하였는데, 경제정의실천시민연합과 통일협회는 어떻게 관심을 가지게 되었습니까?

제일 먼저 가입한 것이 경실련 통일협회입니다. 한국에 와서 들어보니 경실련의 활동을 국민들이 믿고 있더라구요. 대학교에 강사로 나가면서 경실련의 멤버가 되었고, 여러 대학교에서 3년 동안 강사를 했어요.

사진 11  1999년 9월 14일. 김형석 민단 단장과 한반도중립화연구소 현판식

사진 12  2001년 10월 30일. 세종문화회관 컨벤션센터에서 영세중립통일협의회 창립총회에 참석한 내빈과 함께

1999년 8월 21일 한반도중립화연구소를 설립했습니다. 경실련 통일협회에 들어가서 통일운동 단체들이 있는 것을 알고 영세중립 정책 운동을 했어요. 고종의 영세중립 정책이 확고하게 들어있었기 때문에, 내가 질문을 많이 했지요. 통일운동 단체들이 평화통일을 주장하지만 어떤 방법으로 통일하자고 하는 구체적인 방안이 없어요. 내가 질문한 경실련의 회원들도 그냥 '평화통일'이라고 답하죠. "방법이 뭐가 필요있습니까?" 이렇게 답변하는 사람도 있었어요. 내가 영세중립을 위해서 발 벗고 나서야겠다는 것을 느꼈어요.

어떤 길을 밟아서 영세중립운동을 해야 하느냐, 이 문제가 제기되더라구요. 처음에 한 것은 통일협회에 가입한 것이고 다음에 영세중립연구소를 만들어야겠다고 한거죠. 한반도중립화연구소 창립기념회를 했어요. 한국에 돌아온 때가 1997년 1월 18일이고 1999년 9월 14일 연구소 간판을 붙였어요. 그때 다른 사람들은 "그거 말만 그렇지 우리가 어떻게 통일 방안을 만들어 냅니까" 그러고 있었어요. 통일연구단체를 만들어야겠다, 영세중립 엔지오(NGO: Non-Governmental Organization)를 만들어야겠다는 욕심이 생겨서 2001년 10월 30일 영세중립통일협의회를 만들었어요. 세종문화회관에서 창립총회를 여는데 외국에서 학자들이 많이 왔어요. 영세중립에 대한 사람들의 관심이 많았지요. 평화학으로 국제사회에서 굉장히 유명한 요한 갈퉁(Johan Galtung) 부부가 참석했어요.

요한 갈퉁에 대해 내가 공부했어요. 요한 갈퉁은 하와이대학교에 방학 때 와요. 노르웨이 교수인데 방학 때 한 달 동안 집중코스를 진행해 평화학을 강의합니다. 그래서 알게 되었어요. 이재봉 교수가 요한 갈퉁을 섭외하고 준비했는데 방한 날짜에 맞춰서 창립 총회를 잡은 거지요. 외국에서 학자들이 많이 왔는데 브래들리대학교 황인관 교수, 영세중립운동을 하면서 오클랜드대학교 부총장을 역임한 박문재 교수를 비롯해 곽태환 교수, 정기래 교수 등 훌륭한 분들이 참석했어요. 요한 갈퉁이 협의회 자문으로 취임했어요.

## 13. 한반도의 통일과 영세중립 방안에 대한 학계와 시민 사회의 이해

한반도중립화연구소와 영세중립통일협의회를 만들었는데 회장님이 기억하기에 시민사회단체에서 영세중립 통일방안에 대한 반응은 어땠습니까? 2000년 즈음부터 한반도의 통일과 영세중립방안을 연결시켜 글을 발표하는데, 대중 강연이나 학술지에 논문을 게재했을 때 사람들의 반응이 어땠을까요. 학자들의 반응이 궁금한데요. 북한과 영세중립 통일방안이라는 의제를 따로 다룰 수 없을 것 같습니다. 이 문제는 영세중립 통일방안과 북한을 어떻게 보느냐에 따라 다르지 않겠습니까?

아주 좋았어요. 고려대학교에 계시는 권두영 교수는 영세중립 정책을 주장했어요.[2] 권 교수의 전공이 노동연구였는데 영세중립에 몰두해 글을

---

2  경북 예천 출신의 권두영(權斗榮, 1929. 2. 6(음)~1993. 1. 14) 교수는 분단국가의 학자로서 노동문제와 통일문제에 천착해 평생 실천하는 지식인으로 살았다. 고려대 경제학과로 진학하였고 한국전쟁 중에 통역관으로 근무했다. 경무대 외신담당비서관으로 일하기도 한 권두영 교수의 전공은 노동문제였다. 1966년 고려대학교 노동문제연구소를 창설했고 노동경제연구실장과 연구소장으로 재직하며 노동자와 농민운동가를 양성하는 '노동교육과정'을 개설하였다. 이 과정을 마친 제자들이 1970년대 한국사회 노동운동과 농민운동의 주역이 되었다. 1978~1980 (사)한국노동문제연구원 원장을 맡았으며, 1980년 정치해빙기를 맞아 '사회민주주의' 이상을 현실

기고했습니다. 4·19 이후 5·16이 일어나고 군법회의에서 징역을 살고 나온 김문갑 선생이라고 계세요. 그때는 사회단체들의 정강에 거의 영세중립 정책이 들어갔어요. 혁신계 계통은 영세중립을 넣었지요. 그리고 시간이 흘러 1990년대를 지나 거의 한 세대가 바뀌는 2000년대에 영세중립이 다시 꽃피기 시작한 거에요. 사람들의 열의를 어떻게 알았는가 하면 영세중립통일협의회 창립총회 자리에 500석이 꽉 찼어요.

귀국 후에 한국정치학회와 한국국제정치학회에 회원으로 가입했는데, 논문을 발표해야 될 것 같았어요. 내 논문을 심사해달라고 하면 거절하는 학자들이 있더라구요. 반대하는 사람들도 있고 해서 조금 애를 먹었지요. 신문사에서는 중립화에 눈뜬 데가 거의 없어요. 글을 기고하면 퇴짜를 맞았어요. 우여곡절 끝에 한국국제정치학회 『국제정치논총』에 논문을 내자 심사위원 세 사람이 오케이 해서 실렸어요. 2001년에 쓴 『한반도 영세중립통일방안 연구』입니다.

당시에는 영세중립을 지지하는 학자들이 거의 없었어요. 논문을 심사해 달라고 의뢰하면 안 한다는 사람이 많이 나오고 그랬어요. 하와이대학교에서 같이 공부했던 몇 사람은 지지해 주었죠. 하와이에 있을 때도 또 영세중립 이야기했고 이런 주제를 연구한 사람들이 찬성해 주었어요. 한국에서 이세춘 박사가 영세중립을 연구했고 구익균 선생이 또 했어요. 1961년에 감옥에 가고 사형당하고 그러니 그다음에 누가 영세중립을 주장하겠습니까. 맥이 끊기고 영세중립 운동하는 사람들이 전부 지하로 들어갔어요. 그동안에는 완전히 암흑기라고 그래요. 나는 잃어버린

---

에 펼치기 위해 '민주노동당 창당준비위원회'를 구성하고 대표에 나섰다. 1982년 미국 이민을 신청한 후 1989년 미국 영주권을 얻어 선친이 운영한 '한국광물주식회사' 경영에 나섰고 이후 북한을 두 차례 방문한다. 민중당 고문으로 있던 1992년 9월 '민중당 간첩사건'으로 구속된 후 서울구치소에서 생을 마감했다.

40년이라는 표현을 썼어요. 영세중립운동 역사에서 잃어버린 40년이다.

나는 연구자로서 말합니다. 김영삼 대통령 시절이었을 거에요. 지식인들이 북한을 보고 망한다는 말을 했어요. 나라가 유지되지 못한다고 하면서, 그 이유를 김일성이 1994년 7월 8일 사망하는 걸로 판단해요. 우리가 꼭 짚고 넘어가야 할 것은 미국에 있던 김용중 선생과 일본에 있던 김삼규 선생입니다. 김용중 선생은 김일성과 서신을 왕래했어요. 북한이 비동맹중립을 주장하고 있는데 미국에서 항일운동했던 김용중 선생이 영세중립을 주장하니까 의견이 맞은 거죠. 이승만 정부는 빨갱이를 추종한다고, 김용중 선생을 한국에 들어오지 못하게 했죠. 영세중립이라는 것은 외교정책이지 국가가 망하고 그런 게 아니에요. 남북한이 평화통일해야지 않겠어요. 중립화 운동을 시작하면서부터 북한은 평화통일의 대상이지 흡수통일의 대상이거나 붕괴해야 할 대상이 아니라는 점을 확고하게 가지고 있어요.

나는 평화적으로 통일하려면 가장 좋은 것이 영세중립이라는 걸 주장하는 겁니다. 우리가 영세중립을 해야한다, 중립화 통일을 주장하면 어떤 사람은 이렇게 알아들어요. 북한은 연방제 통일방안이고 남한은 연합제 통일방안인데 제3의 통일방안이 중립화 통일방안이냐고 질문해요. 그렇게 분류한다면 이건 영세중립은 통일방안이 아니고 외교정책이지요. 북한이 주장하는 연방제와 남한이 주장하는 연합제를 하되 영세중립 외교정책을 해야한다고 확고하게 설명해 줘요. 북한의 통일정책이나 또는 남한의 통일정책을 따라 하더라도 남북은 영세중립국으로 가야 한다는 겁니다. 그리고 영세중립통일이 될 수 있지 않느냐고 내가 덧붙였어요. 선 중립화 후 통일이라는 말을 썼어요. 선 중립화, 그러니까 두 개의 중립화 국가가 통일되면 하나의 중립화 국가로 통일되는 거라고 설명했어요.

## 14. 김용중 선생의 독립운동과 영세중립 통일을 위한 노력

김용중 선생의 독립운동과 영세중립 통일방안, 중립화 관련해서 1946년에 글을 발표한 것에 대해 말씀하셨는데, 김용중 선생의 유해 봉안과 관련해서 회장님께서 큰 일을 한 것으로 압니다. 김용중 선생의 발자취와 돌아가시고 난 후 유해와 얽힌 사연은 무엇입니까?

김용중 선생이 사망 직후에는 유해가 못 들어왔지요. 왜 못 들어왔느냐, 김용중 선생이 미국의 한국 대사관으로부터 용공분자로 감시를 받았어요. 김일성 추종세력이라고 해서 한국 대사관에서 감시한 겁니다. 김용중 선생은 박정희나 이승만이 독재를 하니까 반대했어요. 우리나라에서 중립화 운동하는 사람들이 알게 모르게 피해를 많이 봤어요. 북한이 주장하는 비동맹중립과 유사하니가 친북인사라고 몰아서 그렇게 되었어요. 김용중 선생은 1975년 9월 6일 돌아가셨어요.

해방 직후로 가봅시다. 김용중 선생이 1947년 6월에 한국에 나왔어요. 누구를 만났느냐면 여운형 선생을 만났어요. 여운형 선생은 우리나라를 대표하는 중도세력의 지도자였죠. 일본이 모든 권리를 이양하는데 여운형 선생에게 넘기려고 했습니다. 그런데 미국이 여운형을 공산주의자로 보고 정권을 맡길 수 없었던 거지요, 1947년 7월 19일 여운형 선생이 성북동에 머무르고 있는 김용중 선생을 방문하고 국가 건설을 어떻게 할 것인가, 그때부터 중립화 통일이 나왔으니까, 이런 것을 논의했지요. 그날 여운형 선생이 성북동에서 혜화동 로터리로 나오다가 암살당합니다. 김용중은 이것을 알고 "나도 한국에 있으면 죽겠구나"라고 생각해서 바로 김포 비행장으로 가서 미국으로 돌아갑니다.

김용중 선생은 죽을 때까지 한국에 나오지 못했어요. 대사관에서 감시하니까 '나는 한국에 못 들어간다, 하와이도 못 가니까 내가 죽은 다음에 한국에 들어갈 수 있을 때 유해의 반은 38선에 뿌리고 반은 이장해라'고 유언했어요. 그 유언을 받고 유해가 들어올 수가 있었어요. 유해가 늦게 들어왔는데 반은 38선 전방에 뿌렸고 나머지 반은 남겨뒀어요. 왜 남겨뒀냐면 애국운동가의 가묘장을 해놨다가 나중에 독립유공자가 되는 경우를 대비한 겁니다. 김용중 선생의 유해가 대전 현충원으로 갔어요. 내가 거기까지 같이 했지요. 김용중 선생이 어떤 사람인가, 그가 공산주의자고 친북인사인가, 그런 것을 벗겨줘야 되잖아요. 그래서 내가 김용중에 대한 논문을 썼어요.

김용중 선생은 독립운동에 헌신한 분이에요. 항일독립운동가이죠. 전라북도 금산에서 태어나 초등학교를 졸업하고 17살에 결혼해서 딸 하나를 낳은 후 18살에 고향을 떠납니다. 어머니나 그 누구에게 이야기하지 않았어요. 아내에게도 이야기를 안 했지요. "서울 갔다 온다"고 하고서는 어디로 갔느냐, 상해까지 갑니다. 상해에서 여운형 선생을 만납니다. 여운형 선생이 김용중 선생에게 "너는 나이가 젊고 앞으로 독립운동을 해야 하니 미국에 가서 공부해야 한다"라는 취지로 말했어요. 이 권유에 따라 김용중 선생이 샌프란시스코로 가게 됩니다. 김용중 선생은 1920년부터 1930년까지 미국에서 공부합니다..

미국에서 김용중 선생이 처음에 고생을 엄청나게 했어요. 막노동하고 농장에 가서 일해주고 하루 벌이를 했죠. LA근교에 리들리라는 곳이 있어요. 리들리에서 과일을 재배해 도매상을 하는 3김씨, 쓰리 브라더스(three brothers)라고 했는데 나중에 포 브라더스(four brothers)가 된 거에요. 장사를 조금씩 해서 나중에 선배와 독립합니다. 1928년 5월 고향 선배인 송철(宋哲)과 함께 케이 앤드 에스 자버(K & S Jobber, 김용중·송철 도매상)를 차려 로스앤젤레스 시장에 각종 과일과 채소를 위탁 판매하면서 사업가로 나섰어요.

또 김용중 선생이 독립운동을 그렇게 열심히 하셨지요. 그분이 독립운동한 것을 보면 서너 가지 방법이 있었어요. 미국의 소리(Voice of America)라고, 브이오에이(VOA)라는 방송국이 있었어요. 거기에 원고를 써 가서 읽어요. 유엔 사무총장에게 편지 보내고, 미국 국무장관에게 보내고 대통령한테도 조선의 독립을 주장하지요. 여기저기에서 활동하니까 미국 사회에서 아주 유명 인사가 되었어요. 1943년 중반에 한국문제연구원(Korean Affairs Institute)을 설립해요. 흔히 이 단체를 '한국사정사'라고 하는데 여기서 『한국의 소리(The Voice of Korea)』 잡지를 반(半) 월간 영자지로 발간한 겁니다.

1945년부터 한반도가 분단되고 보니까 신명을 받쳐서 항일독립운동을 했는데 조국을 찾지 못하니까 상심이 컸겠죠. 그다음에 펜을 어디로 돌렸는가 보니 유엔으로 향합니다. 독립운동에서 이제는 통일운동에 나선 거에요. 김용중 선생이 1946년에 최초로 영세중립이라는 말을 씁니다. 유엔 사무총장에게 편지를 보냈는데 "우리는 영세중립으로 통일해야 합니다"라고 썼죠. 해외에서 일을 많이 한 사람이 김용중 선생이고 일본에서 중립화 통일운동은 김삼규 선생이 열심히 노력했습니다.[3]

---

[3] 김삼규(金三奎 1908~1989) 전라남도 영암 출신으로 1931년 일본 동경제국대학 독문학과를 졸업하였다. 1945년 동아일보 조사부장이 되었으며 1947년 서울대학교 문리과대학 독문학과 주임교수를 역임하였다. 1948년 언론계로 돌아와 동아일보 편집국장을 거쳐 1949년 주필로서 활동하였다. 6 · 25전쟁 중에 일어난 국민방위군사건과 거창양민학살사건을 비판해 이승만 정권의 미움을 산 그는 1952년 동아일보를 퇴사하고 일본에서 민족문제연구소를 설립하고 조국의 평화통일에 관심을 기울였다. 그의 통일방안이 중립화통일(中立化統一)이었다. 무력통일을 내세웠던 자유당정권에서 중립화 평화통일론을 제기하였는데, 요지는 4+2의 6자 회담으로서 한반도를 에워싼 4대 강국의 이해가 맞는 통일방안을 강구한 것이다. 4자와 남북한이 참가하는 6자회담을 열어 안보와 평화에 알맞는 통일방안을 논의한 뒤 남북한이 자주적으로 통일하는 중립통일론을 내세웠다. 그의 중립론은 1954년 제네바회담 때 미

## 15. 한반도중립화연구소의 활동

열악한 학계의 상황과 시민단체 현황을 보고 한반도중립화연구소를 창립해 우리 사회에 이 의제를 제시하였습니다. 회장님과 한반도중립화연구소는 어떤 역할과 활동을 했습니까?.

한반도에 중립화 운동을 할 수 있는 시기가 1990년대에 옵니다. 그동안 연구하지 못했던 중립화 논의가 1987년 민주주의 이행 이후 싹트기 시작했어요. 각 대학에서 석사, 박사논문이 나오고 또 연구하는 분야가 확대되었지만 아직 많은 연구가 되지는 않았어요. 그 이유는 1990년대 초에는 정부가 중립화에 대해서 규제한다는 선입견이 있었어요. 다만 연구 차원에서는 조금씩 분위기가 되고 있었어요. 해외에 있는 학자들이나 국내 학자들이 서로 중립화에 대해 교류할 수 있었던 것이 큰 특징이었습니다. 해외에 있는 대표적인 학자가 황인관 교수와 최봉윤 교수가 미국에 있었지요.

1997년 1월 나는 학위를 마치고 국내에 돌아왔는데요. 내가 한반도중립화를 연구한 것은 문헌에 의한 연구입니다. 한반도 중립화론 자료집이 나오겠습니다만, 국내에서 2년 동안 영세중립을 개인적으로 공부하면서 본격적으로 영세중립에 뛰어든 해가 1999년 8월 21일 한반도중립화연구소를 만든 것이에요. 왜 연구소를 먼저 만들었느냐, 우선은 영세중립에 대해 별로 아는 것이 없고 공부하기 위해서 연구소를 만든 거죠. 한반도중립화연구소란 간판을 지금도 붙이고 있습니다만, 경실련 강당

---

국과 영국에서 좋은 반응을 얻었으나 이승만은 이를 거부하였다. 1957년 일본 동경에서 월간 『코리아평론』을 창간해 주간을 맡았으며 이후 평화통일운동에 헌신했다.

사진 13   2000년 4월 22일. 동국대학교에서 열린 한반도중립화연구소 연례학술회의

사진 14   2000년 11월 15일. 미국 워싱턴 전략국제문제연구소(CSIS: Center for Strategic and International Studies) 부속 퍼시픽 포럼(Pacific Forum) 랄프 A. 코사(Ralph A. Cossa) 대표와 가진 세미나

Ⅰ. 한반도 영세중립 통일방안 연구와 사회운동

에서 창립총회를 하고 본격적으로 연구하게 된 거에요.

　1990년대는 한반도 중립화 연구에서 아마 꽃을 피운 시기가 아닌가 싶어요. 다만 외부로 나타나지 않는 연구였습니다. 2000년대부터 대외적으로 연구활동이 시작되었지요. 1990년대까지는 운동의 큰 준비 단계라고 말할 수 있을 것 같아요. 1987년 헌법이 개정된 후 노태우 정권 시절부터 연구한 것이 아닌가 생각해요. 대표적인 것은 박사과정에 유명철, 지금 경북대학교 교수가 박사논문을 썼고 그다음 권두영 교수가 본격적으로 중립화 논문을 많이 썼어요. 민족통일촉진회에서 발행하는 『민족통일』에 권두영 선생의 중립화 논문이 몇 편 실렸어요.[4]

　서울대학교 김학준 교수가 중립화에 대한 책을 소개했어요. 그분이 1990년에 무슨 책을 출간했는고 하니 『한국정치론사전』(한길사)을 펴냈습니다. 그 책을 보면 해외에서 중립화를 연구한 한국 인사들로서 김용중 선생과 일본에서 활동했던 김삼규 선생 또 미국의 황인관 선생. 이 세 분이 쓴 중립화 논문을 자세하게 실었어요. 이런 것만 봐도 한국에서 중립화를 떳떳하게 이야기할 수 있는 시기가 주어진 거죠. 김학준 교수는 중립화에 관해 『한국정치론사전』 997쪽부터 논문을 소개했어요. 김용중 선생 것이 자세하게 나와 있고, 김삼규 선생 것이 소개되어 있는데 김학준 교수는 중립화에 대해서 글은 쓰진 않았습니다만 다른 분들을 많이 소개했어요. 1960년대 중립화, 1970년대 중립화, 1980년대 중립화 그다음에 권두영 선생까지 중립화 연구가 있었습니다.

---

[4] (사)민족통일촉진회는 1972년 2월 25일 설립된 단체로서 7·4남북공동성명의 남북한정부 발표를 앞두고, 우리 정부의 대북 유화와 교류, 남북 긴장 완화를 목적으로 남북한 민간 차원의 통일교류 창구 개설의 필요성을 느낀 정부의 권유에 따라 설립되었다. 독립운동을 했던 애국지사를 비롯한 정치, 경제, 사회, 문화, 학계, 법조계, 행정계, 종교계, 체육계의 인사들이 발기하여 국내 최초로 설립된 민간통일교류 단체이다.

## 16. 정치사회 변동과 한반도의 영세중립 연구 흐름

시기별 한반도 영세중립화의 연구 흐름을 설명해 주셨는데, 영세중립의 쟁점과 중립화 방안을 실현하는 단계에서 그 내용은 남북관계와 한반도 주변 상황, 국내외 정치사회 변동에 따라 조금씩 달라질 수 있을 것 같습니다. 어떤 의제가 변화했는지 말씀해 주십시오. 1961년 이후 군사정권은 영세중립 방안을 왜 그렇게 탄압했을까요?

이승만 대통령이 강력한 북진통일을 주장했죠. 북한 땅을 수복한다고 해서 1960년대 초 이전에는 중립화라는 말을 공개적으로 쓸 수 없는 입장이었어요. 2공화국 장면 정권 때는 중립화라는 말은 할 수가 있었어요. 4·19 때 학생들이 반정부 데모를 해서 제1공화국 이승만 대통령이 하야하던 해가 아닙니까. "가자 북으로! 오라 남으로! 만나자 판문점!" 이런 구호를 외치면서 추진할 수 있었어요. 4·19 세대들이 영세중립을 주장했는데 그 이유가 있어요.

이 세대가 중립화를 추구한 동인 중에 외국의 영향으로 치면 마이크 맨스필드 상원의원입니다. 1960년에 맨스필드 의원이 "한국은 영세중립화를 연구할 가치가 있다"고 말한 거잖아요. 스위스나 오스트리아와 같은 영세중립국을 주장한 거지요. 학생들이 그렇지 않아도 영세중립에 관심을 가졌을 때니까 미국에서 중립화론이 나옴으로써, "아! 미국에서도 주장하는구나"하고 이 논의를 아주 활발히 했어요.

1961년 5월 박정희 군부가 쿠데타를 일으킨 뒤로는 중립화를 했던 분들이 탄압을 받아 감옥에 갔기 때문에 이 운동이 지하로 숨었죠. 물론 사회대중당이나 혁신계 쪽 정당이나 사회단체의 정강에는 중립화가 들어가 있었어요. 대표적으로 민족자주통일중앙협의회(민자통)이라고 있는데 이 단체의 정강에 영세중립이 들어있고, 김철이 주도했던 사회혁신당에도 중립화가 있었어요. 쿠데타 직후에 박정희의 전력이 문제가 됩니다. 그에게는 해방 후 남로당 활동과 관련한 이력이 있잖아요. 박정희는 그것을 감추기 위해서 공약의 제일 첫 번째로 반공을 국시로 내세웠어요. 예전에 공산주의와 가까웠거나 비슷하게 주장하는 사람들이 누구냐, 중립화 운동가들이었어요. 중립화 운동가 중에 앞서 말씀드린 김용중 선생이 김일성과 관계를 가지고 있었고, 북한이 비동맹중립을 주장하니까 박정희 군사정권이 반발한 것이지요.

1955년 인도네시아 반둥회의에서 채택한 대외정책 의제가 뭐냐 하면, 회의에 참여한 회원국들은 소련을 추종하는 공산주의 국가나 미국을 따르는 자본주의 체제의 나라들이 아니에요.[5] '비동맹중립'을 내세웠어요. 이 흐름은 제3세계의 조류를 형성하였는데 오늘날까지 일정한 영향을 끼치고 있습니다. 1955년에 반둥회의가 비동맹중립을 내세우고 있으니까, 북한은 비동맹중립 국가들과 관계를 강화하겠다는 거죠.

제3세력을 형성해서 만드는 계기가 되었던 게 반둥회의이고 이 회의에서 세계평화와 협력 추진에 관한 선언을 채택하게 됩니다. 반둥회의에서는 친미도 아니고 친소도 아닌 제3세계를 주장했지요. 자기들의 국가 이익을 위해서였습니다. 소련에서 원조받아야겠고, 미국에서도 받아야 한다면 어떤 쪽에 치우지지 않아야 국가 이익이 따라오니까. 그후로 김일성 주석은 외교정책으로서 비동맹중립을 주장하는 겁니다.

---

5   반둥회의는 1955년 4월 18일부터 24일까지 아시아와 아프리카의 29개 독립국 대표들이 인도네시아의 반둥에 모여 양 대륙과 세계의 현안을 논한 국제회의를 말한다. 반둥회의의 의의는 반제국주의, 반식민주의, 민족자결 정신을 내세우고 있다. 서양을 대표하는 미국과 동방을 대표하는 소련 어느 곳에도 속하지 않는 제3의 입장을 관철하려는 지향을 갖고 있었다. 소위 제3세계의 존재를 부각시키고 미국과 소련의 대립을 완화하는 것을 목표로 했다.

미국이나 소련, 양국의 이해관계를 벗어나서 중립적인 위치를 가지는 걸 뭐라고 얘기했냐면, 이걸 밸런싱 블록(balancing block)이라고 이야기했습니다. 블록이 두 개인데 어디에 가입하지 않고 균형을 얘기하는 그것이 평화 원칙이라는 겁니다. 그러니까 밸런싱 디플로마시(balancing diplomacy)라고 하면서 균형을 잡는 거지요. 소련과 미국에 대등하게 외교한다. 오늘날 우리도 가끔 '균형'이란 용어를 써요. 미국과 중국 사이의 균형이란 말이 되겠습니다. 반둥회의 정신이 제3세계를 선풍적으로 휩쓸고 나중에 100여 개 국가가 가입합니다. 아프리카 국가들이 많고 북한은 일찍이 제3세계 블록에 가입했기 때문에 1970년대까지 한국이 아프리카 외교에서 뒤쳐졌어요.

한반도중립화연구소를 창립하고 좀 더 자유로운 환경에서 영세중립 통일방안을 논의하게 되는데, 이후 학술 분야의 흐름이 어땠을까요. 국외 학자들이 바라보는 한반도 영세중립에 대한 의견이나 쟁점은 어떻게 보십니까?

외국 사람들이 의외로 한반도는 중립화 해야한다는 것을 종종 주장합니다. 한반도에 대해 영세중립을 주장하는 외국 사람들은 어떤 것을 생각해서 그렇게 하겠습니까. 한국 입장에서는 영세중립의 당위성이 되겠습니다만 외국 사람들은 한반도가 하나이기 때문에 입장이 다를 수 있겠죠. 한반도와 관련한 열강들이 무력 갈등한다면, 문제가 해결되지 않고 세계평화는 어렵지 않느냐, 남한북의 대치 상황뿐만 아니라 이해관계가 얽힌 주변국을 염두에 두고 영세중립을 보는 것 같아요.
영세중립을 한반도에 실천하는 데 두 가지 방법으로 구상해요. 하나는 적극적 방법이라고 표현했습니다만, 영세중립으로 가는 길은 우리 국민과 지도자가 나서는 방법인데, 그 과정을 어떻게 보느냐. 첫째, 시민단체들이 중립화에 대해 많이 연구해야 합니다. 한반도가 영세중립 할 만한 가치가 있고 필요한 것을 받아들일 수 있는 정도까지 해야죠. 그러려면 우선 연구자가 많아야 해요. 중립화연구소를 만든 게 그런 이유이고. 다음은 NGO를 만들어서 중립화의 저변을 확대해야 하죠. 영세중립통일운동의 대중화입니다.

그다음은 정책으로 반영될 수 있게 해야 하죠. 시민단체가 정부에 중립화를 강력하게 요구했을 때, 우리 사회에 저변확대가 많이 되어 있으면 정책을 만들기가 수월하죠. 그리고 국회는 법을 제정해야 되겠죠. 중립화를 주장하는 시민사회단체가 많고, 이것을 확산시키기 위해서는 여론을 전파하는 신문이 있어야겠다는 것을 느꼈어요. 무슨 신문이냐, 영세중립 신문이 필요하다. 홍보가 빨리 되는 거죠.

숭실대학교 문수언 교수팀이 연구한 자료를 보면, "한반도가 어떻게 통일되는 것을 원하는가"라고 조사했지요.[6] 중국, 러시아, 일본, 미국 이런 국제 요인에 대해 여론조사를 한 것이 있어요. 한반도 전문가들의 통계를 보면, 중국 학자들은 61.9%가 찬성했고 러시아 학자는 35.8%가 영세중립에 찬성했어요. 미국 학자들은 17%, 일본 학자들은 0%에요. 일본 학자들은 한반도가 영세중립 되는 것을 원천적으로 원하지 않고 또 통일을 가장 많이 반대하는 편이죠.

중국이 세계 패권국가가 되어 한반도를 지배하는 것을 가정했을 때 미국은 어떤 대응을 할 것인가. 아마 미국은 그때쯤 가면 가장 앞서서 영세중립을 주장할 수도 있을 거예요. 미국과 중국의 힘이 균형을 찾아 비슷할 때 한반도는 영세중립이 가장 용이할 것으로 생각해요. 왜냐하며 중국은 미군이 한반도에서 철수하는 방안으로써 중립화를 찬성한 것 같은데, 앞으로 중국이 미국보다 훨씬 강력한 국가가 되면 한반도는 다시

---

[6] 문수언 외, 「한반도 통일의 국제정치와 동북아 다자안보협력」, 『국제정치논총』 제37집 3호, 1998, 77~115쪽.

중국의 영향권 하에서 영세중립이 어려울 수 있어요. 요한 갈퉁 교수는 2025년부터 2030년까지 중국과 미국의 힘이 최고점에서 균형을 이룰 때 한반도가 중립화하기에 적기라고 주장했어요. 저도 거기에 전적으로 동의합니다.

## 17. 영세중립 방안에 대한 시민사회와 주변국의 인식

시민사회단체에서 영세중립 방안을 어떻게 인식하고 있는지 보겠습니다. 2020년 5월 28일 향린교회에서 〈한반도 중립화 통일 어떻게 이룰 것인가?〉라는 토론회가 열렸습니다. 여기에서 논의된 한반도 중립화 통일 관련해서 다섯 가지 핵심 이슈가 있는데요. 첫째가 한반도 중립화 토론이 왜 바람직한지, 둘째는 현 시점에서 중립화 통일의 장애물은 무엇이고 방해세력은 누구인지, 셋째가 중립화 통일을 지연시키는 남북한의 국내 요인은 무엇인지, 그리고 국제적 요인이 넷째였고 끝으로 다섯째 핵심 이슈가 한반도 중립화 통일운동의 향후 방향성이었습니다.

한반도는 왜 영세중립이 안 되느냐? 그것을 긍정적 문제를 가지고 접근하는 것보다 반대 요인에서 찾는 겁니다. 한반도가 왜 중립화 안 되느냐? 국내 요인과 국제적 요인이 있죠. 국내 요인은 뭐냐. 보수 쪽 사람들은 영세중립을 반대하죠. 영세중립 하면 "우리가 북한에게 먹힌다"라는 사고방식을 가지고 있기 때문이에요. 진보 쪽 사람들은 영세중립의 방안에 대해 조금 긍정적으로 생각해요. 국내 요인은 반대 세력, 즉 보수의 반대를 어떻게 설득하고 바꿀것인가 입니다. 국제적 요인은 뭐냐. 한반도의 통일 자체를 모두가 원치 않고 있어요. 국제적 요인에서 가장 영향력을 많이 미치고 있는 나라가 4개국이죠. 미국, 중국, 일본, 러시아. 이 나라들이 거의 다 지금 통일을 원치 않는 겁니다.

처음부터 볼까요. 미국은 왜 원치 않느냐? 남북이 통일되면 주한미군이 주둔하는 것이 문제지요. 미국의 이익에 관련된 것이 주한미군인데 사활적 국가 이익이라는 표현을 씁니다. 소위 바이탈 인터레스트(vital interest)인데, 사활적 국가 이익은 안 되더라도 차선책으로 미국은 중국이 따라오지 못하게끔 지연시키는 것이 대중국 전략이죠. 미국의 세계전략 가운데 중국과 관련한 것 중의 하나가 한반도입니다. 한반도에 주한미군이 오랫동안 배치되어 중국을 견제할 수 있으니까, 주한미군이 한국에 필요하기 때문에 미국도 한반도 통일을 방해하는 세력으로서 외적 요인이 될 수 있지요.

두 번째, 미국은 남북 간의 분단 상태가 유지되면 자신들에게 훨씬 이득이라는 것이에요. 미국에 있는 한국 학자들이나 또 미국 학자들 가운데 이렇게 주장하는 사람들이 있어요. 조지아대학교 박한식 교수나 셀리그 해리슨(Selig S. Harrison)은 아주 적극적으로 영세중립을 주장하죠. 미국 언론에서 이 정도만 해줘도 여론화하는데 좋을 텐데, 아직 그런 것에 대해 냉담하거든요. 미국의 국익으로 치면 박한식 교수의 주장은 미국이 한반도의 통일을 원하지 않는다고 비판하지요.

일본은 아예 반대합니다. 한반도가 통일되면 일본은 국제적으로 한국보다 뒤처지는 거에요. 경제적으로나 군사적으로 봐서 그럴거에요. 아무것도 안 되니까 한반도는 분단되어 있어야 하고 통일을 원하지 않는 것이 바로 일본이에요. 중국은 조금 다른데 통일을 원하는 입장이 있지요. 미국이 한반도에서 나가기를 원하는데 그나마 북한이라는 완충지대가 얼마나 고마운지 모르죠. 국제적 요인을 얘기하고 있습니다만 북한은 중국이 있기 때문에 미국이 경제제재하고 비핵화를 위해 압력을 가해도 효력이 없는 거에요. 효력을 제대로 못 봐요. 중국, 러시아가 있기 때문에. 중국은 어떤 일이라도 북한이 망하게 두지 않고, 자유 진영으로 바뀌는 것을 원치 않아요. 어떻게 하든 현 상황을 유지하는 것이 목적이니까. 러시아도 같아요.

그다음 지적하고 싶은 것은 한반도 지도자들의 의지입니다. 의지라고 그러면 남한 대통령이 될 수 있고 북한의 김정은 국무위원장이 될 수도 있는데, 북한은 우리보다는 중립에 대한 의지가 앞서 있었어요. 첫째 자주가 있고, 두 번째 남북연방제를 하더라도 통일외교 정책은 비동맹중립으로 하자는 것이 그들의 주장이기 때문에 우리보다 앞서가는 거죠. 남한의 지도자가 영세중립에 대한 의지가 약하니까 이런 것은 내적 요인이 되지요. 이런 요인들을 생각하면 영세중립에 대한 토양이 좋지 않은 겁니다.

한반도의 통일을 미국이 반대하고 중국이 명확히 찬성하지 않는 시점에서 우리 지도자는 어떻게 해야 남북이 평화통일을 할 수 있나 했을 때, 영세중립으로 가는 것이 가장 좋은 방법이라는 거에요. 시민단체가 정부에 건의하고 제언하는 것이죠. 현 상황에서 나는 그렇게 강조했어요. 한국이라는 나라는 국가 이익을 위해서 균형 외교를 한다, 미국과 중국을 같이 상대하면 다른 국가들이 쉽게 간섭하지 못하는 거죠.

「남북기본합의서」(1991년 12월 13일 남북한이 맺은 남북한 사이의 화해와 불가침 및 교류 협력에 관한 합의서) 제14조에 보면 남과 북은 불가침조약을 협의한다고 되어 있어요. 이런 것은 미국이나 유엔에서 간섭할 수 있는 대상이 아닙니다. 남북이 불가침조약을 체결하면 통일의 대상은 남과 북이에요. 남과 북의 지도자가 시작해야 합니다. 지도자들이 좀 더 자주정신을 갖고 평화와 민족대단결을 했으면 싶어요.

## 18. 한반도 비핵화와 영세중립 통일방안의 관계

한반도 비핵화와 중립화 통일방안과 관련해서 여러 가지 쟁점 중의 하나가 북한이 보유한 핵무기라고 봅니다. 한반도에서 비핵화 문제와 영세중립 통일방안이 어떤 관계가 있는지, 이 관계를 어떻게 이해하고 설명해야 할 지 궁금합니다. 평화체제 구상과 연관해 있는데 회장님은 한반도 비핵화 조치와 중립화 통일 방안에 대해 말씀하였습니다. 한반도 주변국의 이해관계와 관련해 평화체제 논의가 있지 않습니까. 동아시아 평화체제를 병행해서 추진한다면 중립화 통일 방안과는 어떻게 연관지어 볼 수 있겠습니까. 북미수교와 북일수교에 대한 전망 역시 한반도 중립화 통일방안의 단계별 진행에서 쟁점이 되는 것인데, 여기에 대해서는 어떤 전망을 가지고 있습니까?

북한이 핵을 보유한 것으로 공식 인정하지는 않아요. 하지만 미국은 북한에 핵무기가 있다고 가정하고 비핵화를 주장하죠. 짚고 넘어갈 것은 북한이 비핵화를 할 것이냐, 하지 않을 것이냐 하는 문제가 되겠죠. 개인적인 생각으로 북한의 비핵화, 어떠한 비핵화를 누가 요구하더라도 완전한 비핵화는 어렵다고 생각합니다. 북한은 핵을 포기하지 않아요. 시민들이 잘 모르겠지만, 중요한 점은 한반도 비핵화는 북한이 주장하는 것이고 미국과 한국은 북한의 비핵화를 주장하죠.

여기까지는 좋습니다. 비핵화에 대한 관점과 대상이 다른 걸 먼저 이해하고, 나는 이렇게 생각합니다. 북한은 핵을 100% 완전히 없애지는 않을 것이다. 그렇다면 핵무기와 영세중립은 어떤 관계를 맺을 수가 있느냐. 김정일에 관한 한반도 문제를 일본에 있는 김명철 박사가 발표했는데, 김정일이 스위스식 영세중립과 같은 무장중립을 원한다고 했어요.[7] 무장중립은 핵을 가진 중립화냐, 핵이 없는 중립화냐 거기서 나누어지게 됩니다. 북한이 만약에 미국의 단계적 비핵화에 동의하고 유엔과 미국이 제재를 풀어준다는 것을 전제로 하면, 소위 단계별 비핵화지요. 북한이 비핵화의 한 단계를 진행하면서 동시에 미국은 한 단계 제재를 푸는 식의 단계별 비핵화입니다.

얼마 전에 북한에 다녀오는 캐나다 학자의 이야기를 들었습니다만, 한반도가 영세중립으로 갔을 때 외국의 침략을 받지 않기 때문에 북한이 생각하는 핵무기가 필요 없지 않느냐는 질문에 대해, 북한 학자들은 이렇게 답변했다고 합니다. "핵을 가지고 있으면 외국의 침략을 받지 않는다. 우리는 핵을 가졌기 때문에 외국의 침략을 받지 않고 중립화하는 효과와 같은 영향을 가져온다. 우리는 사실상 중립화한거나 다름없다"라고 해석하는 겁니다. 중립화에 핵무기의 영향을 그렇게 설명한 거에요.

북한은 오래전부터 남북이 연방제를 하되 외교정책은 비동맹중립으로 할 것을 요구하고 있지요. 한반도가 완전한 통일은 아니지만 연방제나 연합제로 하면 한국이나 북한 입장에서는 마음대로 투자하고 오고 가고 하겠죠. 그 정도 효과만 있어도 어느 정도 사실상(De Facto)의 통일 전 단계로 간주할 수 있는데, 이 정도 되면 북한의 비핵화는 어느 정도 달성할 것으로 생각합니다. 여기서 비핵화는 완전한 비핵화는 아닙니다. 북한 나름대로 핵무기를 제조하는 방법과 기술을 가지고 있고, 핵무기를 감춰두고 있는 걸 가정했을 때 북한이 이익을 보는 한반도 상황이나 북미관계가 어느 정도 진척되면 비핵화 단계로 갈 수 있지 않겠어요. 완전한 비핵화는 연합제나 연방제 통일이 이루어졌을 때 가능할지 모르겠습

---

[7] 이 논문에 실린 내용을 말한다. Kim, Myong Chol, "Kim Jong Il's Perspectives on the Korean Question," *The Brown Journal of World Affairs*, Vol. VIII, no. 1, Winter/Spring, 2001, pp. 103~113.

니다.

한반도 중립화와 평화 프로세스는 같은 길이라고 생각해요. 한반도 평화 프로세스가 어떤 절차를 밟게 되는데, 이게 실현되려면 첫째 조건은 남북 간의 평화적 관계가 수립되어야 합니다. 평화적 관계가 수립되는 것은 남북이 정상국가의 관계가 되는 거겠죠. 정상국가 관계는 이념을 떠나서 핵 문제를 벗어나서, 남북한이 평화 프로세스 1단계로서 먼저 합의해야 하는 것이 평화체제 구축에 대한 겁니다. 다른 말로 한다면 신뢰 구축이 되겠죠. 컨피던트 빌딩(confident building)을 해야하는 거죠. 신뢰를 구축하고 평화로 나아가는 보통국가 관계가 남북한의 평화 프로세스 1단계가 될 겁니다.

북일수교는 북미수교 다음에 와야 한다고 보죠. 절대 앞서가지 못할 거라고 단정합니다. 그 이유는 미국이 세계 전략 측면에서 일본이라는 나라는 과거 영국보다 더 가까운 나라가 되어야 합니다. 아시아 중시 정책은 일본을 앞세우고 중국을 견제해야 하기 때문에 일본이 미국에 앞서 북한과 수교할 수 없는 거죠. 북미가 외교관계를 합의하고 그다음에 북일이 따라가야지 않겠어요. 북한의 입장에서도 미국과 수교한 다음에 북일수교에 들어가야 청구권 배상금을 많이 받을 수 있을 겁니다.

## 19. 한반도 지정학과 영세중립화의 조건

한반도 중립화 통일과 외교정책을 단계별로 봤을 때 남북한 사이에 내적 요인이 있지만 주변 강대국의 교차승인이 되어야 하겠죠. 의문이 드는 게 미국과 일본, 중국, 러시아가 한반도의 영세중립 통일방안을 받아들일 수 있을까 싶은데요. 더구나 북한이 핵무기를 가지고 있는 것을 묵인한 채 말이죠. 핵무기가 영세중립 통일방안이나 평화체제 구축 과정에서 어떤 영향을 끼칠 것인지 중요한 것 같습니다. 핵무기가 남북한의 영세중립 의제와 4대국의 교차승인뿐만 아니라, 결국 평화체제 논의에서 가장 중요할 것 같습니다. 2000년 4월 22일 동국대학교에서 열린 〈한반도 중립화론 회고와 전망〉에서 회장님이 발표한 내용을 정리해 주십시오.

한반도가 중립화하려면 최소한 4개국의 보장은 받아야 해요. 북한이 핵무기를 완전히 없애는 조건으로 4개국이 영세중립 국가를 승인하겠다라는 옵션이 나올 수 있어요. 중립화는 결국 대립(contrast)이 되는데, 대립적 요소가 된다는 말이 바로 그 말입니다. 중립화 국가가 아무리 열심히 중립화하고 무장중립을 해도 국력이 뒤떨어지면 강대국의 침략을 받을 수 있는 거죠. 중립화가 영원히 마르고 닳도록 안보를 보장해주는 제도는 아니에요. 무장중립에 대한 내용을 말하는 겁니다.

 내가 지금 하는 말은 시릴 블랙(Cyril Black)이라고 프린스턴대학교에서 영세중립을 연구한 교수가 책에서 주장한 거에요.[8] 그 사람의 주장은 영세중립국이 방어를 위한 무기는 얼마든지 개발할 수 있다, 그런 것을 주장해요. 물론 요한 갈퉁은 세계적인 평화학자로서 원자폭탄 자체를 원하지 않지만, 사실 나도 요한 갈퉁에게 공부했지만 무장중립에 동의하는 편이에요. 비핵화 동의는 모든 국가의 비핵화를 해야 하는 거죠. 지구상에 핵은 필요 없어요. 내가 내린 결론은 평화가 오려면 우리 문명을 핵무기가 없는 것으로 거슬러 가야 하는 겁니다.

 요약하면 이렇습니다. 미국이 북한의 핵을 완전히 비핵화시켰을

---

[8] Black, Cyril E., Richard A. Falk, Klaus Knor, Oran R. Young, *Neutralization and World Politics*, New Jersey: Princeton University Press, 1968.

때 우리에게는 영세중립 할 수 있는 조건이 되겠죠. 완전한 비핵화 이퀄(equal) 영세중립. 이 등식이 성립하지 않습니까. 중립화를 연구하면서 최초로 논문을 발표한 시기입니다. 한반도중립화연구소가 주관해서 세 사람이 발표했는데 저는 이렇게 했어요. 한반도의 중립화를 하자고 주장하면 제일 먼저 "한반도는 왜 영세중립을 해야되는가"부터 시작해야 한다고 말이죠.

한반도를 영세중립해야 한다고 주장하는 이유는 보편적으로 지정학 때문입니다. 주변 강대국이 한반도를 둘러싸고 상호 무력 갈등을 일으키게 되는 문제는 남북한의 평화와 동북아의 지정학 문제와 직결됩니다. 나는 지정학은 바꿀 수 없다고 보지만 지정학의 운명은 바꿀 수 있다고 말해요. 한반도가 강대국에 둘러싸여 있는 지정학은 바꿀 수 없겠죠. 그러나 거기에 있는 지정학의 운명은 바꿀 수 있어야 합니다.

지정학의 운명을 바꿔보기 위해서 영세중립을 주장하고 있지요. 왜 중립이 되어야 하느냐. 어느 나라든 안보는 세 가지 방법 중에서 선택해야 하죠. 첫째는 자립, 둘째는 동맹, 셋째는 중립화하는 겁니다. 국가는 안보를 위해서 이 세 가지 방법 외에는 다른 방도가 없어요. 안보를 지키려면 자립하든가, 그다음 동맹을 맺든가, 그렇지 않으면 중립화를 하게 되는 거에요. 한반도가 자립하는 방법을 생각해 봤더니 거의 어려워요. 불가능합니다. 왜냐하면 주변 국가들이 너무 강하기 때문이죠. 4개국이 한반도에서 이해가 충돌하기 때문에 도저히 안 돼요. 그래서 북한이 핵무기를 만드는 건지 모르겠습니다만, 최소한 네 개 국가의 국력을 계산했을 때는 그렇습니다.

중립화 통일 방안으로 나아가는 과정에는 한미동맹이 걸림돌이 될 수 있습니다. 그런데 영세중립이 되면 동맹은 자동으로 파기되지요. 중립화하면은 동맹이 필요 없고 외국 군대가 필요 없습니다. 중립화가 되면 동맹이 필요 없어져요. 우리가 영세중립으로 갈 때까지는 동맹이 필요하겠지만. 한반도가 중립화로 가지 않으면 주변 국가들이 계속 갈등을 일으키겠죠. 영세중립으로 가기 위한 논리를 제시하는 안보방안을 찾아야 하지요. 한반도가 영세중립으로 가는 것은 세계평화와 관련되어 있어요. 한반도에서 안보 방안이 결정되지 않고서는 세계평화는 절대 올 수 없지요. 4개국이 한반도에서 대립하면 세계평화는 올 수 없고 세계평화는 동북아 평화에서 가능하고, 동북아 평화를 위해서는 한반도가 영세중립을 해야 한다는 논리가 가능해 집니다.

중립화를 하는데 세 가지 조건이 전제되어야 합니다. 첫 번째는 당사자인 국민들이나 지도자가 중립화를 원해야 하는 것이죠. 한국인들과 대통령이, 남북의 지도자들이 중립화하겠다는 의지가 있어야지요. 우리가 이것을 주관적 조건이라고 해요. 중립화하려는 의지, 주관적 조건이 있어야 됩니다. 주관적 조건은 당사자가 원해야 하고 객관적 조건은 그것이 지정학이나 이런 측면에서 중립화에 해당하는 거에요.

두 번째는 객관적 조건인데, 그것이 무엇이냐 하면 지정학하고 관련되어 있는 한반도 주변 강대국들의 입장이죠. 주변에 강대국이 있고 그들이 서로 쟁탈전을 벌이거나 전쟁을 일으키는 지역의 나라는 영세중립이 돼야 한다는 게 객관적 조건이라고 그럽니다. 세 번째는 국제적 조건이라 하는데, 주변국들이 침략하지 않을 것이라고 보장하는 거죠. 당사자들이 합의해서 영세중립을 했는데, 만약 어떤 한 국가가 영세중립국가를 침략하면 다른 나라들이 동맹으로 대적하는 겁니다. 이런 약속을 하는 거예요. 그것을 국제적 조건이라고 학술적으로 말합니다.

영세중립 국가의 유형을 프린스턴대학교의 시릴 블랙(Cyril E. Black)이 제시한 것이 다섯 가지에요. 신생독립국가가 영세중립이 되어야 한다. 그다음에 과거 외국의 침략을 많이 받은 국가와 앞으로 받을 가능성이 있는 국가. 그다음은 강대국과 강대국의 교량 역할을 하는 국가입니다. 한반도는 지금 대륙 세력과 해양 세력의 교량 역할을 하는 거죠. 그

다음은 2차대전 후 신생독립국가, 과거 940회 정도 외국의 침략을 받은 한반도가 해당합니다. 한반도가 영세중립 조건에 맞아떨어지는 것을 알 수 있죠.

영세중립이라는 정의가 궁금하죠? 영세중립이란 "그 국가의 자주 독립과 영토 통합을 주변 국가와 협정을 통해 영구적으로 보장받는 제도적 장치다"라고 정의합니다. 한 국가가 자주 독립한다는 것은 다른 국가가 침략하지 않는 것이고, 영토 통합을 유지한다는 것은 주변국이 영토를 침략하거나 분할하지 않는다는 뜻입니다. 주변 국가들이 이런 것을 보장하는 국제적 장치에요. 자주독립을 지킬 수 있고 분할을 예방하고, 침략으로부터 지킬 수 있는 영토적 보장이니까. 이런 약속을 받아내는 것이 영세중립 보장제도라고 그래요. 우리가 영세중립으로 가는 길을 발표한 헌장에 5단계로 구분했어요.

## 20. 「한반도 중립화 헌장」 제정과 그 내용

「한반도 중립화 헌장」을 얘기했습니다. 영세중립을 연구하는 국내외 학자들과 시민사회단체가 합의해서 만든 문서로 알고 있는데, 설명 부탁드립니다.

2010년 10월 21일 「한반도 중립화 헌장」(The Charter for Neutralization on the Korean Peninsula)을 발표했어요. 학자들과 우리 연구소, 협의회 그리고 시민사회단체들이 모여 오랫동안 궁리한 문서입니다. 영세중립국을 선언하는 헌장의 초안은 미국 브래들리 대학교 황인관 교수가 영어로 작성했고 한국에 있는 학자들이 번역했어요. 아주 상세한 내용을 담고 있는데, 전문에 영세중립을 어떻게 할 것인가 5단계로 간략히 분류해 놨습니다. 제일 중요한 것은 남북의 화해와 협력이에요. 어느 나라가 영세중립 하려면 1단계는 신뢰를 회복하고, 2단계는 중립화하자고 약속했으면 불가침조약을 체결할 수 있고 그다음 정전협정을 평화협정으로 바꿀 수 있죠.

3단계는 민족통일최고회의에서 영세중립법을 만들어서 영세중립국에 대비하고 그다음 주변 4강과 외교관계를 수립해야 합니다. 4개국이 한반도를 침략하지 않을 것이라는 것을 합의해야 되겠죠 3단계 후반과 4단계 초에 이것을 받아놓으면 남과 북의 한반도는 영세중립통일, 하나의 국가로 완성이 되는 것이죠 이것이 소위 영세중립 5단계 접근방법입니다.

이 헌장은 아시아의 평화를 우리 스스로 지키는 방법이 되겠죠. 한반도가 영세중립 국가가 되면 누구도 이것을 뺏을 수 없고 지배할 수 없기 때문에 한반도의 안정은 또 세계평화를 이룩할 수 있어요. 한반도의

사진 15  2006년 7월 27일. 국가인권위원회에서 미국 브래들리 대학교 황인관 교수 초청 "북핵의 해법과 한반도 중립화의 연계성"을 주제로 강연회 개최

사진 16  2012년 5월 2일. 한반도중립화통일협의회 춘계통일전략 학술회의

영세중립은 세계평화와 동북아평화를 가져올 수 있고 우리나라 사람들이 외국에 의지할 필요가 없어요. 완전히 자주독립으로 가는 것이지요.
    스위스가 영세중립국으로 있지만 외국에서 침략할까봐 세계에서 가장 강한 민병대를 유지하고 있어요. 그것을 무장중립이라 하는데, 무장 중립국으로 한다면 안보는 한반도가 동양의 스위스가 될 수 있는 거에요. 남북한 두 나라가 하나의 영세중립 국가로 통일하게 되면 실제적인 통일중립 국가가 되는 것입니다. 한반도는 그것만 잘 지켜진다면 동북아의 평화 유지자로서, 동북아의 균형자로서 유지할 거라고 생각해요.

2001년 4월 한국국제정치학회가 발간하는 국제정치논총, 여기에 회장님은 본격적인 학술 연구논문을 게재합니다. 논문 제목이 「한반도 영세중립 통일방안 연구」인데 여기에서 한반도 중립화의 당위성과 중립화에 대한 찬성, 반대, 두 가지 논리에 대해 분석하였습니다. 학술지에 실었을 때 국제정치학회의 반응은 어땠습니까?

그 논문을 한국국제정치학회에 게재하는 데 문제가 있었지요. 중립화 연구가 약 40년이 지난 후 국내에서 거의 처음으로 시작되었고, 제출한 논문이 학회에서 문제가 되었다고 합니다. 학회에서 심사위원을 선정하는 데 어려움이 있었다는 말을 들었어요. 그도 그럴 것이 이제까지 장면 정부를 제외하고는 제1공화국과 제3공화국, 제5공화국에서 강하게 억압한 '중립화'라는 용어가 생소했을 것이고, 또 들어본 적이 없는 연구주제여서 그랬던 것입니다. 하여튼, 가까스로 꾸려진 심사위원들은 논문의 내용보다 형식을 보는 정도로 평가를 마무리해서 게재한 것이라는 말을 전해들었어요.

신문에 기고하는 문제도 어려움이 많았지요. 중립화 용어가 들어가면 보수 신문에서는 읽지도 않은 것 같았고, 진보 쪽 신문들도 마찬가지였어요. 진보 쪽에서는 중립화를 잘 알지 못하니 게재 문제가 어려웠던 것이었어요. 다행히 내가 군에서 제대하고 처음으로 사회에서 가진 직장이 신문기자로 활동했기 때문에 한 번씩 보도하는 신문도 있었지요. 당시 서울신문은 진보와 보수 신문 중 중도가 좀 강하다는 것을 생각할 수 있었습니다. 서울신문사에서 나를 명예 논설위원으로 위촉했고, 나의 기고를 조금 관심을 가지고 게재해 주는 편이었지요.

지금 생각해 보면 그래도 장면 정부 시절 중립화의 씨가 사회에 뿌려진 것이 다행이라는 생각도 들었고요. 한국에서 영세중립 논의가 가장 활발했던 장면 정부 시절에는 한반도 중립화를 장려하지 않았지만 규제하지도 않아서 사회단체의 여기저기서 중립화 논의가 일어났지요. 가장 큰 이유는 4·19혁명이 이승만 대통령을 하와이로 망명하게 했고, 남북 학생 대표들이 영세중립을 주장했으며, 마이크 맨스필드 상원의원이 한국의 영세중립을 언급했기 때문이라고 생각합니다. 당시 혁신계 정당이나 사회단체들은 정강에 대부분 영세중립을 포함했어요.

통일사회당(김철 당수)을 비롯해 민족자주통일중앙협의회(민자통) 등이 강령에 영세중립을 포함했고, 사회대중당 마산시당(김문갑 위원장)과 한국영세중립통일추진위원회(김문갑 위원장) 등 사회단체들이 영세중립 운동을 활발하게 했고, 통일 방법으로 영세중립 통일을 주장한 것이었습니다. 더 나아가 일본에서 1960년 초 대학을 졸업하고 귀국해『민족일보』를 창간한 조용수 사장이 발행한 신문에는 거의 매일 영세중립 기사를 찾을 수 있을 정도로 중립화 통일문제가 취급되었습니다. 여론조사에서 한국인의 32.1%가 남북의 중립 통일에 찬성한 것으로 보도했는데 당시 한국인들이 얼마나 중립화 통일에 관심을 가졌는지 알 수 있었는지 알 수 있었습니다.

## 21. 국제사회를 향한 한반도 영세중립을 위한 노력

2003년 3월 5일 회장님이 코피 아난(Kofi Annan) 유엔 사무총장에게 서한을 보낸 게 있습니다. 그 내용은 한반도중립이나 반전평화 차원에서 작성한 것으로 알고 있습니다만, 이것이 어떤 연유로 이루어진 것일까요. 남북통일의 방안으로 영세중립을 주장하고 그 모델로서 스위스를 여러 차례 언급했습니다. 한반도와 스위스가 지정학으로 볼 때 외부 세계의 침략이나 국력, 영토, 여러 가지 요인을 비교할 수 있는데요. 유사한 조건을 말씀해 주십시오.

서신이 있지요. 보내게 된 연유가 김용중 선생한테서 영향을 받은 거 같아요. 김용중 선생이 한국에 나오지 못하고 미국에서 영세중립 통일운동 할 때 3~4가지 방법으로 했어요. 항일운동 때도 마찬가지지만 '미국의 소리' 방송국에 가서 대한독립을 요구했죠. 일본 식민통치에 대해서 항일운동을 했는데 그 이후 분단이 되니까 통일운동으로 돌아섰어요. 통일 운동으로 주장한 것이 무엇이었나 하면 앞서 말한 영세중립이에요. 이 문제에 대해 김용중 선생은 유엔 사무총장에게 편지를 참 많이 썼어요.

유엔의 목적이 뭡니까. 세계평화죠. 세계평화면 "남북관계가 대립하고 있기 때문에 동북아의 대립이 되고, 북미 간에 대립하고, 북한 문제도 해결이 안 되었기 때문에 유엔은 평화가 목적인데 한반도 평화를 얻기 위해서는 남북이 영세중립으로 통일하면 평화에 기여할 수 있으니까, 당신은 유엔사무총장이니까 남북을 설득해서 영세중립국으로 통일을 지지해 주십시오"하는 내용이었죠. 김용중 선생은 대개 이런 것으로 유엔 사무총장한테 편지를 썼어요.

1995년 12월에 투르크메니스탄(Turkmenistan)이 유엔 총회에 영세중립국을 요청했어요. "유엔이 결의해라, 우리가 영세중립국으로 가겠다." 투르크메니스탄이 러시아로부터 독립해서 영세중립국으로서 스스로 유엔에 요청했어요. 거기가 영세중립국이 되었으니 우리가 유엔 사무총장에게 이런 모델을 제시할 수 있는 거죠. 유엔이 승인하면 한국은 영세중립국이다, 유엔 총회에서 의결하는 방식으로 영세중립국이 되는 겁니다.

평화를 목적으로 하는 유엔의 사무총장으로서 한반도가 영세중립 통일로 갈 수 있도록 도와달라고 하는 것이 내가 사무총장에게 바라는 욕심이었어요. 유엔 사무총장에게 3번인가 4번 편지했는데 답장은 한 번도 못 받았습니다. 김용중 선생은 유엔 사무총장으로부터 연락은 받지 못하고 북한으로부터 연락을 받았죠. 우리나라 지도자들이 영세중립에 관심 갖고 유엔을 설득하고 또 국제사회에 호소하는 겁니다. 국내뿐만 아니라 국제사회에서 영세중립을 주장하고 그 제도적 장치로서 유엔을 활용해 국가 이익을 추구해야 합니다.

한반도와 스위스는 거의 비슷하다고 생각합니다. 우리가 다섯 가지면 스위스도 다섯 가지를 가지고 있어요. 2001년에 한국국제정치학회에서 발표한 논문에서 문수언 교수가 주장하는 국력 요인을 한 번 뽑아봤어요. 스위스는 주변에 네 나라가 있어요. 독일, 프랑스, 이탈리아, 오스트리아. 오스트리아가 영세중립 전에는 굉장히 강국이었잖아요. 외국의 침략을 받았고 산악이 많다는 것도 우리와 같아요.

스위스는 영세중립을 지키기 위한 민병대가 강해요. 영세중립의 안보를 유지하기 위해서 무장을 제대로 하고 있는 국가에요. 논문에서 썼지만 우리나라가 국력 면에서 약한 것을 느꼈는데 스위스 역시 유사한 점이 있어요. 국력과 지정학, 외부의 침입 이런 것이 아주 비슷해요. 우리나라가 영세중립국이 되면 동양의 스위스가 되어 국제기구들이 국내에 들어오면 평화애호 국가가 될 수 있을 겁니다.

## 22. 북한이 주장하는 스위스식 한반도 영세중립 방안

재미난 표현이 있는데, 2004년 7월 1일 한반도중립화통일운동십년사에 기고한 글에서 '중립 국가는 우익도 아니고 좌익도 아닌 중간에 회색 국가인가요?' 라고 해서 의문부호를 옮겼습니다. 북한의 비동맹중립과 스위스식 무장중립에 대해 회장님이 발표한 글이 있습니다. 김일성의 중립 연방제와 김정일의 스위스식 무장중립, 중립화 정책에 대한 북한 학자들의 논문을 소개하고 검토한 게 있거든요. 북한의 중립정책을 설명해 주십시오.

시민들이 그것을 많이 질문해요. 논문을 발표해 보면, 사람들은 중립을 정치적인 중도로 보는 거에요. 영세중립이라는 것은 한 국가의 외교정책이지 어떠한 노선은 아니거든요. 영세중립 국가에는 공산주의 국가가 있고 민주주의 국가가 있을 수 있지요. 또 다르게 보면 영세중립 국가는 공산주의나 민주주의 정치체제의 국가를 말하는 것이 아닌 거에요. 이것이 무슨 개념이냐? 한 국가의 외교정책에 대한 개념이라는 말이에요. 외교정책은 어느 나라든지 다 있잖아요. 한국이 정치적으로 좌냐 우냐 따지지만 이것은 해방 공간에서부터 주로 나온 내용입니다.

중립화라고 하는 것은 외교정책이기 때문에 한 국가가 진보냐 보수냐, 좌냐 우냐 이런 것이 아니라는 겁니다. 어떤 사람들은 좌도 아니고 우도 아니면 그럼 중도입니까? 라고 묻는데, 좌측 사람도 아니고 우측 사람도 아니고, 가운데 사람도 아닙니다. 영세중립국은 외교정책, 한 국가의 외교정책이니까 중도라는 입장이나 선후 관계에서 보지 말고 하나의 외교정책으로 봐달라고 답변합니다.

북한은 중립을 남한보다 훨씬 앞서 주장했어요. 그 영향으로 비동맹중립 정책이 나오게 되었고, 한동안은 북한이 제3세계 비동맹국가들과 외교관계가 남한보다 앞섰고, 또 중립에 대해서 생각하고 주한미군이 한반도에서 철수하는 상황을 고려한 것이죠. 여러 가지 목표 하에서 체계적으로 움직였다고 생각해요. 북한은 1960년대 초, 1962년인가 중소 분쟁이 한창일 때 중국 편도 들 수 없고 소련 편도 들 수 없고, 양쪽에서 원조 받는 입장에서 두 가지를 북한이 주장했습니다. 하나는 비동맹중립이란 외교정책을 주장했고 또 하나는 '주체'라는 것을 들고 나왔죠. 국제적으로 비동맹중립이 타당하고 소련과 중국이 대립하는 상태에서 비동맹중립을 쓰지 않고 주체사상이라는 것을 내세웠죠. 북한은 우리보다 먼저 중립에 대해 연구를 시작하게 되었습니다.

비동맹중립을 채택한 이상 주한미군을 철수할 수 있는 구실을 찾고, 우리가 비동맹중립을 채택했을 때는 한미동맹을 더 유지할 필요가 없고 유지할 수 없게 됩니다. 왜냐하면 북한이 주장한 것은 비동맹이니까. 1960년대 후반부터 북한은 연방제 통일방안을 주장했습니다만 공식적으로 연방제를 발표한 것은 1980년 10월 10일 고려민주연방공화국 창립안입니다. 거기에 외교정책이 따라가지요.

남과 북이 연방제를 취하되 외교정책은 비동맹중립으로 하자는 것이 지금까지의 주장입니다. 비동맹중립을 북한이 주장했기 때문에 영세중립이라는 말과 중립화란 말을 잘 쓰지 않았습니다. 왜냐하면 영세중립은 국가 차원을 의미하고, 비동맹중립이라는 것은 외교정책 하나만을 가지고 말을 할 수 있기 때문에, 중립화와 영세중립이란 단어를 같이 사용하지 않은 것 같아요.

김일성 전집이 몇 권이 나왔는데 거기에 "중립하자"는 말이 자주 나오고, "중립화를 하자"는 말이 여러 번 나와 있어요. 어떤 때는 중립이고 또 어떤 경우는 중립화라고 하는가. 예를 들면, 미국에 있는 한오석 박사가 북한을 방문했을 때 대담한 내용을 보면 "우리는 중립화를 해야 됩니다"라고 주장한 적이 있어요. 일본의 사회당 당수가 북한을 방문했을 때, 그러니까 친북 단체들이 가면 중립화를 쓰더라고요. 북한의 중립화는 상당히 뿌리내려 있고 비핵화와 관련되어 있어요. 김일성이 유언할 때 두 가지를 했다 그러잖아요. 하나는 비핵화 또 하나는 중립화라고 정동영 통일부 장관이 김정일에게서 들었다고 해요.

일본에 김정일과 가까운 사이였던 김명철 박사가 있어요. 조미연구소 소장인데 김정일의 핵 정책이 궁금했었죠. 김정일이 핵에 대해 어떤 정책을 갖고 있는지 알고 싶어서 내가 김명철 씨에게 부탁했어요. 동경의 학술회의에 갔을 때, "김정일은 핵을 어떻게 생각하느냐, 김일성의 비동맹중립에 대해서는 어떻게 생각하느냐?"고 물었고, 이런 주제로 글로 썼으면 좋겠다고 제안했더니 자기가 써보겠노라고 그랬어요. 김명철이 다음 해에 무슨 글을 썼는가 보니, 브라운대학교에서 출판하는 저널에 이 글을 기고했어요.

김명철이 발표한 논문이 "Kim Jong Il's Perspective on the Korean Question"란 글이에요. "한반도 문제에 대한 김정일의 시각"이란 제목으로 논문을 썼습니다. 이것은 김정일과 코드가 맞지 않으면 붙일 수 없는 제목이에요. 김정일의 한반도 문제에 대한 시각, 그러니까 김정일의 이름을 썼어요. 그 정도면 김정일과 내밀한 관계가 있었나 싶었는데, 김정일 역시 한반도의 스위스식 영세중립을 찬성한다고 밝혀 놓은 거에요. 글의 전반적인 내용은 김정일이 한반도 중립화를 찬성하고 중립화 정책을 원하는데 스위스식 무장 중립화를 원하는 방향으로 되어 있습니다.

그 논문에서 말한 게 스위스식 무장중립이지요. 이 논문에 김정일이 왜 중립화를 원하느냐, 스위스식 영세중립을 원하느냐는 쟁점에 대해 다섯 가지 설명한 것이 나와요. 대강 말하자면 첫째, 한반도는 지정학적으로 중립화를 해야 하고, 둘째, 남북이 대결하고 있으니 이 갈등을 해결하기 위해서 중립화가 필요하다. 셋째, 중립화할 때 비핵화를 스위스식 무장중립으로 하고 넷째, 과거에 외국으로부터 침략을 많이 받았기 때문에 중립국으로서 평화애호 국가가 되면 핵이 필요 없다고 했어요. 끝으로 남북 간의 냉전도 종식시킨다는 거죠. 남북 간의 냉전 종식을 중립화가 되면 가능한 거지요. 다섯 가지 때문에 스위스식 무장중립을 주장한 겁니다. 스위스 방식으로 무장중립을 하고 거기에 남북의 군사력을 합하면 안보에 충분하니까 중립화해도 된다고 보는 거에요.


## 23. 북한의 스위스식 무장중립방안에 대한 평가

김정일의 스위스식 무장중립방안에 대한 근거를 회장님은 어떻게 평가합니까?

김정일의 스위스식 무장중립론은 할 수만 있으면 아주 타당합니다. 김명철 박사가 쓴 논문의 신빙성이 있느냐 없느냐 하면, 그것은 나도 모릅니다. 나는 중립화를 주장하는 학자로서 김명철의 중립화 논문을 믿을 수밖에 없는 거에요. 김정일이 다섯 가지 이유를 제시하고 스위스식 무장중립을 궁리했다는 것은 믿을 수 있는 거라고 결론 내렸어요. 스위스식 영세중립이라고 썼는데, 북한에서는 영세중립이란 단어를 잘 안 씁니다. 기껏해야 무장 중립화에요. 스위스식 무장 중립화라고 했는데 그런 말을 썼을 때 나는 믿었어요.

김정일까지 무장중립이란 말이 나오고 김정은 때부터는 한 마디도 나오지 않았어요. 중립화란 말이 안 나왔고, 비동맹중립도 공식 발표하지 않았어요. 최후의 통일정책이 1993년 4월 김일성이 통일방안을 발표할 때 외교권과 군사권은 남북정부가 가지고 연방제로 하자고 했습니다. 2000년 제1차 남북정상회담에서 남북이 연합제와 연방제의 공통점이 있다고 한 것이 바로 그겁니다. 남북이 연방제 방식의 중립화로 통일하되 군사권과 외교권은 남북정부가 갖는 식으로 표현했어요.

여기서 지방정부가 권한을 갖는 것은 남북 정부를 말합니다. 남북한의 정부가 군사권과 외교권을 갖고 연방제를 하는 거지요. 내가 오클랜드대학교에서 이것을 논문으로 발표했어요. 북한의 중립이라는 것에 대해 논문을 발표했는데, 그 글에서 북한 학자 세 사람을 소개했습니다. 2001년에 하버드대학교가 주최해 호놀룰루 하와이대학교에서 북한학자, 남한학자, 일본학자를 초대해 1910년 한일병합 조약이 유효인지 무효인지 논쟁하는 일이 있었어요.

1910년 8월 29일 한일병합에 들어가고 조선이 없어지는데, 한국 역사학자들은 무효라고 주장하고 일본 역사학자들은 유효라고 본 듯 해요. 미국서 볼 때 헷갈리는 거지요. 일본학자는 다섯 가지를 지적했다고 해요. 첫째, 고종의 옥새는 진본이고 둘째, 조선의 장관들이 다섯 명이나 찬성했으며 셋째, 조선의 사회단체들이 원했다. 그다음 일본의 군대가 위협했다고 하는데 그런 것은 없었다. 마지막으로 고종이 허락한 것이라고, 다섯 가지를 제시했다 합니다.

한국에서는 서울대학교 역사학자 이태진 교수가 거기에 참석했어요. 이태진 교수가 일본 학자가 합법이라고 주장한 것에 대해 이렇게 했다고 해요. 첫째, 고종의 옥새가 진본은 맞는데 도둑맞은 옥새다. 고종의 뜻에 따르지 않고 환관이 가져가서 찍은 거다. 옥새는 진본이 맞지요. 그러나 그것이 고종의 뜻은 아니라는 거지요. 둘째, 장관 다섯 명이 찬동했다 그러지만 찬동하지 않은 장관들이 더 많다. 이것은 다수가 안 된다. 셋째, 조선의 사회단체가 병합을 요구했다고 하는데 그런 단체는 일본이 만든 사회단체이다. 송병준이 만든 단체는 일본이 만든 단체인데 뭣을 못하겠느냐고 했다지요. 다음으로 군대의 위협이 없었다고 했는데, 군대가 위협했기 때문에 고종이 정무를 못 보고 일을 못한 것이라고 반박했어요. 그래서 한일병합이 무효라는 주장이지요.

한편, 북한의 이종혁은 1910년 병합을 유효나 무효냐 따지는 것은 서류로 해서는 안 되고, 고종의 뜻이 무엇인지 따지는 것이 중요하다고 했답니다. 고종은 1900년부터 일본에 영세중립을 요구하는 서류를 세 번 보냈고, 미국에도 영세중립을 해달라고 여러 번 보냈어요. 고종은 영세중립을 원했다. 영세중립국을 요구한 서류가 있지 않습니까. 이종혁은 이런 자료를 가지고 일본에 세 번 요구한 것이 고종의 뜻이라고 발표했데요. 이종혁은 서류의 사본을 가지고 고종이 영세중립을 주장했다고 발표하니 일본 학자들이 깜짝 놀랐고, 이태진 교수도 놀랐다고 해요. 북한이 중립화 서류를 가지고 고종의 영세중립을 내세워서 1910년 병합을 무효라고 주장할 것이라고 상상하지 못한 거에요. 북한 사람들이 고종의 영세중립 사상을 상당히 연구했어요.

북한의 중립화 연구와 무장중립에 대해 설명하였습니다. 카를 레너(Karl Renner)는 1946년부터 오스트리아 수상으로서 영세중립국을 목표로 큰 일을 했는데, 이 나라가 영세중립국을 하게 된 배경이 궁금합니다. 스위스와 오스트리아 외에 영세중립국이 더 있는 것으로 아는데 함께 말씀해 주십시오.

우리가 말하는 영세중립은 국가에 쓰는 용어입니다. 국가는 영세중립이나 중립화, 즉 국가만이 영세중립이라고 쓸 수 있어요. 그러나 '중립화'라는 말은 무주물(無主物, Res nullius)에도 사용합니다. 주인이 없는 물건이라는 뜻입니다. 중립화란 단어는 영세중립과 같은 뜻을 가지고 있습니다. 시릴 블랙 교수팀이 중립화란 단어와 영세중립이란 단어의 내용을 같은 것이라고 설명합니다.

다만 그 사람들 설명에 의하면 영세중립은 국가에 쓰고 중립화는 국가를 포함하여 카슈미르(Kashmir) 같은 대립 지역, 국가는 아닌데 대립하고 있는 지역은 중립화라고 그럽니다. 남극이나 북극과 같이 주인이 없는 지역을 우리는 중립화라고 그러죠. 국가가 아니면 영세중립이라고 하지 않습니다. 북극지방에 대해 영세중립이라는 말을 못 쓰는 겁니다. 북극은 반드시 중립화 지역이라고 하는 거지요.

## 24. 국제사회의 다양한 영세중립국가

오늘날 지구상에는 영세중립 국가로는 스위스, 오스트리아, 코스타리카, 투르크메니스탄, 바티칸이 있습니다. 첫째, 스위스의 영세중립 국가입니다. 스위스는 영세중립 국가로서의 국제적 모델이 되고 있습니다. 스위스는 1815년 나폴레옹 전쟁을 종결하는 비엔나 회의에서 스위스의 영세중립이 승인되었고, 같은 해 파리 조약에서 오스트리아, 프랑스, 영국, 프러시아, 러시아, 이탈리아, 포르투갈 등 8개국의 승인으로 영세중립국이 되었지요. 스위스는 1515년 프랑스의 침략으로 마그리나노 전투에서 대패하자 스위스 의회가 영세중립 결의를 하였고, 스위스는 앞으로 어떠한 전쟁에도 개입하지 않고 영세중립국을 지향한다고 선언합니다. 그 후 스위스는 유럽에서 발생한 30년 전쟁(1618~1648), 루이 14세 전쟁(1638~1715), 7년 전쟁(1756~1763)에서 중립주의 정책을 실천했지요.

유럽의 나폴레옹 전쟁에 참여한 4개 동맹국은 1814년 3월 체결된 쇼몽 조약(Chaumont Treaty)에서, "스위스 연방은 구 경계선을 중심으로 국경을 재설정하고, 그 독립을 강대국들의 보장으로 이뤄져야 한다"는 내용이 발표되었습니다. 스위스는 1815년 3월 20일 "스위스는 영세중립의 혜택을 받아야 한다"고 인정하면서 "스위스의 연방의회가 적법하게 그 조항들을 찬성하면 연합국들은 스위스의 영세중립을 인정하고, 보장하는 조항을 준비한다"고 선언했습니다.

스위스 연방의회는 1815년 의회 문서 제1조는 "스위스 의회는 연방의 이름으로 1815년 3월 20일 비엔나회의에 참석했던 강대국들의 선언에 동의하며, 그 조약의 규정들을 종교적 신념으로 성실하게 준수할 것을 서약한다"고 했습니다. 그 결과 스위스는 1815년 11월 20일 유럽의 영국, 독일, 프랑스, 이탈리아, 오스트리아, 러시아, 스페인, 포르투갈, 등 8개국이 채택한 파리선언에서 연합국에 의해 영세중립 국가로 확인되고 보장됨으로써 주변국들로부터 국제적으로 승인된 세계 최초의 영세중립국이 되었습니다.

둘째, 오스트리아는 독일과 함께 1945년 5월 제2차 세계대전의 패전국이 되었고, 7월 4일 모스크바 선언에 따라 미국, 영국, 프랑스, 소련이 오스트리아를 분할 통치하게 되었지요. 오스트리아의 정치지도자들은 소련이 임시 수상으로 추천한 명망 있는 사회주의자 카를 레너 수상을 중심으로 외국군대를 명예롭게 철수시키기 위해 스위스와 같은 영세중립국이 될 것을 합의했습니다.

소련을 제외한 연합국들은 오스트리아의 경제적 어려움은 오스트리아 국민에게 생활고를 가중시켜 공산주의 출현 가능성을 경계하면서 점령 비용을 경감해 주었습니다. 미국 정부는 1947년 7월 오스트리아 정부에 미군의 주둔비용을 완전히 면제시켜 주었습니다. 미국의 조치에 힘을 얻은 오스트리아 정부는 1950년 3월 7일 점령국들에게 오스트리아에 주둔하고 있는 외국군대의 수를 감축시켜 줄 것을 공식적으로 요구하는 한편, 프랑스, 영국, 소련에 대해서도 외국군의 주둔 비용을 주둔국 정부가 부담해 줄 것을 요청하였습니다.

소련과 오스트리아는 1955년 4월 15일 모스크바에서 오스트리아가 향후 영세중립 정책을 지향한다는 전제를 포함한 모스크바 각서(Moscow Memorandum)를 발표했습니다. 모스크바 각서는 오스트리아의 국가조약(Austria State Treaty)의 골격을 이루게 되었지요. 미국, 영국, 프랑스는 1955년 5월 15일 모스크바 각서를 추인함으로써 오스트리아는 1955년 7월 27일 영세중립국이 되었지요.

셋째, 코스타리카의 영세중립입니다. 코스타리카는 1502년 콜럼버스에 의해 발견되어 스페인의 지배를 받다가 1821년 독립합니다. 코스타리카는 1948년 대통령 선거 결과로 정부와 군부가 대립하던 중 군부가 정권을 장악했으나, 6주간의 내전으로 2,000여 명의 시민들이 사망함으로써 의회는 1948년 11월 평화헌법을 채택하고, 군대를 해산한 후 오늘날까지 군대가 없는 국가입니다.

코스타리카는 평화를 지향하기 위해 1980년 유엔평화대학을 설립하였으며, 국내·외 국가들과 갈등이나 무력 대립을 회피하기 위해 1983년 11월 17일 비무장 영세중립 정책을 선언함으로써 스스로 영세중립국이 되었습니다. 코스타리카는 영세중립 국가라 할지라도 자국의 국내·외적 제도와 이데올로기를 자유롭게 결정할 수 있으며 유엔이나 미주기구(美州機構) 등과 같은 집단적 안전보장 기구에도 가입하여 인류 평화와 인권을 위해 협력할 의무를 가진다는 내용도 포함하고 있습니다. 코스타리카는 주변국가의 승인이나 동의를 받지 않고 스스로 영세중립을 선언하고 실천하는 스스로 중립화(self neutralization) 국가로 국제적으로 그 지위를 인정받고 있지요.

넷째 영세중립 국가는 투르크메니스탄입니다. 투르크메니스탄은 세계 4위의 가스 부국으로 1991년 소련의 붕괴로 독립한 국가로 1995년 10월 자국의 영세중립을 위해 유엔에 승인을 요청했습니다. 유엔총회는 1995년 12월 12일 개최된 총회에서 미국, 러시아, 이란, 파키스탄, 튀르키예, 기타 인접국을 포함한 18개국이 요청한 투르크메니스탄의 영세중립 승인을 185개국이 만장일치로 찬성함으로써 유엔총회가 승인한 영세중립국이 되었습니다.

다섯째, 바티칸시(市) 국가인 로마 교황청 비오 11세 교황과 이탈리아 왕국의 베니토 무솔리니 총리는 1929년 2월 11일 교황청의 재산을 안전하게 영구보존하기 위해 라테라노 조약(Laterano treaty)을 체결했습니다. 바티칸시는 여의도 면적의 약 6분의 1 정도 되는 세계에서 가장 작은 면적의 도시국가로 외국과 대사 관계를 유지하고 있으며, 교황청이 가지고 있는 문화재를 보호하기 위해 영세중립 도시국입니다.

## 25. 한반도 영세중립 통일방안에 대한 학계와 시민사회의 반응

한반도중립화통일협의회 활동과 관련해 2001년부터 회장님께서 정부와 시민사회를 향해 영세중립 통일방안을 제안하고 있습니다. 지식인이나 학자, 또 정치인들의 반응은 어떻습니까. 시민들은 또 어떻게 생각하는지 궁금합니다. 영세중립 의제에 대한 연구소와 협의회의 활동에 대한 주변의 반응은 어떻습니까?

영세중립운동을 위한 단체는 두 개로 분류할 수 있습니다. 하나는 1999년 8월 22일 한반도중립화연구소를 만들었고 그다음 2001년 10월 30일에 한반도중립화통일협의회라는 단체를 만들었습니다. 그렇게 단체를 만든 이유는 한반도중립화연구소는 학문적으로 중립화를 연구하는 단체이고, 한반도중립화통일협의회는 NGO로서 활동하는 것이 더 좋겠다는 느낌을 갖게 되었습니다.

NGO로서 한반도중립화통일협의회라는 명칭입니다마는, 초기에는 영세중립통일협의회였습니다. 2001년 10월 30일 창립된 단체는 영세중립통일협의회였는데, 10년 정도 후에 이름을 바꾸게 되었어요. 그 이유는 '영세중립'이라고 하면 오해하는 사람이 있더라고요. 어떻게 오해하느냐, 달동네를 생각하는 가난한 마을, 그러니까 우리 단체를 "영세민 동네 그런 것과 같은 겁니까?"하고 물어요. 영세라는 말에는 가난하다는 말은 있지만 우리는 '영원한 세상'이라고, 계속되는 세상이라고 '영세(永世)'라는 뜻에 있어서 영세중립이 계속되는 것입니다.

영세중립국 4개국이 있다고 했는데, 외국에서는 영세중립 국가라고 하지 중립화 국가라고는 하지 않아요. 국가에만 영세중립이라고 쓰게 되어 있어요. 어떠한 지형에는 영세중립을 못 씁니다. 국가라고 그러면 영토와 국민과 주권이 있는 게 국가 아닙니까. 국가에는 영세중립이라고 꼭 씁니다. 중립화라고 하면 국가에 대해서는 쓰지 않지만, 일반적으로 우리가 사회운동할 때, 연구할 때 중립화라고 말하기도 쉽고 이해하기도 쉬운 장점이 있습니다. 국제적으로 통용된 단어는 중립화 그러면 국가에는 물론 쓸 수 있습니다마는 국제수로나 국제하천 또는 국제분쟁이 있는 지역, 또는 주인이 없는 무주물 이런 경우에 영세중립이라는 말을 안 씁니다. 거기는 '중립화'라고 해야 합니다. 왜냐면 국가 개념이 없기 때문이에요. 영토와 국민과 주권이 없는 지역에서는 오히려 중립화라는 말이 좋습니다.

나는 연구소를 만들고 NGO 활동하면서 영세중립 운동을 '잃어버린 40년'이라고 말한 적이 있어요. '잃어버린 40년'이라고 하면 박정희 군부가 쿠데타를 한 이후에 영세중립 또는 중립화 운동가들이 감옥에 가고 핍박받았는데, 그 영향을 받아서 영세중립이라는 말을 쓰지 못했어요. 평화통일이라는 말만 해도 제1공화국에서는 조봉암 선생 같은 경우 사형당했잖아요. 평화통일만 하자고 해도 이승만은 반발했는데, 거기에 더해 영세중립을 하자고 했으면 아마 더 놀랐겠죠.

제1공화국에서는 영세중립을 알지 못했지만 말하지도 못했고, 제2공화국은 잠깐 지나가고 제3공화국에서 군부가 쿠데타를 한 뒤로 박정희 자신의 과거 '남로당 이력'을 약화시키기 위해서 혁명 공약에 "반공을 국시로 한다"라고 했지요. 박정희는 해방정국에서 남로당 활동을 했던 분이니까 자기의 정체성을 변화시키려고 했는지 모르겠어요. 추측합니다만 영세중립이나 중립이라는 말을 정치권이나 사회단체에서 사용하지 못하고, 그때부터 영세중립을 주장하는 활동가들은 지하로 들어간거에요. 거의 40년 후에 내가 연구소를 만든 것이니까 '잃어버린 40년'이라고 하는 겁니다.

자세하게 이야기하겠습니다. 우려 반 용기 반, 내가 원하는 이상적인 지향이니까 무서울 건 없어요. 핍박이나 정부로부터 탄압을 받는다 해도 개의치 않았습니다. 영세중립 운동하는 단체와 연구소를 만들 때는 창립식 같은 것을 하지 않았어요. 2001년 10월 30일 영세중립통일협의회를 창립할 때는 광고를 내고 신문사의 소식란에 알렸어요. 세종문화회관 국제회의장인데 500석을 갖춘 시민홀입니다.

여기저기서 날짜를 조정하다가 급하게 장소를 잡다 보니까 500석 장소를 예약하고 이용하게 되었죠. 그런데 그 장소에서 창립식을 하기로 한 걸 상당히 우려했습니다. 40년 동안 영세중립에 대해 논의하거나 국내에서 누가 논문을 발표한 일이 없었기 때문이에요. 그런 데다 갑자기 창립하겠다고 500석 장소를 예약했을 때 지지자가 얼마나 와서 채울 수 있을지 상당히 걱정되더라고요. 다행히 또 한편 놀란 것은 500석이 거의 다 찼어요. 조금 신기하게 생각했죠.

여러 가지를 생각했습니다. "시민들이 영세중립통일협의회 단체를 만드는데 왜 이렇게 많이 왔을까?" 박정희가 5·16쿠데타를 했던 그해 여론조사에서 국민의 32.1%가 영세중립을 지지했는데 40년 동안 1세대는 거의 작고했고 운동을 포기하고 했겠죠. 그런데 500석 홀을 시민들이 채우고 있으니까 "우리 국민들이 가지고 있는", "40년 전 영세중립에 대한 의식은 구전으로 내려왔을지언정, 활동하지 못했을지언정 아직도 없어지지 않았다." 그런 것을 느꼈어요. 여기에는 양쪽 사람들이 다 참석했습니다. 보수와 진보 쪽 사람을 말하는 겁니다. 인사하고 보았을 때 "이분은 진짜 보수 중의 보수인데 어떻게 여기를 왔을까?" 하는 의심이 있었고 또 진보 성향의 사람들도 많이 왔어요.

## 26. 2000년 6·15남북공동선언과 한반도 영세중립 통일 방안의 내적 연관성

평화통일운동 표방과 2000년 6·15남북공동선언이 영세중립 통일 방향에 끼친 영향이 있을 것 같습니다. 사회운동 차원에서 또 평화통일의 제도 방안으로써 영세중립을 제시하였는데 아직까지 대중화가 되지는 않고 있습니다. 6·15공동선언은 남북관계와 한반도 평화통일운동에서 분기점이 되었는데, 협의회가 발족하는 시기로 볼 때 이 선언을 어떻게 받아들였습니까?

맞습니다. 아주 좋은 걸 지적했는데요. 두 가지 요인을 생각했습니다. 첫째, 남북관계에서 평화를 지향하는 쪽으로 향했으면 더 좋았겠다는 것을 느꼈고 둘째, 홍보는 할 만큼 하였는데 확산이 안된 것은 "우리 국민들이 아직도 중립화에 대해 과거 정부가 탄압했던 것을 마음에 두고 가시지 않았구나"라는 것입니다. 그런 요인들로 인해 방향 설정을 다시 하게 되었어요. 평화를 강조하고 평화통일을 좀 더 강조해서 대중들에게 평화를 애호하는 단체로서 활동하는 것을 "강조하고 싶다"는 것을 깨닫고 나중에는 그런 방향으로 일했죠.

어디에서 주제 발표를 해달라고 그러면 꼭 '중립화'라는 제목보다 오히려 그 목적, '중립화'의 목적으로서 평화국가를 얘기합니다. 영세중립을 실현하는 것이 목표입니다만, "한반도의 평화를 저해하고 있는 것은 무엇인가?"라고 해서 방향을 바꾸게 되었습니다. 강연할 때나 수업할 때 제일 중요한 화두는 평화인 거죠. 평화를 달성하지 못하는 것은 현재 남북관계이고, 이념과 사상 그리고 주변국과의 관계 때문이에요. 남북이 평화를 달성하지 못하고 있는 것을 먼저 강조하고, "우리가 영세중립을 지향하는 것은 이런 문제를 해결하는 하나의 방안으로써, 스위스나 오스트리아와 같은 영세중립을 위해 활동하고 있습니다"라는 결론을 강조합니다.

나는 6·15남북공동선언을 아주 긍정적으로 받아들였습니다. 그 이유는 6·15남북공동선언이 나오기 전까지는 어디 가서 "여러분, 남한의 연합제 통일정책과 북한의 연방제 통일정책이 매우 비슷해 졌습니다"라고 말하면 청중들이나 학생들에게 느낌이 없어요. 거기서 나는 남북의 통일방안이 어떻게 유사해졌는지 설명하죠. 1991년 기점으로 북한이 고려민주연방공화국 창립안을 두 번째 수정하는데 거기서 핵심적인 것은 남북이 연방제로 하되 외교정책은 비동맹중립으로 하고 외교권과 군사권은 중앙정부에 있는 것이 아니고 남북한 정부에 있다고 한 것입니다. 두 개의 정부가 외교권과 군사권을 가지고 있으니 연방제나 연합제는 같습니다.

6·15공동선언에 "남한의 연합제 통일방안과 북조선의 연방제 통일방안에 공통점이 있다"라고 발표했습니다. 그것을 발표하고 난 뒤 내가 사람들에게 아주 설명하기 좋고, "김대중 대통령과 김정일 위원장이 공통점이 있다고 발표하지 않았느냐, 앞으로 남과 북은 평화통일 과정에서 반드시 이 관문을 지나가야 될 것이다"라고 말합니다.

연합제나 연방제의 관문을 지나서 평화통일로 가는 것이 순리라고. 요즘 어떤 사람들은 연방제나 연합제 그 당시에 필요없이 바로 하자는 사람도 있습니다마는 그래도 평화 과정에서 제일 중요한 것은 통일의 3단계를 평화방식으로 하겠다는 거지요. 제1단계는 남북이 신뢰를 회복하고 경제협력을 하는 것이겠죠. 신뢰가 먼저 조성되지 않고는 통일 과정 그 자체가 나타날 수 없는 거에요. 남북한 사이에 제일 중요한 것은 정상적인 국가관계가 되어야 합니다. 그러면 북한도 현재와 같이 독재체제나 또 인권 측면에서 발전해 남북이 정상적인 관계가 되고, 북한이 우리 체제의 장점을 따를 수도 있지요. 남한에서도 북쪽의 장점을 보고 서로 융합하고 합해진 다음에 국가 간의 신뢰가 회복되어 경제협력으로 투자하고 기업가들이 북쪽에 들어가서 사업할 정도가 되어야 합니다.

    1단계는 남북한의 정상적인 관계가 이루어지는 것으로 간주하지요. 김대중 대통령은 공식으로 말은 안 했습니다만 3단계라고 했는데, 협력과 연합 그다음 통일 이렇게 3단계에요. 남북이 협력하는 것은 신뢰가 회복되고 경제협력이 강화되었을 때 남북이 자유롭게 오가고, 외교권과 군사권은 없더라도 저쪽에 어떤 정부가 있더라도 우리가 쉽게 투자하게 되면 사실상의 통일과 같은 효과를 낼 수 있다고 생각해요. 6·15공동선언에서 중요한 것은 중립화 통일운동에 많은 도움을 준 것이라고 봅니다.

## 27. 한반도 영세중립통일과 동아시아 국제관계

한반도 영세중립통일과 동아시아 국제관계는 매우 복잡합니다. 중국은 전통적으로 순망치한(脣亡齒寒)이라고 해서 북한과 돈독한 혈맹관계를 유지하고 있는데, 중립통일에 대해 중국이 어떤 입장을 취하고 있는 것으로 봅니까?

그것은 시기적으로 분류해야 합니다. 하나의 답변으로 나올 수가 없어요. 시기적으로 분류하는 것은 어떤 시기를 말하느냐, 중국은 소위 국력의 균형이 좋아요. 군사력(military power)과 경제력이지요. 이 둘 중에 중국과 미국이 동등한 수준이 되었을 때, 즉 균형이 잡혔을 때 한반도의 중립화는 가장 좋은 시기라고 봅니다. 역사적으로 이 지역에서 하나의 국가나 대륙세력, 해양세력이 패권을 갖게 되면 꼭 한반도를 침범했어요. 중국이나 미국이 너무 약해지거나 또 중국이 세계에서 가장 강한 국가가 되면 중립화는 어려울 겁니다. 현시점에서 중국의 한반도 전문가들은 중립통일에 대해 많이 찬성할 것으로 믿고 있습니다.

　중국의 한반도 정책을 보면 어떤 통일방안을 원하는지 알 수 있죠. 순망치한이라고, 중국은 어떤 일이 있더라도 압록강 변에 외국군대가 오는 것을 반대합니다. 그것은 중국이 목숨을 내놓고 싸울 수 있는 요인이에요. 외국군대라고 내가 지적한 것은 미군이죠. 과거 6·25때 미군이 38선을 넘었기 때문에 미군이 38선을 넘지 않으면 중국 인민군대는 내려오지 않는 거였어요.

　당시 미군이 처음에는 38선을 안 넘었어요. 더글라스 맥아더(Douglas MacArthur)가 진군을 멈추게 했어요. 그런데 한국군은 이승만 대통령이 북진통일을 주장하니까 바로 넘어갔습니다. 공식으로는 3사단이 가장 먼저 넘어갔어요. 미군은 그렇게 따라갔어요. 38선을 넘어가니까 중국이 1950년 10월에 참전했어요. 우리가 중립화로 가는 것은 중국이 미국의 힘에 미치지 못할 때, 미국의 힘을 이용해서 가장 좋은 시점에서 영세중립을 하는 거에요. 문수언 교수팀 연구에 따르면, 중국 학자들 62.1%가 한반도의 통일을 반대하지만 영세중립으로 통일하는 것은 찬성했어요.

　한국이나 북한 입장에서 평화통일하려면 중국과 미국이 동의해야 하잖아요. 균형이 깨지면 한반도는 침략받게 되어 있어요. 미국이 2차대전 이후 강국이 되니까 76년 동안 한반도를 '분할통치(divided and rule)' 해버린 거 아닙니까. 분할통치한 거에요. 국력이 균형을 유지했을 때 또 미국이 약화되기 전에 중국과 미국을 설득해서 영세중립을 해야 한다고 생각합니다. "시기적으로 논할 수 있다"는 것은 이런 거지요.

　중국 공산당 입장은 전문가들하고 공통점이 많다고 생각합니다. 중국이 아직은 미국보다 약해서 한반도에 미군이 주둔하고 있지만 중국이 강대국이 되면 달라지지요. 시진핑의 중국몽이 언제입니까, 2049년입니다. 1842년 아편전쟁에서 패하고 세상에서 가장 강대국이 가장 약한 토끼만도 못해서 무너졌을 때, 이것이 중국의 한이 되었지요. 시진핑이 중국몽을 찾는 것은 1842년 아편전쟁에서 홍콩과 마카오를 뺏겼는데, 그 전의 중국으로 돌아가는 꿈입니다.

중국몽이 이뤄지면 우리의 영세중립은 어렵다고 봐요. 중국이 강대국이 되어 주한미군에 대한 미국과의 균형이 없어지면 한반도를 가만 놔두지 않을 거에요. 스위스처럼 영세중립국이 되어 자신들이 간섭하지 못하면 좋겠습니까. 그러니까 영세중립을 지지하지 않아요. 패권국가라는 것은 인접 국가들을 자신에게 유리하게 만드는 것이 패권이니까. 중국이 더 이상 강대국이 되기 전에, 세계 패권국가가 되기 전에 우리가 뭣을 해도 해야 할 거 같습니다. 우리가 할 일은 그것입니다.

한반도 영세중립 방안에 관한 일본의 입장에 대해 여쭤보겠습니다. 북한과 일본은 수교하지 못한 상태이고 영세중립 외교정책에서 주변국의 승인 문제가 중요하고 일본을 무시할 수 없는 입장입니다. 일본 정부는 어떤 입장일까요? 또 하나, '낮은 단계의 연방제'라고 합니다만 남한과 북한이 정치체제와 사회가 너무 다른 상태에서 연방제가 가능할지, 낮은 단계라 하더라도 연방제나 연합제가 남한과 북한이 최소한의 공통 분모를 가지고 추진할 수 있을지 의문입니다.

결론부터 말씀드릴게요. 일본은 한반도의 어떠한 통일도 반대합니다. 중립화고 통일이고 어떤 방식의 통일도 반대하지요. 일본은 한반도를 다시 지배해야 한다는 기본정신을 가지고 있어요. 이것은 김용운 교수가 분석한 것인데, 일본 사람들이 가지고 있는 한(恨)이에요.[9] 다시 말하면 일본에게 한반도는 지배의 대상이지 평화 공존의 대상이 아닙니다. 안중근

---

**9** 김용운, 『역사의 역습』, 맥스미디어, 2018.

의사가 동양평화론을 주장했을 때 한중일이 같은 화폐를 쓰고, 같은 은행을 운영하며 군대도 같이 운영해야 동양평화가 온다고 했는데, 이것은 엄청나게 선견지명이 있는 사상이에요.

일본은 한반도가 분단되어 있어야 하고 통일하는 것을 원하지 않습니다. 문수언 연구팀 조사에 의하면, 일본 국민 중에서 한반도의 통일을 원하는 사람들은 3~4% 정도에요. 95~96%는 통일 자체를 반대해요. 남북한이 뭘 할 것도 없이 한반도는 계속 갈라져 있어야 일본은 마음편하게 돈을 벌고 한국과 경쟁할 수 있지요. 통일이 되지 않았지만 우리가 일본을 능가하는 것이 상당히 있지 않습니까. 일본은 미국에게 어떠한 일이 있더라도 한반도를 분단시켜 놓아야 한다고 주장하고 있어요. 다르게 보면 한반도에서 미군이 철수하는 것을 반대하는 것이에요.

우리가 예의상으로 4대 강국이 국제적으로 한반도를 침략하지 못하도록 제도적 장치를 만들 수 있습니다만, 일본에게는 그 정도로는 안 됩니다. 미국의 힘을 빌려서 일본이 한국 정부의 입장에 동조하게 만들 수는 있죠. 영세중립을 예로 들면, 미국이 "남북한의 영세중립 방안에 사인했어"라고 하면 일본은 미국을 따르는 수밖에 도리가 없지요. 미국이 하면 일본은 꼼짝 못하니까. 미국이 일본을 컨트롤하는 것은 다 아는 사실 아닌가요.

## 28. 한반도 중립화와 한미동맹의 관계

한반도 중립화와 미국 문제라고 할 수 있는데 미국의 존재를 금과옥조로 여기는 우리 사회의 분위기가 있습니다. 한미동맹과 한반도 영세중립은 어떤 관계가 있는지, 이 문제를 어떻게 풀어나가야 할까요? 사람들에게 영세중립을 얘기하면 한미동맹은 필요하지 않거나, 완전히 무시하는 것이 아닌가 하고 되묻는 경우가 있을 것 같습니다. 한미동맹이 약화되거나 관계가 변화될 가능성이 큰데, 이것을 영세중립 방안과 어떤 연관성을 갖고 볼 수 있을까요?

아주 좋은 질문입니다. 이것은 우리나라 진보와 보수세력 사이에 문제가 야기되는 중요한 지점이지요. 보수 측에서 한미동맹과 한반도가 중립화하는 것을 상치되는 내용으로 알고 있어요. 그 이유는 중립화는 어떤 국가 간의 동맹을 거부하는 것이니까요. 국제법으로 또 국제적으로 아직 확립된 내용은 없습니다만, 일반적으로 동맹과 중립화는 상치되는 걸로 알고 있습니다. 중립화 국가에 외국군대가 있을 수 없고 또 어떤 무기를 지원하거나 개발할 수 없기 때문에 그렇습니다. 우리의 분단이 78년째를 맞이하고 있습니다만 두 가지 측면에서 부정적으로 생각할 수 있고, 이를 극복하기 위해서는 접근하는 방법을 바꿔야하지 않을까 생각하지요.

두 가지 부정적인 측면이 무엇인가 하면, 우선 한미동맹은 미국이 한국을 북한의 침략이나 외국의 침략으로부터 방어하기 위한 것이 목적인데, 남북통일을 두고 시민사회단체들은 이것이 옳은 것인가 생각해 봐야죠. 통일과 한미동맹 중에서 어느 것을 더 우선해야 하느냐, 라는 문제가 있어요. 어느 국가가 다른 나라와 동맹을 맺는 것은 그 국가가 안보를 위한 확실한 국력을 갖지 못했을 때의 방안이죠.

한미동맹을 지속하는 것은 그 자체가 남북통일을 지연시키는 요인이 되는 겁니다. 개인적으로 만약 한미동맹이 없었다고 가정한다면, 보수가 생각하는 한미동맹이 없으면, 즉 완전히 공산화된다고 가정하면 진보 쪽에서는 "무슨 소리냐, 우리나라가 세계 10위권 경제국이고 북한과 모든 것을 비교했을 때 한국이 우위에 있는데"라고 말하지요. 공산화는 되지 않는다는 자신감을 다 가지고 있어요.

영세중립을 하면 외국군대가 있을 수 없고 또 들어올 수도 없으니 동맹을 반대하고, 자주독립 국가를 지향하는데 보수들은 이런 것을 받아들일 수 없는 게 일반적인 경향입니다. 왜냐하면 우리는 민주주의 국가로서 북한의 전체주의 사회보다 국민의 단결력이 약하고 여론이 분열되었을 때 북한과 비교하면 우리가 약하다는, 국력을 스스로 낮게 평가하는 경향이 있어요. 나는 이것을 보수가 잘못 지향하는 것 중의 하나라고 생각해요. 이런 부정적인 요인이 존재하는 거지요.

또 하나 생각할 수 있는 것은 남북이 통일하는데 한미동맹이 걸림돌이라는 표현을 쓸 수 있어요. 동맹이라는 것이 결국은 자주국가로 나아가는 데 걸림돌로서, 어느 나라를 막론하고 그렇습니다. 한미동맹이라는 것이 통일의 저해 요인이 되는 거에요. 자주 국가로 가는데 저해 요인으로 이 두 가지 문제에 부닥칩니다. 보수 측에서는 "북한이 핵무기를 가진 국가"라고 하지요. 지금까지 핵무기가 없는 상태에서 남북관계에 접근했는데, 북한이 핵무기를 가졌기 때문에 이제는 동맹에 더욱 치우쳐야 하고 강화해야 한다는 논리입니다. "핵무기에 대항할 수 있는 무기체계를 가져야 된다"라는 것이 보수 측의 주장이에요. 그러면 미국으로부터 무기를 많이 사야 되겠죠. 그다음 핵을 가진 북한하고 협상할 수 없고, 핵을 우리가 머리에 이고 살기 때문에 북한이 협상의 대상이 아니라 붕괴와 타도의 대상이라고 주장합니다. 그렇게 되면 영세중립과 외국군대의 주둔 관계에서 동맹이 걸림돌이 되고, 또 통일을 생각하면 우리에게 걸림돌이 되는 부정적 요인이라고 할 수 있어요.

통일 과정에서는 왜 문제가 되느냐? 우리나라가 외세에 의존하는 것이 많은데, 주변 4대 강국이죠. 나는 우리에게 시급한 것이 분단을 극복하는 것이지, 동맹에 의존할 때가 아니라고 생각해요. 78년 동안 분단 상태에 있기 때문에 이제 동맹관계에서 졸업해야 한다고 생각합니다. 종전이 되지 않은 채 있는 것을 세계전사에서 찾아보기 힘듭니다. 정전협정을 맺고 있는 것이지 종전이 된 것이 아니거든요. 전쟁 중입니다.

동맹과 중립화를 어떻게 매칭시키느냐, 많이 고민합니다. 동맹이나 주한미군과 중립화는 이론적으로 완전히 대립하는데 이것을 조화시킬 방법이 무엇이냐 하는 겁니다. 조화시키는 방안으로써 중립화를 추진하되, 외국군대가 주둔할 수 있는 명분을 찾을 수 없을까, 생각했어요.

주한미군을 활용할 수 있는 방법은 없느냐, 역으로 생각하는 거죠. 김대중 대통령이 이런 말을 했어요. 김정일 국방위원장을 만났더니, 우리가 통일한 뒤에도 미군은 있을 수 있지 않느냐, 그런 말이 나왔어요. 이것을 적용하면 중립화와 한미동맹이 대립적이고 상극되는 점을 완화시킬 수 있지 않겠느냐고 생각해요. "미군이 철수하면 어떻게 하느냐"는 불안을 조금씩 완화시키기 위해서 김대중 대통령이 북한에서 듣고 왔다는 그 말을 가끔 인용합니다.

## 29. 한반도의 평화협정 체결과 영세중립의 길

한반도에서 영세중립통일을 위한 길은 국제법상 영세중립 국가를 보장하고 실현할 수 있는 환경과는 차이가 있기 때문에 아주 어려운 것 같습니다. 거의 불가능하다고 보는 견해까지 있는데요. 중립화의 절차로 봤을 때 남한과 북한이 미국과 중국을 포함하는 평화협정을 동시에 체결해야 영세중립통일도 시작할 수 있는 것 아닙니까?

맞습니다, 그러니까 한국전쟁의 종전과 평화체제의 시작으로서 평화협정은 중립화보다 먼저 와야 한다는 결론이 나오지요. 남북이 대치하고 있는 상황에서 '중립화를 하자!'라고 주장하면 국민들은 모두 뚱딴지가 같은 소리라고 해요. 우리가 그것을 인정합니다. 지금 주장한 바와 같이 평화협정이 되지 않은 상태에서, 전쟁이 휴전된 상태에서 중립화를 하자는 것은 시기상조이므로 이 과정을 단계로 구분해 놨습니다.

한반도중립화 헌장에서 말하는 제1단계는 통일의 접근법이에요. 헌장의 전문에 다음 취지로 되어 있는데, 남과 북이 정상적인 국가 관계를 수립한 후에 경제협력이 충분히 이루어지는 남북관계가 되면 평화 로드맵을 짤 수 있는 것을 강조해서 제1단계는 남북관계 정상화라고 넣었습니다. 남북관계가 정상적 국가 관계로 회복하는 겁니다. 지금은 평화가 보장이 안 되기 때문에 평화협정을 맺을 수 없는 상태입니다. 남북관계가 정상적인 국가 관계로 성립되어 평화가 수립되면 다음 단계로 나갈 수 있습니다.

헌장에서 말하는 첫 단계가 되면 남북관계가 어느 정도 회복되고 평화관계가 수립되었기 때문에 중립화 문제를 꺼낼 수 있게 되는 걸로 보죠. 미국을 설득하고 중국을 설득하고요. 남북이 통일로 가기 위한 1단계는 정상적 관계는 신뢰 회복이에요. 남과 북이 신뢰를 회복했을 때 정상적인 국가로 갈 수 있는 지름길이죠. 1단계에서 어떻게 하든지 남북이 신뢰를 회복해야 된다는 것이 첫째 주장입니다.

2단계에서 중립화라는 말을 사용하게 되어 있습니다. 2단계에서 남과 북이 중립화를 검토하자는 것을 제의하고 있어요. 미국이나 주변 국가도 남북은 평화관계가 지속될 수 있다고 보는 단계에요. 국가 간의 협력이 충분히 이루어지고 경제협력과 이산가족들의 자유로운 왕래가 되었을 때 남과 북은 정상적 국가 관계가 될 수 있어요. 1단계에서 평화협정이나 불가침조약 이런 것을 유도하기 위해서는 시간이 걸리더라도 남북관계가 정상화해야 하는 것이에요.

다음 단계에서 미국을 설득해야 된다면, 지금 미국이 북한과 평화협정을 맺고 있지 않죠. 미국의 이익이 우리의 이익과 대립되는 거에요. 우리의 이익이란 남북 관계가 좋아져서 평화로운 상태가 되면 통일을 지향하는 방향으로 가야 이익이 오는데, 남북관계가 좋아지는 것은 미국의 국가 이익에는 반할 수 있는 정책이 됩니다. 남북이 통일로 가는 것은 정반대 요인이 될 수 있는 거에요. 남북이 통일하기 위해서는 어떤 일이 더라도 신뢰를 회복하고 경제협력도 강화해야 되고, 정상 관계가 되어야 민주주의가 저쪽에 뿌리내릴 수 있는데, 미국은 그 자체를 반대하는 겁니다.

남북관계가 좋아지는 것을 미국이 방해하는 것이라고 주장했습니다만, 대표적인 인물이 박한식 교수입니다.[10] 우리가 미국을 선택하느냐 남북통일을 선택하느냐 이제는 결정해야 할 때다. 즉 미국은 남북관계가 좋아지는 것을 방해하고, 그렇게 되면 남북은 시간이 지나도 통일이 안되는 거에요. 국가 목표가 상이하기 때문에 한국 역시 어떤 것이 국가 이익이냐를 봐야합니다. 이런 맥락에서 자주를 강조한 거에요.

남북관계가 정상이 되면 자주로 가야 통일로 갈 수 있기 때문에 동맹을 맺고 있는 것은 자주가 약하다는 것을 의미하지요. 동맹과 통일은 또 이원화, 상반되는 길을 지향하기 때문에 중립화에 부닥치는 요인이 되지요. 지금 미국이 하자는 대로 다 하고 있는 것이 대북정책이고 대미 정책인 거에요. 2단계에 가서 남북이 중립화 문제를 언급하는 겁니다. 한반도 중립화 구축을 위한 구체적인 제도적 절차와 과정을 헌장에서 담고 있습니다. 정리하자면 헌장에서 밝히는 이론적 틀로서 5단계 중립화 통일방안에 대한 과정은 이렇습니다.

첫 단계는 한반도 평화체제 구축을 통해 남북관계의 정상화를 이루고

---

[10] 박한식, 『안보에서 평화로: 박한식 사랑방 통일 이야기』, 열린서원, 2022.

둘째 단계는 남과 북이 한반도 중립화 공동합의문 채택

셋째 단계는 남과 북 그리고 4개국 간의 한반도 중립화 선언과 국제조약 체결

넷째 단계는 남과 북이 통일헌법 채택과 통일헌법에 따른 총선거

그리고 다섯째 단계는 중립화를 통한 통일국가 창립이다.

통일방안과 관련해 볼 때 이 논의가 2000년 남북정상회담에서 합의한 낮은 단계의 연방제라고 하는 표현인데, 남한과 북한의 국가연합 구상과 관련해서 나오는 의제입니다. 해외 경우를 봐도 체제가 서로 다른 상태에서 연방제를 한 사례가 없습니다만, 중립화를 논의하자고 했을 때 통일방안과 관련해서는 낮은 단계의 남북국가연합 이것을 얘기하는 것 아닙니까?

바로 그거에요. 북한에서는 낮은 단계 연방제라고 표현하고 우리는 연합제라는 말을 쓰고 있습니다. 그 두 개가 외교권과 국방권을 지방정부가 갖자고 북한이 주장합니다. 또 연방제를 하자고 주장하고. 그 대신 꼭 하나 따라와야 할 것이 연방제의 외교정책은 비동맹중립이라는 겁니다. 이것은 필수로 따라다니는 북한의 주장인데, 통일방안으로 우리가 접근하는 방법도 그렇습니다. 나는 우리가 중립화 실현 5단계라고 말했습니다만, 이것은 국가통일 5단계도 될 겁니다.

첫 단계에 가면 신뢰를 회복하니까, 2000년 6·15선언에서 낮은 단계의 연방제와 우리의 연합제 통일방안에 공통점이 있고 이미 합의했습니다. 남북관계가 통일로 가기 위해서는 6·15선언이 한 그 단계를 거쳐야 할 겁니다. 낮은 단계의 연방제라는 것은 남한에서 주장하는 연합제는 뭡니까. 미국은 연방제입니다만 외교와 국방에 관한 권한이 대통령에게 있고, 우리는 외교와 국방의 권한을 남북한 지방정부가 갖는 거에요. 연방제를 했을 때나 연합제를 했을 때도 같은 겁니다. 우리의 연합제는

국가연합이거든요.

국가연합은 외교권과 군사권이 어디로 가는 것이 아니고 남한과 북한에 그대로 남아 있는 거에요. 북한이 우리를 따라 왔습니다. 외교권과 군사권은 지방정부에 있다, 이것이 공통점입니다. 과거에는 북한이 중앙정부에 외교와 국방의 권한이 있어야 한다고 했습니다만, 그것은 미국식 연방제이고 또 스위스식 연방제입니다. 외교권과 국방권은 대통령에게 있는 거니까. 이제는 북한이 지방정부에 그대로 놔두자해서 공통점이 있기 때문에 2단계에 가서는 그 공통점을 찾아서 중립화로 접근해야 되는 거죠.

중립화는 5단계에 가서 실현합니다. 통일도 5단계에 가서 실현하지요. 그것이 비슷하게 가야 우리의 주장도 먹힐 수 있는데, 신뢰가 회복되고 협력 단계에 가면 비동맹중립을 주장하는데 이것을 논의하는 게 중립화에요. 만약 남과 북이 중립화로 합의했을 때 핵이 필요할 수도 있고 없을 수도 있습니다. 남과 북이 영세중립이란 방안을 가지고 합의했을 때는 핵무기에 대한 의제를 풀어야 합니다. 중립화 방안을 마련할 때 남북이 합의하면 핵무기를 폐기해야 되겠죠. 중립화하면 외국군대가 침략할 수 없는데 만약 침략한다고 가정하고 핵무기를 갖겠다고 하면 영세중립이 성립하지 않지요. 남북이 통일로 가고 영세중립국으로 가는 단계에 이르면 핵무기를 파기하는 방향으로 가겠죠. 중립화와 비핵화는 맞물려 있기 때문입니다.

접근을 다른 방식으로 얘기하자면 핵 문제를 해결하기 위해서라도 중립화가 필요할 수 있겠군요. 「한반도 중립화 헌장」 내용을 좀 더 말씀해 주시죠. 두 번째 중립화 방안에서 평화체제와 군축, 군병력과 같은 의제가 굉장히 큰 쟁점이 될 것 같습니다. 평화협정 체결 관련해서 같이 여쭙고 싶은데요. 중립화 헌장하고는 또 다른 거잖아요. 한반도 영세중립 통일방안에 대한 전망을 들려주십시오.

핵무기를 해결하기 위해서 중립화를 해야 하는 것도 하나의 방안입니다. 핵무기를 중립화로 상쇄시킬 수 있다고 주장하는 것이지요. 중립화와 비핵화를 일치한다고 주장하면 그건 성립이 된 겁니다. 중립화를 하는 것은 핵무장을 하기 위한 것이 아니고 비핵화를 위한 하나의 단계가 될 수 있어요. 1단계를 지나 2단계에서 중립화 문제가 대두되면 북한이 현재 남한에 대해서 연방제 외교정책을 비동맹중립으로 하자고 주장할 겁니다.

비동맹중립에는 주한미군 철수 문제가 들어가겠죠. 동맹을 파기하고 외교정책을 중립으로 하면 주한미군의 지위를 다시 생각하게 되는데, 북한은 비동맹중립의 연방제를 강력하게 주장하는 것이 체제를 유지하기 위한 하나의 방편이라고 생각해요. 김씨 왕조를 삼대, 사대 이어나갈 수 있는 유일한 방법으로써 중립화는 두 번째이고 오히려 연방제에 방점을 두는 것이라고 할 수 있어요. 영세중립 정책을 남북한이 통일되기 전이라도 하자고 하면, 북한은 동의해 줄 수 있을 거에요. 왜냐하면 김씨 체제를 유지하려면 오히려 그것이 좋을 수 있는 거에요.

3단계는 남과 북 그리고 한반도 주변 4개국 간의 한반도 중립화를 선언하고 국제조약을 체결하는 겁니다. 영세중립의 제도화를 본격적으로 진행하는 거지요. 여기에 북미수교와 북일수교, 평화조약 등이 포함됩니다. 북한은 미국, 일본과 외교관계를 수립하고 중립화를 국제조약으로 체결하는 거지요. 우리는 중국과 러시아와 외교관계가 있으니까 중립화를 논의할 수 있지만, 북한은 미국과 일본이 침략하지 않을 것이라는 외교관계 정상화에 합의해야 됩니다. 영세중립국으로서 4대 강국이 남북한과 조약을 체결하려면 외교관계가 먼저 수립되어야 합니다. 북한이 미국과 일본과 외교관계를 수립하면 서로 교차 승인하는 겁니다.

중립화가 합의가 된 후 4단계는 북한에서 100명, 남한에서 100명의 인원으로 가칭 〈민족통일 최고회의〉를 구성합니다. 〈민족통일 최고회의〉는 중립화와 관련한 통일헌법과 통일선거법을 만들어야 합니다.

통일헌법을 만들고 그 다음에 최소한 선거법까지 만들어야 해요. 통일헌법에 의한 선거법을 제정한 후 한반도는 선거 치르는 체제로 들어가는 거지요. 4단계에 가면 중립화 체제를 완전히 갖추는 겁니다. 연방제이든 연합제이든 통일로 갑니다.

5단계에서는 통일 전에 중립화가 되었을 때, 두 개의 영세중립국이 하나의 영세중립국으로 병합이 되는 거에요. 그때쯤 가면 남한의 국호나 북한의 국호, 국기, 애국가가 바뀌게 됩니다. 하나의 새로운 국가가 출현하기 때문에, 명실상부한 영세중립 국가가 되어 외국군대 철수 문제를 그때 논의해도 괜찮습니다. 5단계 이후에 이 문제를 논의하는데 원하면 그대로 둬도 되고, 남북이 통일을 앞두고 외국군대가 있을 필요 없을 것이라고 합의되면 철수해야 되지요.

또 하나 조금 다르게 보자면, 남북이 중립화로 합의를 봤기 때문에 5단계에 가서 따로따로 중립 국가로 갈 수 있어요. 통일된 국가가 중립 국가로 갈 수도 있어요. 남북이 두 개의 연방제 영세중립국가 아니면 하나의 중립 국가가 되는 상황이에요. 당장 통일이 된다고 해서 두 개의 국가가 하나의 국가로 합쳐지기는 참 어려울 거에요. 80년 가까이 언어가 차이 나고 풍습이 달라지고 사회제도가 다른데 한 번에 통합하면 부작용이 많으니까 천천히 한걸음씩 해야 할 겁니다. 두 물이 섞여도 된다, 하는 단계에 이르면 중립화로 통일국가를 만드는 거지요.

영세중립국이 되는 나라는 스스로 영세중립을 선포할 수 있고 또 유엔에 의안을 상정해서 의결해달라고 할 수 있습니다. 선언적 영세중립은 북일, 북미가 수교하지 않아도 가능한 방법입니다. 남북이 합의만 하면 유엔에 상정해서 남한과 북한이 두 개의 국가이지만 모두 영세중립국임을 선포하게 되지요. 유엔이 선언하면 미국과 일본이 꼭 사인하지 않아도 영세중립국은 될 수는 있어요. 스스로 영세중립국이라고 선언해버릴 수 있는 거지요. 국제사회의 보증을 유엔에서 받으려면 하나의 국가만 반대해도 안 되잖아요. 5개 상임이사국이 있으니까.

　질문으로 돌아가서, 그러면 이런 전망을 긍정적 전망을 하느냐. 나는 꿈이 있는 것은 없는 것보다 좋다고 합니다. 그 꿈을 지향하는 면에서 긍정적이에요. 영세중립국이 제도화되었을 때 후손들은 우리 세대보다 좀 더 평화로운 가운데 공부할 수 있고 살 수 있으리라고 봅니다. 저는 꼭 그렇게 되었으면 좋겠다는 긍정적인 생각을 하고 있어요. 영세중립국을 우리 국민들이 원해서 될 수 있는 그런 긍정적인 꿈으로 봅니다. 시민들이 영세중립 하겠다고 촛불시위를 하면 그때는 될 수 있는 거지요. 한 사람의 꿈은 꿈으로 남지만 여러 사람의 꿈은 이루어질 수 있으니까. 한반도에 평화가 있으면 동북아에 평화가 있고, 동북아의 평화는 곧 세계 평화로 가는 지름길이 될 것입니다.

# III
# 진정한 통일은 민간의 화해와 협력으로 이루어집니다

**김영주**

- 1990~1992　한국기독교교회협의회 인권위원회 사무국장
- 1992~2000　한국기독교교회협의회 통일위원회 사무국장
- 2000~2002　기독교대한감리회 감독회장 비서실장
- 2002~2004　기독교대한감리회 교육원 원장
- 2004~2008　기독교대한감리회 교육국 총무
- 2010~2017　한국기독교교회협의회 총무
- 2017~2022　한국기독교사회문제연구원 원장
- 2004~현재　남북나눔운동본부 이사
- 2007~현재　남북평화재단 상임이사, 이사장

이 글은 한국학중앙연구원 현대한국구술자료관에서 수집한 김영주의 구술자료 녹취문을 바탕으로 발췌, 윤문하여 엮은 것이다. 윤문의 과정에서 구술자인 김영주 목사가 직접 참여하여 많은 내용이 정리가 되기도 했다.

김영주는 감리교 목사로서 평화통일에 힘쓴 인물이다. 한국기독교교회협의회 인권위원회 사무국장, 통일위원회 사무국장을 거쳐 기독교대한감리회 감독회장 비서실장, 교육원 원장, 교육국 총무를 맡았다. 이후 한국기독교교회협의회 운영의 중심이 되는 총무를 거쳐 남북평화재단 상임이사, 한국기독교사회문제연구원 원장을 역임했다. 2025년 현재 남북평화재단 이사장을 맡고 있다.

김영주 목사의 구술은 평화통일이라는 신념을 가진 종교인이 사회운동과 남북교류협력의 분야에서 활동한 경험을 담고 있다. 이 경험은 남북교류협력의 역사에 있어 기독교의 역할을 밝히고 있다는 점에서 의미가 크다. 김영주는 한국기독교교회협의회(NCCK: National Council of Churches in Korea)의 일원으로서 국내에서 남북인간띠잇기운동과 같은 평화통일 운동을 벌이기도 했으며, 세계 교회를 통해 북한과의 창구를 형성하여 북의 봉수교회·칠곡교회의 예배에 참여하기도 했다. 이를 통해 북한 내 교회의 존재를 확인할 수 있었다고 말한다. 또한 남북평화재단를 설립하여 북한의 민족경제협력연합회와 진행한 자동차전달사업, 우유보내기운동, 농구공보내기운동, 긴급구호지원사업 등 일련의 교류사업을 추진했다. 이 사업들은 남북교류의 중심적 역할을 했으며, 그 추진 내용과 과정을 담은 실무적 경험은 남북협력과 교류사에 있어서도 중요한 가치를 지닌다.

구술의 주요 내용은 목회자 농민운동과 전국목회자정의평화실천협의회 조직참여, NCCK 통일위원회의 주요활동(통일위원회 조직 배경, 1993년 남북인간띠잇기대회, 북한의 큰물피해 이후 식량문제로 인한 첫 방북, 평양·묘향산 관광을 통해 본 북한 사회의 광경, 봉수교회·칠곡교회 등 북한 교회에서의 예배, 평화통일 희년선언의 배경과 내용, 북한 가정교회 지원모금운동과 쌀 보내기 운동 전개, 6·15 공동선언이행과 평화통일을 위한 남북교회기도회, 중국 애덕기금회를 통한 북한 밀가루지원사업), 박사학위논문을 쓰게 된 문제의식, 박사학위논문의 연구 내용과 의미, 독일의 통일에서 배울 수 있었던 교훈, 남북평화재단 창립 계기, 새터민 지원사업과 자동차 전달사업, 우유보내기운동 진행 과정과 농구공보내기운동, 북한 민족경제협력연합회와 교류 창구로서 남북평화재단의 설립과 활동, 시민사회 역량의 중요성에 대한 것이었다.

이번 자료집에서 특별히 주목할 부분이 있다면, 진정한 통일을 위해서는 민간의 역할이 중요하다고 강조하는 대목이다. 김영주 목사는 '정치적 통일이 정치가의 몫이라면, 남북의 통합은 민간의 몫'이라고 주장한다. 아무리 정치적으로 통일이 된다고 해도 민간 영역에서의 통합이 없이는 진정한 통일이 될 수 없다는 것이다. 그래서 통일을 위한 노력도 정부만의 책임일 수 없다. 민간차원의 남북교류협력은 통일을 위한 필수 조건이며, 정치적 이유로 제한되어서는 안된다는 생각이다. 이러한 주장이 이론의 차원이 아니라 평생에 걸친 경험에서 나왔다는 점에서 우리는 더욱 귀담아 들을 필요가 있을 것이다.

아쉽게도 이 글에는 그 모든 내용을 담지 못했다. 6차에 걸친 8시간 20여 분의 구술자료를 원고지 200매 정도로 축약하다보니 많은 내용을 생략할 수 밖에 없었다. 전체 내용에서 주요 사건만을 다루었고, 대신 통일운동에 대한 구술자의 철학을 최대한 담고자 했다. 그러나 엮은이의 역량이 부족하여 제대로 담았는지는 의문이다. 이로 인한 잘못은 모두 엮은이의 책임이다.

이 글은 녹취문을 바탕으로 하였으나, 시간 순서와 내용은 엮은이가 임의로 재배치하기도 하였고, 중복되는 부분을 하나로 모으는 과정에서 내용을 읽기 쉽게 편집하기도 하였다. 이 과정에서 구술원문과 차이가 있을 수 있으니 반드시 현대구술자료관에서 제공하고 있는 영상을 참고하기 바란다. 구술면담은 2021년 12월 13일부터 2022년 1월 24일까지 총 6회에 걸쳐 이루어졌으며, 면담자는 연세대학교 국학연구원 전임연구원인 한성훈이 맡았다. 다시 한번 귀중한 구술자료를 남겨주신 김영주 목사님께 감사의 말씀을 드린다.

## 1. 유년시절 감리교 전도사와의 만남

먼저 목사님의 유년시절에 대해 말씀부탁드립니다. 신앙의 길을 걸으시게 된 배경이나 체험, 결정적으로 어떤 것이 크게 영향을 끼쳤는지 궁금합니다.

어릴 때 평범한 학생이었습니다. 집안은 조금 어려운 편이었습니다. 의사가 되겠다는 꿈을 가지고 살았던 한 어린아이였습니다. 위에 형님이 계셨는데 일찍 돌아가셨습니다. 그 형님이 하루는 본인의 생명이 다하신 것을 느끼셨는지 나를 껴안고 "나같이 고칠 수 없는 병을 고쳐줄 수 있는 의사가 되었으면 좋겠다" 그리고 "병원의 문턱이 너무 높다. 우리 같이 가난한 사람들도 갈 수 있는 그런 병원이 있었으면 좋겠다"고 하셨어요. 그게 나한테는 유언처럼 남아 있었고, 그 계기로 사람의 질병을 고치는 의사가 되어야겠다고 했어요.

그런데 우리 동네에 피난민들이 세운 감리교회가 있었어요. 전쟁 동안에 감리교인들이 피난 와 세웠다가 전쟁이 끝나자 많은 사람들이 각자 살 곳으로 돌아갔고, 남은 교인들이 유지하고 있는 작은 교회였습니다. 거기에 신학교를 갓 졸업한 젊은 전도사가 와서 장로교에 다니고 있는 나를 눈여겨 본거 같아요. 고등학교 때인데, 그 전도사가 바둑이나 한 수 두자고 당신 집으로 나를 유도했어요. 바둑을 두면서 이런 저런 이야기를 하게 되었어요. 그렇게 지내면서 신앙과 관련한 토론을 하면서 사고의 폭이 넓어졌어요.

그분이 "김 선생은 앞으로 어떻게 할꺼냐"고 물었는데, 내가 형과의 일화를 말하면서 "의과대학을 가기 위해 이과 반에서 공부하고 있다"고 했더니 그 분이 조심스럽게 "의사는 인간 육체의 병을 고치는 것이지만 목사는 인간 영혼의 병을 고치는 것이니 둘 다 의사인 것이다. 그런데 집안 형편이 어려운데 의과대학은 6년간 공부해야 되고, 인턴과 레지던트도 해야 된다"며 "돈이 없으면 의과대학을 다닐 수 없다. 그러니까 신학대학에 가서 목사가 되면 어떻겠냐"고 권했습니다.

당시 나는 철이 없어 경제적인 어려움 같은 것은 심각하게 생각하지 않았지만, 육체의 병과 영혼의 병, 이런 구분은 매우 크게 의식되었습니다. 그 당시 제 수준에서는 육체와 정신을 구분하고 정신을 육체보다 더 우위라고 생각하던 때니까 육체적인 질병을 고치기보다는 정신적 질병을 고치는 것이 더 좋겠다는 생각에 신학대학으로 진로를 바꾸고 공부하게 되었습니다.

그 후 신학대학에 대한 가족과 주위의 만류를 이기지 못해 차선으로 법대를 지원했다가 낙방하게 됩니다. 재수를 하기 위해 준비중이었는데, 그 목사님의 강력한 권유로 전액장학금을 제시하는 대전에 있는 신학대학에 입학하게 되었습니다. 그때 가족들, 특히 우리 어머님은 자식을 잃어버린 것처럼 생각하시기도 했어요.

## 2. 신학대학에서 민주화운동 경험과 기독교농민회 활동

입학 후 한 학기 다녔는데, 학교분위기에 잘 적응하지 못했습니다. 그래서, 내가 좀 더 성숙한 후에 신학을 해야 되겠다고 생각해 휴학하기도 합니다. 우여곡절 가운데 72년에 2학년에 복학을 합니다. 당시는 유신시대가 시작되던 때였습니다. 그때부터 민주주의에 대해 심각하게 생각하게 되었습니다. 3학년 때는 한신대 교수들이 삭발단식을 했는데, 우리 학교에서도 삭발단식 투쟁을 하기도 했습니다. 그리고 1974년에는 미국의 포드(Gerald Rudolph Ford) 대통령이 방한했는데, 그때 우리들은 전국의 학생들이 "우리 민중의 저항이 얼마나 큰 것인가를 보여줌으로써 이걸 국제문제화 해야 되겠다"고 해서 전국의 대학에서 시위를 할 것으로 생각했습니다. 우리 학교도 가두시위를 하기로 하고 대전 한 복판에 가서 데모를 하다가 모두 연행되어 30여 명의 학우들이 29일 구류를 받게 됩니다. 나중에 알게 된 것이지만 우리의 기대와 달리 포드 방한 시에 시위를 한 학교는 우리 학교만 유일했습니다. 당시 보안사가 수배령을 내려 주동자를 찾고 있다는 소식을 듣고 저와 몇몇 친구들은 익산으로 도망갔어요. 익산에는 친구 외가집이 있어서 거기서 가을걷이 도와주면서 한 달 간 숨어 지냈죠. 그때 우리 집에 경찰이 찾아와 어머니에게 "국가장학금이 나와 줄려는데 김영주가 갑자기 없어져 찾을 수 없다. 어디에 갔는지 알려달라"고 했답니다. 그렇게 차차 저항정신을 키우게 되었고 소위 운동권 학생이 되었죠.

그러면서 엔씨씨(NCC)¹를 접하게 돼요. 엔씨씨는 그때 교육훈련원을 운영했는데, 3박 4일의 훈련 과정에 참여하면서, 민주, 자유 이런 개념 뿐 아니라 정치·경제·문화·사회 전반에 걸쳐 있는 우리 사회의 부조리, 모순, 이런 것들을 다 학습하게 된 거죠. 당시 나는 3선개헌, 유신헌법에 저항하는 몸짓만 있었지, "이 사회구조가 왜 이렇게 되었는가?"라는 주요 모순에 대해서는 공부가 안 되어 있었어요. 엔씨씨의 그런 훈련 과정에서 이우재 선생과 같은 분들께도 배우면서, 지역에서 기독교

---

1   한국기독교교회협의회. 약칭으로 '교회협'이라고 하며 영문 명칭은 THE NATIONAL COUNCIL OF CHURCHES IN KOREA이며, 약칭으로 NCCK이며, NCC로 간략하게 부르기도 한다. 1924년에 설립된 조선예수교연합공의회를 계승한 한국 개신교 교회들과 한국 정교회의 협의체이다. 한국 기독교계의 협력과 일치 정신을 구현하기 위하여 창설된 범기독교 협의체이다. 1924년 9월에 결성된 조선예수교연합공의회에서 시작되었으며 1937년, 일본의 종교간섭으로 폐쇄되었다가 1946년에 재발족하였다(한국기독교교회협의회 홈페이지, 민족문화대백과사전 등 참조).

농민회 조직을 하게 됩니다. 그리고 엔씨씨 인권위원회에 참여하게 되어 소위 운동권 목사가 된 거지요. 인권이라는 개념도 거기서 배웠고, 당시 농촌이 우리 사회의 80%를 차지한 상황에서 수출주도형 정책이 도입되어 농촌은 죽어가고 도시에는 빈민촌이 형성된다는 것도 배우면서 "모순이라는게 이런 거구나" 하고 알게 되었죠.

나는 그때 농촌문제를 더 집중적으로 보았습니다. 내가 농촌에서 목회하면서 목동 재개발하는 곳에 모여 데모도 했어요. 그러면서 도시 빈민문제도 보았습니다. 그 과정에서 "서울에는 똑똑한 사람들도 많고, 정리가 잘 된 사람이 많으니까 나는 이 농민의 삶을 좀 붙들어야겠다"고 해서 농촌문제를 집중적으로 공부했죠. 인천산선(인천도시산업선교회)에서 일하던 선배가 "산업선교회에서 일을 좀 했으면 좋겠다"고 제안하기도 했었는데 거절했어요. 주변의 농촌목회자들과 함께 '감리교농촌목회자협의회'를 조직하고 '아산기독교농민회'도 조직하여 교인들을 중심으로 농민운동을 전개하면서 본격적으로 농촌운동에 뛰어들었지요.

내가 공부를 좀 더 해야 되겠다 싶어, 감리교 신학대학의 대학원에서 종교사회학을 전공하기도 했습니다. 졸업논문을 「농민 신학 형성을 위한 사회학적 접근」이라는 제목으로 썼는데, 지금 보면 유치한 수준이지만, 신학에다가 농민이라는 이름을 붙인 것은 아마 내가 처음일 거라는 점에서 자부심을 느끼기도 했습니다.

## 3. 전국목회자정의평화실천협의회 조직과 NCC 활동

고민이 깊을 때였던 것 같습니다. 어떤 방식으로든 현실에 참여하고는 있지만,

거기에 대한 좀 더 근본적인 관점이나 가치관 같은 것이 필요한 시기였던 거 같습니다. 그렇다면 어떻게 하여 서울로 올라오시게 되셨나요?

당시 교회가 굉장히 성장을 할 때였어요. 여의도 순복음교회, 광림교회, 소망교회가 상징이 되던 때였어요. 나도 큰 교회를 하고 싶고, 소위 성공한 목회자가 되고 싶은 생각이 왜 없었겠어요? "서울로 올라와서 한 번 도전해 보라. 너는 가능할 것 같다"고 하는 권유도 많았죠. '농민신학'은 그런 경향에 대한 저항만이 아니라, "내 목회의 본질이 어디 있느냐?"는 질문에 대한 답이었어요. 농민을 진짜 사랑하고, 농민들과 함께하는 것이 목회자로서의 삶이라고 생각했습니다. 당시 박정희 정권의 수출 주도 정책(중공업정책과 도시산업화 정책)으로 도시산업화를 위해 농촌의 인구를 인위적으로 줄였고, 도시로 사람들이 몰려들 때였습니다. 그리고 세계무역기구(WTO: World Trade Organization)에 가입하는 문제가 등장할 때였습니다. "도시는 꽃이고 농촌은 뿌리다. 뿌리가 튼튼해야 꽃이 잘 필 수 있다" 그래서 "이 뿌리를 붙들지 않으면 안 된다. 모든 교회가, 모든 사람들이 도시로 가지만 나는 농촌을 붙들어야 되겠다"라는 신념으로 동

사진 1  구술을 하고 있는 김영주 목사

지들을 규합해 '농촌목회자협의회'도 조직하고, 농촌의 기반을 닦으려고 했어요.

그러나 결국 나도 서울로 올라오게 됩니다. 농촌운동을 체계적으로 진행하려고 노력하다 보니 종로5가 인사들과도 빈번하게 접촉했습니다. 당시는 농민운동이 곧 민주화운동이고 통일운동이었습니다. 당시 소위 운동권 목사들의 수가 많지 않아 주요 이슈가 있을 때는 모두 힘을 합칠 때였습니다.

장충단 뒤에 형제교회가 있었어요. 소위 운동권 교회인데, 지금은 돌아가신 그 교회 목사님이 NCC인권위원회 사무국장으로 가시면서, "농촌에만 머물러 있을 게 아니라, 도시의 청년들도 돌보고, 평화문제도 굉장히 중요한데, 네가 와서 이걸 해라"고 했어요. 지금도 "내가 좀 더 진득하게 농촌에 있었어야 하지 않았는가?"라는 후회가 있긴 한데, 그렇게 서울로 왔어요.

형제교회는 교인이 한 70~80명, 많게는 100여 명 정도 되는 조그만 교회인데, 교인들이 유신헌법에 반대하는 데모를 한 곳이기도 해요. 거기서 목회를 하면서, '전국목회자정의평화실천협의회(목정평)'의 총무를 맡기도 합니다. 목정평은 농촌목회 시절에 건방지지만 선배들을 추동하면서 조직하는데 일조하기도 한 모임입니다. 그 활동을 NCC 지도부들이 대견하게 여겼는지, 저를 NCC인권위원회 사무국장으로 불렀어요. 그렇게 시작해 인권문제에 아주 천착을 하게 되었죠.

인권위 사무국장으로 일할 때, '국민대 김정환 사건'[2] '윤석양 사건'[3] 등을 맡았어요. 그 사건으로 국방부장관이 사과하고, 보안사가 기무

---

[2] 1989년 국민대생 김정환 씨의 양심선언 사건. 김정환 씨는 자신이 산채로 땅에 파묻히는 극악한 고문을 당한 후 프락치 활동을 강요받았다는 진상을 밝혔다(민주화운동기념사업회 오픈아카이브즈 참조).

[3] 윤석양 사건. 보안사 대공처 수사3과에 근무하던 윤석양 이병이 NCCK 인권위

사진 2  NCCK 인권위의 활동모습(사랑의 집 개소식, 서 있는 사람이 김영주 목사)[4]

사로 바뀌게 됩니다. 참고로 말씀드리면 1990년 9월 달에 윤석양 이병이 탈영을 해서 10월 4일 NCC인권위원회 사무실에서 기자회견을 합니다. 그때 우리는 MBC, 경향신문 등 몇 개 신문만 선택해 기자회견을 했습니다. 그리고 윤석양을 한신대 사감 집으로 피신을 시켰고, 언론 인터뷰를 주선하기도 했습니다.

---

원회에서 양심선언을 하고 "보안사가 민간인을 사찰했다"고 폭로한 사건. 탈영 시 가지고 나온 보안사의 민간인 사찰기록을 공개했는데, 김영삼 민자당 최고대표위원, 김대중 평민당 총재, 이기택 민주당 총재, 김수환 추기경 등 정치, 종교, 언론, 문화, 예술·노동·학원가 등을 망라해 사회 전반에 걸쳐 동향을 파악을 하고 있었다(민주화운동기념사업회 오픈아카이브즈 참조).

4  '사랑의집'은 NCCK인권위원회가 석방된 장기양심수들이 생활할 수 있도록 마련한 것이다(사진 한국기독교교회협의회 제공).

Ⅱ. 진정한 통일은 민간의 화해와 협력으로 이루어집니다

## 4. 인권과 통일문제에 대한 참여와 인식

당시 권위주의 정권 시절에 인권문제와 관련된 활동이 쉽지는 않았을 거 같습니다.

NCC는 인권이라는 중요한 가치를 가지고 활동했습니다. 그런데 박정희 독재정권은 "잘 살아보자, 잘 살기 위해서는 인권도 일정한 부분 유보해야 된다. 우리가 가난하고 배고픈데, 경제적 발전을 위해서는 민주주의니, 인권이니 이런 것들은 너무 사치스러운 언어 아니냐. 그래서 좀 참아라", "우리 사회가 좀 잘 되면은 민주주의도 잘될 것이다"라는 논리를 내세웠죠. 당시는 아주 배고픈 시절이었으니까 "인권이 밥 먹여 주냐?"는 식의 논리가 먹혀들었죠. 그리고 지금 우리가 공산 정권과 대치하고 있으니 "지켜야 할 국가가 있어야 인권이 있는 것 아니냐?"라는 것이 당시 기득권과 정권의 논리였어요.

우리는 "아무리 급해도 사람의 생명이나 사람의 자유의지와 같은 것들이 훼손된 상태에서 발전이라는 게 정말 발전이냐"고 주장했습니다. 군사정부는 정권 안보를 위해 남북의 대치 상황을 적절하게 이용해서 북쪽의 위협을 국민에게 협박의 수단으로 삼고, 민주주의의 가치를 훼손시키는 부분들이 많았고, 우리는 거기에 저항을 했죠.

교회협이 제기하는 인권문제는 세계교회의 테이블에 오르고 국제적 연대를 통해 한국정부에 압박이 되기도 했습니다. 그렇게 압박을 받게 되니, 군사정부는 "사대주의 아니냐", "국내문제를 왜 국제에 가져가느냐", "한국 정권을 망신시키고, 국격을 떨어뜨리냐"고 했어요. 그때 우리는 "그게 왜 사대주의냐. 인권은 인류의 보편적 가치이기 때문에 정권과 상관없이 지켜야 할 매우 중요한 가치고, 또 성서에 하느님께서 인간을 만드실 때, 하느님의 형상에 따라 만들었기 때문에, 그것을 훼손하는

사진 3　NCCK 인권위원회 공청회 모습[5]

것은 하느님에 대한 도전이다"라는 논리로 반박하며 인권문제를 다루었습니다. 교회협의 인권운동은 민주사회를 위한 변호사모임(민변), 민주화실천가족운동협의회(민가협) 등의 많은 단체와 협력했습니다. 민주화운동을 하다 탄압받는 학생과 노동자들을 위한 활동과 군인권운동을 포함한 제반 활동을 활발하게 진행하며 오늘에 이르고 있습니다.

목사님은 인권문제뿐만 아니라 통일문제에도 많은 활동을 하셨는데, 어떻게 참여하시게 되었나요?

우선 한국기독교교회협의회(한국교회협)의 통일운동을 대략 살펴보면 다음과 같습니다. 한국교회협이 본격적으로 통일문제에 뛰어들었던 것은 1980년부터라고 할 수 있습니다. 그 전에는 분단 이후 남북간의 긴장이

---

5　한국기독교교회협의회(NCCK) 제공

높았고 그 긴장관계를 군사독재정권이 정권 안보의 소재로 사용했습니다. 민주화운동 세력을 용공좌경 세력으로 몰아 탄압하기 일쑤였습니다. 그래서 한국사회의 반독재 운동은 대체적으로 선민주화 운동, 후통일운동으로 전개되고 있었다고 볼 수 있었습니다. 그런데 '서울의 봄'을 지나고 '80년 광주'를 보고 난 뒤에는 "남북분단의 문제를 해결하지 않고는 이 땅의 진정한 민주주의가 세워질 수 없다"라는 자각을 하게 됩니다. 즉 민주화운동과 통일운동을 동시적 과제로 인식하게 됩니다. 그래서 1980년에 열린 한독교회협의회[6]는 분단된 나라의 통일문제는 주요 선교적 과제라는 점을 강조하고 한국NCC 내에 통일문제를 연구하는 위원회를 두는 것에 합의합니다. 그 결과로 1981년 한국교회협은 '통일문제연구원 운영위원회'를 조직하여 본격적으로 통일운동을 전개하게 됩니다. 그 후 '통일문제연구위원회', '통일위원회' 등으로 그 명칭이 바뀌게 됩니다. 지금은 '화해·통일위원회'라고 해요.

당시 교회협의 통일운동은 정부의 집요한 방해와 핍박을 받게 됩니다. 1982년에는 교회협이 개최하고자하는 국제협의회를 원천 봉쇄하기도 했습니다. 그러나 한반도의 통일운동은 국제적 연대를 통해 활발하게 전개되었습니다. 1984년도에 아시아교회협의회가 주최하는 '정의와 평화를 위한 아시아교회협의회'가 일본 '도잔소(東山莊)'에서 열리게 됩니다.

그 도잔소 회의에서 중요한 결정을 했는데, "첫째, 남북의 문제는 정치적 문제가 아니라 복음의 문제, 선교의 문제다. 둘째, 남북 분단의 책임이 일본의 점령 뿐만 아니라 미국이나 소련 등 제 세력들이 38도선으로 나눈 것이니 분단의 책임은 남북에도 있지만 국제사회도 있다. 셋

---

[6] 구술자에 의하면, 한독교회협의회는 한국전쟁 이후 간호사들과 광부들을 독일로 보냈는데 그들을 케어하기 위해 독일 교회하고 선교 협약을 맺는데, 2년에 한번씩 개최되었다. 여기서 주로 통일문제가 논의되었다고 한다.

째, 세계교회는 한반도의 문제를 남북만의 문제가 아니라 세계 교회의 선교과제이다. 그래서 남북의 통일 문제에 세계교회가 깊이 기여해야 되고, 우리가 서로들 협력할 수 있도록 해야 된다. 단, 남북의 문제에 주도권은 남북에게 있다. 국제 교회는 어려울 때, 도와주고 협력해야 될 의무가 있다"는 내용입니다.

조금 쉽게 이야기하면 예수 믿는 사람들은 이 남북 분단은 골치 아픈 정치적 문제가 아니라 마땅히 해야 될 일이고 세계 교회는 이 분단에 책임의식을 느끼고, 부채를 갚는 마음으로 분단에 관여해야 된다는 것이었어요. 그리고 남북이 당사자로서 서로 주체적으로 결단을 할 수 있도록 협력자로서 세계 교회가 도와줘야 된다는 것이 도잔소의 정신이었습니다.

그것이 기반이 되어 세계교회협의회(WCC: World Council of Churches)가 1986년에 스위스 글리온(Glion)에 남북 교회를 초청해서 최초의 예배를 보고 1988년에는 한국기독교교회협의회가 한반도 평화통일을 위한 기독교인 선언을 하죠. 거기서 제일 중요한 것 중 하나는 '죄책고백'입니다. "우리는 반공, 친미와 같은 것이 기독교의 가치인 것처럼 착각을 했다. 그리고 분단의 문제가 극복되지 않고는 이 땅에 진정한 인권신장과 민주주의가 꽃을 피울 수 없다. 분단극복이 우리의 최우선 과제인데, 우리는 그 우선 과제로 삼지 못했던 것, 북을 적대시 했던 것, 그리고 우리 남한의 반공주의를 정당화시켜 줬던 것, 이런 것들이 우리 기독교가 참 잘못한 것이다"는 '죄책고백'이란 것입니다.

다음으로는 분단의 문제를 해결하지 않고서는 인권, 민주주의도 없다. 그리고 통일문제에 민중의 참여가 우선되어야 한다. 그 원칙하에 적대시정책철폐, 흡수통일반대, 주한미군철수 등을 과제로하고, 그 방법으로 반공교육이 아니라 평화교육을 제시하고 있습니다.

1992년 교회협은 통일과제들을 좀 더 체계적이고 활발하게 진행하기 위해서 통일사무국을 설치하기로 하고 저를 통일 담당 국장으로 임명하였습니다. 당시는 한국교회가 '희년'[7]으로 선언한 1995년을 앞두고 희년준비를 위해 여러 노력들이 필요했습니다. 주요 과제로는 통일문제를 위한 세계교회의 협력과 연대의 강화, 북한기독교연맹과의 교류, 통일문제에 대한 한국교회의 적극적 참여와 협력 증대, 그리고 민간 통일운동에 대해 부정적인 시각을 가지고 있는 대정부관계 등이었습니다.

국제적 연대는 두 갈래로 진행되었는데, 첫째로 WCC 중앙위원회의 결의로 8월 15일 직전 주일을 남북공동기도주일로 정한 것에 따라 남북교회가 합의한 남북공동기도문을 작성하여 세계교회에 제공하고 매년 서울에서 3박 4일간 남북평화통일을 위한 국제 협의회를 조직하여 국제적 연대를 강화하는 것이었습니다. 둘째로 각국(미국, 일본, 호주, 독일 등) 교회협의회가 남북교회지도자를 초청하여 국제협의회를 개최하는 일이었습니다. 북한교회와 교류는 WCC와 세계개혁교회연맹, 각 나라 교회협이 초청하는 협의회를 활용하여 활발한 교류를 할 수 있었고, 남한교회협 총무의 북한 방문을 그 출발점으로 남북교회간의 직접 교류가 이루어지게 되었습니다.

전반적으로 반공적 시각을 가지고 있는 보수적인 기독교를 평화 통일운동에 참여하게 하는 것은 쉽지 않은 과제였습니다. 우선 교회협의 비가맹교회 중 열린 보수로 알려져 있는 복음주의 지도자인 홍정길 목사 등을 중심으로 한 분들과 함께 남북나눔운동을 조직하여 북한교회

---

[7] 희년(禧年, 영어: jubilee, 히브리어: יובל, yobel)은 성경에 나오는 규정으로 안식년이 일곱 번 지난 50년마다 돌아오는 해. 이 해가 되면 유대인들은 유일신 야훼가 가나안 땅에서 나누어 준 자기 가족의 땅으로 돌아가고 땅은 쉬게 한다. 즉 죄와 빚, 보편적 사면을 면제해 주는 특별한 해라고 할 수 있다. 노예와 죄수들이 해방되고, 빚이 탕감되며, 하느님의 자비가 특별히 나타날 것이다는 의미이다(출처: 위키백과 사전).

를 돕는 일을 진행할 수 있게 되었습니다. 그 결과를 기반으로하여 남북 나눔운동과 함께 한국교회북한지원협의회(한국 주요 교단과 월드비전 등 국제 NGO)를 조직하여 1994년 북한이 큰 홍수로 어려움을 당하고 있을 때 식량지원, 결핵차 지원 등을 할 수 있었습니다. 그리고 한국교회의 50개 교단이 모여 한국교회희년준비위원회를 조직하여 평화통일의 희년을 준비하게 되었습니다.

그 과정에서 한국교회와 제 사회단체가 참여하는 '남북인간띠잇기 운동'은 민간 통일운동의 새로운 분기점이 되었고, 이를 계기로 평화통일은 더 이상 정부의 점유물이 아니라 민간이 주도권을 가지게 되었다고 할 수 있습니다.

사회운동으로서, 평화통일운동으로서, 북측과 상대를 하는 것은 기독교 내에서도 어느정도 제한적이고 금지되어 있던 영역일 수 있는데, 어려움은 없었습니까?

역사학자가 아니라 한계가 있지만 간단히 우리의 선교 역사를 보면, 평양을 중심으로 해서 개신교가 굉장히 많이 발전했습니다. 전쟁이 발발하자 북의 많은 기독교인들이 남쪽으로 피난하여 왔습니다. 그 분들이 한국기독교의 주류로 활동하게 됩니다. 이는 미국의 정책에서 기인한 바도 있습니다. 한국전쟁에 미군이 참전을 하면서 "왜 우리가 이 전쟁에 참여해야 하냐?"라는 미국내의 반전운동도 있었는데, 미국정부는 "북쪽의 수많은 기독교인들이 탄압을 받고 있다. 이 사람들을 보호하는 것이 우리 기독교인의 마땅한 의무 아니냐?"는 논리를 내세웠다고 합니다. 즉 미국은 피난민 보호를 전쟁참여의 또 다른 명분으로 사용하였기에 북의 기독교인들 특히 교회지도자들이 한국교회의 지도적 위치를 점하는데 아무런 지장이 없었다고 볼 수 있습니다. 본래 기독교가 이념적으로 반공적인 입장을 가지고 있기도 하지만, 한국전쟁은 한국기독교의 반공 친미

경향을 강화시켰다고 볼 수 있습니다.

그리고 남한 사회 역시 전쟁의 비참함이 너무 커서 북쪽 공산주의를 지지할 수가 없는 상황이었습니다. 전쟁이 남한 사람들을 '체험적 반공주의자'로 만들었다고 생각합니다. 자기 앞에서 부모와 형제자매 그리고 이웃들이 죽임을 당하는 현실을 본 것이죠. 이는 우리 민족의 분단극복을 위해서 반드시 극복해야할 과제로 상존하고 있습니다. 게다가 남북 정부도 분단상황을 정권유지의 방편으로 이용해서 민간의 평화 통일운동을 탄압하기조차 합니다.

이런 여건에서 평화통일을 위한 노력, 특히 북한과의 교류는 각종 제약이 있을 뿐 아니라, 비난이 뒤따를 수 있는 일이었습니다. 실제로 교회협이 해외에서 북한교회와 선교적 과제에 대한 합의문을 발표하면, 정부당국은 즉시 경고문을 발표하거나, 보수교회지도자들을 추동하고, 각 언론들은 기사나 사설을 통해 교회협을 북의 전략 전술에 놀아나는 용공좌경집단이라고 폄훼했습니다. 그렇지만 평화통일문제는 우리시대에 한국 교회가 감당해야 할 사명으로 여기고 참여했습니다. 그러한 많은 압박 속에서도 한국교회의 노력이 가능하게 한 힘은 화해와 사랑을 최고의 가치로 삼고 있는 기독교의 신학에 있기도 하지만, 세계교회의 지원과 협력도 큰 몫을 했습니다.

전쟁을 겪은 직접 체험한 분들에게 '반공'은 주입한 이데올로기 이전에 자기 경험이라는 것에 동의합니다. 그런 어려움은 극복하기가 쉽지 않을 것 같습니다.

한국전쟁은 3년 동안 진행되었고, 북한군이 낙동강까지 점령했다가 유엔군의 참여로 신의주에 전선이 형성되었다가 일진일퇴를 거듭하다 현재의 위치로 휴전선이 만들어졌습니다. 즉 한반도의 상당 지역이 일정 기간 인민군에 의해 점령당했고, 일정 기간 국군에 점령당했습니다. 그 과정에서 인민군은 국군에게 협력한 사람들을 괴롭혔고, 그 뒤 국군으로부터는 인민군에게 협력했던 사람들이 큰 어려움을 당했습니다. 그러다 보니 남북 간의 전쟁만 아니라 마을 사람들 간의 전쟁으로 확대되어 어느 누구도 전쟁으로부터 자유롭지 못하게 되었습니다. 이러한 전쟁의 상처는 우리 사회 전반에 또아리를 틀고 있다고 볼 수 있습니다.

한국사회는 이러한 '체험적 반공주의'를 어떻게 극복할 수 있겠는가 하는 큰 과제를 안고 있습니다. 그러나 다행스럽게도 적지 않은 사람들이 민족의 화해와 평화통일운동에 매진하고 있다는 점에서 희망을 찾을 수 있습니다. 특히 반공주의적 시각을 가지고 있는 기독교계에서 문익환 목사, 서광선 박사, 김상근 목사 같은 기독교 지도자들이 남북의 화해와 평화를 위해 헌신적이었다는 사실은 고무적인 일이라고 할 수 있습니다. 그분들의 개인사를 살펴보면 남북의 화해와 평화통일운동에 참여할 수 없는 상처를 가지신 분도 있습니다. 그런 분들의 노력이 마중물이 되어 민족의 비극인 동족상잔의 상처가 하루 빨리 치유되길 바랄 뿐입니다.

### 5. 1993년 남북인간띠잇기대회 기획

NCC가 어떻게 통일문제라는 의제에 본격적으로 참여하게 되었는지, 남북분단에 대해 어떻게 인식하고 있는지 말씀해주셨습니다. 운동차원에서 '통일 염원 남북인간띠잇기대회'를 진행하셨습니다. 어떻게 하시게 되었는지 말씀 부탁드립니다.

앞서 말씀드린 대로 교회협 인권위원회 사무국장으로 그 직임을 하다가 91년도 후반부에 통일국장으로 임명받아 본격적으로 평화통일운동에 참여하게 되었습니다. 당시 통일위원회의 과제에 대해서 말씀드린 바 있습니다. 그 과제들을 수행하는 데에는 2개의 관점을 항상 고려해야 했습니다. 첫째, 평화통일문제는 인권운동과 달리 많은 공부가 필요했습니다. 남북의 평화통일운동을 효과적으로 감당하기 위해서는 남한정부의 통일정책과 시민사회의 입장, 북한정부의 통일정책과 남북 관계, 그리고 국제정치를 이해해야 했습니다. 즉 전문가적 시각을 가져야 했습니다. 둘째로는 평화통일운동의 대중화 문제였습니다. 우선 한국교회가 함께 참여할 수 있고, 정부의 방해 없이 시민사회가 기꺼이 참여할 수 있는 통일운동의 분위기를 조성하는 것도 중요했던 과제였습니다.

전문성과 대중화는 서로 충돌하지 않고 조화를 이루어야 할 과제였습니다. 다행히 교회협은 1980년 통일운동에 본격적으로 참여한 이래 1988년 남북의 평화통일에 대한 한국기독교 선언(88선언)을 발표하는 등 국제 네트워크를 통해 상당부분 전문성을 확보하고 있었지만, 여전히 대중화에는 조금 부족한 면이 있었습니다. 대중화의 일환으로 남북공동기도주일을 지켜가고 있었지만, 보수적인 입장을 가진 한국교회의 참여는 극소수였고 시민사회가 참여하기에는 너무 종교적인 행사였습니다.

한국교회는 물론, 종교를 넘어 시민사회가 함께 할 수 있는 평화통일운동을 찾아야 했습니다. 당시는 전국대학생대표자협의회(전대협)을 중심으로 한 통일운동이 활발하였지만 통일운동은 늘 정부의 탄압 대상이었고, 일반 시민들이 참여할 수 없는 시위형태였습니다. 전대협 학생들이 판문점까지 행진하고자 하였지만, 불광역에서 최루탄세례를 맞고 좌절하는 모습을 보면서, 저 통일로를 거쳐 판문점까지 갈 수 있는 방법은 없을까 생각했습니다. 교회협의 입장에서도 88선언이 천명한 평화통일 희년(1995년)를 향해 앞두고 온겨레가 함께하는 평화통일운동이 필요한 시점이기도 했습니다.

사진 4 인간띠잇기대회 포스터[8]

그래서 생각해 낸 것이 '남북 인간띠잇기 대회'였습니다. 그 행사는 남한에서는 독립문에서 판문점 남측까지 북한은 개성에서 판문점까

---

8 한국기독교교회협의회(NCCK) 제공

지 인간띠를 이어 판문점에서 남북이 만나 민족의 평화통일을 선언하는 것이었습니다. 그 의미는 전대협의 통일운동에서 찾았고, 방법은 서구의 시민운동(소련군 점령에 대항하는 스칸디나비아 시민, 독일의 미군기지 반대운동의 휴먼체인랠리(Human Chain Rally))에서 찾았습니다. 물론 서구의 휴먼체인랠리는 앞사람의 허리를 껴안는 방식이었지만, 우리는 서로 손잡은 방식으로 바꾸고, 우리말로 인간띠잇기라고 번역하기로 하였습니다.

 준비 단계에서 고려한 점은 많은 시민들, 진보 보수 가릴 것 없이 남녀노소 모두가 즐거운 마음으로 참여하는 평화통일운동이 되어야 한다는 것이었습니다. 그러기 위해서는 북의 참여여부는 별도로 하더라도, 정부당국의 허가 여부와 한국교회와 시민사회의 적극적인 참여 여부가 쟁점으로 등장하였습니다. 즉 남북의 민간이 함께하는 통일운동을 위해서는 남북당국의 허용, 한국시민사회의 자발적 참여가 가능할 수 있도록 제반 여건을 조성하는 일이었습니다.

 우선 북의 입장을 묻는 서신을 WCC를 통해 보내고 한국정부에도 그 가능성을 타진하면서 한국의 시민사회와 폭 넓은 논의를 시작하였습니다. 교회협은 내부적으로 남북공동주일을 '남북 인간띠잇기 행사'로 대체하고 1995평화통일희년운동의 일환으로 진행하기로 합의했습니다. 그리고 다양한 통로를 통해 정부와 시민사회와 협의를 시작하게 되었습니다.

 그러나 그 진행과정은 순조롭지 못했습니다. 북 당국은 무반응이었고 남한정부는 매우 부정적인 메시지를 보내왔습니다. 그럼에도 불구하고 한국의 시민사회단체들은 의미 있고 흥미로운 행사로 여기고 적극적인 참여의지를 보여주었습니다. 이에 힘입어 제 단체와 함께 '남북 인간띠잇기 운동본부'를 조직하여 구체적인 계획을 수립하고 정부의 부정적인 입장을 긍정적으로 돌리기 위해 노력하였습니다. 참고로 '남북 인간띠잇기 운동본부'에 NCCK를 비롯한 개신교 주요교단, YMCA, YWCA,

경제정의실천시민연합(경실련), 흥사단, 천도교, 불교, 원불교, 이북5도청, 자유총연맹, 실업인협의회등 16개 종교 및 시민단체가 참여하였습니다. 문제는 정부의 허락 여부였습니다. 그 행사가 한 장소에 모이는 것이 아니라, 독립문에서 임진각까지 36.5km를 한 줄로 길게 서서 하는 집회라서 범정부적인 합의가 있어야 허가가 가능하다는 것이 정부의 입장이었습니다.

그 구체적인 교섭과정을 다 설명할 수는 없고, 우여곡절 가운데 당시 한완상 통일부장관의 도움으로 문체부 차관을 위원장으로 하는 범정부지원위원회가 조직되어 '남북 인간띠잇기 대회'를 성공적으로 진행할 수 있었습니다.

목사님, 제일 처음에 제안하셨을 때, 한국교회의 반응이 어땠습니까?

한국사회에서 한번도 해보지 않았던 행사라 많은 분들이 부정적인 입장을 가지고 있었습니다. 당시 'Human Chain Ralley'라는 영어표기만 있어 번역이 문제가 될 정도였으니, 많은 분들이 낯설어하고 반대하는 것은 어쩌면 당연한 일이었습니다. 한국교회협의회가 적어도 5만 명의 참석자가 필요한 행사를 감당할 수 있을지, 한여름의 뙤약볕 더위 등 상정될 수 있는 많은 부정적인 요소가 있어 처음에는 주춤거렸습니다. 그렇지만 당시 권호경 총무의 결단과 직원들의 일치단결, 각 종교 및 시민사회단체의 협력으로 10만 명 이상이 참가하는 성공적인 행사로 진행할 수 있었습니다.

성공할 수 있는 요인들 중 하나는 제 단체가 지정된 지역(15개 지역)에 미리 모여 단체의 특성에 따라 독자적인 행사(통일교육, 통일 가요대회, 통일 퀴즈대회 등)를 하고 정해진 시간에 인간띠 행사를 진행한 것이었습니다. 즉 함께하는 행사지만, 그 행사를 통해 각 단체별로 자율적인 통일

사진 5　임진각에서 진행된 남북 인간띠잇기 대회 모습[9]

행사를 할 수 있어 각 단체가 자기들의 수준에 맞는 통일운동을 진행하게 하여 불필요한 갈등을 최소화하게 했던 것입니다.

1993년도에 인간띠잇기 행사 때, 규모가 얼마나 됐습니까? 15개 구역으로 하셨으면 상당했을 거 같습니다.

말씀드렸지만, 약 10만 명 정도가 참여했습니다. 물론 북한의 불참으로 엄밀한 의미로 남한 인간띠잇기 운동이 되었지만, 그날 행사는 전국민적 관심 속에 잘 진행되었다고 볼 수 있습니다. 당일 행사도 행사이지만, 그 행사를 준비하는 약 4개월 동안 국민들을 향한 통일교육을 진행할 수 있었던 데 큰 의미가 있습니다. 물론 그 결정과정에 어려움은 있었지만, 일

---

[9] 한국기독교협의회(NCCK) 제공

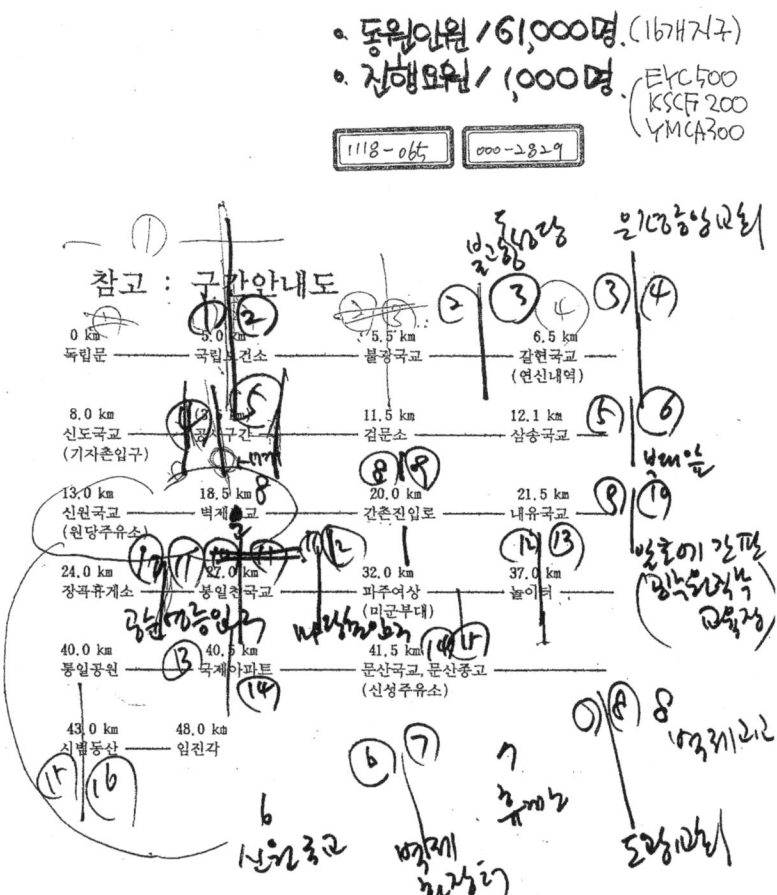

사진 6 인간띠잇기 대회 구간별 안내도의 메모 모습[10]

단 행사가 결정된 후 그 진행절차는 많은 분들의 도움으로 순조로웠다고 할 수 있습니다. 실제로 그 행사는 통일부, 문화체육부 등 정부조직이 후원단체로 참여하여 민간단체의 부족한 부분을 채워 주었고, 방송4사(KBS, MBC, SBS, CBS)가 후원단체로 참여하여 사전공지 및 통일퀴즈 대

---

**10** 한국기독교협의회(NCCK) 제공

회 등 프로그램을 진행하여 직간접적으로 통일교육을 했다고 볼 수 있습니다. 그리고 각 단체별로 행사의 의의와 참가 요령을 전달하는 사전 교육 모임을 가진 것도 평화통일운동의 한 일환으로 작용하였습니다. 또한 당일행사의 원활한 진행을 위해 서울지역대학연합회 학생들과 기독교청년회가 수고해 주었으며, 32.5km의 거리에 서 있는 사람간의 원활한 소통을 위해 CBS가 트랜지스터 라디오를 참가자에게 제공하고 생방송으로 그날 행사를 중계하기도 했습니다. 그리고 당시 조흥은행은 통일기원통장을 개설하여 그 이자의 일부를 통일기금으로 마련하겠다고 나선 점도 특이한 점이었습니다. 그 결과로 평화통일에 대한 국민적 인식이 고양되었을 뿐 아니라, 평화 통일운동의 대중화가 이루어졌다고 할 수 있습니다.

## 6. 북한의 남한 교회 방문 실패와 북한 방문 경험

▲ 북한 교회 인사의 남한 방문 추진과 무산

한국교회의 통일운동사에 있어서 또 하나 중요한 것은 권호경 NCC총무의 북한방문(1992년 1월 7~14일) 입니다. 그전까지 남북교회지도자간의 대화는 제3국에서 이루어졌는데 비로소 남북교회지도자가 한반도에서 만난 것입니다. 남북교회의 통일운동이 진일보할 수 있는 계기가 된 것입니다.

권호경 목사와 박경서 박사(WCC 아시아국장)는 방북기간동안 김일성 주석을 만나 남북기독교의 평화통일운동과 교류와 협력에 대해 논의할 수 있는 기회를 갖게 됩니다. 김일성 주석은 남북교회간의 활발한 교류협력을 위한 지원을 약속하고, 권호경 목사는 조선기독교도연맹이 교회협 총회(2월17일)에 참석해 줄 것은 제안하여 한국교회 방문이 결정됩니다. 이를 실행하기 위해 판문점에서 남북교회 지도자가 회담을 하게 됩니다. 그 회담에서 북한교회 대표의 한국교회 방문이 결정됩니다. 북한의 대표단은 조선기독교도연맹지도자와 기록을 위한 실무자들로 구성되고, 주요 일정은 교회협의회 총회 참석과 남한의 주요 교회 예배 참석 등이 결정되었습니다.

그 결정 후 교회협은 역사상 처음인 북한교회 지도자들의 방문을 준비합니다. 교회협은 북한교회 지도자의 한국교회 방문이 교회협만의 행사가 아니라, 한국교회 전체의 행사가 되게 하고 싶었습니다. 그 일정의 대략을 살펴보면, 첫날 한국교회 지도자 초청 만찬 둘째 날 교회협 총회 참석과 공동 성찬식, 셋째 날부터는 개체교회 예배 및 기도회 참석, 그리고 CBS방송국 방문 등이었습니다. 교회협이 북한교회 지도자들의 방문을 교회행사로 국한한 것은 한국사회에 정치적 논란거리가 되지 않게 하기 위함이었습니다.

그러나 한국정부는 교회협의 일정에 대해 문제를 제기했습니다. 우선 언론사 방문은 삼가 달라, 교회협 내의 행사로 축소해 달라고 요구했습니다. 당시 교회협으로서는 언론사 방문은 자제할 수 있어도, 한국의 보수교회 지도자들과 북한교회 지도자 만남을 금지하는 것은 정부의 지나친 처사라고 생각해 거절했고, 북한교회 영접에 만전을 기했습니다. 한국정부도 교회협의 입장을 수용하였는지 실무적인 준비에 적극 협력하였습니다. 북한교회 지도자들의 숙소를 신라호텔로 정하는 등(이는 정부의 방침이었음) 만반의 준비를 다 하였습니다.

그러나 당일 아침 북한대표단의 방문이 취소되었다는 통보를 받게 됩니다. 그 소식을 들은 교회협 지도부는 큰 충격을 받았습니다. 아니 교회협만 아니라, 교회협의 요청에 기꺼이 응해 주었던 보수교단 지도자들 역시 여간 실망한 것이 아니었습니다. 특히 실무총책임을 맡고 있었던 나로서는 누구보다 더 큰 충격을 받았습니다. 그날 저녁 환영 리셉션을 취소해야 했고, 방문교회 목사님께 사과의 전화를 드려야 했고 그 교회 예배시간에 참여하여 전교인들에게 사과의 말씀을 드려야 했습니다. 방문교회는 일주일 전부터 전 교인들에게 고지하고 교회 앞에 환영 현수막을 걸고 북한교회 지도자들에 줄 선물까지 준비하고 있었던 것입니다. 사실 하루 전날 정부고위 관계자들을 만나, 정부의 환영방침을 들은 나로서는 북한교회 지도자 방문 취소가 잘 이해되지 않았습니다. 그러나 실무책임을 맡았던 나는 그 후유증을 최소화하기 위해 동분서주할 수밖에 없었습니다.

나중에 알게 되었지만, 이는 당시 집권당이던 민주자유당이 총선을 앞둔 시점에 "NCC가 빨갱이들 데려다 놓고 선거 분위기를 흐리겠다"고 해서 불허한 것이라는 소식이 있었습니다. 그리고 제3국에서 북한교회 지도자를 만날 기회가 있었는데, 북한교회 지도자들이 평양을 출발하던 당일 아침 남한 당국의 취소 통보를 받았다는 것입니다.

이렇게 북한교회 지도자들의 남한 방문이 무산되었습니다. 무척 아쉽고 섭섭한 일이었습니다. 남북교회가 힘을 합해 한반도의 평화통일을 위해 일할 수 있는 절호의 기회를 놓치게 되었습니다.

▲ 방북과 반성

그 후 1997년 김동완 목사와 방북해서 예배를 드리기도 했다고 알고 있습니다. 북한 방문한 이야기를 싶습니다.

북쪽 강영섭 조선기독교도연맹(KCF: Korean Christian Federation) 위원장의 초청으로 당시 교회협 총무인 김동완 목사와 함께 통일담당국장 자

사진 7  1997년 방북 이후 이루어진 방북보고회 모습(제일 왼쪽이 김영주 목사)[11]

격으로 일주일 동안 북한을 방문했습니다. 1992년에 교회협의 총무 권호경 목사, 박경서 WCC의 아시아담당국장 두 분이 북한을 방문한 후 교회협 차원에서는 2번째 방문이었습니다. 앞에서 말씀드렸지만, 북한교회지도자들의 남한 방문이 무산된 후에도 남북교회간의 만남은 비록 제3국에서였지만 계속되고 있었습니다. 우리의 북한방문 계획은 1996년 헝가리에서 열린 세계개혁교회연맹 총회 참석 때 결정되었습니다. 당시 개혁교회연맹은 남북교회지도자들 초청하여 한반도 평화 통일문제를 논의하는 장을 열어 주었던 것입니다.

그곳에서 북측의 조선기독교도연맹(조기련) 회장인 강영섭 목사는 그동안 평화통일운동의 파트너로 일해 온 교회협과 선교적 과제를 심도 깊게 논의했고, 상호 교류의 폭을 넓히는 방안을 모색하기 위해 북을 방

---

11  한국기독교교회협의회(NCCK) 제공

문해 주기를 요청했습니다. 교회협은 기꺼이 그 초청에 응하기로 하고 북한방문 일정(북한교회 방문, 가정교회 방문포함)의 대략을 합의하였습니다. 물론 당시 북한은 1995년 대홍수로 인해 식량의 어려움을 겪고 있어 그 형편을 살피고자 하는 의도도 있었습니다.

그 이듬해인 1997년에 북한 조선기독교도연맹 강영섭 위원장 명의의 초청장이 왔고, 남한정부의 허가를 얻은 후 북경을 거쳐 평양을 일주간 동안(9월 23~30일) 방문했습니다. 참고로 당시 북경발 평양행 비행기는 한 주에 한 대꼴이었습니다.

평양순안공항에서 마중나온 강영섭 목사를 비롯한 조선기독교도연맹 목사들과 반갑게 만났고, 기자들에게 간단한 도착 소감을 말한 후 평양으로 향했습니다. 우리들은 평양시내의 초대소에 여장을 풀고 평양방문 일정을 시작했습니다. 방북일정동안 북한교회 당국자들은 매우 정성스럽게 대해 주어 분에 넘치는 대접을 받았습니다.

**그러면 봉수교회, 칠골교회에 가셔서 예배 드렸습니까?**

봉수교회, 칠골교회 예배에 참여했습니다. 봉수교회는 약 300명의 신도들이 모였고 칠골교회는 약 70명의 신도들이 예배를 드리고 있었습니다. 봉수교회에서 김동완 총무가 설교하고, 예배 후에 봉수교회 교인들과 일일이 악수함으로 그 반가움을 나눌 수 있었습니다.

예배후 별도의 교제시간을 가졌는데 강영섭목사 성가대원 중 4분을 아무개 목사의 자녀들이라고 소개하여 이곳 평양에서도 신앙의 전통이 이어지고 있다는 것을 깨닫게 되어 감동이었습니다.

북당국은 북조선에 2개의 교회 400개의 가정교회, 14,000명의 기독교인들이 있다고 말하고 있습니다. 그리고 평양 외곽에 있는 가정교회 한 곳을 방문하여 7, 8명의 성도들과 함께 기도회를 가질 수 있는 기회

사진 8 　봉수교회 방문 모습(오른쪽에서 네번째가 김영주 목사)[12]

를 가졌습니다. 비단 교회만 아니라, 평양의 천주교회당, 묘향산에 있는 불교 사찰들을 방문하여 그곳 종교지도자들과 간담회도 가질 수 있었습니다.

목사님 방문하셨을 때가 북한으로 보면 고난의 행군 시기라고, 김일성 사후 3년 동안 홍수, 가뭄, 이런 식으로 해마다 겹쳐서 대규모 기근 사태도 발생하고, 북한경제도 굉장히 낙후되는 안 좋게 되는 그런 시기였습니다. 그리고 어쨌든 사

---

12 　사진 구술자 제공(이하 사진의 출처표시가 없는 것은 구술자 제공임)

사진 9 　1997년 북한 방문시 수해지역을 방문한 모습

회주의체제인데 하느님의 은총, 신앙문제, 이런 것들은 생각하면 심경이 약간 복잡하셨을 것 같습니다.

북한방문일정은 평화통일을 위한 남북교회의 협력과 연대, 북의 교회를 비롯한 종교시설 방문과 종교지도자와 면담, 수해지역 방문, 그리고 북의 주요 시설 방문 등이었습니다. 평양은 곳곳에 김일성 주석을 추모하며, 사회주의 건설을 위한 인민들의 다짐을 강조하는 글귀가 많다는 점 외에는 버스와 전차를 기다리는 사람들의 모습을 담고 있는 일상적인 도시로 느껴졌습니다.

　그러나 수해지역 방문을 위해 평양을 벗어나자, 낙후된 농촌을 볼 수 있었고, 특히 바다를 접한 수해현장은 우리들의 마음을 무겁게 했습니다. 남한의 시각으로 보면 사회주의 체제 내에서 존속하는 기독교를 "진짜 교회냐, 가짜 교회냐"라는 시각으로 보기 쉽습니다. 저 역시 반성하는 부분은, 내가 북쪽의 신도들과 기독교인으로서 교제를 나누고 어울려 함께 기도했던 것이 아니라, 관찰자의 입장에서 그분들의 신앙행태를 보고 있었다는 것입니다. 그게 지금도 부끄럽습니다. 악수할 때 이 사람들이 진심인지, 가정교회에 가서도 옛날의 찬송가를 부르게 해서 진짜 신앙인지 아닌지를 확인하려 했고, 부끄러운 짓들을 많이 했죠.

북한 교회를 방문한 후 사회주의 국가에서 기독교가 존속하고 그 속에서 신앙의 길을 가고 있는 사람들을 존중하기로 했습니다. 다른 말로 하면 반종교적인 입장을 가진 사회주의 국가에서 일정부분 한계가 있겠지만 여전히 교회는 존속하고 있는데, 그게 진짜냐, 가짜냐 이런 시각으로 보는 것은 올바른 태도가 아닙니다. 오히려 격려하고 협력해야 할 대상이지 비난할 대상은 아니라고 생각합니다. 남한의 보수적인 교회 역시 반성해야 할 것입니다. 역으로 말하면 자본주의 체제에서 존속하는 한국의 교회는 '진짜냐 가짜냐'라는 질문을 스스로에게 해야 할 것입니다.

▲ 북한의 기독교에 대한 시각

제가 가장 궁금했던 부분을 지금 말씀해주셨습니다. 사회주의 체제에서 기독교 존재 문제를 과연 남한에서 어떻게 보고 있고 어떻게 정립을 하고 있는지, 남한 기독교 내에서도 북한을 바라볼 때 혹은 북한과 교류를 한다고 했을 때 이 신앙, 종교적인 차원에서 북한 기독교에 대한 시각이 나름대로 정리가 되어 있는 겁니까?

정리가 되어 있습니다. 조금 전에 말씀드렸지만, 사회주의는 그 체제를 유지하기 위한 법률체제를 운영하고 있습니다. 기독교 또한 그 체제의 범위 내에서 존속하고 있다고 보아야 합니다. 물론 인류가 오랜 역사를 통해 대체적으로 합의하고 있는 종교의 자유가 북한 사회에서도 광범위하게 적용되면 좋겠다는 아쉬움이 있기는 합니다.

　문제는 남한의 보수적인 교회가 그 자체를 전면 부인하고 있다는 점입니다. 여전히 그들은 그러한 교회를 두고 '진짜/가짜' 논쟁을 하고 있으며, 심지어 북한에 지하교회가 있다고 선전하고 있습니다. 즉 교회협은 순진하게 북한의 책략에 말려들고 있다는 것입니다.

　그러나 우리는 북한 사회의 종교의 자유를 논의할 때, 우리의 시각으로 진단할 수는 없는 것입니다. 즉 내재적 입장으로 판단해야 한다는 것입니다. 그런 의미에서 북한 당국이 기독교 신앙을 인정하고 조선기독교도연맹이 활동할 수 있도록 허용하고 있다는 점에 주목해야 할 것입니다. 그리고 오랫동안 세계교회와 한국교회는 조선기독교도연맹과 함께 공동예배를 드려왔고 선교적 과제를 논의해 왔습니다. 즉 조선기독교도연맹은 명실공히 북한교회를 대표합니다. 제가 직접 참여한 봉수교회 등의 예배 역시 남한의 그것과 다르지 않았습니다. 물론 북한교회도 그 독자성, 자립성 등 여러 부분에서 아쉬움이 있지만, 한국교회 역시 그러한 비판을 면하기 어려울 것입니다.

　강조하고 싶은 것은 세계교회가 "선교의 주체는 현지 교회에 있다"는 선교 모라토리움을 1971년 이후에 합의하고 있다는 점입니다. 즉 그동안 피선교지에서의 선교주도권은 선교하는 선교단체나 선교사에게서 피선교지의 교회로 넘겨야 한다는 것입니다. 오랜 선교역사의 경험을 통해 결정된 것입니다. 그런 의미에서 북한의 선교는 북한교회 자체가 감당하는 것이 당연한 일이고, 세계교회와 한국교회는 북한교회의 발전을 위해 협력와 연대의 마음을 가져야 할 것입니다.

## 7. 감리회 활동과 남북평화재단 창립과 사업

목사님, 북한을 다녀온 후 감리교에서도 일을 하신 것으로 알고 있습니다.

교회협에서 임무를 마치고 1999년에 기독교대한감리회 본부로 일터를 옮기게 됩니다. 감리회의 감독회장 비서실장으로 감리교의 행정 등 제반 사업에 참여하게 됩니다. 교회협의 경험이 도움이 될 것이라는 감리회 지도부의 판단이었습니다. 그 후 2년간 감리회 교육원장으로, 감리교 교육국 총무로 4년 동안 일하게 되었습니다.

　인권과 평화통일문제에 최적화되어 있던 저로서는 교육문제가 낯설기도 했지만, 인권과 평화통일문제도 넓게 보면 교육의 과제이기도 해서 별 충돌없이 맡은 바 임무를 감당하기 위해 성실히 노력했습니다. 감리교 교육국 총무로서 했던 일 중에 감리교장학재단 설립, 목회자 부인 신학교육, 성평등위원회조직, 감리교의 해외유학생 교육, 대안학교 설립 등이 제일 기억에 남습니다.

　특히 산돌학교 설립에 대해 설명드리면 다음과 같습니다. 저는 교회협 인권위 사무국장으로 일할 때 전교조 선생님들과 가깝게 지내면서 한국교육의 문제점들을 조금은 파악하고 있었습니다. 그때, 좋은 뜻을 가진 선생님들이 대안교육의 길을 찾아 나서는 것을 보면서 대안학교의 존재를 알게 되었습니다. 당시 막연한 생각으로 우리 교회가 대안학교의 견인차 역할을 할 수 있었으면 좋겠다는 생각을 하곤 했습니다. 감리회교육원은 경기도 남양주시 수동면에 위치하고 있었는데 숙박시설을 갖춘 교육장으로 대안교육의 장소로는 최적이었습니다. 평소에 한국교육의 대안을 찾기위해 노력하고 있던 감신대 송순재 교수와 대안교육의 뜻을 품고 기존의 고등학교의 교사직을 사직한 안성균 선생을 중심으로 대안학교설립준비위를 가동하였습니다. 약 2년간의 노력 후에 작은구도자('궁리하는 사람, 마음을 다하는 사람, 생명을 살리는 사람, 나누고 섬기는 사람, 사람의 결을 살리고 자연의 길을 따르는 작은구도자) 양성을 위해 2004년에 산돌학교(중고통합 5년제 기숙학교)를 설립하여 오늘에 이르고 있습니다.

▲ 남북평화재단의 창립

목사님은 그 후 감리교 총무를 거친 후 남북평화재단을 창립하시게 됩니다. 그 계기와 활동에 대해 말씀부탁드립니다.

감리교의 교육국 총무 임기 말에 목원대학교 총장 선거에 참여하게 됩니다. 교육국 총무의 직임으로 이사회의 일원이었지만, 사실 나는 학자도 아니고 학교운영에 경험이 없어 총장직에 별 뜻이 없었습니다. 그러나 이사회와 학교 구성원들의 생각은 달랐던 것 같습니다. 그 분들은 교회와 사회를 기반으로 한 저의 활동 경험이 학내 갈등과 어려움을 극복하고 학교발전을 이끌 적임자로 생각했던 것입니다. 그런 이유로 강력하게 출마를 권고했고, 나 역시 최선의 노력을 다했습니다.

'자의 반, 타의 반'이라고 할까요. 그러나 그 결과는 실패하고 말았습니다. 총장선출의 법적 하자가 발견되어 그 후유증은 컸습니다. 많은 분들이 법적 투쟁을 원했지만, 나는 그 결과를 담담하게 받아들이기로 했습니다.

그 일이 내겐 지난날의 삶을 반추해 볼 수 있는 기회가 되었습니다. 그동안 감리교 목사가 된 후 맡겨진 일을 충실하게 감당하기 위해 최선의 노력을 다한다고는 했지만, 상당 부분 지쳐 있었던 자신을 보게 되었습니다. 농민운동, 목회자운동, 인권운동, 평화통일운동에 이어 교육문제까지 분야를 가리지 않고 일해 왔던 자신이 대견스럽기도 했지만, 어

사진 10 남북평화재단 활동 모습(연단 위의 오른쪽이 김영주 목사)

느 분야에도 충실하지 못했던 것 같아 부끄럽기조차 했습니다. 그래서 앞으로는 내가 잘할 수 있는 일, 그리고 그 일 속에서 의미와 보람과 함께 즐거움을 찾겠다고 결심했습니다.

그 일이 평화통일운동이었습니다. 그 결과 주변 사람들의 동의와 협력을 얻어 '남북평화재단'을 설립하기로 했습니다. 남북평화재단을 기독교의 평화통일운동의 범위를 넘어서 범종교계와 시민사회를 아우르는 평화통일운동의 교두보로 자리매김하게 하자는 저의 제안에 종교계 주요인사들과 시민사회지도자들이 적극적으로 참여해 주셔서 2007년 조직하게 됩니다.[13]

---

[13] 구술자에 따르면 발기인은 400여 명이며, 초대 이사장은 박형규 목사이다.

▲ 새터민(북한이탈주민) 지원 사업

남북평화재단은 창립 이후 많은 사업을 한 것으로 알고 있습니다. 그 일들에 대해 말씀부탁드립니다.

남북평화재단의 과제는 통일일꾼 10만 명 모집, 통일교육 훈련, 남북협력 사업 등입니다. 특이한 것은 새터민을 위한 통일교육 사업입니다. 당시 14,000여 명의 탈북자들이 있었는데, 그분들은 주로 남한의 보수주의자들과 관계를 갖고 있었습니다. 보수주의자들은 새터민들을 남북체제경쟁에서의 승리 증거로 사용하기 위해 각종 반공 행사에 앞장서게 하였습니다. 반면 진보적인 입장을 가진 통일 단체들은 북과의 협력에 약간의 장애가 될 수 있다고 생각해서인지 그분들과 일정한 거리를 두고 있었습니다.

크게 보면 탈북자 또한 우리의 동포이고, 그분들이 어떤 이유든 남한에 왔는데 남한 사회에서 정치적으로 이용되지 말고 남한사회 생활에 잘 적응할 수 있도록 도움을 주어야 합니다. 이런 인도주의적 입장이 새터민 지원 사업의 배경이었습니다. 그리고 그분들의 존재가 통일 이후 남북주민들의 사고방식 차이에도 불구하고 더불어 살아갈 수 있는 훈련의 장이 될 수 있겠다는 입장도 있었습니다. 즉 북한의 사회주의 체제 속에서 교육받고 생활한 분들이라 북쪽 사회를 많이 알고 있어 남한 사람들이 북한사회를 이해하는데 도움이 될 수 있을 것이라는 생각이었습니다.

우선 남북평화재단은 탈북자들 중심으로 "북쪽을 어떻게 볼 것인가"와 같은 세미나를 통해 남한의 시민들이 북한사회 특히 북한 주민들의 사고 방식과 생활을 이해하기 위해 노력했습니다. 그 과정에서 최우선 과제가 탈북자들이 남한사회에 정착하게 하는 프로젝트가 필요했습니다. 그를 위해 대우자동차판매주식회사(이동호 회장)와 통일부 하나원과 공동프로젝트를 진행하였습니다.

그 프로젝트의 대략은 다음과 같습니다. 통일부 하나원에서 교육과정을 마친 젊은이 30명을 추천받아 대우차 정비공장(15개)에 2명씩 인턴 직원으로 취업하게 하는 것입니다. 정비기술을 습득하여 본인의 의지에 따라 그 정비공장의 정식 직원으로 취업하던지, 대우차가 운영하는 카센터를 운영하게 하자는 것이었습니다. 탈북자들이 남한사회에서 잘 정착하기 위해서 기술을 갖추는 것이 필요하다는 생각이었습니다. 그러나 이 프로젝트는 안타깝게도 1회 이상 더 발전하지 못했습니다.

▲ 중고 자동자 전달사업

대우자동차판매주식회사(대우자판)는 탈북자의 남한사회정착사업을 진행하면서 남북평화재단에 '중고차 대북인도사업'을 제안합니다. 대우자동차는 자동차를 구입하는 고객들의 중고차를 구입하는 사업을 했습니다. 대우측은 고객들에게서 구입한 중고차를 수리정비하여 중동지역에 수출하는 사업을 하고 있었는데 중동전쟁으로 인해 수출길이 막히게 되었습니다. 대우자판 회장은 "중고 자동차이지만 북한이 좋게 여긴다"면 400대 정도를 제공할 용의가 있다는 것입니다. 통일부 당국과 협의한 후 당시 대북인도적지원을 열심히 하고 있던 월드비전, 남북나눔운동 등 제 단체와 함께 개성에서 북한민족경제협력연합회(북민협)과 협의했습니다. 북한 당국은 이 일을 좋게 여기면서 승용, 승합차 외 홍수 복구를 위한 덤프트럭을 요청하였습니다. 월드비전이 중고덤프트럭 50개를 제공하기로 하고 개성 공단에서 북민협에 전달하는 사업을 하였습니다. 이 일이 언론을 통해 알려지자 한 시민이 중고 버스를 기증하여 버스 1대, 승용 승합차 400대 덤프트럭 50대를 전달했습니다.

그 일을 진행하는데 인천에서 개성까지 트럭은 화물연대 노동조합

사진 11   자동차 전달식 모습[14]

50명이 자원봉사를 하였고, 대우자판 소속 자동자 운반용 차량 약 50대 정도, 각 단체 지도자용 승용차 10여 대가 동원되었습니다. 인천항에서 간단한 출범식을 한 후 자유로를 통해 개성공단으로 가는 모양을 여러 언론은 정주영 회장의 소 떼보다 더 긴 행렬이었다고 보도하였습니다.

이 사업의 진행 후에 자동차 정비공장을 북에 설립하는 문제가 제기되었습니다. 당시 전자식 자동차 정비가 필요한 북한에서 제안하였습니다. 남한에서 제공한 전자식 자동차의 정비를 위해 정비기술자가 일정 기간 동안 북한에 머물면서 북한노동자에게 전수해야 하기 때문에 통일부와 긴밀한 협의가 필요한 사항이었습니다. 이 일을 위해 다양한 논의가 이루어졌는데 당국의 허락을 받지 못하여 아쉬웠습니다.

---

14   남북평화재단 제공

### ▲ 북한 어린이 우유 보내기 운동

당시 국제 기구는 북한의 홍수 이후 북한의 식량난과 북한 어린이들의 영양상태를 걱정하는 보고서를 쏟아내고 있었습니다. 남한사회에 널리 알려지게 된 것은 북한에 거주했던 유엔식량기구 실무자가 내한하여 북의 상태를 걱정하는 보고서를 한국 언론에 알리게 된 이후였습니다.

그때 남한에서는 농산물 자유수입문제로 농민들의 불만이 고조되고 있던 시기였습니다. 한 예로 전국낙동조합원들이 광화문 한복판에 우유를 쏟아버리는 시위를 하기도 했습니다. 거칠게 말하면 남한에서는 우유를 버리고 있고, 북한에서는 어린이의 영양상태가 심각한 상태인 것입니다.

남북평화재단에서는 '남한 농민에게는 희망을, 북한 어린이에게는 건강을'이라는 구호를 걸고 북한 어린이 우유보내기 운동을 시작하게 됩

사진 12  북한 어린이 우유전달식 모습

사진 13 　북한 어린이 우유 보내기 출항식 모습

니다. 서울우유 측을 만나 500cc 우유(팩)을 원가(300원)에 제공해 줄 것을 약속받고 '커피 한잔 값(1만 원)'으로 북한 어린이에게 한 달 치 우유를' 운동을 펼쳐 1만원 CMS(Cash Management Service) 회원 모집에 나서게 됩니다. 이 일에 연세대 총장이셨던 정창영 박사(경제학)가 앞장서서 '함께 나누는 세상'을 이끌게 되어 약 5천 명 정도의 회원을 모집하게 됩니다.

　　본래 우리 구상은 남의 서울우유를 개성공단 냉장 창고로 보내고 북의 우유 운반차를 통해 개성의 어린이들에게 제공하는 것이었습니다. 협의과정에서 북민협은 서울우유라는 상호로 북어린이에게 제공하는 것에 난색을 표해, 북측이 만든 디자인으로 서울우유에서 생산하기까지 논의가 되었지만, 실현되지는 못했습니다. 대신 전지분유 한 콘테이너씩(약 3,000만 원) 매주 수요일 인천항에서 북의 남포항으로 약 30회 보내는 작업을 진행하였는데, 남북관계가 경직되면서 중단할 수밖에 없었습니다.

▲ 농구공 보내기 운동

북한연구를 통해 알게 된 것인데 당시 북당국은 각급 학교에 청소년들의 건강을 위해 콩우유를 제공하고 운동으로는 농구를 권장하고 있었습니다. 보지는 못했지만, 북의 극영화 '사랑의 농구단'이 상영되고 있다는 소식을 접합니다. 한 가족이 농구팀을 조직해 지역대회에 출전하여 우승한다는 내용으로 알려졌습니다. 즉 농구를 통해 가족 간의 갈등을 해소하고 이웃 간에 화목과 화합을 도모하는 내용입니다. 내가 알기로는 김정일 위원장이 전국 각급학교에 농구를 권장을 했습니다. 나중에 알려졌지만 김정은 위원장이 스위스 유학 시절에 농구를 좋아했고 실제로 농구클럽 활동을 했다는 것입니다.

마침 남한에서는 프로 농구가 큰 인기를 끌고 있을 때였습니다. 농구붐은 남한의 청소년들에게 확장되어서 길거리 농구대회가 유행하고 있었습니다. 저는 남북한의 각 도별 길거리 농구대회를 통해 도별 대표를 선발하여 북의 정주영체육관에서 남북 청소년 3인 농구대회를 하자고 제안하였습니다. 그 일을 위해 북한의 농구 인프라를 확장할 필요가 있었고 각시군별로 농구공과 이동식 농구대를 제공하겠다고 제안하였습니다. 그 일환의 하나로 우선 농구공 3,000개를 전달하는 행사를 개성공단에서 하였습니다. 농구공 3,000개는 한국프로농구연맹 차원에서 한 구단당 약500만 원(합계 5,000만 원)을 기증하여 마련한 것인데, 남북평화재단 지도자들과 10개 농구단의 단장과 감독들이 직접 북민협측에 전달하였습니다.

기억하기로는 북당국이 크게 감사를 표시하였습니다. 계속적으로 농구공과 농구대를 제공하기 위해 한국프로농구연맹과 협약식을 맺게 되는데 한국프로농구연맹 차원에서 '평화의 3점 슛 운동'을 전개하기로 하였습니다. 즉 농구경기 중 3점 슛 하나에 해당 농구단에서 농구공 하

사진 14 농구공 전달식 모습

나를 북한에 보내는 행사인데, 참고로 프로농구 시즌에 약 3,000여 개의 삼점슛이 성공한다고 합니다. 매우 의미있고 재미있는 계획이었는데 남북간의 긴장이 고조되는 바람에 실행되지 못해 유감입니다.

생각해 보면 남북평화재단은 평화통일운동의 방향을 설정하는 통일마당을 매달 개최하고, 각 분야별(통일을 준비하는 사람들, 평화통일여성회) 조직작업과 충남지역, 부천지역본부, 고양본부, 전남지역본부 등 지역조직을 설립하면서 상당부분 발전하고 있었습니다.

그러나 2010년에 제가 한국교회협의 총무로 부름을 받게 되었습니다. 지금 생각해 보면 남북평화재단의 발전을 위한 노력을 중단없이 경주했어야 했는데 하는 아쉬움이 크지만, 교회협의 사명은 매우 중요한 일일 뿐만 아니라 저 개인으로도 한국교회를 대표하는 교회협 총무의 직임을 맡게 되었다는 것은 크게 감사한 일이어서 총무의 직임을 받아들이기로 하였습니다. 그럼에도 불구하고 그때 내가 교회협 총무직을 정중히 거절하고, 남북평화재단을 위해 매진하였다면, 한국사회의 평화통일운동에 중요한 플랫폼을 만들 수 있었을 것이다는 후회 아닌 후회는 있습니다.

## 8. 남북교류의 경험과 정부 독점 방식의 통일운동 방식에 대한 견해

말씀하신 사업들 외 최근까지도 다양하고 많은 사업을 진행해 오신 것으로 알고 있습니다. 지면상 일일이 거론할 수는 없는데, 목사님께서 그런 경험을 통해 느끼신 점을 말씀해 주시면 고맙겠습니다.

종교, 시민사회가 평화통일운동을 펼쳐가는 데에는 항상 염두에 두어 고려해야 할 지점이 세 가지 있습니다. 민간의 통일운동은 항상 한국종교시민사회의 입장과 남북한 정부의 통일정책과 입장, 미국을 비롯한 주변국가와의 입장을 고려해야 한다는 것입니다. 세 지점은 서로 갈등하고 충돌하고 있으며, 또한 시기별로 달라지고 있습니다. 종교시민사회는 그 입장과 역할에 따라 평화통일을 펼쳐가는 관점과 방식이 다양하여 때로는 서로 충돌할 때도 있습니다. 또한 국내와 해외 단체들의 관점 또한 다양합니다. 그리고 우리가 늘 목도하듯이 남북정부간의 관계 역시 매우 불안정하게 움직이고 있습니다. 한반도를 둘러싼 국제관계 또한 남북정부의 정책과 입장에 적지 않은 영향력을 미치고 있기도 합니다.

너무 일반론으로 말하기보다, 저의 주요활동 무대인 한국기독교의 평화통일운동의 입장에서 설명해 보겠습니다. 잘 아시다시피 교회협의

평화통일운동은 한국교회의 광범위한 지지를 받지 못하고 있습니다. 한국교회가 전반적으로 보수적인 입장을 가지고 있기 때문입니다. 그렇다고 진보적인 입장을 가지고 있는 시민사회 단체로부터로도 전폭적인 지지를 받고 있는 것도 아닙니다. 그리고 정부와의 관계도 원활하지 못합니다. 그동안 남한 정부는 교회협의 평화통일운동을 늘 부정적으로 대해 왔습니다. 그렇다고 북한정부와의 관계도 그리 원활하지 못하다고 봅니다. 교회협은 전통적으로 북한기독교를 통해 남북관계를 협의해 왔는데 북한기독교가 평화통일문제를 논의하기에는 일정부분 한계가 있어 광범위한 통일논의를 할 수 없었습니다.

▲ 정부의 독점방식에 대한 견해

그동안 한국정부는 민간의 통일운동에 대한 역할을 경시해 왔다고 봅니다. 결론적으로 말씀드리면 정부는 평화통일운동을 하는 민간단체에 더 많은 자율성을 주어 민간 통일운동을 활성화 시켜야 합니다.

근본적으로 국가보안법이 실제하고 있는 한국사회에서 시민단체가 대북관계를 한다는 것은 매우 어려운 일일 수 있습니다. 전쟁의 흔적으로 반공 의식이 지배하고 있는 사회를 기반으로 한 민간 통일운동 단체의 활동은 원천적으로 한계를 가지고 있어 여간 조심스러운 일이 아닙니다. 그러한 한계를 안고 있음에도 불구하고 대북관계를 하고 있는 민간단체는 그 나름대로 그 역할에 의미를 찾고 사명감을 가지고 일하고 있습니다.

그리고 국토적, 정치적 통합이 이루어진다고 해도 남북 민간의 통합이 없이는 진정한 의미의 통일이라고 할 수 없습니다. 종전이 아닌 휴전상태에 있는 전쟁의 트라우마가 엄존하고 있는 한반도의 통일은 자칫 잘못하면 혼돈과 갈등의 와중에 빠져들 수 있습니다. 그런 의미에서 남북 정부간의 교섭 못지않게 남북 민간의 통일운동 역시 중요합니다.

물론 그동안 민간의 통일운동을 금해왔던 권위주의 정권 때와는 달리 민간이 통일운동을 펼치는데 일정 부분 자율성을 주고 있다는 것은 진일보했다고 할 수 있습니다. 그러나 그동안 정부가 민간통일단체를 대하는 태도는 통제 위주였다는 것은 부인할 수 없습니다. 이는 정도의 차이는 있지만 보수 진보 정권 모두 그러했다고 해도 과언이 아닙니다.

정부 당국은 언제든지 작동될 수 있는 국가보안법이 있는 사회에서 많은 오해를 뒤로 하고 평화통일운동을 오랫동안 지속해 왔던 민간의 축적된 경험을 전문성으로 인정하고 정부와 민간이 서로 협력할 수 있도록 해야 합니다. 그리고 정부는 한반도 평화통일의 길은 한 방향으로만 이루어지지 않는다는 점을 알아야 합니다. 통일에는 정치가의 몫이 있고 민간의 몫이 있는 것입니다.

종교인으로서 평화통일운동을 하면서 항상 아쉬운 점은, 그동안 북쪽과 관계를 해오면서 알게 모르게 쌓아왔던 경험이 정부에 의해 부정당하고 있다는 점입니다. 다른 말로 하면, 평화통일을 위해 정부와 민간이 긴밀히 협력하면 시너지효과가 훨씬 클 지점이 있었는데 남북관계가 좋으면 좋은 대로 나쁘면 나쁜 대로 정부 주도로만 하고 있다는 점입니다. 이런 아쉬움을 북한적십자회 회장의 말을 통해 표현해 보겠습니다. 박근혜 정부 출범 초기에 종교인평화회의 회장 자격으로 인도네시아에서 만난 북한적십자사 회장의 말입니다. "남한정부와 상당부분 합의해도 임기 5년 정권의 근본적인 한계로 그 협의가 실현되지 못했습니다. 그래서 박 정권의 초기에 상당한 합의를 맺고 싶습니다. 그리고 남한의 진보적인 정권은 남한 시민들의 반대 때문에 남북 간의 약속을 잘 지키지 못하는 모습을 많이 보아 왔습니다. 그런 의미에서 보수적인 기반을 가진 박근혜 정부 정권 초기인 점이 남북관계 개선에 기대를 겁니다. 남한 당국에 우리의 뜻을 전해주시기 바랍니다." 물론 귀국해서 그분의 말을 남한 정부

고위층에게 전해 박 대통령이 평화 통일의 지도자로 나서 줄 것을 요청하였습니다. 그러나 남한 정부는 북의 요청에 부응하지 않았습니다.

저도 전적으로 동의합니다. 정부가 특별하게 범법적인 게 아니면 개방을 해서 NGO에서 대북민간교류하는 것을 전적으로 지원을 해야 된다는 거죠. 그런 방식으로 바뀌어야 되는데 오히려 모든 민간 교류를 정부 측에서 이제 완전히 통제하려고 합니다.

남한정부는 민간단체가 사실상 북한정부의 강력한 통제하에 있는 북한단체를 상대하는 것이 북의 전략에 휘둘리는 것이 아닌가하는 우려를 갖고 있을 것입니다. 그리고 민간의 평화통일운동이 일정 한계를 넘지 않고 정부가 규정하는 범위 안에서 활동해 주기를 바랄 것입니다.

그러나 한국정부는 민주사회의 장점을 간과하고 있다고 생각합니다. 정부는 민간과 충분히 정보교환을 하고 끊임없는 대화를 통해 서로의 입장을 수정 보완해 나가야 합니다. 그리고 정부의 판단이나 정부의 철학이 꼭 옳다고 보장할 수 없습니다. 오히려 정권 담당자들은 그들의 정권유지를 위해 남북관계를 이용하기도 했습니다. 남북정부가 통일문제를 다루는 방식을 보면 많은 부분 민간의 불신을 사게 했던 것도 사실입니다.

그동안 정부의 견제와 이웃들의 우려를 받으면서도 민족의 평화 통일을 위해 노력해 온 민간 단체들도 상당부분 경험을 축적하고 있다는 점을 인정해야 합니다. 그런 의미에서 정부도 민간의 견제를 받아야 합니다. 그래야 민족의 통일문제가 정권의 이익에 따라 부침하지 않고 일관성을 가진 통일정책이 확립될 수 있습니다. 다시 한번 강조하지만, 민족의 통일문제는 어느 정권의 이해관계에 따라 이용될 수 있는 것이 아닙니다.

한국교회의 88선언은 이 점을 분명히 밝히고 있습니다. 통일은 인도주의 원칙 즉 인간을 위한, 통일은 민중우선의 원칙, 즉 통일은 민중의 삶에 중요한 영향을 미치므로 민중의 참여가 우선시되어야 한다는 것입니다.

분명한 것은 민족 통일 출발점은 남북의 만남 그리고 활발한 교류를 통해 서로를 알고 있는 그대로 인정하는 것에서 출발해야 합니다. 오랜 세월 동안 남북은 분단과 전쟁을 통해 불신과 적대감을 고조시켜 왔습니다. 그리고 분단 70년 동안 남북의 민간인들은 서로 간의 교류를 금지당한 채, 적대적인 입장을 가진 자본주의와 공산주의 교육을 받아 왔습니다. 그 70년이라는 세월은 그 구성원들이 다른 가치관을 가지기에 충분한 세월입니다. 그리고 일상 언어도 달라져 있습니다. 예를 들면 남한의 오징어를 북은 문어라고 하고 남한의 문어는 북은 오징어라고 합니다. 우리가 "일 없어요"하면 북은 "좋습니다"라고 이해합니다.

서로 다른 가치관을 가진 두 집단이 하루 아침에 서로 이해하고 하나가 되는 것은 매우 요원합니다. 긴 분단의 세월을 극복하기 위해서는 서로를 있는 그대로 인정하는 것에서 출발합니다. 이론으로 되는 것이 아니라, 만남을 통해서만 가능한 것입니다. 단 한 번의 만남으로 가능한 것이 아닙니다. 지속적인 만남, 교류를 일상화해야 합니다.

남북정부 차원의 일회성 회담으로 해결되는 것은 아닙니다. 물론 민주적인 정부의 전향적인 대북 정책, 정상회담을 비롯한 각종회담 등이 통일을 앞당기는데 큰 도움이 될 것입니다. 그러나 민간의 통합이 없이는 진정한 통일이 될 수 없다는 것은 분명합니다. 조금 극단적으로 표현하면, 국토적, 정치적 통일은 정치가의 몫이라면, 남북의 통합은 민간의 몫입니다.

그런 의미에서 통일은 사건이 아니라 과정이라는 정의에 동의합니다, 우려스러운 것은 남북 민간의 만남과 교류는 그리 쉽지 않습니다. 정부의 심한 견제 때문입니다. 정부는 민간의 교류와 협력이 일상화될 수 있도록 정책과 법을 개정해야 합니다.

　오랜 남북 민간의 만남을 위한 교류의 중요성을 제가 체험했던 예를 들어 설명해 보겠습니다. 오랫동안 남북교회 지도자들은 여러 차례 만나 왔습니다. 우리들의 만남에서 어색함이 없고 한 교회 공동체 식구들처럼 지냅니다. 통일문제에 대한 견해차가 발견되면 허심탄회하게 말하고 공동의 합의점을 이끌어 내는 데 큰 문제가 발생하지 않습니다. 그러나 처음부터 그랬던 것은 아닙니다. WCC의 주선으로 스위스 글리온에서 첫 번째 만날 때 서로 매우 어색해했던 것으로 알고 있습니다. 심지어 남한교회 지도자들 중 일부는 북의 교회 목사가 가짜라는 확신을 가지고 있었다고 합니다. 그 사실을 밝혀내기 위해 갑자기 기도를 부탁하는 등 다각도로 시험을 했다고 합니다. 그러나 여러 차례 만남을 통해 서로를 더 깊이 이해하게 되었고 마침내 협력과 연대를 강화해 왔던 것입니다. 그리고 이런 경험도 있습니다. 일본교회협의 주선으로 남북교회가 만날 기회가 있었습니다. 교회협에서는 남한의 보수 교회 목사를 초청하였습니다. 고향이 평양인 그분은 유명한 반공 목사로 북교회에 대해 부정적인 입장을 표하면서 초청에 응했습니다. 그러나 2박 3일간 세미나 기간 동안 우리들이 우려할 정도로 북교회 목사와 친밀하게 지내는 것이었습니다.

　또 대북인도적 지원을 위해 개성에서 남한의 시민사회단체를 북민협 관계자를 만나게 한 적이 있었습니다. 처음 북쪽 사람을 만나는 남한 사람들은 북민협 관계자를 만나면서 '북한'이라고 호명하고, '지원'이라는 단어를 사용하며 '갑'의 입장을 취하기도 합니다. 그러면 북으로부터 '조선인민공화국' '협력'이라고 지적을 당해 어색한 분위기가 조성되곤 했습니다. 그러나 대화가 깊어지면서 상대의 입장을 이해하며 상호 존중의 마음을 갖고 상호 합의를 이끌어 내게 됩니다. 그 다음 모임에서는 남

사진 15  김영주 목사의 구술하는 모습

한 단체는 더 이상 실례를 하지 않게 됩니다. 남북의 여러 단체들은 만나면서 서로 배우고, 서로 이해하게 되면, 협력자가 됩니다.

이왕에 호칭 문제가 나왔으니 말씀드리자면, 남북교회 간에는 합의된 명칭이 있습니다. 한국교회는 남을 한국, 북을 북조선으로, 조기련는 남을 남한, 북을 조선으로 호칭하기로 합의하였고, 6·15 본부는 남측 북측으로 호칭하는 것으로 알고 있습니다.

저는 통일문제의 정부 독점에 대해서는 동의하지 않습니다. 다시 한번 더 강조하자면, 70여 년간 분단 의식이 우리 사회 전반에 문화로 자리 잡고 있어, 남북 문제는 정치적·국토적 통일로 해결될 문제가 아니라고 생각합니다. 그냥 정치적으로 통일되면은 "우리는 오천 년 민족이니까 금방 우리가 화해가 된다"고 생각하는 건 아주 나이브(naive)한 생각이라고 봅니다. 민간의 화해나 협력 없이는 진정한 통일이 어렵다고

Ⅱ. 진정한 통일은 민간의 화해와 협력으로 이루어집니다

생각합니다.

▲ 인도적 지원이라는 의미에 대한 관점

제 경험으로 말씀드리겠습니다. 1995년 세계교회협의 주선으로 마카오에서 남북의 평화통일을 위한 국제협의회가 열렸습니다. 북의 조기련의 대표자가 북의 홍수의 피해정도를 설명하고 국제사회의 지원을 요청하는 순서가 있었습니다. 협의회는 그 요청에 응답하기 위해 세계교회의 지원범위를 결정하였습니다. 회의를 마친 후 휴식시간에 우연히 남북교회 실무자들이 인근 커피숍에서 환담하는 자리가 마련되었습니다. 북의 수행원 중에 한 분이 저에게 반갑게 인사를 한 후 매우 심각한 모습으로 말했습니다. 조금 길지만 그분의 말씀을 그대로 전달하고 싶습니다.

"목사님, 남한신문에 발표된 남한 정부와 남한 교회의 대북지원 내용을 보면 우리 북은 금방 부자가 될 것 같습니다. 어느 단체는 어디에 얼마를 보냈고 보낼 것이라는 보도는 되고 있는데, 사실 우리에게 하나도 온 적이 없습니다. 그러니까 선전만 하지 말고 실제를 보여 주세요." 그리고 "우리가 큰 물 피해로 조금 어려운 건 사실입니다. 그래서 도와 달라는 것입니다. 그렇다고 해서 그렇게 요란하게 도와주시면 받는 사람들은 마음은 어떨 것이라는 생각을 해 보셨습니까?" "잘 사는 형이 있고, 못 사는 동생이 있는데 형이 하루는 동생을 불러서 온 동네 사람들이 있는 곳에서 '나, 형은 형편이 어려운 동생을 불쌍히 여겨서 금일봉을 주노라'하고 온 동네 방네 선전하면서 주면, 형의 그 돈을 받아가는 동생의 자존심은 생각 안 해 보셨습니까? 저 같으면 이렇게 하겠습니다. 넉넉한 형이 동생을 불러서 '힘들지? 밥이나 따뜻하게 먹고 가라'하면서 동생의 주머니에 봉투를 하나 집어넣어 주고 '니가 요즘 힘드니까 제수씨나 애들하고 밥 한 끼 해 먹어라. 내 준비한 게 요거 밖에 없다'라고 했다면, 얼마나 그 동생의 마음에 형에 대한 존경심과 사랑이 생기겠습니까? 남한의 교회가 너무 예의가 없고, 마치 북쪽을 다 먹여 살릴 듯이 우리가 몇 천 톤 보낸다, 몇 백 톤 보낸다 하면, 우리가 얼마나 상처를 받는지 아십니까?"

대북 인도적 협력을 할 때 늘 되새김질되는 말입니다. 한국정부는 대북지원을 한 후 그 결과보고로 모니터링 결과를 요구하고 있습니다. 물론 투명성을 요구하는 것은 당연하다고 생각할 수 있지만, 북과의 관계는 일반 NGO의 그것과 달라야 하지 않을까라는 생각입니다. 그리고 민간단체가 모금하는 방식도 제3국의 어려움을 강조하는 것('빈곤 포르노'[15]에 가까운 방식)과 달라야 하지 않을까? 라는 생각도 있습니다.

"주는 사람은 겸손하게, 받는 사람은 당당하게." 남한정부와 시민사회 단체는 남북주민이 언젠가는 함께 살아가야 할 한민족이며 스스로를 돕는 것이지 어느 일방이 도움을 주는 것이 아니라는 생각을 가져야 합니다. 그래야 화해와 협력을 통해 평화통일의 길로 나아갈 수 있을 것입니다.

## 9. 평화통일 희년선언의 의미

말씀해주신 내용은 어찌됐건 북한을 바라보는 관점, 남북교류협력에 조금이라도 관심있는 분들은 다 새겨들어야 할 것 같습니다. 앞서 교회협의 1988년 선

---

[15] 빈곤 포르노(Poverty Pornography). 가난한 사람들의 모습이나 상황을 자기의 목적달성을 위해 활용하는 것을 말한다.

언에는 1995년을 '평화와 통일의 희년'이라고 선포하였다고 말씀해 주셨었는데, 그 희년선언의 배경과 의미에 대해 말씀부탁드립니다.

앞서 말씀드렸듯이 한국교회협이 통일문제에 적극적으로 뛰어들게 된 것은 80년 광주민주화운동을 경험하면서입니다. 통일위원회 조직이후 10명의 전문위원 선정하여 8년간의 작업을 통해 '민족의 통일과 평화에 대한 한국기독교회 선언(88선언)'을 1982년 2월 총회에서 채택하고 발표합니다. 매우 중요한 문서이니 꼭 일독하시기를 바랍니다.

희년 선포는 88선언의 결론 부분에 해당하는 것으로 볼 수 있어, 88선언의 대략을 설명하는 것으로 갈음할 수 있을 것입니다. 그리고 희년 선포에 대해서 88선언의 본문을 소개하는 것이 더 효과적이라 생각합니다. 그 내용을 각 항목의 제목을 나열해 보면 다음과 같습니다.

1. 정의와 평화를 위한 한국교회의 선교적 전통 2. 민족분단의 현실 3. 분단과 증오에 대한 죄책고백 4. 민족통일을 위한 한국교회의 기본원칙(자주 평화 민족대단결, ①인도주의 ②민족구성원 전체의 민주적인 참여 보장과 민중의 우선적 참여) 5. 남북한 정부에 대한 한국교회의 건의(①분단으로 인한 상처의 치유를 위하여; 거주이전의 자유 ②분단극복을 위한 국민의 참여를 실질적으로 증진시키기 위해; 민간기구의 활동에 대한 제도적 보장과 양심과 신앙에 따른 표현의 자유 ③사상 이념 제도를 초월한 민족적 대단결을 위하여; 상호비방금지, 교류방문, 통신의 개방, 학술분야의 교류와 협동연구와 각 분야별 교류 허용 ④남북한 긴장완화와 평화증진을 위하여; 평화협정 체결, 주한미군 철수와 주한 유엔군사령부 해체, 상호 군사력 감축, 핵무기 철거 ⑤민족자주성의 실현을 위하여; 외세의 간섭배제, 민족의 삶과 이익을 우선으로 한 협상과 조약) 6. 평화와 통일을 위한 한국교회의 과제(①한국

기독교교회협의회는 1995을 '평화 통일의 희년'으로 선포한다; 희년은 억압적이고 절대적인 내외 정치권력에 의하여 이루어진 모든 사회적 경제적 갈등을 극복하여 노예된 자를 해방하고 빚진 자의 빚을 탕감하며, 팔린 땅을 경작자에게 되돌려 주고, 빼앗긴 집을 본래 살던 자에게 돌려주어, 하나님의 정의를 바탕으로 하는 샬롬을 이루어 통일된 평화 계약공동체를 회복하는 해(레25:11-55)이다. 한국교회가 해방 50년째인 1995년을 희년으로 선포하는 것은 50년 역사를, 아니 전 역사를 지배하시는 하나님의 역사적 현존을 믿으면서 평화로운 계약 공동체의 회복을 선포하고, 또 오늘 한반도의 역사 속에서 그것을 이룩하려는 우리의 결의를 다지려는 데에 있다. 따라서 희년을 향한 대행진은 희년 대망 속에서, 민족사 안에서 역사하시는 하나님의 주권에 대한 믿음을 갱신하고, 하나님의 선교에의 부르심에 대한 우리의 결단을 새롭게 해 나가는 과정이 되어야 할 것이다. ②한국교회는 '희년을 향한 대행진' 속에서 평화와 통일을 위한 교회갱신운동, 평화 교육과 통일교육의 강화, 희년축제와 예전을 통한 화해와 일치 실천, 남북교회 타종교, 시민사회와의 연대, 주변 4국을 비롯한 세계교회와의 연대 활동)

그동안 한국교회는 평화와 통일의 희년의 정신에 따라, 에큐메니칼 진영뿐 아니라, 비가맹 한국교회 그리고 한국의 시민사회와 타 종교와 폭넓은 대화를 통한 연대와 협력을 모색해 왔습니다. 그 일환으로 1993년의 남북인간띠잇기대회도 진행되었던 것입니다

▲ 현재의 통일 운동에 대한 생각

그렇게 1995년을 평화와 통일의 희년으로 선포하고 활동해 왔는데 시기를 확 뛰어넘어서 지금 27년 거의 다 돼가지 않습니까? 지금 보시니까 어떻습니까?

평화통일을 위해 최선의 노력을 다해왔지만, 여전히 희년이 멀게만 느껴집니다. 그러나 크고 작은 성과가 없었던 것은 아닙니다. 88선언은 한국의 평화통일운동에 몇 가지 중요한 변화를 견인했습니다. 첫째로 민족의 통일운동은 더 이상 정부의 독점물이 될 수 없게 하였습니다. 그동안 한국정부가 통일문제를 독점하고 정부는 평화통일 운동에 참여하는 개인이나 단체를 배제하며 탄압해 왔습니다. 그러나 88선언의 민중참여 원칙은 한국사회에 큰 반향을 일으켰고 그동안 침체해왔던 민간단체의 통일운동을 활성화하는 계기가 되었습니다. 물론 정부 당국은 그 정권의 성격에 따라 민간단체의 통일운동을 금지, 통제하기도 하였지만, 예전처럼 용공좌경시하며 탄압하지는 못하게 되었습니다. 둘째로 한국정부의 통일정책에도 근본적인 변화를 가져오게 했습니다. 88선언이후 남북정부는 1990년 9월서울에서 고위급회담을 시작하여 5차의 회담을 거져 1991년 12월 남북기본합의서를 채택하게 됩니다. 그 중요내용은 남북화해, 남북불가침, 상호 비방금지, 남북교류 협력, 한반도 비핵화 등이며 곧이어 남북은 UN 동시가입을 하게 됩니다. 주요 내용을 살펴보면 88선언의 정신과 내용이 남북당국의 합의서에 그대로 담겨 있는 것을 볼 수 있습니다.

나중에 알려진 이야기지만 당시 통일부과 교회협 통일위원회가 여러차례 협의를 했다고 합니다. 이후 남북관계는 기본합의서를 기반으로 진행되었다고 합니다. 김대중 정부에서 햇빛정책을 주도한 임동원 통일부장관 역시 교회협의 88선언이 통일정책을 위한 원칙을 세우는데 큰 도움이 되었다고 회고하고 있습니다.

이는 민간과 정부가 민족의 통일문제에 대해서 머리를 맞대고 서로 논의하고 협력하는 것이 궁극적으로 평화통일운동에 큰 전진을 가져 올 수 있다는 것을 보여줍니다. 그러나 정권의 성격에 따라 그런 좋은 분위기가 계속 이어지지 못한 것은 안타깝습니다. 더욱 안타까운 점은 문재인정부때 활발했던 남북관계가 더 지속되지 못하고 오히려 북한정부의

'적대 관계인 두 국가론'의 선언으로 한반도에서 긴장이 고조되고 남북 민간의 통일운동과 교류가 전면 차단되고 있다는 점입니다. 그러나 이 지점에서 좌절하지 말고 평화통일운동은 전진해야 할 것입니다. 민간 통일운동 단체들은 평화교육을 통해 한편으로는 시민들을 설득하며, 또 정부의 통일정책을 비판하며 현정부의 통일정책 변화를 촉구해야 할 것입니다. 역사는 미시적으로 보면 후퇴하는 것 같지만 거시적으로 발전한다는 믿음을 가지고 주춤거리고 있는 평화통일운동의 활성화를 위해 노력해야 되겠다는 다짐을 해봅니다. '통일은 사건이 아니라 과정'이라는 명제를 제시한 백낙청 선생의 말씀에 따르면 통일운동은 우리 일상 생활 속에서 하는 것입니다.

27년이면 목사님 개인사로는 청춘을 다 보내신 것인데요.

저도 이렇게 개인사 이야기하니까 내 삶의 상당부분을 평화통일운동에 투신했다고 생각합니다. 약간의 자부심를 가져도 되겠지만 아쉬움도 많습니다. 나름 평화통일운동에 헌신한다고 했지만 좀 더 열심히 못했다는 점입니다.

앞서 말씀드린 바 있지만, 제가 평화통일운동을 할 때 고려했던 지점은 "남한교회를 비롯한 한국사회의 보수적인 분위기를 뛰어 넘어 어떻게 함께 할 수 있을까?" "민간의 평화통일운동에 대해 통제와 배제하려는 정부당국, 특히 보수적인 정부를 어떻게 설득할 수 있을까?" 그리고 "북의 민간단체들과 함께할 수 있는 통일운동의 과제를 설정하여 북한정부를 어떻게 설득할 수 있을까?"였습니다. 그러다 보니 궁극적인 평화통일운동의 전진을 위해 갈등을 감수하고 좀 더 과감하게 하지 못한 것이 아쉬움으로 남아 있습니다.

이 자리를 빌어 이 부족한 사람이 평화통일운동의 길이라는 방향을 설정할 수 있도록 하고 많은 도움을 주신 분들에게 감사를 드리고 싶습니다. 아마 그분들은 저의 크고 작은 실수도 눈감아주시고 격려해 주셨을 것입니다.

88선언에서 1995년을 통일희년이라는 선언 발표할 시점하고, 현재 시점에서 봤을 때 기독교계에서 바라보는 북한 또는 통일, 이런 인식이 좀 변했다고 보십니까, 어떻습니까?

많은 부분 변했다고 생각할 수 있습니다. 그 당시에는 민간이 평화와 통일에 대해 말하는 것조차 용공좌경 세력이라고 비난을 받았고 심한 경우 감옥 행이었습니다. 곧 이어 연좌제를 두려워한 주변 사람들의 철저한 외면과 언론의 비난이 뒤따랐습니다. 그러나 지금은 연좌제도 없어졌고, 민족의 평화통일의 필요성을 깊이 인식하고 통일운동에 참여해야 되겠다는 사람들이 꾸준히 늘고 있다는 점에서 고무적입니다. 예를 들면 교회협이 1988년도에 '민족의 통일과 평화에 대한 한국기독교회 선언'을 발표하자, 52개 넘은 단체가 비난 성명을 발표하였습니다. 그리고 정부 당국은 선언서 작성에 참여한 분들을 구속하기 위한 법률 검토에 착수했다고 알려지고 있습니다.

되풀이 해 말씀드리지만, 88선언은 한국사회와 세계가 평화통일운동에 참여하게 하는 물꼬를 튼 것이라 할 수 있습니다. 88선언은 기독교적 언어를 사용했지만, 그 내용은 평화통일운동의 원칙과 방향성을 제시하는 지침서가 되어 지금도 유효하다고 생각합니다. 이제는 한국교회에서 더 이상 반공을 공식적으로 말하지 않고 있습니다. 한국정부 역시 여전히 부족하지만, 남북교류협력법을 제정하여 국가보안법을 잠시 유보하는 조치를 취한 점 역시 변화가 일어나고 있다고 볼 수 있는 지점입니다. 물론 현정부는 반대로 가고 있지만 말이죠.

## 10. 향후 통일운동에 대한 전망과 역할

목사님, 이제 마무리하시면서 향후 통일운동에 대한 전망과 역할에 대해 말씀부탁드립니다.

내 인생을 반추해 보면, 다양한 경험을 했다고 할 수 있습니다. 다양하다는 말은 굉장히 멋있는 말이긴 하지만, 역으로 전문성이 결여될 수 있다는 말이 될 수도 있습니다. 농촌 교회에서 농민을 위해서 산다는 것이 가장 보람 있는 일이라고 생각을 했다가, 서울에 와서는 목회자 운동을 하면서 "목사들이 바로 되어야 한다. 목사들이 세상을 바꿀 수 있다"는 생각을 하여 목회자 운동을 했습니다. 그 다음에 인권운동을 하다, 통일운동을 합니다. 그후 감리교 본부에서는 행정과 교육문제를 다루었습니다.
　이렇게 생각해 보니 일관성이 부족했다는 것이 아쉬움으로 남습니다. 물론 통일문제가 내 주요 관심사이긴 하지만 말입니다. 한국의 민주화운동, 인권운동, 평화통일운동이 서로 연관성이 있다고 억지로 말할 수는 있지만, 여전히 남는 문제는 전문성 부족입니다. 다양하게 그 역할을 하긴 하였지만 어느 하나도 야무지게 못했던 것 같습니다. 옛날 어른들의 "열 가지 재주를 가진 사람이 굶어죽기 십상이다"라는 말이 생각납니다. 그러나 지난 일들은 지난 일대로 아름답게 여기고 앞으로 남은 세월 민족의 평화통일운동에 더욱 매진해 보고 싶습니다.

목사님께서는 다양하게 활동을 하신 것을 깊이가 좀 부족하다고 겸양으로 표현하셨지만, 목사님은 시민사회에서 통일운동을 어떻게 해야 되는지에 대한 관점을 정립하신 게 있지 않습니까? 그런 면에서 통일논의에 대한 어떤 생명력을 시민사회가 조금 더 천착해야 되지 않나고 생각하는데, 시민의 참여라고 하는 면에서 우리 통일운동을 어떻게 보시는지? 또 개신교 내에서 개신교인의 어떤 평화통일참여 이 부분을 이전과 비교해서 앞으로 어떻게 전망을 하시는지 듣고 싶습니다.

우리 한국사회의 평화통일운동에 대한 시각은 여전히 보수적이라고 볼 수 있습니다. 일제가 독립운동가를 탄압하기 위해 동원한 빨갱이 논리, 일제 청산의 실패까지 거슬러 올라가지 않아도 한국전쟁은 남북은 물론 남한사회내의 불신과 분열을 낳는데 큰 역할을 하고 있습니다. 다른 말로 하면, 전쟁의 상처는 우리 사회의 제도와 시민들의 마음속에 큰 트라우마로 남았습니다. 전쟁 이후의 연좌제라는 제도는 지금 사라졌지만 여전히 사람들의 마음속에 잔류하여 의식을 지배하고 있습니다. 여전히 국가보안법은 존재하고 있어 언제든지 정권의 통일운동 탄압의 수단이 될 수 있습니다. 그 점은 역대 정권을 거쳐 오면서 경험할 수 있었습니다.

그런 면에서 시민사회의 평화통일운동은 무엇보다 통일환경 조성을 위해 노력해야 됩니다. 정치적, 국토적 통일보다 더 중요한 것은 남북 민간의 통합, 사람과 사람의 통합이라고 생각합니다. 그리고 정부가 통일문제를 독점하지 않도록 견제하고 통일정책에 대해 비판적 입장을 가지고 잘못된 정책의 변화를 견인해야 할 것입니다. 나아가 한반도 주변국들이 한반도 평화통일의 걸림돌이 되지 않도록 견제해야 하는 역할도 감당해야 합니다.

최근 우리는 하노이 북미회담이 무산되는 것을 매우 무기력하게 바라본 경험이 있습니다. 잘 알지는 못하지만, 그것 또한 시민사회와 함께 하기 위한 정부의 노력이 부족해 절망감이 더 컸다고 생각합니다. 한국교회의 평화통일운동은 그 과정에서 상당부분 노하우를 쌓아왔습니다. 그리고 세계 교회의 광범위한 지지를 얻고 있어서 매우 유리한 입장을 가지고 있습니다. 한국 정부는 이 지점을 귀하게 여겨 잘 활용할 수 있었으면 합니다. 단순히 여러 종교단체의 하나로 생각하지 말고 평화통일운동을 위한 파트너로 적극 활용해야 할 것입니다.

　남북정상회담에서 이루어진 여러 합의들이 많은 중요성을 가지고 있지만 현재는 휴지조각처럼, 그냥 이벤트로 지나가고 후속작업이 전혀 없는 것은 매우 안타깝습니다. 이런 상황에서 우리 시민사회가 눈을 부릅뜨고 살펴보고, 우리 시민사회가 할 수 있는 일이 뭔지 모색해야 한다고 생각합니다. NCC를 비롯하여 시민사회가 통일문제를 국가의 정치적 문제라고만 인식해서 정부에게만 맡겨 놓는 것은 바람직한 일이 아니라고 생각합니다.

　시민사회단체들도 역량을 키워나가야 되고, 또 키운 역량을 가지고 정부가 바른 방향으로 가도록 자극도 해야 합니다. 지금은 우리가 힘이 부족해서 남한정부에 한해서만 메시지를 보내고 있는데, 만약 우리가 조금 더 남북을 균등하고 객관적으로 바라볼 줄 아는 시각이 있다면 북쪽 정부를 향해서도 제안하고, 이야기도 해야 된다. 이런 생각을 갖고 있습니다.

목사님, 장시간 아주 여러 차례 개인 경험으로부터 시작해서 아주 훌륭한 말씀을 해주셨습니다. 이것으로 인터뷰를 모두 마치겠습니다. 감사합니다.

# III

# 마음으로 주고 받는 남북한의 온정: 사랑의 연탄나눔운동

**원기준**
- 2004년~현재　　(사)따뜻한한반도사랑의연탄나눔운동 사무총장
- 2006년~2009년　희망제작소 뿌리센터장
- 2003년~2005년　강원대학교 사회학과 연구교수
- 1995년~1999년　폐광지역특별법 제정주민연대회의 간사
- 1991년~1994년　광산지역사회연구소 소장
- 1987년~1990년　태백지역인권선교위원회 간사

## 1. 학창시절 공부와 신앙, 사회의식 형성

경기도 고양군(現 고양시) 일산의 시골 마을에서 자란 구술자는 초등학교 5학년부터 서울로 전학해 통학하면서 고등학교를 다녔다. 고등학교 시절 교회에서 신앙이 한창 뜨거울 때 미래에 대한 여러 가지 고민 끝에 신학을 결심하고, 1980년에 총신대학에 진학했다. 민주화의 봄과 광주 5·18을 겪고 대학교 3학년 때 태백에 봉사활동을 한 계기로 탄광지역과 인연을 맺었다.

학창시절 공부와 사회의식 형성, 신앙과 현실의 괴리, 세상을 보는 관에 대해 듣겠습니다. 대학에서 교과목이나 수업에서 이런 내용은 아무리 보수적인 교리를 바탕으로 한 신학이라 하더라도 사회문제에 대해 접근하는 방식이나, 당대의 현실을 설명하는 것에서 "이거는 정말 받아들일 수 없다"라는 그런 부분들이 있습니까?

1980년도 짧은 시기에 화산 폭발하듯이 일어났을 때 마침 일산에서 통학하다가 대학에 입학하면서 기숙사에 있었거든요. 기숙사에 같은 방에 있던 선배들, 또 옆 방에 있던 선배들하고 가깝게 지냈는데, 그 선배들의 영향을 받아서, 학교는 조용했는데, 바깥에 나가게 됐죠. 미친 듯이 쫓아다니다가 갑자기 계엄령이 떨어지고. 대학교 2학년 때까지 상당히 방황했어요. 보수적인 신앙을 갖고 대학에 들어가자마자 엄청난 사건에 휘말렸고, 선배들한테 들었던 것을 통해 이제까지 가져왔던 신앙과 역사의식, 통일 문제, 남북문제에 대해 한꺼번에 몽땅 무너지는 느낌을 경험했어요.

그때부터 강좌도 찾아다니고, 명동에서 하는 강연회 같은 데도 쫓아가고. 나름대로 기존의 신앙, 기존에 제가 갖고 있던 사회의식들이 조금씩 변하게 된 거죠. 총신대라고 하는 보수적인 신학, 그런 이념이 꽉 차 있는 학교에서 저는 이질적인 사람이 되어 갔죠. 대학 내내 힘들었죠. 어마어마하게 다르더라고요. 저로서도 그렇게 이념 지향적인 사람은 아니었기 때문에 오히려 그럴 수 있었는데, 학교에서 수업 시간에 배우는 보수 신학이라는 것 역시 결국은 보수이념에 기초한 거거든요. 보수라는 게 교리로 보면 교조적이잖아요. 조금만 눈을 돌리면 너무 안 맞는 거예요. 괴리감 때문에 수업 시간에 싸우고, 수업 거부도 하고 해서 F학점을 5개, 학교를 아주 엉망진창으로 다녔습니다. 졸업할 때까지 아주 힘들었어요.

총신대에서 가르치는 게 신학에 바탕을 두면은 사회문제에 대해서 관여하거나 또는 정치문제에 대해서 발언하는 걸 다 금기되어 있어요. 정치와 종교는 분리돼 있다. 정교분리 원칙에 따른 거죠. 심각하게 고민했던 거는 정교분리를 외치던 그분들이 전두환을 축복하고 있단 말이죠. 어떻게 축복은 분리고 비판은 참여냐, 너무 단순한 거잖아요. 전두환에게 축복기도 해주는 거, "하늘이 내린 위대한 지도자다"라고 기도해 주는 것이 자기네들이 이건 정교분리라고 생각하는 거예요. 저같이 시위하면은 "정교분리를 위반하는 거다"라는 거. 성경에 "위에 있는 권세에 복종하라"는 구절이 있지만 그보다 더 큰 정의의 원칙이라는 게 있는데, 이 부분에 대해서는 눈을 감고 "무조건 복종해야 된다." 이런 현실에 분노가 폭발하는 거예요.

생각해보면, 신앙심이 별로 없었던 거예요. 나름대로 아주 어릴 때부터 보수적인 교회에서 자랐음에도 불구하고 이런 게 순식간에 깨지더라고요. 이것 때문에 고민하고 또 동료들하고도 많이 싸웠죠. 동료들도 대부분은 그런 쪽으로 계속 가니까, 아주 외톨이가 됐죠. 학교에서 말이 통하는 선배들이 저한테 "야, 세상에 다른 게 많다"라고 조언을 해줬지요. 그래서 '민중신학'에 대해 배우게 되고 남미 '해방신학'에 대해 배우고, 총신대에서는 다 '빨갱이' 짓인 거죠. 조심스럽게 했는데 도저히 이 학교에서 "내가 이렇게 혼자만 있는 것은 의미가 없다." 선배들은 이렇게 하라고 그랬어요. "너만 조용히 있다가 나가라." 저는 하여튼 그것은 죄를 짓는 거 같아서 후배들을 자꾸 모았어요. 마침 휴학했다가 복학한 이미화 선배가 뜻이 맞아서 함께 후배들과 작은 서클을 만들어서, 일종의 언더서클(under circle)이죠. 학교에 등록하지 못하고 뒷동산에 가서 공부하고, 어디 으슥한 카페에 가서 하죠. 그 당시엔 커피숍에 칸막이도 많아 가지고 모여서 했죠.

## 2. 농촌 봉사활동과 태백 탄광촌의 인연

농촌 봉사활동과 태백 탄광촌에서 있었던 일입니다. 노동자 상담을 탄광촌에서 봉사활동으로 하게되는데, 이런 활동이 나중에 광산지역사회연구소 설립하고 이어지게 되고 또 주민운동과 직접 관련이 되는 것 같습니다. 태백의 탄광촌과 연을 맺은 과정을 듣고 싶습니다.

후배들한테 내가 알고 있고 바깥에서 배운 것들을 얘기했는데, 이 친구들이 공부하게 되니까 문제가 생기는 거예요. 가서 본 것도 경험한 것도 없는데 지식만 자꾸 생기잖아요. 방학 때 애들을 데리고 '민중의 현실을 경험하게 해야겠다' 해서 그 당시에 많은 학교가 농촌봉사활동을 나갔어요. 농활을 갔는데 그때는 전두환 시절이니까, 논밭에서 일하다가 전투경찰한테 끌려나와 가지고, 닭장차(경찰버스)에 실려 올라가고, 이런 일이 많았어요. 겁이 나는 거예요. 고민하다가 "농활보다는 광산촌에 가면은 아무도 모르지 않을까?" 이런 소박한 생각으로 태백 탄광촌에 아는 분이 있어서 연락했죠. 그쪽 교회 몇 군데, 여름성경학교를 돕는다는 핑계를 대고 탄광지역에 조사 활동을 해보자고 했어요.

대학교 3학년 때죠. 교회에서 봉사하고 막장(末場: 광산 안에서 가장 깊숙한 곳, 더 이상 뒤로 갈 수 없는 끝 지점)에 들어가 보고 지역 조사도 해보면서 충격을 받은 거예요. 얼마나 경험이 있었겠어요. 제가 엄청 충격을 받았고 후배들도 충격을 받은 거죠. 소위 말로만 듣던 민중의 현장을 본 거잖아요. 열악한 환경, 주거환경도 그렇고, 정말 온통 새까맸거든요. 새카만 동네에 노동강도가 어마어마한 것을 직접 들어가서 봤거든요. "아, 사람이 먹고사는 게 이렇게 고달프고, 위험하고, 치열한 거구나"라는 것을 간접 경험한 겁니다. 방학 때마다 어떻게든지 애들이 모이면 같이 가고 정 안되면 혼자라도 가서 많은 분들과 인연을 맺게 되었어요.

그중의 한 분이 태백에서 제일 큰 교회였죠, 황지교회. 지명이 누를 황(黃) 자에 연못 지(池)인데 황지교회가 태백에서 제일 큰 교회인데, 목사님이 보수적인 교회인데도 불구하고 나름 열려있는 분이었어요. 얘기하는데 굉장히 통하는 거예요. 신학생으로서 문제 의식을 갖고 사회에 대해 고민하는데 이것을 수용하고, 또 더 앞선 이야기도 해주고. 그분하고 가까워지게 됐는데, 1985년 말에 저를 서울로 직접 찾아오셨어요. 자기가 태백에서 복지를 가지고 지역사회에 선교활동 해보려고 단체를 만드는데, "실무자가 필요한데 네가 내려와라." 제가 잠깐 고민했지만 신뢰할 만한 목사님이고 또 강렬한 충격과 어떤 도전을 받은 태백에서 필요로 한다니까 짐을 싸들고 내려간 거죠.

1985년 대학원 1학년 때 두 학기까지 공부하고 고민했죠. "공부를 더 할까?" 그때 "더 이상 총신대학에서 보수신학을 계속 공부하는 건 의미가 없다. 차라리 현장을 가는 게 낫겠다. 현장도 용기가 없어서 공장은 못 가지만 조직을 책임지는 실무자로서 하면 충분히 할 수 있겠다"라는 마음을 가지고 승낙했죠. 공장에 들어가려니까 민주화운동 차원에서 위장취업을 하려면 주민등록증을 어디서 훔쳐 오든지 위조해야 되잖아요. 그런 것부터 시작해서 너무 막막한 거에요.

총신대학은 당시 그런 선배가 없었고 제가 모범을 보여야 하는데, 저는 막막한 거예요. 그래서 알아만 보다가, 어떻게 해야 되나 하는 차에 태백에서 요청하니까 저로서는 오히려 이게 길이 되겠다 싶어 태백으로 간 거죠. 저한테는 훨씬 쉽다고 생각했었어요. 간단하게 생각하고 짐 싸 들고 갔죠. 집에서 반대하고 신학대학에 간 것부터 집에서는 반대를 많이 했었고요. 내놓은 자식처럼 살았기 때문에 태백에 내려가는 것도 부모님과 상의해서 내려간 건 아니었어요. 태백에 뼈를 묻겠다고 간 건 더더욱 아니었죠. 좋은 경험이겠다, 몇 년 일할 수 있겠다는 생각에 1985년 12월에 내려갔어요.

태백에 내려가서 복지선교단체인 기독교 광산지역사회개발복지회에 간사로 일했어요. 엄마나 아버지만 있는 편부모 가정 아이들이 탄광지역에서 이렇게 아이들을 돌볼 만한 곳이 없어서 한부모 가정을 위한 탁아소 같은 것을 만들었고 한글을 모르는 분들이 많아서 한글반을 운영했죠. 일종의 야학 같은 거에요. 그다음에 주부들도 초등학교를 졸업하지 못하거나 무학이 많아요. 그런 분들이 여러 가지 정보를 얻는데 문제가 생기고 해서 주부대학을 만들어 교육하고 그다음에 어르신들을 돌보았죠. 그 당시에 경로당이 별로 없었어요. 탄광지역은 정말 열악했거든요. 노인들이 어디 놀 자리도 없고 그런 데서 '노인대학'이라고, 교회에 '노인대학'을 만들었죠.

저는 무엇보다 관심이 있었던 학생운동 하면서 노동운동에 관심을 많이 가졌으니까, 탄광 노동자들하고 뭔가 해야겠다 싶어 노동 상담을 시작했어요. 산업재해를 당했는데 억울하게 보상을 못 받는 거 있잖아요. 그런 분들 산재보상 상담하고 노동법에 해고나 이런 것들이 그 당시에도 법은 괜찮았거든요. 노동법을 몰라서 부당한 일을 당하는 경우가 많은데, 그런 분들을 돕는 일을 하면서 젊은 사람들을 많이 알게 됐죠. 노동 상담을 하면서 탄광 현장의 노동자들을 많이 알게 됐는데, 그 과정에서 갑자기 보안대에 끌려갔어요.

보안대에 끌려가서 보니 제가 간첩단을 만든 것처럼 되어 있어요. 노동 상담을 하면서 만났던 젊은 친구들하고, "우리 노동법을 공부해 보자"라고 해서 모임을 했는데 이게 무슨 굉장한 조직처럼 되어 있었어요. 강원대학교 운동권 출신으로 노동운동을 하겠다고 위장 취업하려다가 못한 사람을 소개받았는데, 저하고 같이 자취방을 얻은 그 친구가, "그러면 잘됐다, 내가 시간이 많으니까 노동자들에게 노동법을 가르치겠다고 했죠. 보안대에 가니 이 친구하고 둘이서 거대한 조직을 만든 것처럼 되어 있더라고요. 깜짝 놀란 게 태백에 봉사활동 왔을 때부터, 1985년에 정착한 이후의 일거수일투족을 모두 상세하게 조사해 놨더라구요.

## 3. 보안대의 간첩 조작과 고문, 한국기독교교회협의회의 구명 활동

보안대의 불법 구금과 폭탄테러단 간첩사건 조작이 크게 일어납니다. 1986년 11월 보안대에 끌려가는 일이 벌어지는데, 태백에서 1년 정도 활동하고 보안대에 붙잡혀 가서 일주일 동안 심문받고 조사받은 걸로 압니다. 폭력행위가 많았는데 불법 감금되어 있는 동안 어떤 생각이 제일 많이 떠올랐습니까?

어디로 끌려가는지도 모르고 갔는데, 지하 벙커에서 고문당하고 일주일을 거의 죽도록 맞았어요. 바깥에서 끌려간 것을 알고 난리가 났죠. 제가 신분은 종교인이잖아요. 교회 전도사 일도 했으니까. 한국기독교교회협의회(NCCK: National Council of Churches in Korea) 인권위원회에서 조사단이 내려오고 했어요. 그다음에 제가 잡혀갈 때 납치당할 때, 바로 옆에 기독교방송국 기자가 있었어요. 저를 취재하러 왔다가 제가 끌려가는 것을 현장에서 본 거에요. 기자가 보도를 못 했어요. 당시에 보도 통제가 있었으니까. 언론 보도지침 때문에 보도를 못 냈는데, 어쨌든 그 친구가 NCCK에 얘기해준 것 같아요. 인권위원회에서 조사단이 내려오고 지역에 있는 젊은 목사님들이 구조단을 만들어 활동한 거죠.

10명이 끌려갔어요. 같이 노동법 공부하던 10명이 다 끌려갔는데 저하고 박인균이라는 친구하고 둘만 노동자가 아니고 나머지는 다 노동자분들이었어요. 탄광 노동자. 지역이 발칵 뒤집혔는데 거기서는 "빨갱이 조직이 색출됐다." 이렇게 소문이 알려지게 되고, "거기에 괴수가 박인균이다, 원기준이다." 이렇게 얘기가 된 거죠. 저도 무슨 일이 벌어진지 몰랐는데, 나중에 나와보니까 그렇게 소문난 걸 알았죠. 그나마 교회에서 진상조사단이 내려오고 그 팀들이 성명서를 발표했어요. 그 당시에는 저희가 안기부에 끌려가는 줄 알았던 거에요. 안기부를 규탄하는 성명서가 나오고 그랬어요.

그런데 재미있는 것은 그 당시에 안기부가 보안대보다 힘이 좀 더 셌대요. 안기부와 보안대 사이에 권력투쟁이 심각할 때래요. 전두환 밑에서 서로 공안사건, 간첩단 사건을 많이 만들어 내는 걸 경쟁하던 시절이죠. 보안대가 저희를 덜컥 잡아다가 간첩단이라고 조작해서 고문하고 있는데, 안기부를 규탄하는 성명서가 나오니까 안기부가 깜짝 놀란 거에요. "뭔 소리냐, 우리는 그런 일이 없다." 목사님들이 안기부 현지 담당자를 만나서 항의하니까 "잠깐만 기다려라. 확인해 보겠다." 그러더니, "우리가 한 게 아니다. 이거 보안대 놈들이 한 거다. 책임지고 끌어내 주겠다." 이렇게 얘기한 거예요. 왜냐면 자기네들은 억울한 거니까, 안기부가 보안대를 막 엄청 쪼았대요.

한국기독교교회협의회가 움직이면 세계교회협의회(WCC: World Council of Churches)와 연결이 되어서 국제적인 이슈가 될 가능성이 컸고, 실제로 저희 사건을 베를린자유대학에서 대자보로 본 분이 있더라고요. 그만큼 확 퍼진 거에요. 안기부 입장에서는 "빨리 수습해야 된다"고 보안대에 압력을 넣었다는 거죠. 토요일에 석방됐는데 금요일 날 저녁때 갑자기 목욕하라고 그러더라고요. 그다음에 치킨을 시켜주더라고요. 배가 고파서 잘 됐다, 치킨을 먹고 갔더니, 맞아서 여기저기 부었는데 달걀을 얼굴에 문지르더라고요. "어디로 또 데려가려나 보다" 생각했는데 다음 날 보니까 목사님들이 오신 거에요.

끌려간 보안사가 강릉에 있었는데 이름은 동해상사인가 그랬어요. 동해공사인가 그랬는데 태백에서 거기까지 끌고 간 거죠. 저는 어디로 갔는지 몰랐죠. 왜냐하면 눈에 끈을 묶어 가리고 갔고 보안대에서 일주일 있었죠. 어디로, 누가 잡아갔는지도 모르고 많이 두들겨 맞았죠. 한 4~5일 동안은 홀딱 벗고 있었어요. 11월이어서 되게 추웠던 기억이 나요. 강릉이 태백보다 춥지는 않아도 홀딱 벗고 계속 있었으니까. 잠을 계속 못 잔 게, 보통 천장의 빛보다 거의 10배 되는 빛인 거 같아요. 얼마나 밝은지 몰라요. 그렇게 밝게 해놓고 잠을 못 자게 하니까 2~3일은 몽롱하고, 자기네들이 원하는 진술이 안 나오면 또 패고.

채찍 같은 걸로 몸 전체를 휘저으며 때려요. 얼굴이 부딪혔는지 여기 몇 군데 멍이 들었는데, 매 맞는 거 되게 끔찍하더라고요. 저는 거기서 고문에 저항하고 이런 게 아니고 "알았다. 알았다. 예예, 하라는 대로" 그냥 불러주는 대로 쓰고 그랬는데, 자기들도 귀찮은지 나중에는 미리 해놓은 거를 던져주더라고요. 이거 보고 쓰라고. 왜냐면 제가 기억이 안 나니까. "누굴 만났지 내가 그때? 뭐라고 얘기했어요?" 이러면, "야 이

새끼야, 너 이렇게 얘기했잖아!" 그러면 "제가 그렇게 얘기했어요?" 이런 식이 되는 거에, 자기들도 귀찮잖아요. "야 이거 보고 써!" 이래서 보니까 내가 몇 시에 어느 다방에서 누구랑 만나서 무슨 얘기하고, 그 한 얘기가 다 있더라고요. 그거 보고 작문처럼, "저는 언제 누구랑 만나서 무슨 얘기를 했습니다." 이렇게 쓰는 거죠.

제일 웃기는 것 중에 하나는 내가 모든 것을 순순히 말하는 거예요. 저야 숨길 게 없잖아요. 제가 뭐 크게 한 게 없으니까. 저를 끌고 위에 보안대장실로 데려갔더라고요. 보안대장이 저를 부르더니 자기가 여의도 순복음교회 집사라고 해요. 종교인이니까 이게 또 "원 전도사는 내가, 내가 좀 살살하라고 얘기했다." 이런 개소리를 하는 거예요. 구역질이 나더라고요. 그러면서 "야, 네가 좋아하는 문익환이가 얼마나 어, 지저분한 놈인 줄 아냐?" 함석헌 욕을 하고 온갖 지저분한 얘기를 늘어놓는 거예요. 회유와 협박 같은 말을 하죠. 가장 어른이라고 생각했던, 존경할 만한 분들에 대해서 아주 악담하는 거예요. 그때 아주 용서가 안 되더라고요. 10명이 조사받으니까 뭐 진술이 제각각이죠. 다들 어리둥절하고 황당한 거잖아요. 이걸 맞추는 게 어려웠나봐요.

우리가 무슨 '폭탄 테러단'이 되었는데 왜 폭탄 테러단이냐면 광산의 석탄을 캐려면 폭약이 많이 필요해요. 우리나라의 폭약 소비량에 2/3는 탄광지역에서 소모했어요. 광부들이 폭약을 몰래 빼내 와서 주말에 고기 잡으러 갈 때 불을 붙여 던져서 폭약 터뜨려 고기를 몇 바께쓰(bucket)를 잡거든요. 그러다 사고 나기도 하고. 그 정도로 폭약이 흔하거든요. 저는 군대를 귀가 안 좋아서 면제받았는데 대학교 1학년, 2학년 때 문무대(文武臺)에 가서 수류탄, 모의 수류탄 던진 거 밖에는 폭탄을 본 적이 없는데 저보고 폭탄 테러단 대장이라고 그러니까 황당한 거잖아요.

이것도 나중에 뜯어 맞춰보니까, 그해 1986년 9월 김포공항에서 폭탄테러가 있었어요. 아시안게임을 바로 앞두고 폭탄테러가 있었는데, 그게 누구의 소행인지 밝혀지지 않고 아무도 몰라요. 지금까지도 모를 거예요. 그것을 "우리가 했다"고 엮을라고 했던 것 같아요. 애들도 황당하죠. 끼워맞추고 하는 도중에 이게 안 맞춰지는데, 안기부에서 압력이 들어오고 하면서 "이거는 도저히 어떻게 해볼 방법 없겠다"해서 우리를 일주일 만에 석방한 것 같아요. 제 인생에서 아주 끔찍한 기억인데, 나와서는 교회에서 잘렸죠. 그 복지회에서도 잘리고 왜냐하면 정보기관이 교회에 압력을 넣었더라고요. "원기준 전도사 여기 데리고 있으면 안 된다." 목사님은 겁이 나잖아요. 큰 교회 목사님이 얼마나 또 난리가 났겠어요. "알고 보니 간첩이더라." 이렇게 소문이 났을 테니까.

고문받으면서 "이렇게 해서 죽는 건가?" 이런 생각을 했어요. 당시만 해도 의문사 사건이 의외로 많았었거든요. 황지교회 권사님 아들이, 서울대 1학년생이었는데 부산 앞바다에서 쇠사슬에 묶인 채 수장되어 있는 게 발견되었거든요. 김성수 사건이 제가 잡혀가기 직전에 있었는데 이것 때문에 교회에서 가슴 아팠고, 이런 것을 생각하니까, 또 저한테 협박을 그렇게 했어요. "야, 너 같은 놈은 죽여가지고, 저 휴전선에다 던져 놓고 '월북하다가 맞아 죽었다. 총 맞아 죽었다.' 이러면은 뭐." 아, 실제로 그렇게 되겠더라고요. '이래서 죽나 보다'하는 생각을 했어요. 뭐랄까요, 주마등처럼 여러 가지 생각이 지나갔죠.

김성수 사건은 증거가 너무 없었어요. 어머님과 아버님이 사건 발생하고 그곳을 갔잖아요. 그런데 경황이 없어서 화장한 거에요. 태백으로 돌아오셔서 화장한 얘기를 하시길래, 제가 "아니 사진이랑 그걸 다 수습해야지 어떻게 그렇게 하셨냐"고 물었지요. 제가 그 교회 전도사니까 물었던 건데요. "아이고, 왜 그랬는지 모르겠어." 그러시더라구요. 저들이 내미는 서류에 제대로 보지도 않고 다 사인해주신 거에요. 김성수의 사체가 쇠사슬에 묶여 있었는데. 그냥 화장해 버린 거에요. 김성수가 누나랑 같이 지내고 있었거든요. 누나와 함께 있다가 불려나가서 그렇게 된 거니까, 누가 봐도 의심스러웠는데 증거가 하나도 없는 거죠. 지금도 강릉에서 매년 추모행사를 합니다.

## 4. 고문으로 만드는 간첩 조작과 하나님 앞에 선 신앙

보안대 납치 사건이 재야언론에 크게 보도가 되었습니다. 기사를 보면, "원기준 전도사는 당시 통합(대한예수교장로회 통합 교단) 측 교회 전도사 겸 복지기관 간사로 노동 상담 이런 일을 주로 맡고 있었다. 그런데 프락치 사건에 연루되어서, 보안대 끌려가서 간첩 혐의로 조사를 받고 풀려났다." 이렇게 되어 있습니다. 신앙심으로서·심경의 변화는 어떠했습니까? 절박한 자의 기도라고 할 수 있는데, 인신이 구속된 상태에서 사고할 수 있는 건 정신밖에 없으니까 총장님께 가해지는 폭력으로 보면 모멸감, 수치심을 느끼지는 않았습니까?

『말』지에 났었요. 『말』지에만 나중에 보도가 있었죠. 『말』지가 비합법으로 나왔었나, 불법으로 나왔었나 했을 거에요. '보안대 프락치 사건'이라고 해서, 원래 한 명이 나중에 프락치 역할을 했어요. 정보를 제공한 거에요. 그놈이 자기가 폭탄을 던져서 미군 부대를 폭파해야겠다, 이런 헛소리 하던 놈인데, 그걸 우리가 한 것으로 뒤집어 씌웠죠. 그 사람이 결국은 평소에 과격한 발언을 많이 했는데 그게 다른 노동자들이 한 것, 우리가 지시한 것처럼 조작했던 거죠. 지금 생각하면 진짜 만화 같은 얘기에요. 나랑 같이 살다가 공동 주범으로 고문을 받은 박인균 그 친구는 나와서 굉장히 고생했어요. 그 친구는 고문으로 충격을 많이 받았던 것 같고. 아무튼 인권단체의 도움과 지역 목사님들의 도움으로 나왔는데. 나와보니 갈 데가 없어진 거죠.

고문받을 때 벌거벗긴 상태에서 있는 게 되게 황당하죠. 어떻게 할 수가 없더라고요. 사람이 무기력해지는 거에요. 발가벗겨 놓으면 진짜 무기력해지죠. 그냥 다 무너지는 느낌이 강했죠, 저항할 수 없는, 멘탈(mental)이 완전히 나가는 겁니다. 이게 제일 컸던 것 같고, 보안대장을 만나서 빡치니까 속에서 열이 확 받은 게 있었고, 그럴 때 진심으로 기도한 것 같아요. "내가 살아 나가면 절대로 이런 악한 놈들하고는 섞이지 말아야겠다"라고 말이죠. 그리고 "탄광촌에서 뭔가 하나님의 뜻을 따라야겠다, 끝까지." 이런 마음이 있었어요.

당시만 해도 신앙이 부족하다고 할까, 하나님 앞에서 기도를 많이 했죠. 왜냐면 제가 어디에 잡혀 온 건지 모르고 바깥에 무슨 일이 벌어졌는지도 모르고 있으니까.

그때 마지막에 그런 기도를 했던 것 같아요. "여기서 살아만 나가면 뼈를 탄광촌에 묻겠습니다." 거짓말처럼 일주일만에 나온 거잖아요. 그래서 제가 탄광촌을 못 벗어날 것 같아요. 기도밖에 할 게 없었어요. 속으로 "아~ 살아만 나간다면, 내가 진짜 이런 일을 해야 할 텐데." 그런 것이 전부였어요.

조금 다른 마음이 든 것은 증오심이에요. 이르

사진 1   1989년 12월 24일 KBS노동조합 태백분회가 주최한 광산지역 구속노동자 가족돕기 연극공연

사진 2    1991년 3월 31일 동원탄광 조합 총회

자면 순복음교회 다닌다고 자랑하면서 악랄한 고문을 자행하는 수사관의 그 신앙심은 도대체 뭔가? 굉장히 큰 충격을 받았어요. 저는 그래도 순수한 신앙인, 청년이었는데 고문하는 수사관 자기들끼리 얘기하는 걸 들어보니 누구는 교회에 다니고 누구는 집사로 봉직하고 있다는 거에요. 이런 대화를 듣고 "도대체 신앙이 뭔가? 신앙이라는 게 뭔가, 삶과 신앙이라는 게 이렇게 분리되어 있을 수 있나" 회의를 많이 했어요. 좀 더 근본적인 고민을 깊이 하게 된 거지요.

## 5. 탄광 노동자들과 함께한 민주주의 사회운동

노동운동과 인권단체, 노동단체를 설립하면서 탄광의 노동자들과 함께 사회운동을 확대하는데, 당시는 노동운동 차원에서 보면 탄광 노동자들에게 관심을 가지는 시기였습니다. 총장님 사건으로 태백지역 같은 경우 큰 충격이었을텐데, NCCK 태백인권선교위원회가 큰 역할을 한 것으로 알고 있습니다. 1987년 6월

민주주의 이행 과정에서 태백지역을 중심으로 발생한 탄광 파업에 대해 말씀해 주시죠.

1986년만 해도 조직적인 노동운동은 없었어요. 80년에 사북항쟁(舍北抗爭)이 워낙 자연발생적으로 폭발했다가 그게 어마어마한 탄압을 받았잖아요. 몇백 명이 끌려가고, 수십 명이 구속되고난 이후 쭉 내리막길을 걸었죠. 거의 잠잠해졌다가 1986년 7월인가 8월에 삼척 도계에 있는 경동탄광에서 파업이 1차, 2차 해서 두 번 나거든요. 제가 조사하러 갔었죠. 보안대에 끌려가기 전인데, 사진 찍고 진상조사단에서 같이 조사했지만 그때까지도 조직적으로 일하는 게 없었어요. 말하자면 이런 식이에요. 파업하면 먼저 아줌마들이 데모해요. 왜냐면 아저씨들은 찍힐까봐. 아줌마들이 탄광 정문을 가로막고 출퇴근하는 광부들을 못 들어가게 막으면 멀리서 아저씨들이 "무슨 일 있나?" 하죠. 그 정도 수준에서 자연발생적으로 발전해서 파업이 될 수 있는데. 끌려갔을 때만 해도 탄광 노동운동가하고 저희하고 직접 관련이 있는 것도 아니었고, 실제로 그런 자체적인 힘도 없었던 데라서 지역사회에서는 파장이 별로 없었어요.

제가 복지회를 그만두고 난 후에 NCCK 태백지역인권선교위원회를 만든 거예요. 저를 구명 운동한 목사님들하고 "이런 지역에서 인권침해가 계속 일어나면 어떡하냐." 저는 서울에서 한국기독학생회총연맹(KSCF: Korea Student Christian Federation)에 학생 활동가로 일한 적이 있고 NCCK하고는 아주 가까웠기 때문에 단체를 만들 수 있었죠. 제 사건을 보고 NCCK에서도 인권단체를 만들면 좋겠다는 생각했죠. 위원장은 황지교회 이정규 목사가 맡았어요. 그분이 저를 짜른 분이에요. 저를 짜를 때 "너 나쁜 놈이야!"하고 쫓아낸 게 아니고, "원 전도사는 내가 도저히 감당을 못하니 서울로 올라가라"고 하셨는데 저는 또 열받죠. 보호해 줘야 할 양반이 그러니까. 제가 "나는 여기 뼈를 묻을 겁니다"라고 말했어요. 그렇지만 조직 활동을 다시 하면서 "그래도 이정규 목사님만 한 분이 없다"고 설득했어요. 이정규 목사님은 이름만 올리고 그 뒤에 인권 활동을 거의 못 하셨어요. 태백지역인권선교위원회가 그런 배경으로 만들어진 겁니다.

과정은 이렇습니다. 석방되고 나서 지역을 안 떠나고 태백선린교회에 출석했는데 1월부터 전도사가 됐어요. 신성식 목사님이 구명운동에 앞장섰던 분이었거든요. 제가 쫓겨나서 갈 데가 없으니까, "우리 교회는 월급도 못 주지만 이름이라도 전도사로 올리자." 그렇게 전도사가 됐는데 박종철 사건이 터진 겁니다. 지역에서 저를 구명운동 한 분들하고 뜻을 모아서, "우리 박종철 추모기도회라도 하자"해서 기도회를 하는데, 내용이 규탄밖에 할 게 없잖아요. 제가 증언을 한 거죠. "나는 이렇게 고문당했다." 그때부터 한바탕 소동이 일어났어요. 왜냐하면 저는 생생하게 "바로 얼마 전에 고문당했는데, 박종철이가 이것보다 더 세게 당한 거다." 증언했지요. 매를 맞고 물고문을 당하고 한 거와는 수준이 또 다르더라고요. 우리는 욕조는 없었거든요. 그러니까 거기는 전문 고문실이었던 것이지요.

보안대는 무식한 놈들이에요. 아주 무식한 놈들. 두들겨 패면서 글, 문장도 못 써요. 걔네들이 조서 꾸미는 거 있잖아요. 개발새발 그렇더라고요. 제가 증언하고 기도회를 여러 번 했어요. 그러고 나서 이걸 바탕으로 1987년 3월에 인권위원회를 만든 거죠. 박종철 사건 분위기를 타니까, 이정규 목사님도 그런 대의에 동참해야겠다고 한 겁니다. "내가 도와주지는 못하지만 이렇게라도 하겠다"해서 이름을 올렸어요. 3월에 인권위원회를 만들고 나서부터 저는 보안대 끌려갔다가 나온 상태라서 경찰이 저를 어떻게 손을 거의 못 댔어요.

제가 가끔 경찰에 잡혀가요. 유인물 뿌리다가 잡혀가면은 귀신같이 보안대에서 와요. "아, 우리 원 전도사 저희가 좀 데리고 가겠습니다." 그러면은 경찰이 꼼짝 못하더라고요. 저를 끌고 나오면 어디로 데려가서는 회를 사줘요. "우리 좀 살살하자." 회유하는 거 있죠. 왜냐하면 제가 보안대서 고문당했다고 떠벌리고 그러니까, "제발 가만히 좀 있으라고 그래요." 저는 공개된 단체에서 일하잖아요. 그러니까 더 신나는 거죠. 저는 노동자들 만나고, 유인물 뿌리고, 소식지 만들어서 나눠주고 다 했어요. 그다음에 전국 조직인 민주쟁취국민운동본부의 태백지부를 만들었어요. 청년단체와 비슷한 단체들을 다 끌어모아 이 조직을 만들고 태백에서 사무국장하면서 소식지를 만들어 배포했죠. 탄광지역의 비리를 폭로하고 그랬는데, 6·29선언이 나오고 울산에서 노동자들이 파업을 크게 일으켰잖아요.

1987년 6월 이후에 노동자들의 전면 파업이 있었는데 사실 태백이 먼저 일어났어요. 태백이 6·29선언이 나온 직후부터 파업이 척척척척 번지기 시작하면서 7월에 탄광 대파업이 일어난 거에요. 거의 모든 탄광이 파업을 해버렸어요. 미친 듯이 쫓아다니면서 유인물을 뿌리는데 그때 노동자들이 데모하는 방법을 몰라요. 술 먹고 노래하는 거 밖에 안 되는 거죠. 아리랑 노래를 제일 많이 불렀어요. 애국가 많이 부르고, 「나의 살던 고향」 이런 거 있죠. 알고 있는 사람들하고 개사곡을 만들어서 뿌린 거에요. 「늙은 군인의 노래」를 「늙은 광부의 노래」로 바꿔서 부르고, 나의 살던 고향은 "탄가루 동네", 이렇게 가사를 바꿔서 광부들이 쉽게 알 수 있는 노래들로 개사곡을 만들면 인기곡이죠. 완전히 신나는 거예요. 「아리랑 동동」부터 시작해서 신나는 노래 부르면서 돌아다니는데 진짜 감당할 수 없을 만큼 파업이 커졌어요. 그런데 이게 조직이 안 되니까 활발하게 일어났다가 싸악 사라지는 거에요.

## 6. 탄광지역 노동조합 결성과 광업소 노동조건 개선, 성완 희기념사업회 활동

탄광지역의 노동운동과 성완희, 이기만 노동자에 대한 부분을 조금 자세하게 여쭤보겠습니다. 파업하면서 권리를 요구하고 또 협상하는 방법, 궁극적으로 노조를 만들 수 있는 방안을 궁리한 것으로 압니다. 태백이나 인근의 탄광지역은 사북투쟁 이후 노조운동이 드물었을 것인데 이런 조직 과정에 대해 말씀해주십시오.

1987년 상황은 대전환기였는데 탄광지역도 마찬가지였어요. 86년도까지만 해도 그 지역에서 노동운동이라고 할만한 것들은 어떤 불만들이 한꺼번에 계기를 통해서 터져 나오는 정도였죠. 사북항쟁이 있었고 또 경동파업이 있었는데, 87년 민주화운동 과정에서 열기가 높아지고, 이것이 현장으로 전이되면서 태백, 정선, 삼척에 있는 거의 모든 탄광들이 돌아가면서, 때로는 한꺼번에 일시적으로 파업했어요. 태백 시내가 마비가 될 정도로 파업들이 대규모로 일어났죠.

하지만 조직화된 세력이 없이 기존의 어용노조, 회사 편만 드는 노조에 대한 불만과 열악한 노동 환경 그리고 여전히 복지 측면에서 집이나 주거환경이 나쁜 것에 대한 생활상의 불만들이 한꺼번에 터져 나온 것이 87년 7, 8월이었고요. 그 전과 달리 하나의 광업소가 아니라 수십, 수백 개가 한꺼번에 함께한 것이 노동자들한테는 큰 일이었죠. 어디서 파업이 일어났다면은 남의 얘기였던 것이 이제는 내 얘기가 되고, 본인들이 직접 가두로 나가서 길거리 대로를 막아버리고, 철도를 막는 이런 경험을 자연스럽게 하게 된 거예요.

인권단체 입장에서는 소식을 알리고 도움될 만한 내용을 알리는데 역부족인 거죠. 결국은 그 파업들이 약간의 개선, 그렇게 싸우고 나면 조금 성과를 얻는 정도였어요. 화장실을 좀 만들어주고, 막장 안에 밥을 먹을 수 있는 식당처럼 의자 같은 것을 놓아주고, 따뜻한 물을 제공한다든지, 아주 사소한 것을 얻는 정도였죠. 물론 사소한 게 노동자들한테 절실한 거였는데 광업소별로 요구사항을 모아보면 백 개가 넘는 거예요. 그 정도로 노동자들의 일상에서 겪는 애로사항들이 많았던 거죠.

이런 것들이 폭발했고 그중에 상당 부분들은 광업소에서 안 들어줄 수가 없는 상황이니까 해주고 그랬어요. 파업의 근본 원인은 해결이 안 됐지만 어쨌든 그 뒤부터 조금씩 바뀌었죠. 마침 강원대학교를 중심으로 학생운동 출신들이 탄광지역에 많이 들어와 활동이 많아졌어요. 기존의 저와 몇 사람이 먼저 들어와 있던 사람들하고 결합이 되어 "이걸 어떻게 노동운동을 활성화시킬 수 있을까?" 고민하고, 각 광업소별로 앞장섰던 사람들, 파업에 앞장섰던 사람들이나 지도부 역할을 했던 사람들 위주로 많이 만나게 됐어요.

각 광업소에 무엇을 만드냐면 '노동조건개선추진위원회'라는 걸 조직해요. 노동운동을 여러 가지 측면에서 보는 사람 입장에서는 "여기서 노조 민주화는 너무 먼 얘기다." "오히려 노동자들한테는 지금 당장의 노동조건을 개선하는 게 훨씬 더 호응이 좋다." 그래서 이름을 '노동조건개선추진위원회' 그러니까 한보탄광 노동조건개선추진위원회, 이렇게 붙인 거예요. '한노개추', '경노개추'. 줄여가지고 '노개추' 시대를 열어갑니다. 그 사람들 중에 강원탄광의 성완희 씨라는 분이 1987년 대파업 전에 입사해서 합숙소에 있었는데. 합숙소라는 것이 미혼자들 중심으로 젊은 사람들이 모여 있는 곳이에요.

합숙소에 있으면서 주변 사람들에게 리더십이 있었나 봐요. 파업이 터졌는데 앞장설 사람이 없는 거예요. 그래서 "네가 해라." 그래서 본인이 앞장서서 파업했는데 아주 잘한 거예요. 요구조건들을 많이 반영했어요. 파업의 열기가 다 끝나고 나니까 회사에서 "이놈의 싹을 잘라야겠다"

고 해서 해고하는 거죠. 해고는 옛날엔 너무 쉬웠어요. 해고당하면 대부분은 짐 싸서 나갔어요. 그런데 이 양반은 본인이 초등학교밖에 못 나온 사람이지만 "이거는 내가 받아들일 수 없다"고 해서 투쟁하겠다는 거예요. 저희들이 열심히 도와줬지만 본인이 찾아다니면서 증언하고 기록해서, 노동위원회에 얘기해서 복직하게 된 거예요. 탄광지역에서 복직 판정받는다는 건 로또 맞는 거나 마찬가지거든요.

1987년 파업 끝나고 나서 곧바로 해고당하고, 그해 말에 복직돼요. 어디로 복직이 되냐면 청원경찰로 복직이 되는 거예요. 현장에 들어가지 말라는 거죠. 청원경찰은 회사의 입장, 사측의 일을 대변해야 하는 거잖아요. 본인이 또 출근을 거부해요. 출근 거부 투쟁하고 노동자들에게 유인물을 뿌리는 거예요. 노동자들이 이 사람에 대해서 또 호응해주는 거죠. 노동자들이 적극 지지했는데 청원경찰이 오면 같이 싸우고 또 노동위원회에 제소하는 거죠. 거기서 이겼어요. 현장으로 복직이 된 겁니다. 1988년에 회사에서 어떻게 보복하냐면요, 이 사람이 복직 투쟁하는 걸 도왔던 사람을 또 해고하는 거에요.

해고당한 사람이 누구냐 하면 이기만이라는 분인데, 그분이 학생운동을 하던 사람이에요. 노동운동을 하러 온 게 아니라 약간은 생계를 위해서 왔는데, 저희랑 친했죠. 학생운동을 했지만 회사에서는 이 사람이 위장취업자는 아니잖아요. 공개적으로 온 거니까. 보증을 선 거에요. 사람을 좋게 보고 "이 사람 괜찮다"라고 해서 취업시켰는데, 그동안 별일 없다가 87년 대파업이 터졌을 때도 이 사람은 적극적이지 않았어요. 성완희 열사가 앞장서서 싸운 것이고 이기만 씨는 참여 정도 했는데, 성완희 씨가 해고당한 걸 보고 적극적으로 돕기 시작한 거죠. 회사에서는 "너 나쁜 놈 말이야. 학생운동 했다는 것도 우리가 눈감아주고 여기까지 도와줬다"고 해서 이 사람을 해고한 거에요.

성완희 씨랑 강원탄광 합숙소에 노동자들이 친목 모임으로 '강우

사진 3, 4   광산노동자신문에 실린 성완희 분신사건

사진 5, 6   성완희 노동자의 활동과 분신 이후 경과를 다룬 대책위원회 자료

Ⅲ. 마음으로 주고 받는 남북한의 온정: 사랑의 연탄나눔운동   209

회', 강원탄광우정회라는 게 있는데, 우정회 사람들이 앞장서서 많이 싸웠거든요. 복직을 돕다가 또 한 사람이 해고당했으니 "이건 우리가 같이 도와야 한다." "이기만 씨의 복직을 위해 좀 더 센 투쟁을 해보자." 성완희 씨가 아무리 봐도 결국은 이기만 씨가 노동운동의 차기 노조위원장 감으로 학식과 자질이 있는 사람이었거든요. "아예 저쪽(회사)에서 그런 걸 짜르는 게 아니겠냐. 결국은 어용노조가 문제다. 어용노조를 무너뜨리지 않으면 우리 싸움은 끝없이, 이것은 끝날 수가 없다." 어용노조를 치기로 했어요. 노조 사무실은 탄광 현장이 아닌 바깥에 있죠. 탄광지역은 회사라는 게 좀 애매해요. 사택이랑 마을에 퍼져있으니까. 노조 사무실을 점거해서 농성하기로 한 거에요. 그런데 성완희 씨가 혼자서 따로 시너를 준비한 거죠. 농성을 들어갔는데 준비한 시너를 가지고 와서 분신(焚身)한 겁니다. 난리가 났죠. 불을 끄던 분도 화상 입고 병원으로 실려간 날, 분신한 날이 1988년 6월 29일이었어요.

성완희 씨는 청계피복 노동자였거든요. 전태일 열사에 대해서 거기 있을 때는 몰랐는데 여기 와서 우리가 전태일 열사 책을 같이보니까 "이거는 우리 동네, 내가 있었던 이야기인데 이런 사람이 있었냐?"면서 거기에 빠져있던 거죠. "나라도 죽어야 뭔가 바뀌지 않을까?" 이런 생각을 한 게 아닌가 싶어요. 저희들은 나중에 "아, 그걸 보여주지 말았어야 했는데" 얘기하면서 한탄했죠. 당시 상황은 분신할 만큼의 극한 투쟁이나 전선 정도는 됐었죠. 왜냐하면 몸싸움도 많이 하고 출근 투쟁할 때 몸싸움을 엄청하죠.

지금 간단하게 얘기했지만, 노동자들이 목숨 걸고 싸운 거죠. 자기가 해고를 두 번 당해보고 싸우는 과정에서 회사의 집요한 탄압과 또 노동자들을 갈라치는 거, 그다음에 노조에 대한 비(非), 반(反) 노동자 자세에 환멸과 증오가 계속 쌓여 왔었고요. 자기가 당한 것보다 더 분노한 거죠. 자기를 돕던 노동자 동료를 해고한 것에 대한 분노와 그리고 또 다른 책임감이 있었던 거예요. 이분이 일찍 고아가 되셨는데 형이 둘이 있어요. 삼형제로 어렵게 자랐더라고요. 청계 피복 노동자로 있다가 힘이 좋고 돈 좀 벌어야겠다 해서 탄광촌에 와서 같이 기숙사에 있었죠. 합숙소라는 게 같이 사는 식구잖아요. 거기서 아마 뭔가 뜨거운 그런 걸 느꼈던 거 같에요.

자기가 투쟁할 때 주변의 노동자들과 우정회 모임을 열심히 하면서 친형제처럼 그렇게 지냈거든요. 그거에 대한 책임감, 분노 이런 것들이 있었고, 그다음에 어용노조가 야비하게 탄압하니까 그랬던 것 같아요. 약간 위협하려고 했을 수 있는데 실제로 그랬거든요. 처음부터 분신한다고 몸에 부은 게 아니고, 노조 간부들이 "야, 이 새끼야, 붙잡아라!" 이런 식으로 자극했던 거 같아요. 나중에 말이 서로 다르긴 한데, 자기는 그런 적 없다 그러는데 이쪽 노동자들이 들었거든요. 점거 농성하고 있는데 노조 구사대(救社隊)가 치고 들어오는 것을 "들어오지 마라", 들어오면 분신한다고 했는데, "해봐라, 해봐라" 그러면서 치고 들어오니까 분신한 거란 말이죠. 이 상황까지 가게 되는데 거의 1년 과정이 있었어요.

87년 파업투쟁에서부터 이런 과정과 탄광지역에서 겪었던 노동자로서의 극한 상황을 경험했던 거, 탄광노동 자체가 극한 중의 극한 직업이에요. 매일매일 "오늘도 무사히"라고 하는 말이 너무나 가슴에 다가올 정도죠. 사고와 사람들이 죽고 하는 걸 보기 때문에 그때를 생각하면 저도 미칠 정도였죠. 분신하고 나서 사람을 살려야 되는데, 태백에서는 치료가 어려워 원주기독병원으로 이송했는데, 7월 8일날 돌아가셨으니 열흘 가까이 고통당했어요. 강원도의 모든 학생, 노동, 농민, 종교, 이런 사회단체들이 원주에 결집해서 투쟁했어요.

7월 8일에 돌아가시고 나니 장례 투쟁을 해야 하는데, 강원탄광에서 보상이나 책임을 인정하지 않고 결국은 7월 24일에 장례를 치렀어요. 그때까지 원주에서 학생들과 사회운동단체들이 농성하고 태백, 정선 이쪽에서는 장례 투쟁이라고, 분신으로 사망한 이후에 분향소를 차리고 광업소마다 돌면서 탄광지역이 완전히 다 뒤집어진 거예요. 성완희 열사가 분신하면서 마지막으로 외친 말이 "탄광쟁이도 인간이다. 인간답게 살아보자!"라는 말이었고, 병원에 실려가면서 "탄광노동조합들도 이제 민주화해야 된다"라는 말을 남기고 돌아가셨어요. 각 광업소별로 성완희추모위원회를 만들었다가 이것을 '노조민주화추진위원회'로 바꿔요. 그다음부터 '노개추'가 '노민추'가 된 거예요. 경동탄광 노조민주화추진위원회, 한성탄광 노조민주화추진위원회. 이렇게 노민추로 전환했어요.

성완희기념사업회를 만들어서 각 노조민주화추진위원들이 운영위원이 됐고 제가 운영위원장을 하게 됐어요. 저는 정작 현장경험이 없는데 그래도 시간이 제일 많고 대외적으로 일하기 좋은 종교인이잖아요. 저를 위원장으로 만들었고 각 현장 광업소의 분들이 노조민주화추진위원회를 만들어서 성완희기념사업회가 본격적으로 노동운동의 중심 역할을 하는 최초로 공개적인 재야노동운동 단체가 생긴 거죠. 저는 인권위원회 간사 자격으로 성완희기념사업회 운영위원장이 되고, 그때부터 '성기사' 활동했어요. '성기사'에서 제일 먼저 광산지역사회선교협의회에서 발간하던 『광산노동자신문』이라는 걸 인수해서 만들어요. 『광산노동자신문』을 만들어서 현장 소식들을 계속 싣는 거예요. 이 소식들을 타블로이드판으로 만드는데 서울 을지로에서 인쇄해 만들었죠.


## 7. 『광산노동자신문』 제작 과정과 노동자들의 변화

『광산노동자신문』을 제작해 보급하였는데, 1988년 이후 탄광지역에서 노동운동의 쟁점과 변화, 파업의 주된 이슈는 어떤 것이 있었습니까? 『광산노동자신문』이 광업소 노동자들에게 끼친 영향이 크고 또 역할 자체가 중요하지 않았나 싶습니다. 『광산노동자신문』이 처음 나왔을 때 반응은 어땠습니까?

1988년도에 태백 인권위원회 간사였으니까. 인권위하고 목회자 그룹하고 여러 단체들이 광산지역사회선교협의회라는 연합체를 만들어서 『광산노동자신문』을 창간했습니다. 안재성 선배가 글을 많이 썼고 제가 사설과 제목 다는 일을 주로 했지요. 신문을 만 부, 이만 부씩 타블로이드판으로 찍었어요. 제법 신문 흉내를 냈죠. 역량을 모아서 사설도 있고 교육, 만화를 넣고 했지요. 1호부터 4호는 광산지역사회선교협의회에서 만들었고요.

1988년 가을에 와서 성완희기념사업회가 만들어지잖아요. 성완희 열사가 1988년 6·29 1주년 때 분신하고 돌아가신 다음에 성완희기념사업회 만들어졌죠. 내부 논의를 거쳐서 성완희기념사업회가 신문의 발행 주체가 됩니다. 5호부터는 성완희기념사업회가 만들었죠. 1989년에 제가 구속되고 이러면서 조직적으로 대응하기가 어려워서 1990년경에 현장 노동자들이 중심이 되어 광산노동자협의회라는 좀 더 강력한 연대 조직을 만들었어요.

1990년도부터는 『광산노동자신문』을 광산노동자협의회가 만들게 됩니다. 1991년 말까지 19호까지 발행했죠. 현장 소식이나 전국 소식, 연대와 관련한 소식을 많이 알렸어요. 탄광 노동자들이 제일 많이 당하는 불이익이나 문제들을 노동법이라든지 산재법으로 어떻게 해결할 수 있는지 알려주는 정보들, 이런 것을 실었어요. 노동자들에게는 권리의식이 약하죠. 사회에 대해 항상 주눅 들어있고, 공부 많이 한 사람들이 대장 노릇하는 회사에서도 그렇거든요. 사무직 근로자들이 지도 감독하는 거고, 몸을 써서 노동하는 사람들은 거기에 지도받아야 하는 상하관계가 고정돼 있는데, "그게 아니다. 일하는 사람이 주인이다. 일하는 사람이 제대로 대접받아야 한다." 권리의식이라고 할 수 있는 글들을 많이 썼죠.

탄광은 고립되어 있는 지역이에요. 외부 세계에 대해 둔감하고 정보가 잘 알려지지 않죠. 노동자들이 정보를 얻을 수 있는 게 제한되잖아요. 노동운동을 지원하는 단체 입장에서는 소식지의 필요성이 컸어요. 개별 단체들이 하기 어려워서 연합으로 단체를 만들었던 거고, 신문을 집집마다 유인물을 뿌리듯이 배달했어요. 역할 분담해서 현장 노동자들이 자기네 회사의 사택에 뿌리다 밤중에 걸려서 잡혀가고, 밤에 몰래 우편함에다 꽂아놓거나 던져놓고 갔어요. 탄광 노동자들이 신문을 굉장히 꼼꼼하게 봐요. 오탈자 지적하는 걸 많이 들었어요. 1988년, 89년에 탄광 노동자들이 파업 일으키고 조직적으로 가는 과정에서 『광산노동자신문』의 영향이 상당히 컸죠. 왜냐하면 『광산노동자신문』에서 제기한 문제라든지, 의제라고 하는 것들이 현장에서 그대로 드러났거든요.

신문을 만 부, 이만 부 씩 찍어 가지고 배포하는 게 엄청난 일이었어요. 다행히 『한겨레』신문이 창간되고 또 지국을 만들었었거든요. 『한겨레』신문 지국을 만들어 놓은 상태에서 『한겨레』신문하고 『광산노동자신문』을 같이 보급했어요. 탄광지역이 엄청 넓어요. 서울보다 더 커요. 자전거와 오토바이에 실어서, 지역별로 노민추나 노개추들이 하는 일이 제일 많은 게 『광산노동자신문』을 현장 노동자들에 배포하고, 사택에 배포하는 일을 쭉 했었죠. 그렇게 계속하니까 그때부터는 파업이 조직적으로 일어나기 시작한 거죠. 왜냐하면 주도자가 교육받고 준비된 파업을 하는 거잖아요. 1989년 들어와서 동원탄광이 파업하고, 삼척탄광 파업하고 조직적으로 일어나는데 저희는 유인물을 지원하면서 여러 가지 소식들을 알리고 했어요.

그때는 노동조건 개선이 없지는 않았지만 그것보다는 도급제 철폐가 되게 컸죠. 노동자들이 임금에서 제일 억울하게 느끼는 게 도급제거든요. 일당을 쳐서 월급을 주는 게 아니라, 이 사람이 얼마나 좋은 품질의 석탄을 몇 톤(t)을 캤느냐를 가지고 가격을 매기는 거예요. 그런데 매년 노조에서 임금 협상해서 10%를 올렸다하면, 단가에서 전에는 같은 석탄을 캤으면 B등급을 줬는데 임금을 인상한 다음에는 같은 걸 C등급을 주면 도루묵이 되는 거예요.

이렇게 되면 맨날 월급이 비슷하지. 도급제가 악질적이고 노동자들의 피를 빨아먹는 거머리 같은 제도거든요. 노사가 같이 검수하면 모르는데 검수원은 철저히 회사 편이란 말이죠. 도급제가 탄광지역의 가장 근본적으로 노동자들을 옥죄는, 노동을 통제하는 수단이거든요. 87년도와 달리 88년 지나서부터는 도급제에 대한 유인물을 많이 뿌리고 도급제 철폐가 주된 이슈가 되었어요.

그다음에 대의원 선거라든지 노조 선거할 때마다 조직적으로 사람들을 연대하고 그 속에서 몇 개 탄광들의 노조가 민주화된 거예요. 강원탄광도 이기만 씨가 위원장이 돼요. 이기만 씨가 위원장이 됐고 여러 탄광에서 저희랑 같이 투쟁하던 분들이 위원장이 됐어요. 도급제가 완전히 철폐된 곳은 몇 군데 있기는 한데, 금방 탄광이 문을 닫았기 때문에 그 효과를 거의 못 봤어요. 도급제의 폐해, 여러 문제점을 보완하는 장치들이 생긴 데도 많죠. 노조 민주화가 되니까 위원장이 민주 노동자니까 회사에서 이전처럼 그렇게 못 하는 거죠. 곧바로 검수위원들, 노사가 함께 검수하는 방향으로 변화되고 옛날하고 다른 상황이 된 거죠.

1989년도가 노조 민주화와 회사 측의 구사대가 엎치락뒤치락 할 때, 89년 4월인가 영월 검찰청에 우리나라에서 처음으로 공안합동수사본부가 세워져요. 검찰, 경찰, 안기부, 보안대 4개 공안기관들이 합동수사본부를 만들어서 "탄광지역에 침투해 있는 불순 세력들을 발본 색원하겠다"고 공표해요. 그때가 남북관계에서 임수경이 방북하고 복잡할 때에요. 그 틈을 타서 공안정국을 만들려고 했던 거 같아요. 영월에 그게 만들어지고 마침 탄광 현장에 들어가 있던 위장취업자들이 드러나는 거 잖아요. 파업하면 다 나오잖아요. 그리고 잡혀가서 조사받으면 딱 알게 되잖아요.

위장 취업자들이 상당수 발각되어 쫓겨났고 그 사이에 현장 노동운동 계열이 연대해서 계속 활동하니까 정부 입장에서는 탄광이 복잡한 거예요. 왜냐하면, 정부는 탄광이 점점 사양화되면서 다른 나라 사례를 봐서는 구조조정을 해야 하는 상황이죠. 그런데 탄광의 노동운동 세력이 폭발적으로 증가하고 그 양상이 폭력적이고 다른 곳과는 다르게 과격하거든요. 화약도 많고 노동자들이 철도를 점거해 버리니까 막혀버리고, 이런 일들이 벌어지니까 탄광에 대해서 정부가 굉장히 신경이 쓰였던 건 사실이에요.

정부는 일본이 60년대부터 석탄산업 합리화 정책이라고, 구조조정해서 다 없애버린 정책을 그대로 베껴가지고 89년에 석탄산업 합리화 정책을 만들어요. 태백인권위원회 차원에서 거기에 대응합니다. "석탄산업 합리화 정책, 무엇이 문제인가?" 이런 토론회를 열고 해요. 산업구조조정위원회라고 국무총리 산하에 위원회를 만들어서 첫 번째 과제로 탄광산업을 산업구조조정 대상으로 삼고 위원들이 현장을 조사하러 왔는데, 제가 간담회에 초대받았어요.

제가 태백지역인권선교위원회 간사인데, 89년에 초대받아서 갔어요. 지역의 번영회장이 5, 60대 어르신인데 나만 20대인 거예요. 브리핑하고 설명하는데 다들 고개를 끄떡이면서 아무도 얘기를 안 해 답답한 거죠. 제가 손을 들어서 소개하고 거기에 대해 조목조목 반박할 수밖에 없잖아요. 기억나는 게, 유창순 전총리가 70살이 넘은 원로인데 "아, 젊은이가 아주 용기를 내서 잘 얘기했다.", "걱정은 다 기우다.", 이러면서 또 설명하길래 제가 또 발끈해서 한참 씨름했어요. 그러면 뭐해요. "걱정하지 마라. 정부가 대책을 세우고.", "아 이게 보통 수작이 아니라, 정부 차원에서 치밀하게 하고 있구나." 그렇게 알게 된 거죠.

정부 입장에서는 다각적으로 탄광을 없애는 정책을 쓰면서 아예 불안의 씨앗을 없애야겠는 거죠. 그 이전에 이것을 막을 수 있고 방해할 수 있는 세력으로 소위 좌익세력을 발본색원하는 일을 아예 공안본부를 만들어서 한 거죠. 마침 동원탄좌에서 파업이 또 크게 일어났어요. 격려하고 지지하러 라면이랑 이런 걸 사 들고 갔는데 후배가 거기서 마이크를 잡고 사회를 보다가 저를 보고는 또 마이크를 준 거에요. 제가 특별히 할 말도 없고 해서 노래 하나 하겠다 해서 투쟁가 하나를 부르고 "여러분 끝까지 잘 싸우시라"고 했는데, 나중에 보니까 그게 3자개입이었어요. 3자개입에 딱 걸렸죠. 그 와중에 갑자기 성완희기념사업회에 압수수색이 들어와요.

## 8. 정부의 석탄산업 합리화 정책과 노조탄압

경찰의 검거를 피해 도피 생활하고 결국 체포되어 재판받고 안양교도소에 수감됩니다. 출소 후 광산지역사회연구소를 설립해서 활동하는데, 연구소 설립과 탄광지역개발특별법 제정을 위한 노력을 많이 한 걸로 알고 있습니다. 탄광지역 개발과 관련해서 특별법 제정 과정을 얘기해주십시오.

경찰이 왔는데 용케 도망쳤어요. 제가 운영위원장이니까 구속영장을 들고 왔더라고요. 도망쳤죠. 백두대간 산을 걸어서 넘고, 그때는 길이 없었거든, 넘어서 정선군 고한으로 가서 우리가 노조 민주화를 시킨 삼척탄광 노조 사무실을 찾아갔죠. 노조위원장을 만났더니, "아유, 고생하신다"

고 자기네가 얼마 전에 불우이웃돕기 성금으로 돈을 모았는데, 이거라도 여비에 보태 쓰라고 동전이랑 지폐랑 이만큼을 싸주는 거예요. 제가 불우이웃이 되어가지고 택시를 잡아타고 영월까지 나왔어요.

영월의 인권위원장이 목사님이었는데 그분을 만나서 또 여비를 받아 서울로 도망을 왔죠. 공식적으로 수배자가 된 건데, 여자 친구가 결혼 전에 태백에서 탁아소와 관련한 일을 했거든요. 제가 수배당하니까 걱정이 되어서 서울로 올라왔어요. 어떻게 겨우 연락해서 종로3가 피카디리 극장에서 만나기로 했는데 정보기관에서 집사람을 미행한 거죠. 거기서 잡혔어요. 1989년 7월 8일인가, 도망치고 며칠 못 갔어요. 집은 압수수색 당하고 교회 압수수색 당하고, 교회 강대상까지 다 뒤져서 가져갔으니까. 갔더니 압수한 자료가 차 한 대, 성완희기념사업회 자료가 한 차, 시위용품을 압수하고 저는 태백으로 압송이 되어 왔어요.

총 11가지 죄목인데, 국가보안법, 3자개입, 노동자신문을 발행했으니까 정기간행물법 위반, 노동쟁의조정법 다 걸렸어요. 아무튼 11가지 죄목으로 조사받고 구속됐죠. 조사받을 때는 대우를 받았어요. 왜냐하면 저도 공개되어 하는 거니까 때리거나 이런 것은 없었어요. 그것만 해도 너무 고맙더라고요. 안 때리고 때가 되면 맛있는 거 해주고, 아주 대우를 해줘요. 존댓말 써주면서 조사하더라고요. 그리고 또 경찰들 다 아는 놈들이잖아요. 맨날 동네에 있었으니까. 그래서 "뭐, 다 아는 걸 왜 물어봐, 야아. 내가 뭐 숨긴 게 있냐?" 나중에 보니까 도경(道警)에서 내려와서 또 직접 수사하더라고요. 결국은 도경이 지휘해서 구속되어 1심, 2심 재판받고 안양교도소로 갔다가 대전교도소로 가서 거기서 1년 6개월 살았어요.

국가보안법은 집에 있던 주체철학 관련한 해설서, 이런 것이고 그 다음에 선교사님이 주신 포스터가 평양에서 인쇄된 거더라고요. 평양축전 포스터. 외국에서 오신 선교사님이 저한테 선물로 하나 주셔서 가진 건데 인쇄가 평양으로 되어 있죠. 내가 "간첩이냐?" 이러니까 뭐 그런게 이적 표현물이잖아요. 이적 표현물 소지죄와 그다음에 고무찬양. 노동자들 교육할 때 '노동자의 해방이 필요함' 이런 표현을 쓴 게 계급투쟁을 선동했다고 그렇게 다 붙이는 거죠. 국가보안법이 아직 있는데, 법이 없어지면 재심할 수 있겠죠. 취업에 방해받는 것도 없고 취업할 일도 없고 그러니까 별로 신경도 안 썼죠.

제가 열받았던 것 중 하나가 저는 북한에 대해 비판적인 입장이거든요. 주체사상에 대해서 약간 혐오하는, "뭐, 이건 종교도 아니고 뭐 이런 거냐?", 신학 입장에서 보면 그 구조가 너무 유사한 거예요. 조직신학의 구조에 너무 유사한 거죠. 유사종교와 같은 느낌이어서 그런 것도 있고, 사회과학적인 입장에서 보면 민주주의가 아니잖아요. 인간중심의 철학이니 하는 좋은 말은 있지만, 나는 그런 것에 전혀 동의한 바가 없는데 내가 북한을 이롭게 할 목적으로 한 것이라고 나오잖아요. 그러니까 검찰하고 엄청나게 싸웠어요, 법정에서도 그랬고. 제일 기분 나쁜 게 차라리 내가 사회주의자다, 그러면 "그렇소, 내가 사회주의자다. 뭐가 어때서?"라고 얘기할 수 있는 당당함이 있었는데 "북한 추종자다." 이러면 되게 모욕적인 거에요. "북한이 뭐가 좋다고.", 경기(驚氣)하는 사람인데 결국은 그렇게 뒤집어 씌우잖아요.

징역을 사는 동안 진로를 고민하다가 노동운동, 농민운동 여러 가지가 있잖아요. 그중에 도시빈민운동이 있는데 저는 지역운동이 앞으로 중요한 부분이 되겠다 싶었어요. 탄광지역이 쇠퇴하게 되면, 문을 닫으면 지역이 몰락하는 게 언론에 엄청 나왔거든요. 지역에 대해 고민하다가 "나가서 연구소를 해야겠다"라고 교도소에서 구상하고 나온 거죠. 1991년 2월 출소하였고 5월에 연구소를 창립했는데 태백에서 광산지역사회연구소를 교회 부설로 만들었어요. 태백선린교회. 교회는 작지만 자유롭게 할 수 있으니까, 교회 부설로 광산지역사회연구소 만들었죠.

연구소의 매력이 돈이 안 들어도 되는 거에요. 연구만 하면 되니까,

말로 하는 거고 사무실에 혼자 일해도 되고 사무실이 없어도 되죠. 사례로 지역에 있는 연구소, 여수에 연구소가 있었고 민간 연구소가 몇 개가 있었어요. 연구소를 사례로 보면서 광산지역사회문제연구소, 그때는 '문제'를 넣었어요. 광산지역사회문제연구소를 만들어서 활동하기 시작하니까 태백, 정선 광산지역이 안고 있는 여러 가지 사회문제들이 아주 또렷하게 보이기 시작하는 거에요. 노동운동만 하다가 지역문제로 돌려보니까, 탄광 못지않게 지역도 극단적인 사례들이 너무 많은 거에요. 지역공동화, 인구 감소, 교육, 환경, 여성문제, 미친 듯이 자료를 모았죠.

여론조사를 많이 했어요. 돈 안 들이고 하는 여론조사 많이 했어요. 대학생들을 자원봉사, 서울에서 자원봉사하는 학생들을 연결해 교육한 이후 여론조사 했죠. 설문하는 걸 잘 모르고 통계 낼 줄 몰라서 설문지를 1번 항목에 답한 거, 2번에 답한 거, 3번에 답한 거 해서 통계 내니까 몇 날 며칠을 작업했어요. 설문지가 개수로는 많지 않잖아요. 300~400장 장인데 통계적으로 유의미한 게 나오더라고요. 여론의 동향이나 흐름이 1년 뒤에 다시 조사하고, 또 한 몇 년 뒤에 조사해 보면 흐름이 있는 거에요. 이게 '민심'이라는 거고 감춰져 있는 바닥의 흐름이잖아요.

나중에 자료를 다시 보니까 전동 타자기를 썼더라고요. 전동 타자기로 보도자료를 만들어 배포하니 지역신문에 대서특필되고, 중앙언론에도 보도하게 되었죠. 지역에 관한 통계, 여론조사가 독특했던 거고 특히 탄광지역에서 지역 주민들이 생각하는 여러 가지 것들이 나오니까. 『동아일보』에서 보도하고 인터뷰도 하고, 그때부터 언론하고 가까워졌죠. 언론에 많이 노출되고 탄광지역의 문제에 대해 중앙언론에 기고도 하면서 지역의 현안들이 자꾸 눈에 들어오더라구요. 광부 수입(輸入) 문제가 당시에 논란이 됐어요.

여러 단체들과 힘을 합해 광부수입반대운동을 벌여 결국 정부가 추진을 포기했지요. 그러나 탄광이 점점 문을 닫으니까 탄광 때문에 있었던 마을인데 탄광이 없어지니까 어떻게 해볼 방법이 없는 거예요. 사람들이 무엇에 관심이 생기냐면은 지역을 살리자는 운동이 올라오는 거죠. 지역을 살리자! "탄광을 대신할 대체 산업을 유치하자." 어떡할 거냐, "정부가 도와달라." 이제까지 나라를 위해서 이만큼 희생했으니까 정부가 나서달라고 한 거죠.

1993년에 정부를 향해서 대규모 궐기대회를 열었는데 지역의 노동운동 할 때는 저를 '빨갱이'로 몰던 사람들이 데모를 해본 적이 없는 거에요. 상인들이니까. 데모 전문가인 저한테 와서 자문을 요청하는 거죠. 성명서를 써 주고 구호는 "네 구절, 네 구절로 해야지 외칠 수 있다." 이런 것부터 알려주면서, "정부에 대한 요구조건을 말할 때는 이런 걸 감안해서 이렇게 해라"고 코치를 해줬죠. 그렇지만 데모해도 소용 없는 거에요. 정부가 답이 없는 거지, 대책이 없는 거지요. 저는 그때부터 뭔가 대안적인 고민을 한 거고.

1995년에 제주도개발특별법이 사회적인 이슈가 되었어요. 정부가 제주도 관광개발을 하려니까 환경법, 산림법에 제약이 너무 많은 거에요. 특별법에 "관광개발을 위해서는, 제주도에서는 산림법과 환경법의 규제를 일시, 일시적으로 규제를 완화한다"라는 조항이 있더라고요. 이걸 보고 "제주도에서, 제주도를 딱 빼고 탄광지역으로만 바꾸면은 기가 막힌 법이 나온다. 탄광지역개발특별법을 만들어야겠다"고 했어요. 제일 먼저 교회 목사님들을 설득하니 받아들인 거죠. "야! 좋다. 너무 좋다! 이 지역을 살리는 일이 교회에 유익한 일이고 목사들이 해야 할 일이다" 그래요. 서명운동에 적극적으로 앞장서서 태백시민 20,000여 명이 순식간에 참여해요.

이것이 이슈가 되니까 『강원일보』, 『강원도민일보』에 1면 기사로 실리게 되었죠. 마침 정선군 사북의 후배들이, 노동운동하던 후배들이 해고당하고 구속당했다가 나와서 지역 살리기를 해야되는데, 거기서 데모를 준비하고 있더라고요. 내가 "데모 아무리 해도 소용없다. 요구조건이 좋아야 한다. 특별법이라고 하는 대안을 제시해라"고 했죠. 거기서 좋다. 사북 고한에서도 했죠. 특별법이 이슈가 되면서 1995년 2월에 데모를 시작해서 3월 3일까지 일주일 동안 데모가 있었거든요. 매일 데모했는데 일주일 만에 정부가 특별법 제정을 약속해 버린 거예요.

제가 태백과 정선 양쪽 사람들을 다 잘 아니까, 중간에서 설득해 3월 3일날 정부와 합의하고 30일 태백시청에서 4개 시·군 주민대표들이 '특별법제정주민연대회의'라는 것을 만들어요. 제가 총괄간사로 실무를 총괄하게 되죠. 그때부터 그해 11월 30일 국회에서 법이 통과될 때까지 공청회와 가두시위, 온갖 투쟁을 벌였어요. 그런데 법이 만들어지는 과정에 정부가 카지노를 제안한 거죠. 이것 때문에 한바탕 분열되고 난리가 났다가, 카지노는 한 군데를 하기로 하고 정부가 51%의 지분을 가진 공공으로 하는 걸로 합의가 되었지요.

저로서는 법을 만들자고 주장한 제가 안 된다고 거부할 수가 없잖아요. 욕을 엄청 먹었어요. 왜냐면 목사 선배나 후배들이 "원 목사는 거기 가서 지역운동한다, 노동운동 한다더니 갑자기 카지노 때문에 인터뷰하고 그런다"고 욕을 많이 먹었죠. 제 입장에서는 "아니, 정부가 제안했는데 이것을 앞장서서 반대할 수 없지 않나. 카지노가 여러 개가 아니라 한 곳만 하고, 51%의 지분을 갖춘 공공개발로 하자. 그리고 지역주민을 우선 고용할 수 있도록 하자"고 설득했죠. "정부가 운영하는 거면 도박장처럼은 안 되겠지." 약간 소박한 생각을 했고. 카지노를 가봤겠어요, 아무것도 모르죠. 아무도 가본 사람이 없어 무식한데, 나름 공익적인 것을 법으로 통과가 된 거거든요.

## 9. 지역 광업소의 폐광과 석탄산업의 활로 모색

총장님께서 쓴 글을 가지고 오셨는데, 간단하게 설명해 주시고 연구소에서 주로 어떤 이슈를 다루었습니까? 앞서 말씀하신대로 국가보안법으로 큰 일을 치렀는데, 이 사건이 궁금합니다. 『강원일보』 1989년 7월 28일 기사에 국가보안법 사건으로 붙잡힌 게 나옵니다. 대서특필된 만큼 고초를 많이 겪었는데, 재판에서 변론을 맡은 법무법인 덕수에서 영월까지 어떻게 오게된 거죠?

「탄광촌에서 폐광촌으로」라는 제목의 글은 기독교 계열의 잡지에 원고 청탁을 받아서 쓴 건데요. 탄광촌에서 활동하면서 지역사회가 어떻게 바뀌었는지, 어떻게 활동을 했는지 썼어요. 노동운동하러 내려갔다가 결과적으로 구속되고, 주민운동으로 전환하면서 지역에서 어떤 일을 했는지 그 지역사회가 어떻게 변했는지를 글로 정리한 거구요. 광산지역사회연구소가 지역운동, 주민운동으로 전환하는 기반이 된 거죠. 이 신문 스크랩은 『한겨레신문』, 1992년 4월 3일자입니다. 제목이 "탄광지대의 실상을 알리자"라고 해서, '삶을 지키는 파수꾼' 시리즈 중에 하나에요. '태백의 광산지역사회연구소' 이렇게 소개되었어요. 여론조사에서 주민들의 의사를 수렴해 외부에 알리는 활동을 했는데, "홍보활동이 두드러진다"라고 되어 있습니다. 광산노동자들의 권리 회복에 초점을 두고 "민주화의 분위기를 타고 활발해진 지역운동에 과학적 토대를 제공하고"라고 기사가 나왔어요.

조용환 변호사님이 군 법무관 시절, 해군 법무관 시절에 저를 아는 선생님의 소개로 태백에 관심 있어서 오신 적 있으세요. 군에 계실 때 소개받아서 알게 되었고, 제가 구속되니까 변론을 맡으셨어요. 조용환 변호사님이 제대 후 덕수합동법률사무소에서 이석태 변호사님, 김형태 변호사님 세 분이 함께 계실 때죠. 구속되고 보니 아는 변호사님이 그분밖에 없었어요. 영월의 현지 변호사들은 변론하면 피고인을 세워놓고 "잘못했죠? 반성하죠? 다시는 안 할 거죠?"라고 하면서 질문 세 개하고 끝나더라구요. 영월에 있는 변호사가 변호인단에 끼워달라고 해서 같이 했어요.

재판 내내 조용환 변호사님이 탄광지역의 실태와 노동자들의 인권 상황을 아주 치밀하게 분석하고, 탄광 노동운동이 왜 필요한지 그들이 요구하는 것이 무엇인지 논문처럼 완벽하게 제시했어요. 시골 법정에서는 전혀 볼 수 없는 진풍경이었습니다. 거의 세미나 수준으로 차분하게 설명하니까 재판정의 검찰과 판사들이 숙연하게 들은 변론이 기억나구요. 결국은 검찰의 각본대로 징역 1년 6개월을 선고받았죠. 검찰에서 적용된 혐의가 하나도 남김없이 재판에서 그대로 다 받아들여졌습니다. 통과 의례죠. 심리라는 게 의미가 없을 정도로 검찰의 기소 내용을 그대로 판결문에 빼다 박아서 징역형을 때리더라고.

저는 석탄산업에 애정이 있었던 것 같아요. 탄광 노동자들의 열악한 환경을 봐서는 당장이라도 석탄산업이 없어지는 게 마땅하지만, 삶이라는 게 또 다 그렇지 않습니까. 힘들다고 그걸 다 없앨 수는 없잖아요. 석탄산업이 지역에서 여전히 유일한 버팀목이고, 다른 대체 산업이 들어온다 할지라도 석탄산업이 가능한 한 버텨줘야 지역이 연착륙할 거라고 생각했죠. 탄광 노동자들의 일터와 거기에 연관된 가족들, 연관 산업을 생각하면 탄광이 거의 유일한 버팀목이었거든요.

1980년 중반을 전후로 '북한 바로 알기'부터 시작해서 북한과 관련된 이슈들이 많이 나올 때였습니다. 제주도민들이 감귤 보내기운동을 하는 기사를 봤어요. 성사됐어요. 제주도에서 귤을 배에 잔뜩 실어서 평양 근처에 있는 남포항으로 보내죠. 북한 주민들은 처음 보는 귤이잖아요. 제주도에서 감귤이 간다 그러니까 북한은 이걸 받아줬고 성사가 됐죠.

그걸 보면서 폐광지역에다 적용한 거 "아, 우리 석탄도 북한에 보내면 좋겠다"라고 생각했어요.

자료를 찾아보니까 북한은 석탄이 어마어마하게 많고 소비도 엄청 많은데 고난의 행군 시절 북한의 전력 사정이 나빠지면서 악순환이 된 거지요. 석탄을 캐려면 전기가 있어야 하는데 전기가 부족하고, 부족하니까 또 석탄을 못 캐고. 석탄을 못 캐니까 또 전기가 더 부족해지고. 악순환이죠. 결과적으로 북한 내 주민들이 거의 90% 이상이 석탄 연료에 의존해서 살아가야 하는데 배급이 안 되는 거죠. "겨울에 얼어 죽는 사람도 많다." 이런 기사도 봤어요. 남쪽은 석탄을 거의 안 때고 문을 닫는 상황이고 석탄이 안 팔려서 산더미처럼 쌓여 있고.

윈윈(win-win)할 수 있는 방법이라면, 남쪽에 남는 석탄을 북한에 보내서 도움이 되면 얼마나 좋겠냐, 그러면 서로 도움이 되지 않겠나 생각했어요. 1996년경 주변에 관계있는 목사님들한테 제안했어요. 1995년도에는 특별법 제정 운동을 제안했고 96년도에 "북한에 석탄을 보내는 운동을 한 번 해보자." 교회에다 호소했더니 태백에 있는 교회들이 적극 호응해서 부활절 헌금을 모은 거예요. 한 이천만 원 정도를 모으니까 엄청난 돈 같더라고요. "이거를 가지고 북한에 석탄을 보내면 되겠다." 했는데, 이천만 원이라면, 석탄이 1t당 십만 원 꼴 되었을 거예요. 그러니까 이천만 원 이래 봐야 200t밖에 안 되는 거죠. 석탄 200t은 별 볼 일 없는 거더라고요.

언론이 보도하니까 민영 탄광들이 모인 석탄협회에서 볼 때 뜻이 가상하잖아요. 석탄이 안 팔려서 다들 고민인데 민간에서 북한에 석탄을 보내는 운동을 모금한다고 하니까 관계자가 내려오셔서 만났어요. 자기네가 2,000t을 기부할 수 있겠다고 해요. 2억 원어치 정도 되는 거잖아요. 이억 원어치, 2,000t이면 배 하나에 싣고 가는 정도죠. 이렇게 보내려고 알아보는 과정인데, 북한 잠수함이 강릉에 좌초되는 사건이 터져요. 1996년 강릉 잠수함 사건. 간첩이 넘어와서 난리인데 북한에 뭘 보내는 거 큰일 나잖아요. 숨도 못 쉬는 상황이 되어서 돈은 모아놨는데 한동안 방법은 없고, 2억 원어치에 해당하는 2,000t은 보내지 못했어요.

전전긍긍하다가 2002년에 아는 분을 통해서 굿네이버스가 평양을 방문하는데, "같이 가겠냐?"해서 평양에 직접 가서 보자 했어요. 2000년 이후로 남북관계가 좋아졌을 때 북한도 교류 쪽으로 방향을 잡을 때예요. 굿네이버스는 북한 사업을 계속하던 데니까, 자기네 사업장도 방문하고 그래요. 평양에 가서 북측의 관리와 회의하고 그러잖아요. 제가 석탄 얘기를 가자마자 꺼냈어요. "태백에서 북한에 석탄을 보내기 위해서 모금했고 2,200t의 석탄이 우리한테 있다. 북한에 드리려고 한다." 저는 대북 지원이니 이런 걸 전혀 모르고, 감귤 보낸 것처럼 우리도 배에 한 번 실어서 보내는 걸로 해서 일단 물꼬를 트자, 이렇게 생각한 건데 북한의 관리는 생각이 다른 거예요. "한 번 보내고 나면 그다음에 어떡하느냐?" 그럼 "난 모른다." 그랬더니 "그러면 안 된다." 2,000t이 별거 아닌 거죠. 그 사람들이 볼 때는 큰 거지만 북한이라고 하는 국가 입장에서는 2,200t을 받아서 뭘 어떻게 하겠냐.

지원을 계속해서 매달 2,200t이면 상황이 달라지는 건데, 저는 그런 계획을 마련하지 못한 상태였어요. 순진한 마음으로 제안한 거죠. 북측 관리가 저한테 당시 상황을 설명하는 거예요. "지금 남쪽하고 우리가 전기를 지원받는 것을 협의하고 있다. 그런데 혹시라도 이것을 받는 것 때문에 '전기를 못 주겠다.' 그러면 어떡하냐." 아, 머리가 쭈뼛 서는 거죠. 2,000t이래 봐야 집의 방 하나를 한 번 때는 거 밖에는 안 되거든요 "이걸 계속 보낸다고 하면 우리가 책임 있게 할 수 있지만, 그런 거 아닌데 어떻게 이것을 얘기하겠느냐. 불가하다." 그랬어요.

이 말을 듣고 엄청 실망하고 또 좌절했어요. "내가 얼마나 순진했냐." 북한 사정도 모르고 주는 사람 마음, 자기만족이었죠. 북한 주민이 불쌍해서, 도와주고 싶어서 주는 게 아니라 태백에 쌓여 있는 석탄을 보면서 "저놈의 석탄을 소비해야 하는데." 주는 사람 입장으로만 생각한 거잖아요. 많이 반성했죠. 북측에서 만난 기관이 조선아시아태평양평화위원회. 대남협력사업을 총괄하는 데니까. 제가 만난 사람이 정확하게 거기에서 어떤 직책인지 모르겠어요.

이때가 북한 방문이 처음이고 상상하던 것하고 완전히 달랐죠. 그때 느낌이 진짜 신기한 나라? 신기한 나라인 거죠. 모든 게 현실에서는 생각할 수 없는 그런 풍경인 거예요. 평양은 평양대로 지방은 지방대로. 지방에 내려가니까 제가 어렸을 때 살던 남한의 시골 풍경처럼 그대로 있는 게 정겹기는 한데, 워낙 오랫동안 그냥 손을 안 봐서 낡고 퇴락한 모습에 마음이 아팠어요. 평양도 새~카맣더라고요. 고려호텔에서 묵었는데 연기가 새카맣고 사진을 찍었는데 새까맣죠.

## 10. 사랑의 연탄나눔운동 사업과 북한 방문

사랑의 연탄나눔운동 활동은 어떤 방식으로 진행되는지, 지역이나 대상은 어떻게 선정하는지? 18년 동안 활동한 통계가 축적되어 있을텐데, 연탄을 때는 '세대'라고 해야하나요 '가구'라고 할까요. 점차 줄어드는 현 상항은 어떻습니까?

2020년은 코로나(COVID-19) 상황이어서 집합 금지가 수시로 떨어졌고, 기업이나 단체들이 위축되어 못했는데 2021년 11월 1일 기점으로 코로나가 회복 단계여서 단체나 기업들이 기지개를 펴고 연락옵니다. 저희 기본 구조는 봉사하는 팀들이 자기들이 나르는 연탄을 후원하는 방식으로 운영하고 있거든요. "A라는 기업이나 단체의 30명이 2,000장을 봉사하고 싶다"라고 저희에게 요청하죠. 그쪽에서 요청이 오면 저희가 준비하고 그쪽 봉사팀이 어느 날짜에 정해진 곳으로 와서 연탄을 날라요. 연탄은 저희가 후원받은 걸 가지고 공장에 연락해서 구매하고 지정한 곳에서 하역해두죠. 진행을 저희가 지휘하는 거죠. 저희가 18년째 하는 거니까 어느 마을 어느 지역 어떤 분들이 사는지 다 알고 있죠. 서울하고 수도권은 직접 관할하고, 지역의 23개 지부가 활동하고 있구요. 지자체하고 협조해서 연탄 사용하는 가구 분들이 돌아가셨는지 이사 가셨는지, 마을이 아직 있는지 확인하고 정리를 해놓죠.

연탄을 난방이나 연료로 하는 분들은 아주 극소수에요. 몇 년 안에 연탄을 사용하는 가구가 거의 줄어들 것 같아요. 서울에서 연탄 때는 동네가 노원구 당고개역 주변 상계 3, 4동하고 중계본동, 성북구의 정릉3동이 넓어요. 서대문구에는 개미마을이라고 홍제동 정도가 집단 주거지역이라고 볼 수 있지요. 강북구에 조금 흩어져 있고, 중랑구에도 있고 강남으로 가면 구룡마을 500세대가 연탄을 때죠. 서초구에는 남태령역 부근의 전원마을 정도인데 서울에 대략 2천 가구 정도 아직 연탄을 때고 계세요.

2002년에 평양을 방문해 북한의 속살을 보니까 더 가슴이 아프더라고요. 도대체, '인민의 나라'다 했는데, 뭐 이런 게 다 있나 싶죠. 나라를 어떻게 이 모양으로 만들었을까. 이야기를 들어보니 봉쇄정책이 이런 상황을 가중시키고, 이해는 해요. 가서 보고 아주 확실하게 느꼈죠. 북한을 제대로 도와야겠다. 북한을 돕는 게 남쪽에 이롭겠다. 왜냐하면 이웃집에 사흘을 굶어서 피골이 상접한 사람이 있는데, 내가 어떻게 편하게 밥을 먹겠어요. 저 사람이 담을 뛰어넘어 올지, 칼을 들고 들어올지 불안할 거 아니에요. 순안비행장에서 시내로 들어가는데 표어가 있더라고요. "갈 테면 가라 배신자여." 가슴에 확 느낌이 오는 거예요. 오죽했으면 저랬을까. 그다음에 "당이 결심하면 우리도 한다.", "우리 식대로 살아가자." 이런 걸 보는데 눈물 나더라고요, 눈물 나.

　북한을 돕는 게, 인도적인 걸 떠나서, 우리의 안전, 안녕을 위해서 필요하겠다는 생각을 먼저 했어요. 양심상 같은 형제인데, 형제가 굶고 있는데 우리가 맘 편하게 먹을 수 있을까. 북한이 좋아서가 아니라, 북한이 미워, 밉다 그러면 또 안 되죠. 저는 기독교인이고 원수를 사랑하라는 것도 있고 또 조상들이 하는 말 있잖아요. "미운 놈 떡 하나 더 줘라." 주변에 북한 지원에 대해 비판하는 사람들한테 그래요. "북한을 비판적으로 봐도 괜찮다. 살아가는 게 남이나 북이나 똑같다. 그러니까 도와야 한다." 북한 주민들이 힘들고 어려울 때 도우면 그래도 그들의 마음 한켠에 남쪽의 동포들에 대해 고마운 마음을 갖게 하는게 지혜로운 거고 올바른 거라고 생각하는 거예요.

　인도주의라고 하는 것이 반드시 자선, 불쌍하다는 의미로 주는 것이 아니라 사람으로서 마땅히 해야 할 일이니까. 형제도 아닌데 도와주잖아요. 아프리카를 돕고 다 돕는데 하물며 형제를 돕는 거는 이유가 필요 없는 거잖아요. 그때 북한의 실정을 보고 도와야 할 이유를 분명하게 깨달았죠. 제가 실수했던 것은 북한의 사정을 모르고 막연히 불쌍하다고, "우리가 주면 다 받을 것이다.", "아이고 고맙습니다"하고 받을 거라는 착각이었고, 그다음에 "아무거나 줘도 받을 거다"라는 게 잘못된 거라는 걸 알았죠.

북한 측에 "연탄을 나눠 주겠다"라고 주변에 얘기하면서 탄광지역에 소문이 쫙 퍼졌을 거 같습니다. 주변 지인들의 반응과 광업소, 탄광의 반응은 어땠습니까?

언론에 많이 났어요. 탄광에서는 저하고 똑같이 생각했어요. 북한을 이롭게 할 목적으로 하는 게 아니고, 쌓여있는 석탄을 해소할 방안이 있다면 좋다는 거죠. 북한이 석탄으로 원자탄을 만들 것도 아니고. 예민한 것은 식량이잖아요. "군인들한테 식량이 가서 군량미가 된다." 이상한 논리로 식량 지원을 비판하지만, 석탄은 그런 염려는 없으니까. 내부에서는 크게 문제는 안 됐고 오히려 바깥에서 친구들이나 주변에서 북한을 지원하는 것에 대해 못마땅해하는 사람들이 있죠. "뭘 그걸 도와주냐." 이런 얘기를 하는 분들이 있죠. 그때만 해도 아주 초기였고 북한을 지원하는 것에 대해 아주 초보적인 형태여서 사회적으로 "북한을 왜 돕냐?" 이런 게 크게 일어나지 않았던 것 같아요.

    2000년에 김대중 대통령이 남북정상회담하고, 그다음에 개성공단이 만들어지고 이때부터 차원이 달라진 거죠. 그러면서 거꾸로 인도적 지원조차도 북한 퍼주기의 하나인 것처럼 확산된 측면이 많다고 봐요. 북한을 설득한 논리 중의 하나는 "우리가 수해 났을 때 너네가 석탄을

사진 7    2004년 10월 13일 북측 금강산국제관광총회사 임원과 금강산 현대아산사무실에서 회의하는 장면

합 의 서

"금강산국제관광총회사"(이하 《관총》)와 "사단법인 《따뜻한 한반도 사랑의 연탄나눔운동》(이하 《나눔운동》)은 고성군지역에 대한 연탄지원에 대하여 토의하고 다음과 같이 합의한다.

1. 사업기간 : 2004년 10월 - 2004년 12월
2. 지원물품 : 연탄 : 300,000장
3. 지원방법 :
   연탄은 동해선도로를 통해 전달하며 10월 25일부터 11월 29일까지 매주 월요일마다 6차에 걸쳐 1회에 5만장씩 수송한다.
   일정 변경이 필요할 때에는 서로 합의하여 조정한다.
4. 량측의 임무
   1) 《나눔운동》의 임무
      - 합의된 연탄을 동해선도로를 통해 《관총》이 지정하는 고성군지역의 인도인수장소까지 운송한다.
      - 필요시 연탄 사용과 관련한 장비 및 기술지원을 《관총》과 협의할 수 있다.
   2) 《관총》의 임무
      - 《나눔운동》이 기증한 물품의 통관, 하역 및 분배를 책임진다.
      - 《나눔운동》 관계자들의 북측 방문, 현지에서의 숙식, 교통 등 방문 편의를 제공한다.
5. 《관총》은 연탄 수송차량의 운전기사 및 인도성원들에 대한 초청장발급과 편의를 제공한다.
6. 량측은 협력사업을 확대 발전시키기 위해 계속 노력한다.
7. 본 합의서는 2004년 10월 14일 금강산에서 2부 작성하여 각각 1부씩 보관한다.

2004년 10월 14일

(사)따뜻한한반도
사랑의연탄나눔운동을 대표하여

금강산국제관광총회사를
대표하여

사진 8  2004년 10월 13일 금강산국제관광총회사와 (사)따뜻한 한반도 사랑의 연탄나눔운동이 맺은 합의서

사진 9   2004년 10월 25일. 삼천리연탄 공장에서 북한으로 가는 연탄을 싣고 출발하기 직전에 전국화물자동차운송차주협회 기사들과 함께한 모습

사진 10, 11   2004년 10월 25일. 북한으로 연탄을 보내기 위해 삼천리연탄 공장에서 탄을 싣는 모습(서울 동대문구 이문동 삼천리연탄 공장)

사진 12   2004년 10월 26일. 연탄을 싣고 북한가는 향하는 차량 행렬(연합뉴스)

사진 13   2004년 10월 26일. 금강산에서 처음으로 연탄을 전달하는 장면. 북측 인사(사진 왼편)와 손장래 이사, 이동섭 상임이사(가운데)

보내지 않았냐. 우리가 고마운 마음을 갖고 있다. 우리도 석탄을 보낼테니 받아라." 이랬던 게 있었어요. 1984년에 수해가 났을 때 북한이 우리한테 석탄을 보냈단 말이에요. 그런 논리를 폈는데 설득이 안 됐고 실무적으로 한계에 부딪힌 거죠.

2003년 겨울에 석탄공사 감사로 취임한 이동섭 감사님이 태백에 와서 저를 만나고, "석탄공사가 사회공헌을 할 수 있는 뭔가, 석탄사업으로 뭔가 할 수 있는 게 없겠냐?"고 물었어요. 제가 북측에 가서 실패한 얘기를 했죠. 이동섭 감사님은 머릿속에 무슨 생각을 하고 있었냐면, 연탄으로 이웃을 돕는 일이 좀 있던데, 그런 것을 구상하고 오신 거예요. 그런데 저는 북한에 석탄을 보내는 것을 실패한 얘기를 하니까 "그러면 연탄으로 한번 북쪽에도 보내고 남쪽에도 이웃과 나누면 어떻겠냐. 그런 일을 해보자"라고 해요. 저는 "좋습니다. 북한에 석탄을 보내는 걸 실패했는데 그게 가능하다면 무조건 하겠습니다." 석탄공사 노조로부터 협조

받고 해서 2004년에 종잣돈이 칠천만 원, 석탄공사 노동자들이 한 사람당 3만 원, 그 당시 연탄값 100장 값이에요. 3만 원씩 모은 게 칠천만 원을 모아줬어요. 석탄공사의 노조원들의 돈이 저희 시드머니(seed money)가 되어 지금 사업까지 왔어요.

## 11. 북한지역 연탄나눔 사업 추진 과정과 경과

대북 연탄지원 활동, 연탄은 석탄공사에서 지원하는 겁니까? 실제 이북으로부터 신뢰를 얻기까지 어느 정도 시간이 걸렸습니까? 개성공단에 연탄을 제공하는 건 공단 인근 주민들에게 제공하는 걸 얘기하는 거죠?

사랑의 연탄나눔운동이 2004년에 발족했고 "우리가 북쪽도 돕고 남쪽도 돕자"라고 해서 이름을 '따뜻한 한반도'라고 했어요. 여기에 걸맞게 이사신을 구성하는데, 북한 전문가가 없는 거예요. 수소문한 끝에 안기부 차장까지 하시던 분인데, 육군 소장 출신으로 공사(公使)까지 한 어른인데, 대북지원에 적극적이고 북측을 잘 아니까 소개받아서 연결되었어요. 손장래 이분을 이사로 모셨는데 이사님이 6·25전쟁 때 총탄을 맞아 부상당했던 분이고 무공훈장을 받았죠. 북한에 대해 적극적으로 지원해야 한다는 의지를 갖고 계세요. 그때는 금강산 개발이 한참 시작되어서 관광하고 있을 때예요. 당시 현대아산의 상임 고문을 맡고 계셨어요.

손장래 이사님은 생각이 열려 있는 분이세요. 민족의 문제에 대해 아주 적극적이고 사랑의 연탄나눔운동 이사를 17년째 하고 계세요. 이분의 도움을 많이 받았죠. 저희가 이사님께, '우리가 북측에 연탄을 보낼 수 있도록 협의'를 요청했더니 아태평화위원회 쪽에 편지를 보내신 거죠. 서신을 보냈어요. "남쪽에서 동포들의 정을 모아서 북한 동포들한테 연탄을 보내려고 하니, 만나보자." 그랬더니 답이 온 거예요. "금강산에서 만나자." 2004년 9월인가, 손장래 이사님하고 이동섭 감사님과 제가 금강산을 방문한 거죠.

북측에서 누가 나왔느냐면 금강산국제관광총회사에서 관계자가 나왔어요.[1] 북측에서는 "연탄이 뭡니까?"라고 물어보더라고요. 혹시 몰라서 사진을 인쇄해 가져가서 보여줬거든요. "이런 게 연탄입니다"했더니 "아, 구멍탄?" 그래요. 북한은 연탄 공장이 따로 없고, 집에서 연탄을 찍는 틀을 가지고 동네마다 석탄을 보급받으면 겨울에 구멍탄을 만들어서 쫙 말린 다음에 이걸 때는 거죠. 구멍탄이 부실해요. 부실하고 열량도 일정치 않고 화력이 안좋죠. 연탄을 보더니 "어, 우리보다 크네." 이랬어요. 그쪽에서도 지시가 내려온 거잖아요. "남쪽이랑 이걸 협의해라." 아주 호의적인 거죠. 북측에서 "보내라"고 결론이 났어요.

첫해에 30만 장의 연탄을 보내는 걸로 서로 합의서를 썼어요. 10월 3일인가 곧바로 연탄 5만 장을 25t 트럭, 지금 도로에서 움직이는 가장 큰 트럭 여덟대에 나눠 서울에 있는 동대문 이문동에 있는 삼천리연탄에서 실었어요. 다른 데서는 실을 곳이 없더라고요. 그렇게 큰 차가 들어갈 데가 없는 거죠. 대개 연탄은 1t 차에 실어서 운송하거든요. 25t 트럭이 얼마나 길어요, 긴 차가 쫙 들어가서 컨베이어벨트에서 대략 6,200장

---

1   북한은 1998년 금강산관광 사업을 시작하면서 관련 업무를 총괄하는 '금강산국제관광총회사'를 2006년 5월 '명승지종합개발회사'로 이름을 바꾼 데 이어 2006년 12월 '명승지종합개발지도국'으로 개칭한 것으로 알려졌다. 북한에서 남북한 경제협력 사업인 금강산관광 사업의 실무를 총괄했던 기관으로, 2011년 북한 당국이 금강산특구를 '금강산국제관광특구'로 바꾸고 관련법을 제정하며 금강산국제관광특구지도국으로 변경하였다. 통일부 북한정보포털.

씩 여덟 대의 차에 싣고 금강산까지 갔어요. 고성에서 하루 자고 그다음 날 휴전선을 넘어갔죠. 당시 육로가 해안도로잖아요, 수평이 안 돼 있고 굽이굽이 고개 지나 비탈길을 해서 넘어갔어요.

처음으로 가는데 YTN 뉴스에 나오고, "저게 뭐냐고, 뭐야." 그랬죠. 뉴스로 많이 나갔죠. 저희는 맨 앞에 봉고차를 타고 뒤에는 트럭 여덟 대가 쫙 따라 오는 거예요. 너무너무 감동이었죠. 휴전선을 넘어 북측으로 가니까 그쪽 관리들이 나와 있잖아요. 서로 인사하고, 마을로 안내하더라고요. 거기가 온정리라는 마을이에요. 따뜻할 온(溫)자에 우물 정(井)자, 온천이 나오는 마을이죠. 온정리 마을이 금강산 호텔, 금강산 관광지구에 딱 붙어 있는 마을이에요. 마을 안으로 최초로 들어간 거죠.

트럭 8대가 마을 중심가에 일렬로 내리고, 우리가 그 앞에서 사진을 찍는데 거기에도 표어가 써 있더라고요. "우리 식대로 살아가자." 평양에서 보는 게 여기서도 있구나. 그때는 그 앞에서 서로 악수하고 사진 찍고 우리를 다 내보내더라고요. 운전사들까지 다 내보내요. 우리가 나가서 밥 먹고 관광하고 있는 동안에 마을 주민들이 나와서 연탄을 차 옆에 쫙 내려놓는 거예요. 하역 작업을 해놓은 거예요. 그리고 우리가 들어가기 전에 다 빠지고, 텅텅 비어 있는 마을에 우리가 다시 들어가서 남쪽으로 내려오는 방식으로 계속했어요.

얼마 지나서 제가 "아니 우리가 연탄을 같이 내렸으면 좋겠다." 작업을 같이 했으면 좋겠다 했어요. "우리가 여기 와서 밥만 먹고 가면 그렇지 않나." 온정리 사람들하고 같이 하자고. 북한에서는 안 된다는 거죠. "절대 안 된다." 주민 접촉을 아예 못하게 하려는 거에요. 차단한 거죠. 우리가 비가 오나 눈이 오나 1년 열두 달 정기적으로 계속 들어갔어요. 정기적이라고 하는 게 초기에는 거의 격주로 들어갔고요. 왜냐하면 한 번에 5만 장씩밖에 못 가니까, 30만 장 가려면 여섯 번을 가야 하잖아요. 그해 겨울에 10월, 11월, 12월에 격주 가서, "서로 약속한 대로 지켜야 한다"라는 의무감이 있으니까.

그다음 해에는 "우리가 더 많이 주겠다." 100만 장을 주기로 하니까 한 달에 무조건 두 번씩 가야 되잖아요. 두 번, 어떤 때는 세 번도 가고, 갈 때마다 가는 사람 인원에 대해서 맞춰서 초청장을 받는 거에요. 매일 매일 정신이 없는 거죠. 연탄은 남쪽에서 후원받은 것 중에 남은 거하고 북쪽에 지원한다고 여기저기에서 후원받은 것을 합쳐서 보냈어요. 규모가 커지기 시작하니까 심각해지고 있었죠. 왜냐하면 북쪽을 지원하는 건 한계가 있더라고요. 예산에 심각한 문제가 생겼는데 석탄공사 이동섭 감사님이 공기업에 계시니까 많이 협조했죠. 초기에는 인천공항공사나 도로공사 이런 데서 10만 장씩 20만 장씩 도와주고 하면서 메꿔지게 되었어요.

북한에 갈 때마다 사고 나고 별일이 다 있었어요. 같이 간 사람들이 사진 찍다가 북한 당국에 걸리고. 그런데 북측이 우리를 신뢰하기 시작하니까 모든 게 오케이 되는 거예요. 저희가 더군다나 처음에 갈 때 언론에 잠깐 나온 것 말고는 북측의 사정에 대해 이렇다 저렇다 한마디도 한 적이 없고 또 북측에 우리가 지원한다는 얘기도 거의 언론에 나오지를 않아요. 검색해 보면, 저희가 북한과 관련해서 인터뷰한 거 몇 개 있는데, "북한이 불쌍하다." 이런 얘기는 없고 남과 북이 정을 나누고 또 우리가 서로 화해하는 거에요. 그런 배려를 한 거죠. 그런 기사에 대해서 북측은 높이 평가하더라고요. "아, '사랑의 연탄나눔'은 다른 데와 다르다." 어떤 단체들은 딱 한 번 연탄을 보냈는데, 보내기 전에 수십 번 보도가 나오고 갔다 와서 수십 번 보도가 나가는데, 하나같이 이런 거죠. "불쌍한 북한 동포들을…" 그다음에 또 북한에 간다고 하면 그쪽에 대해서는 "고맙지만 사양하겠습니다"라고 거부했지요.

저희가 북한과 신뢰를 쌓은 것은 연탄 100만 장 정도 넘어가니까 그다음부터는 아주 쉽게 했어요. 20회 정도 방북한 거죠. 20회에 100만

장 넘어가니까 우리가 뭘 하자 이러면 "아, 좋습니다. 합시다." 이랬어요. 그런데 안 된 일이 북한 주민과 같이 작업하는 거였어요. 2007년인가 제가 희망제작소 뿌리센터장하고 있을 때인데, 한 번은 희망제작소 사람들이 금강산에서 수련회 같은 것을 하기로 했어요.

그때 박원순 변호사님(희망제작소 상임이사)이 같이 가고 그래서 "이 모임하고 연탄 보내는 것을 같이 맞물려서 해야겠다"라고 작전을 짰어요. 그 날짜에 맞게 연탄 보내는 일정을 잡았어요. 희망제작소 연구원들은 한 40~50명 정도 갔는데, 연탄이 들어갈 때 맞춰서 같이 간 거죠. 사전에 제가 제안했어요. "남쪽에 아주 촉망받고 훌륭한 젊은 친구들이 연구소를 하는데, 여기 금강산에 와서 북한 주민들하고 같이 연탄을 한번 날랐으면 좋겠다. 내가 여기 센터장으로 있는데, 위신 좀 세워줘라." 이렇게 얘기했더니 "한번 해보죠." 그래요.

막상 금강산에 가는 날까지 오케이가 안 떨어졌어요. 북한은 항상 마지막까지 얘기를 안 해요. 그런 건 평양의 지시가 있어야 하는 거죠. 사전에 마을에 들어갈 사람을 접수받았어요. 남자는 딱 1명이 신청했고, 여자가 24명이었을 거에요. 이 명단을 북측에 줘야하니까. 명단을 들고 들어갔는데 연락이 온 거예요. "들어와도 좋다." 현대아산에서 마련한 버스를 타고 마을로 들어갔더니 연탄 차가 딱 온 거죠. 마을 구석구석에서 주민들이 쫘악 나오는 거에요. 주민들하고 같이 차에서 연탄을 내렸어요.

재미난 것은 우리가 같이 사진을 찍은 거에요. 원래 못 찍게 한 건데 사진을 찍었어요. 남쪽 주민하고 북쪽 주민이 최초로 연탄 하역을 같이 하는 걸 말이죠. 2007년도에 그러고 나서 그 다음부터는 무조건 같이 한다고 말했죠. 북측이 관료주의 사회인데 관료주의의 핵심 중에 하나가 전례가 있어야 해요. 그래야 자기가 안심하고 할 수 있잖아요. 한 번 그렇게, 한 번 했으니 아무 문제 없어 하는 거죠. 그다음부터는 우리가 북한 주민들과 같이 하역 작업을 했던 전례가 됐고요.

꾸준히 하다 보니 개성공단이 열리고 보니까 거기도 '우리가 지원하겠다' 해서 연탄이 개성공단 주변 마을에 들어가기 시작했거든요. 양쪽을 계속 오고 가는 거죠. 개성공단의 마을, 개성공단 옆에 마을 있잖아요. 개성공단 주변이니까 개성군, 개풍군에 연탄 보통 5만 장이 가잖아요. 5만 장이라고 해봐야 한 집에 조금씩 나눠서 200장씩 주는 거에요. 250가구밖에 안 돼요. 250가구에 5만 장을 주면 끝이에요. 한 달 가량 땔 수 있는 정도죠. 어마어마한 양 같지만 사실은 조그만 마을 하나에 전해주는 거에 불과해요.

북측에서는 이런 거 같아요. 금강산 개발 때문에 거기에 밀려난 주민들, 그분들한테는 뭔가 혜택이 하나도 없잖아요. 그러니까 남쪽에서 오는 연탄이나 이런 걸 가지고 보상하는 거죠. 우리 입장에서도 우리 때문에 관광시켜주기 위해서 집이 헐리고 밀려난 사람들이니까, 그런 사람들에게 연탄이 가는 거죠. 개성공단도 멀쩡히 살던 사람들을 다 밀어내고 공단을 만든 거고. 그곳 주민들에게 뭔가 조금이라도 도움이 되는 게 좋죠. 남쪽 때문에 그렇게 된 사람들이 생기는 거니까. 매년 100만 장, 많게는 200만 장씩 갔어요.

## 12. 온정리 마을에서 연탄 하역작업으로 만난 북한 사람들

당국자나 주민들의 신뢰를 얻는다는 게 어렵습니다. 북한 측 인민들이 거주하는 온정리로 직접 들어가서 공동으로 연탄 하역 작업을 쭉 하셨잖아요. 그런 과정에 여러 가지 일이 있었을텐데, 흥미로운 일화가 있으면 말씀해 주시죠.

2010년 2월에 1,000만 장 지원을 달성했을 때 사랑의 연탄나눔운동 이사들이 개성에 가서 북측과 축하 행사를 조촐하게 하고 융숭하게 대접을 받았지요. 그렇게 만나는 과정까지는 신뢰 관계가 필요했습니다. 100만 장 할 때까지는 주민들과 아예 접촉하지 못하고, 저희 담당자들도 북한 주민을 못 만나게 하고 그냥 관리들만 만나서 사인하고 그랬어요. 2007년에 계기가 되어 남측에서 올라간 우리 젊은 사람들하고 북측 사람들하고 같이 어울려서 연탄 하역을 같이하면서 자연스럽게 만나게 되었죠. 처음에는 북한 주민들도 되게 경계하더라고요. 나중에 자주 만나니까 주민들이 뜨거운 물 있잖아요, 겨울에 가면 손 씻을 물도 없는데 뜨거운 물을 데워서 양동이에 가지고 와서 비누를 주고 손을 닦게 해줬어요. 남쪽에서 커피 믹스를 많이 가져가잖아요, 그러면 물을 끓여와요. 커피를 타서 먹고 남은 것을 먹으라고 주고 오죠. 아주 소소한 건데 뭔가 짜릿짜릿했어요.

별거 아닌데 초기에는 연탄 하역하고 나서 바로 길가 밑으로 물이 흐르는데 얼음만 살짝 얼어 있고 거기에서 손 씻는 것을 못하게 했어요. "지정된 장소에서 벗어나는 거 절대 안 된다"는거죠. 일을 하다 보면 그렇게 됩니까. 길을 내려갔는데 얼음을 깨서 손을 닦으면 그게 안쓰러우니까, 주민들이 따뜻한 물을 데워 오겠다고 그렇게 한 거죠. 따뜻한 물을 가져오고 그런 과정들, 민간에서 일어나는 다양한 일들이 통일과 화해, 협력으로 가는 데 중요한 밑바닥이지 않을까 생각해요.

남북이 거대한 담론, 통일 전략이나 군사 문제, 이런 그 나름대로 중요하지만 저희들이 연탄을 전달하면서 만났던 주민들과 나눈 대화, 그분들이 보인 반응 이런 것들을 보면 "아, 이게 정말 절실한 거구나." 그게 북한에도 소문이 나지 않을까요? 옛날에 언로가 막혀 있을 때는 카더라 통신, 우물가 통신 이런 얘기 있었거든요. 탄광촌이 그런 게 많았으니까. 북한도 마찬가지로 조선중앙방송에 나오지 않는, "야 거기서 내가 만나봤는데, 남쪽 사람들도 똑같더라." 이런 것부터 시작해서 "그쪽 사람도 괜찮아." 이런 얘기도 있을 수 있는 거고요. 이런 것을 각본이 아니라 자연스럽게 만나서 이루어지는 게 아닐까요.

사랑의 연탄나눔운동 활동 자료를 보면, 2004년 10월 13일, 금강산의 현대아산 사업소에서 사랑의 연탄나눔운동과 명승지종합개발지도국이 만났다고 되어 있는데, 연탄을 지원하는 것에 대한 합의를 다루었던 겁니까?

금강산 관광을 위해서 현대아산하고 합의해서 전담하는 관광공사같은 기관이 중앙특구개발지도총국이었죠. 그 산하에 명승지종합개발지도국의 과장하고 합의한 거죠. 과장은 일종의 지사장 같은 현지 책임자입니다. 손장래 이사님이 북측의 아태평화위원회에 연탄지원에 대한 의향을 전달하고 그것이 북측에서는 명승지종합개발지도국에 전달되어 합의가 진행되었죠.

합의서를 쓴 다음 주부터 곧바로 밀고 들어간 거죠. 20번 갔을 때가 100만이었는데, 1,000만 쯤 갔을 때 아주 표정이 좋더라고요. 2010년 1,000만 장 행사할 때 개성에 우리 이사님들하고 같이 갔는데, 북측의 최고 책임자들이 다 나왔어요. 과장급이 아니라 사장급, 진짜 사장급이 나와서 같이 답례하고, 자기들이 연회를 베풀어서 우리한테 식사를 차려줬죠. 그동안에는 우리가 밥을 사줬죠. 자기네가 밥 산다고 말을 해도 우리가 "무슨 소리냐. 우리가 밥 산다"고. 그러나 1,000만 장 행사 때는 북측에서 밥을 다 샀어요. "정말 이 사람들이 긍정적으로 받아들이는구나." 물론 이 사람들이 고맙다는 말은 잘 안해요. 고맙다는 말을 잘 안 해서 저희 이사장님께서 한번 그런 얘기를 하셨어요. "당신네들은 어떻게, 그렇게 말 한마디에도 고맙다는 말을 안 하냐"라고 얘기했더니 북측 과장님이 정색하면서, "이 선생, 그걸 어떻게 말로 다 합니까?" 그러더라구요.

그렇게 표현을 하는 거에요.

　　북측 사람들이 겉으로 보면 되게 무뚝뚝하고 그 말이 또 반말투예요. "이리 오라." 이리 오세요. 이거 아니고. "이리 오라." "밥 먹으라." 이러거든요. 그게 반말이 되게 기분 나빠요, 처음에는 언제 봤다고 반말을 하나 하는데 그렇지 않아요. 되게 나름 그래도 속으로 느끼는 거죠. 1,000만 장 200번을 갈 때 눈이 오나 비가 오나 약속된 날짜에 꼬박꼬박 갔어요. 더 책임감을 느꼈던 것 중에 하나는 처음에 몇 번 가고 나서 북한 주민들이 연탄을 때봤잖아요, 반응이 너무 좋았던 거에요. 주민들이 자꾸 물어보는 거죠.

　　연탄을 전해주고 나서 금강산에서 만물상도 가고 여기저기 다니면 안내원 동무들이 물어보는 거에요. "어디서 왔습네까?" "저희 연탄이에요.", "아, 연탄? 다음번에는 언제 옵니까?" 이렇게 물어보더라고요. 그걸 왜 물어보냐 그랬더니 "저도 이 동네에 사는데, 다음이 우리 차례예요." 그러더라고. 사람들이 기다리는 거에요. 북한은 배분이 정말 중요한 사회잖아요. 사회를 유지하는 시스템이니까. 남쪽에서 약속을 어기거나 이게 문제가 생기면 배분하려고 했던 계획이 틀어지는 거니까요. 저희들도 그런 생각을 하고 열심히 약속을 지키려고 애썼죠. 어찌 되었건 북측도 예측가능한 것은 중요합니다.

　　상징적인 일이 몇 번 있었는데 한 번은 세관원들, 북측에 넘어가서 제일 먼저 세관원을 만나잖아요. 그들이 친절하게 "아유, 또 왔습니까?" 이러면서 "아유 수고하셨습니다." 이러면서 친절하게 해요. 그런데 한 번은 친해진 사람들이 있잖아요, 자주 만나니까, 저한테 조용히 와서 "우리도 연탄을 좀 줄 수 없냐?" 이러더라고요. "아니, 우리가 이렇게 가져왔지 않냐.", "이거 말고." 그래요. "아니 이걸 같이 나눠 쓰는 거 아니냐?"고 물었더니, "이 무슨 소리냐." 이것은 고성군 내의 그 마을에 가게 되어 있다. 고성군 인민위원회가 주관한다. 여기서 "그거 연결이 안 되냐?" 그랬더니, "아유, 큰일 날 소리 한다"고 안 된다는 거에요. 북측은 영역이 나뉘져 있어요.

## 13. 북한 지역의 연탄 배송과 하역, 주민들에게 분배하는 방식

고난과 책임이 칼 같애. 아무나 힘이 있다고 와서 뺏어오고 그런 게 큰일 난다는 거죠. 보통은 우리는 북측에서 조금 높은 사람들이 함부로 하는 줄 알았더니 그렇지 못하다는 거에요. 제가 "그러면 특별히 다음 달에는 5만 5천을 가져오겠다. 그리고 저쪽에는 5만 장을 준다고 얘기하고 당신들한테 여기에 5천 장을 내려주면 되냐?" 그랬더니, 엄지를 치켜들면서 "좋다고." 다음 번에 5만 5천 장을 가져갔어요. 북측 통계에는 잡히는데, 그쪽에다 5만 장을 약속대로 준 거니까. 중간 세관에 5천 장을 내렸죠. 엄청 고마워하고, 그게 한 1년 이상 그랬어요. 그 뒤에는 연탄 말고도 드라이버 좀 갖다 달라, 아주 소소한 생활용품 있잖아요, 이런 걸 필요로 해요. 기회가 되면 그런 것도 하나씩 사다 주고 그랬어요. 북한은 배분에 있어서 생각보다 엄격해요. 또 초반에 갔을 때인데 북측 관리자가 연탄을 세고 있더라고요. 하역된 연탄을 세는 거죠.

과정이 이래요. 저희가 여덟 대가 들어가서 마을에 세워놔요. 운전자들이 다 내리면 저희와 운전자들은 현대아산에서 버스를 1대 갖고 들어와서 저희를 태워가지고 마을을 다 나가요.

그러면 남측 사람은 아무도 없잖아요. 북한 지역 주민들이 연탄을 하역해요. 우리는 밥을 먹고 관광하고 나서 다시 마을에 들어가면 주민들은 없고 차만 쭉 있죠. 그 밑에 연탄이 쫙 있거든요. 연탄 앞에서 사진 찍고 서로 사인하죠. "받았다." 인수증같은 사인을 받고 우리는 차에 타고 남쪽으로 내려오는 건데. 마을에 다시 들어갔더니 연탄을 일일이 계속 세고 앉아 있더라고요. "뭘 세고 앉아 있냐? 우리가 숫자를 다 맞춰서, 공장에서 맞춰서 가져온다." 그랬더니 숫자가 틀리다는 거예요. 우리는 엄청 난감하잖아요. "아니 이 숫자가 왜 틀리냐? 몇 장이 모자라는 거냐?" 당연히 그렇게 생각했더니 5만 장이 넘는다는 거에요. 5만 장하고 몇 백 장이 더 북한에 온 거죠.

나중에 알고 보니까 연탄 공장에서 남쪽에서도 보통 그런대요. 가다가 깨질까 봐 몇 백장 더 덤으로 올려놓는데요. 북쪽의 당시 육로가 고개도 있고 길이 안 좋거든요. 초반에 갔다 오면 연탄이 깨진 게 보이고 해서 좀 더 얹어 준 거죠. 연탄이 더 많이 왔다 이거야. "그게 왜 문제냐?" 갑자기 마음이 탁 놓여서 물었더니, "이걸 어떻게 나누냐?" 이러는 거에요. 뭔 소리인가 했더니, 자기들끼리 모여서 더 온 연탄을 어떻게 배분할 건지 계획을 서로 갑론을박하면서 말하더라구요.

연탄을 공평하게 나누는 것을 보고, 제게 그러더라고요 맞게 가져오라고.

사진 14  2005년 11월 28일. 금강산 온정리 마을의 어느 가구를 방문한 장면(사진 오른편이 원기준 사무총장)

사진 15  온정리 마을에 부려진 북송연탄

사진 16  2008년 1월 17일. 금강산 온정리 마을 회관 마당에서 남측 봉사자들과 북측 사람들이 공동으로 연탄을 하역하는 도중 쉬는 모습(중간에 담배 피우는 북한 인민)

Ⅲ. 마음으로 주고 받는 남북한의 온정: 사랑의 연탄나눔운동

사진 17  2008년 1월 31일. 사랑의연탄 임원들과 냉면으로 식사하는 북측 관계자 (명승지지도총국 임원들)

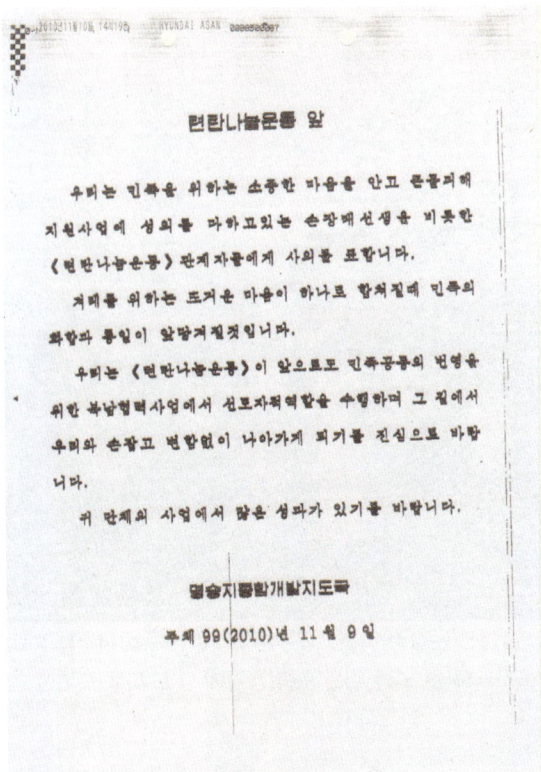

사진 18  2010년 11월 9일. 명승지종합개발지도국이 연탄나눔운동으로 보낸 감사장

계산하기 복잡하다 이거지. 그때 또 한 번 느꼈죠. 분배를 대충하는 게 아니구나. 우리 생각에는 당 간부들이 가져가고 인민들한테는 조금만 나눠주고 그런 것 같지만 하여튼 연탄은 주민들이 보는 앞에서 직접 하역하니까 몇 장, 몇 장씩 해서 나눠주잖아요. 엄격하게 하고 있더라구요. 그때 깨달은 게 분배가 중요한 사회여야 되고 또 영역이 나누어져 있구나. 그다음에 관료들이 계획에 맞게 하는 걸 좋아해요. 전례가 없고 새로운 것을 요구하는 걸 아주 질색하더라고요.

통계를 보면 취사나 난방용으로 연탄을 지원한 것은 금강산 고성하고 개성공단 주변 지역이구요. 북녘 주민들과 공동으로 하역 작업하고, 금강산은 191차례 방북했을 거에요. 한번에 10만 장, 20만 장이 간 경우가 있어서 개성은 76회 고성은 115회. 2010년에 연탄 1,000만 장을 돌파했어요.

## 14. 생활밀착형 대북지원사업

사랑의 연탄나눔운동이 각종 대북 지원사업을 병행했는데요. 개선점과 지향점을 동시에 듣고 싶습니다. 연탄을 중심으로 북한에 갔지만 봄과 여름에는 취사물품을 보내고 겨울에는 난방과 관련한 제품을 보내면서, '생활밀착형 대북지원사업'으로 알려져 있습니다. 식량 지원으로 지자체에서 제공한 쌀과 밀가루도 보냈습니다. 남한의 대북 NGO 상황과 북한의 경제 개선을 위한 방안 모색이 지원보다는 마을 단위에서 사회개발이 필요하고 그런 지원을 남한 NGO가 공통으로 모색해야 되지 않나 생각합니다. 대북지원단체 모임이 있지 않습니까, 북민협에서 이런 것을 논의하거나 다른 분들도 생각하고 있지 않을까요?

긴급하다고 그러니까 북측에서 수해가 크게 났다고 해서, 저희가 수소문해서 밀가루를 지원한 적이 있지요. 한국기독교장로회 여신도회가 밀가루를 지원하고, 종교 단체들이 대북지원에 좀 자유로우니까요. 못자리용 비닐은 우리민족서로돕기라든지 통일농수산 이런 곳에서 매년 체계적으로 했죠. 저희는 그런 일이 필요하다면 같이 협력했는데, 우리는 우리랑 접촉하는 마을에 보냈죠. 지원품이 그런 마을까지는 안 가잖아요. 예를 들자면, 북한에 아무리 많이 지원해도 우리가 만나는 데는 연탄만 또 가고 다른 물건은 안 오는 거죠. 거기 필요에 맞춰서 지원했죠. 매주 가니까 저희한테 얘기하기 쉽잖아요. "지금 큰물 피해가 났는데, 시멘트가 좀 있으면 좋겠다." 그 당시만 해도 유엔(UN) 제재가 없었을 때고 연탄 가져가는 그 트럭에 좀 더 얹어서 가면 할 수 있는 게 많죠. 이런 것에 대해 우리는 별 부담이 없으니까요.

우리가 관심 가는 게 금강산과 개성지역에 마을 단위가 자꾸 눈에 들어오잖아요. 마을에는 연탄만 필요한 게 아니고 여러 가지가 필요한 생필품이 보이잖아요. 늘 안타까웠죠. 우리만으로는 역량이 안 되니까 연탄 위주로 갈 수밖에 없었어요. 향후에는 북한도 그런 걸 원하지만 남쪽도 "다른 단체가 무슨 일을 하든 상관없이 그냥 우리는 이것만 한다." 이런 방식이 아니라 "마을에 필요한 게 뭔지 사전에 조사해서 그 마을에 필요한 물건을 전문적인 단체들과 협업해서 그 마을의 재활과 자활을 돕는 식으로 한다." 이게 관건인 것 같아요. 그래야 마을도 그걸 소모품처럼 밑 빠진 독에 물 붓기식으로 하는 방식이 아니라, 한쪽에서는 나무를 보내고 한쪽에서는 나무를 때지 않아도 될 수 있도록 연탄을 보내고, 그다음에 또 덜 땔 수 있도록 집을 수리하고, 먹고 살 수 있는 비료와 비닐 박막을 주고, 마을이 전체적으로 균형 잡힌 것이 되어야죠. 이러면 마을이 하나의 모델이 되잖아요.

그런 면에서 보면 남쪽에서 밀어내기식 지원이 조심스러워야 되고,

우리가 남으니까 준다는 거잖아요. 저쪽에서 필요한 게 아니고. 연탄도 태백에서 맨날 쌓여있는 연탄을 보고 "저걸 어떻게 북한에 주면 좋겠다." 했는데, 가서 보니까 북한에 필요한 때 필요한 만큼 적절하게 지원해서 그것이 하나의 시너지 효과를 낼 수 있도록 해야지, 언제까지나 "받아먹어라. 너네는 이렇게 우리 밑에서 떨어지는 거 남으면 주는 거나 먹어라" 하는 방식은 건강한 게 아니죠. 그건 우리도 지쳐요.

대북협력민간단체협의회(북민협) 저희도 회원입니다. 공감들은 어느 정도 하는 것들이 있죠. 현재 상태는 각자도생도 어려운 상태죠. 대북 지원이 오랫동안 끊겨서 논의만 있고 사업을 할 수 없으니까, 단체들이 생존하는 것조차도 쉽지 않은 상황이에요. 구체적인 현장이 있으면 그걸 중심으로 기존에 해왔던 것보다는 새로운 방식으로 협업할 수 있을 텐데, 지금은 아예 다 끊겨있죠. 북측에서 반응도 없고, 대답을 안 해주니까. 남측에서는 기껏해야 통일 관련된 교육사업이라고, 통일부의 지원을

사진 19　2008년 2월 21일. 금강산 온정리마을에서 남측과 북측이 함께 탄을 하역하는 모습

사진 20, 21  2008년 7월 9일. 금강산 긴급식량지원(성공회)

받거나 이런 소소한 사업만 연명하듯이 하고 있어요.

　일반 시민들이 함께 참여할 수 있고, 모금하고 함께 실현할 수 있는 사업들이 전무하다시피 하거든요. 뜨개질해서 목도리를 보내는 사업이나 이런 것들은 참여가 가능한데 향후에 상당히 큰 변화가 있을것 같아요. 남북 관계가 개선되어 교류가 활성화된다 그러면 북측의 요구가 과거와 완전히 달라질 거에요. 북측도 지속가능한 발전이라는 유엔의 전략을 상당히 많이 적용하려고 애를 쓰고, 그걸 요구한다고 그러더라고요. 일회성이나 소모품 지원보다는 내부의 동력을 일으킬 수 있는 것을 요구하는 게 맞죠.

이런 부분에 소통과 준비, 고도의 기술이 필요한 거죠. 예를 들자면 연탄을 주고 오면 간단하잖아요. 그런데 연탄을 주는 걸 모태로 해서 연탄 공장을 운영하게 만든 거죠. 에너지 소비의 구조를 바꿔내는 거 보통 어려운 게 아니죠. 더 많은 자본과 더 오랫동안 장기간에 걸친 프로젝트여야 되는 하거든요. 저희들도 부담이 크죠. 연탄 5만 장을 어디서 기부했다 그러면 기부한 거 가지고 연탄 공장에서 트럭에 싣고 가서 악수하고 전해주고 사진 1장 찍고 돌아오면 임무를 완수한 거잖아요. 완료된 거죠. 여기에 지속가능이라는 걸 갖다 붙이는 순간, 북한의 아궁이를 어떻게 개량할 거며 거기에 들어가는 석탄, 연탄을 계속 남쪽에서 가져갈 거냐, 북측도 석탄을 캐는데. 그러면 북측의 탄으로 연탄을 만들어서 그걸 장마당에서 판매해서 수익으로 연탄 공장을 돌리면 어떻게 되나, 복잡해지는 거예요.

북한에 석탄 매장량이 상당하지 않습니까. 동양 최대의 무산탄광이 있고 그런데 왜 연탄공장을 그쪽에서는 만들지 않는지 궁금합니다.

어마어마하죠. 우리보다 훨씬 많죠. 북한의 경제 구조가 인민의 소비 경제에 맞춰진 게 아니고, 인민의 소비보다는 다른데 중점이 있죠. 1970년대에 북한이 연탄가루를 일부 보급했었어요. 1970년대 초까지만 해도 배급이 됐다고 해요. 배급받으면 틀을 이용해서 자가소비용으로 구멍탄을 만들어서 썼는데, 연탄 만드는 기술이 고도의 기술은 아닌데 발전이 안 된 거죠.

연탄뿐만 아니라 다양한 소비재들이 발전할 계기를 못 가졌던 것 같고요. 조금 지나니까 중국산이 점령했고. 남쪽에서 소비 물품이 들어가는 것도 꼭 바람직하다고만은 할 수 없겠다는 생각이 듭니다. 중국산을 남쪽 물건으로 대체하는 것이 북한에 꼭 도움이 되거나 최선의 선택은 아닐 수 있겠다 싶어요. 질이야 남쪽 것이 북한 주민들도 "중국 건 못 써." 이렇게 얘기할 정도로 남쪽에서 온 거 좋아하죠. 선호하는데, 소비에 충족되는 것을 우리가 지원하는 방식보다는 북한이 자력으로 할 수 있는 기술을 익히고, 그런 기술과 자재를 어떻게 활용할 수 있는지 유통 구조를 개선할 건지 이런 게 중요하잖아요.

석탄은 북측의 매장량으로 보면 어마어마한데 북한이 필요로 하는 것은 민수용이나 산업용을 다 합쳐서 1/4, 1/5도 못 캐는 거예요. 그전에는 그걸 캤죠. 북한의 경제시스템이 망가지면서 선순환이 아니라 악순환이 된 거지요. 석탄이 모자라서 발전못하고 발전을 제대로 못하니까 전기가 모자라서 석탄을 더 못 캐고 이런 거죠. 고난의 행군 과정에서 무너진 것 같아요. 간신히 캐낸 석탄은 전량 중국으로 수출하거나, 발전소용으로 가는데 이것도 충분하지 않으니까 수력에 의존해야 되고, 수력은 또 겨울에 갈수기 때는 제대로 안 되니까 제한 송전을 해야 되는 거죠. 공장이든 뭐든 제한 송전하면 더 이상 안 되는 거잖아요.

연탄을 지원하면 인민들이 그걸 다 때지 않고 아껴서 개성에서 장마당에 내다 팔면 그걸 또 장사꾼들이 모아가지고 평양에서 팔았대요. 그것을 개성연탄이라고 해서 팔았다는 거에요. 개성연탄을 썼던 분이 탈북해서 저랑 방송 토론을 같이 하는데, "저도 그거 땠습니다" 해서, "어떻게 땠냐?"고 물었더니 "제가 평양에서 개성연탄이라는 것을 땠었는데, 너무 비싸서 몇 번 못 땠다." 그러더라고요. 제가 "그게 우리가 갖다 준 연탄이에요." 그랬더니 알고 있다는 거야. 남쪽에서 후원, 지원해 준 연탄이라는 것을 다 알지만 개성연탄이라고 해서 땐다는 거지. 저는 그때 희열을 느꼈어요.

북한에 우리가 어떤 물건을 주면 거기서 끝나는 게 아니라, 돌고 돌고 돌아서 북한 어디선가 무슨 마술을 벌일지 모르는 거잖아요. 더군다나 남쪽 사람들이 따뜻한 마음으로 준 연탄이 북한 사람에게 "이게 남쪽에서 이렇게 보내온 연탄이라는 거야." 이랬을 거 아니에요. 남과 북의 교류는 절대 남쪽의 퍼주기가 아니고, 북측으로 보면 가장 민감하고 예민한, 조심스러운 거죠. 뭘 모르는 사람들이 '퍼주는 거'라고 말하는 거죠.

6·25전쟁 직후에 전 세계에서 얼마나 남쪽에 퍼줬어요. 그 사람들이 남아돌아서 준 게 아니잖아요. 우리도 받은 거 줘야 돼요. 당연히 해야 되는 거죠. 북한에 대해 우리가 고정관념으로 "절대 안 변한다." 그런 식이나 "아무리 갖다줘도 소용없다"라는 식으로 자포자기하는 게 너무 안타깝고요. 문재인 정부가 기세 좋게 잘 나갔는데, 남북문제에서 결국은 한 발짝도 못 나가는 꼴이 돼버려서. 오히려 더 후퇴해 버리는, 너무 아쉽죠.

## 15. 사랑의 연탄나눔운동에 참여한 사람들의 경험담

사랑의 연탄나눔운동에 참여한 사람들의 경험담을 듣겠습니다. 북한 인민들과 지속적으로 접촉하셨는데, 남북 교류 관련해서 협력하는 NGO들이 좀 더 유연하게 사업을 맡겨야 하지 않는가 싶습니다. 연탄나눔운동에 참여하는 분들이 북한에 직접 가서 사람들과 얘기 나누고 활동하면서 뭔가 달라지고 있는 것, 북한을 보는 시각이나 그쪽 사람들에 대한 고정된 선입견이 바뀌거나 하지는 않았습니까?

연탄을 지원하는 운동의 특성상 아주 진보적인 사람들뿐만 아니라 보수적인 분들도 북한을 많이 갔었어요. 한나라당 최연희 의원 같은 분이 저희랑 같이 가서 북측 인사들과 인사하고 같이 밥도 먹고. 매우 호의적으로 얘기했죠. 또 실향민들 같은 경우는 보수적일 수밖에 없잖아요. 그런 분들도 저희와 개성에 가서 나무 심고 했는데, 감동을 받고 오죠. 그분들이 하나같이 하는 얘기는 생각보다 북한 주민들이 따뜻하고 밝게 맞아 주고, 좋게 얘기해 주니까 긴장했다가 안도하는 거죠. 조금 얘기하다 보면 생활 얘기를 많이 하잖아요. 저희가 신신당부하죠. 정치 얘기는 절대 하지 마라. 그쪽으로 말하면 우리 '최고 존엄'에 대해서는 칭찬도 할 필요가 없고 비난도 하지 말고 대화 소재에서 빼라고 하죠.

생활에 대해 서로 얘기하다 보면 사는 거 다 똑같거든요. 가사 분담 얘기할 수 있고 자식들 속 썩이는 거, 부모 모시는 거 다 똑같더라고요. 북측의 관리들하고 얘기하고 그러지만 부부 갈등이니 자식 문제 가지고 싸우는 얘기들 다 하거든요. 거기도 도농 간의 격차가 크니까, 그런 부분들은 "아 사람이 사는구나." 사람으로 만나는 것에 대한 새로운 어떤 경험, 이런 것들은 그 어떤 이론과 교육을 통해서 경험할 수 없는 실질적인 것이죠. 북한 주민들이 우리랑 같이 더불어 살아가야 될 형제다, 형제라는 거. 교류 과정에서 제일 많이 겪는 인식인 것 같고요. 가끔 불편한 일도 있죠. 너무 딱딱하게 규제하는 것을 못마땅하게 생각하는 분들이 있지만 저는 그런 과정조차 필수적인 것이라고 봐요.

북측의 책임자, 참사직에 있는 사람들이 입은 인민복, 공무원 복장이잖아요. 처음에는 옆에서 구경만 하는데 우리가 뭐라 그랬죠. 같이 하자고. 장갑도 주고 앞치마를 주고 그래서 "같이 하자"고. 그다음부터는 자기들도 와서 하는 거죠. 인민들한테만 시키기 미안하니까. 중간에 쉴 때 담배 한 대씩 펴요. 담배 한 대씩 서로 나눠 피고. 그때는 참 유용하더라고요. 뻘쭘하니 있는 것보다 서로 담배도 주거니 받거니 하면서 "아니 남쪽 담배가 이렇게 싱겁냐.' 북쪽 담배 피워본 분들은 "어우, 세다"고 그러더라고요. 거기는 필터가 좀 약하고 하니까 남쪽 담배를 주면 싱겁다고 그래요.

남북 간에 70년 넘게 분단되어 있었고 교류가 안 되었는데 하루아침에 될 수는 없다고 봐요. 용어도 다르고 표정도 다르고 표현하는 방식도 다 다른데, 남쪽도 북쪽을 이해하는 데 필요한 시간이 있고 북쪽도 남쪽 주민들을 대해 봤어야죠. 북측에서도 언론이나 교육을 통해서 남쪽 국민에 대해서 헐벗고 굶주렸다 그러고 안 좋게 얘기하잖아요. 좋게 얘기할 게 없잖아요. 그러다 서로 만나보니 조금 다르게 보는 거죠. 이런 것을 보면 북측도 남쪽 주민들을 인민들이 만나는 걸 경계하거든요. 처음에는 남측 주민들이 북측 주민하고 만나는 걸 못하게 하는 걸 이해가 안 됐어요.

남쪽에서 자꾸 규제하는 거예요. "왜 많이 가냐?" 그래서 "많이 가야지, 왜 뭘 또 못 가게 하냐?" 그걸 되게 불편해하는 거예요. 우리는 "한 40명씩 데리고 가겠다." 그러는데 "10명만 가라." 그래요. 북측에서는 부담스럽지만 연탄이 사람들을 데려오면 받아주겠다 하는데 못 가게 하는 거지. 정부가 인원 제한을 많이 했었어요. 그런 게 나는 자신 없음, 뭐 그런 게 아닌가, 뭐가 걱정일까 생각해죠. 가서 빤히 보면, 제가 농담 삼아 주체사상 골수들도 가보면은 "이거 뭐 이래?" 이럴 텐데. 건전한 상식을 가진 사람이라면 도와주고 싶고 그래요. 같이 뭔가를 따뜻한 마음으로 가는 건데, 그렇게 겁이 나는지 만나지 말라고 그러죠. 만나 보고 얘기 들어보고 대화 해보고, 체험을 무시할 수 없는 게 남북 관계에서는 더 중요한 것 같습니다.

## 16. 학생들과 함께하는 평화나눔교육

자료에 보니까 아이들을 위해서 평화나눔교육을 진행하는 게 있는데, 활동하면서 이것들의 필요성을 느껴서 진행한 사업 같습니다. 학생들에게 주목한 이유가 있습니까?

북한을 못 가니까, 못 갈 때 우리가 할 수 있는 일을 찾았지요. 그동안에는 교육사업을 소홀히 했죠. 고민해보자 해서, 자체적으로 포럼을 해보고. 연탄 봉사에 많은 청소년들과 애들이 참여하고 있는데, 그들한테 "우리 이웃을 돕자" 수준을 넘어서서 "북한 동포를 생각해 보자", "북한과 우리가 앞으로 함께 화해하고 사는 방법은 없을까?"하고 교육할 수 있을지 고민했죠. 현장에서 참 쉽지 않더라고요. 학교마다 평화교육, 통일교육 하는 선생님들이 연구 모임을 하는 걸 알게 되어서, 우리가 모듈처럼 교육자료를 만들어서 필요하면 자료를 활용할 수 있도록 해보는 건 어떻겠냐는 제안받은 거죠. 그래서 모듈형 평화나눔교육이라는 개념을 갖고 한 꼭지를 만든 거죠. 사례와 주제 중심, 키워드를 갖고 만들어 놨어요.

  예를 들자면 나무 심는 걸 가지고 통일교육하고 싶은 선생님이 있으면 우리 연탄 나누면서 경험했잖아요, 저희 경험을 딱 끄집어내면 사례가 되는 거죠. 생활에서 아주 소소한 나눔과 관련된 이야기, 커피를 같이 끓여 먹는다든지, 소소한 경험을 조각조각을 내고 요청받아서 교육 나갈 때 그걸 조합해서 "어린이들, 여기 아이들, 유치원 애들을 위해서 요걸 가지고 하고, 중학교 애들은 요걸 가지고 하고. 이렇게 해서 인제 뽑아서 쓰자. 그리고 그래서 그걸 공개하자." 그래서 모듈, 모듈형이라고 얘기하는 겁니다.

  자체적으로 만들어 봤는데요. 지금 만들어 가는 과정이에요. 시범으로 몇몇 학교에서 요청이 와서 현장에 가서 교육했어요. "나눔교육, 평화교육을 같이 하자." '평화나눔교육'이라고 이름 붙인 거죠. 교육을 전문으로 하는 단체가 있고, 저희들은 "짬짬이 이런 것도 같이 병행해서 해보자" 정도예요. 홈페이지에 보면 이걸 신청하는 게 있어요. 교육해 달라고 신청할 수 있도록 해두고 신청받으면 적절한 강사를 배정하는데 실무자들이 강사로 해서, 직접 활동한 것이 콘텐츠가 되는 거죠.

우리가 연탄나눔운동을 20년 가까이 했는데, 남쪽에서 한 것과 북쪽에서 10년 한 것을 최대한 경험을 끄집어내서 교육할 수 있도록 하는 거에요. 경험을 나누고 "우리가 해봤는데" 이런 게 중요한 부분이 있잖아요. '교실로 찾아가는 평화나눔교육'이고요. 아직 콘텐츠가 정교하게 안 돼 있는데 그런 개념을 가지고 몇 개 만들어봤고, "교재처럼 만들어 보자"라고 전문가들이 참여해서 애니메이션 기법을 넣고 다양하게 하려고 노력 중이에요. 계속 만들어가는 앞으로 과제예요.

## 17. 유엔과 국제사회의 대북한 제재에 대한 단상

중요한 질문으로 넘어가겠습니다. 대북 제재에 관한 겁니다. 연탄 혹은 석탄 그 자체가 전략물자는 아닌데 산업용으로 분류가 되어 있어 제재 품목에 들어 있는 걸로 압니다. 대북 제재를 어떻게 회피하고 있는지 또 이 문제에 대해 어떻게 생각하는지 궁금합니다. 이걸 어떻게 해결할 수 있을까요?

연탄은 소비재, 생활용품에 가까운데 경계가 애매해서 이것을 판정하는 기관에 수수료를 주고 판정받았어요. 절대적인 건 아닌데 유엔의 제재와 관련해서 복잡하니까, 이것을 판정해 주는 기관이 있어요. 대북 지원단체들이 거기에 사전에 물어봐서 일하는 거죠. 안 그러면 이게 제제 품목이 들어갔는지 모르고 준비했다가 막혀버리면 아주 난감한 일이 벌어지거든요. 의약품같은 것은 시효가 있는, 유통 한계가 있잖아요. 유통기간이 있는 것들은 번번이 그런 일이 있었거든요. 준비했다가 북측에서 안 받아줘서 갑자기 저한테 연락해요. "북한에 전달하려다 못했는데 이거 사용할 수 있겠냐?" 근데 양이 너무 많은 거에요. 우리들이 배분하려해도 아주 어렵거든요.

배분도 비용이 많이 들어요. 사람들은 그런 거를 잘 모르는데, 물건이 100만 원어치다 하면 배분하는 데 상당한 돈이 들어가거든요. 그걸 제대로 사용할 수 있는지, 줬는데 그걸 또 팔아먹을 수도 있잖아요. 그런 것들에 대해 종합적으로 고려하고 의미 있게 정확하게 전달하려면 배분 비용이 상당히 많이 듭니다. 몇 번 그런 일이 있었어요. 사전에 남북관계가 다시 풀리게 되면, 그때도 대북 제재가 일정 정도 남아있을 수 있다고 생각하고, 모든 게 풀리지는 않을 거 아니에요. 그런 상황에서 대북 제재 품목인지 아닌지를 물어보자 그랬더니, 연탄 공장은 무조건 안 되는 거고. 공장은 기계 설비가 들어가는 거니까. 연탄은 "제재 품목에 해당되지 않음"이라고 판정이 됐어요. 상식으로 그렇게 알고 있었는데 혹시나 해서 판정받았죠.

직접 들은 건 아니지만 다양한 경로로 "북한이 더 이상 연탄을 받지 않을 가능성이 높다" 이런 얘기를 들었어요. 왜냐하면 유엔이 정한 지속가능발전 전략에 부합하지 않는 소비재, 단순 소비재는 가능한 한 지양하겠다라는 거죠. 또 대북 제재로 인해 북한의 석탄이 가장 큰 외화 획득 요소인데 중국으로 수출이 안 되면서 내수 시장으로 풀리니까 상대적으로 연료 공급이 잘 되고 있어서 예전같이 절박하지 않다는 얘기를 들었거든요.

그럼에도 불구하고 북한의 공급 체계라든지 물류 사정을 보면, 연탄이 평양에 가는 게 아니고, 남측하고 가까이 있는 북고성이나 금강산, 개성시로 갈 텐데 가봐야 또 겨울 내내 전달해도 1,000가구 2,000가구 정도에 200~300장 밖에는 못 드리거든요. 그쪽에서 "못 받겠다." 이것은 아닐 것 같고, 단순 소비재로 끝나는 연탄에만 그치지 말고, 북한의 지속가능한 어떤 시너지가 일어날 수 있도록 요청하지 않을까 싶어요. 저희도 내부적으로는 연탄은 지원하되 연탄과 더불어서 집 수리와 관련된 여러 가지 프로그램이나 산림 복구, 이런 것을 패키지로 해야 되지 않을까 고민하고 있죠.

## 18. 따뜻한 한반도포럼과 남북협력사업의 활로 모색

따뜻한 한반도포럼을 정기적으로 하는 걸로 압니다. 방향 전환이라고 할까요. 유엔에서 얘기하고 있는 부분들을 받아들여서 전환하려면, 한편으로 그 의제를 새롭게 설정해야 되는데, 포럼을 어떻게 기획하게 되었고 사업과 관련해 어떻게 연계시켜서 하고 있는지 궁금합니다. 2014년 「백두대간 보호를 위한 남북 협력 방안」이라는 자료를 봤는데, 적정기술을 이용해서 백두대간을 보호하고 이런 방식으로 남북한이 협력사업하는 쪽으로 방향을 제시했습니다. 이런 협력 사업은 남한하고 북한 사이에 이해관계가 다를 수 있지 않습니까?

포럼은 답답해서 시작한 거예요. 2010년 5·24조치 이후에 지원사업이 중단되었죠. 사업 전망이 안 보이는 상황이었거든요. 2004년부터 2010년까지 북한을 지원했는데, "정리하는 시간을 갖자. 그다음에 중장기적인 의제들을 발굴할 필요가 있겠다." 싶어 따뜻한 한반도포럼을 만들었어요. 1년에 한 번씩이라도 전문가들과 관련 단체들과 함께 지혜를 모으는 시간을 갖자. 이렇게 시작했는데 매년 의제들을 고민하다가, 사랑의 연탄나눔운동의 취지, 능력, 또는 하고 싶은 것들과 연계해서 북한을 지원할 때 무엇을 더 고민해야 하는지, 방법은 뭐가 있는지 또 어떤 관점에서 해야 하는지, 다양한 주제를 가지고 함께 했죠. 산림 복구와 적정기술을 활용한 방안은 없는지, 때로는 북한 이탈주민들에게 연료 사정은 어떤지 이런 것을 들어보기도 했고요.

적정기술이라고 하는 게 북한에 많은 지원을 했지만, 상당수가 소위 밀어내기식이거나 일회성 소비가 많았죠. 고급 기술은 유엔 제재 때문에 못 가지만, 줘도 소용이 없더라는 거죠. 왜냐하면 전기 품질이 좋아야 유지가 되는 예민한 전자제품들인데 이런 걸 1년도 못 가서 다 망가지거나 못 쓰게 되는 거죠. 의료기기도 그렇고. 이런 것을 운영할 수 있는 기술과 연계된 것이 있지 않으면, 또 거기에 소모되는 부품과 공급이 없으면 유지가 안 되는 거였어요. 그런데 평양 가서 그런 얘기를 들어서 문제의식이 있었어요.

연탄을 지원하면서 주변으로부터 비판받은 게 "이왕 줄 거 태양광이든 이런 생태 에너지 같은 것을 주지, 왜 이런 걸 주냐?"라는, 소위 배부른 소리도 많이 들었고요. "석탄을 왜 주냐?" "석탄은 아주 환경에도 안 좋은 건데." 대안적인 것을 고민해 주면 좋겠다는 거죠. 그런 비판 속에서 적정기술의 전문가들에게 얘기 들어보고, 적정기술의 적용과 성공 사례, 실패 사례, 어떤 부분을 간과해서 실패했는지 이런 얘기를 들으면서 아이디어를 얻었어요. 북한 개발이나 자립에 도움이 되는 기술이면서 생활을 개선시켜 나가는 거죠. 더 구체적인 실천까지는 못 갔어요.

백두대간이야기도 그렇습니다. 북한의 나무 심기 사업을 몇 개 단체들이 해봤지만 많지는 않잖아요. 나무 심기와 연관시켜서 대체 연료를 지원한 경험이 있고, 제가 사는 태백이 탄광 개발로 인해 오랫동안 백두대간이 망가져 있었던 지역이죠. 그 지역에 탄광이 문을 닫으면서 지역 주민들이 먹고 살 게 없는 상태에서 개발을 추진하다 보니까 환경단체들이 백두대간 보존을 위해서 반대했을 때 저희와 갈등이 있었죠. "아니, 석탄 개발할 때 그렇게 다, 온 하천과 계곡을 다 망가뜨리고 산림을 다 망가뜨렸을 때는 아무 소리를 못 하다가, 주민들이 그 속에서 인제, 어, 좀 먹고 살겠다고 하는 거에 대해서 이렇게, 백두대간 얘기를 꺼내면 이게 뭐가 되냐?" 그래서 백두대간 공부를 하기 시작한 거죠.

환경단체들하고 논쟁하고 이해가 되는 부분도 있고 또 다른 부분은 뭔가, "백두대간을 어떻게 효율적으로 보존할 거냐?" 이런 관점을 가지게 되었어요. "백두대간은 서울 사람이 지키는 게 아니다. 백두대간에 사는 사람이 지키는 거다. 그 사람들이 지키려면 적절하게 살 수 있는, 어떤 삶의 방편이 있어야 하는데 그동안에는 이런 걸 전혀 고려하지 않은 상태에서 자본의 논리로 탄광을 개발했던 거죠. 지역 주민들이 백두대간을 보존하고 그 가치를 인정하는 것이 우리에게 유익하다"라는 것이 중요하죠. "나무가 많고 맑은 물이 흐르고 생태계가 복원되는 게 우리한테도 유리하다"라고 느끼게 하는 게 중요하죠. 이런 생각이거든요. 지역 주민들이 무슨 이슬 먹고 사는 건 아니잖아요.

그런 부분들에 대한 관점을 얘기하면서 북한 개발을 조금씩 변화할 수 없을까 싶은 거에요. 북한도 마찬가지인 것 같아요. "북한의 나무가 왜 안 자랄까?" 북한도 나무를 심어요. 매년 수억 그루를 심는다고 발표하고 있죠. 그런데 나무를 심는 게 중요한 게 아니라 잘 자라도록 육림(育林), 후속 조치가 필요한데 육림이 안 되는 거거든요. 육림이 안 되는 이유는 배고픈데 산에 가서 물 주면 밥이 나오겠습니까, 쌀이 나오겠습니까. 못 주는 거죠. 힘이 안 나는 거죠. 재미가 없죠. 나무는 10년 뒤 100년 뒤를 얘기하는 거잖아요. 지금 당장 하루 세 끼를 못 먹어서 죽을 판인데,

산에 올라가서 나무 심는 것은 당에서 시키니까 시늉이라도 하겠지요.
　이런 것보다 훨씬 어렵고 비용이 많이 드는 육림은 할 수가 없는 거예요. 북한 주민들 입장에서 아무런 소득이 없는 거죠. 제가 북한에 나무를 심자고 했더니, 대뜸 거기서 하는 얘기가 "그러면 잣나무를 좀 다오." "왜 잣나무냐?" 그들이 내세운 이유는 빨리 자란다, 그랬거든요. 빨리 자라긴 해요. 빨리 자라는 것도 있지만 소득이 나면 안 자르니까. 그게 확 와 닿더라고요. 근본적으로 북한의 대체 연료가 필요하다. 그렇지 않으면 나무가 2~3년을 못 넘어간다고 봐요. 경험했거든요. 금강산에 나무를 심었더니 그다음에 가서보니 나무가 하나도 없는 거예요.
　북한 지원이 그렇게 어렵더라고요. 필요한 물품을 그냥 실어서 보내는 걸로 끝나는 게 다는 아니거든요. 우리가 제3세계에 헌 옷을 보냈더니 그쪽에 섬유 산업이 다 붕괴한다든지, 이런 것이 있죠. 우리가 미국의 원조 덕분에 살아났다 하지만 또 그 덕분에 우리나라 농업이나 이런 부분이 타격을 본 양면성이 있잖아요. 북한의 산림 복구도 이런 사정을 봐야 하는데 2014년도에 산림청에서 주관한 백두대간 관련 심포지엄에서 제가 발표한 것은 그렇게까지 깊이 있게 들어가지 않았던 것이에요. 그때는 민간이 주도하는 산림 복구 사업을 정부가 좀 더 적극적으로 뒷받침할 필요가 있다라는 것, 그다음에 대체 연료가 북한에 필요하다, 그렇지 않으면 백두대간의 산림 복구 하나만 집중해서는 그것 자체가 안 된다는 것을 경험을 들어 강조했죠.
　북한이야 적정기술이라는 말도 썩 마땅치는 않을 수 있어요. 북한으로서도 좋은 거 많이 받기를 원할 수 있고요. 남쪽에서는 적정기술에 대한 준비가 충분하다고 보이지 않아요. 왜냐하면 그게 돈이 안 되거든요. 이익이 안 되는 거죠. 어마어마하게 빠른 속도로 사회가 고도화되고 컴퓨터, 자동화되는 상황에서, 낡은 기술들은 없어지고 사장이 되잖아요. 북한의 석탄광을 개발하는데 남쪽이 지원해야 한다는 큰 명제가 있지만, 남쪽에 석탄광을 개발하는 기술 인력도 점점 없어지는 상황이죠. 기술을 가진 분들이 노령화돼 있어요. 지금 쉽지 않은 문제에요. 우리가 향후 대북 제재가 풀리거나 남북관계가 교류됐을 때, 전반적으로 다시

사진 22  2017년 연변 용정시 녹전마을 가구 단열 작업 중

사진 23  2017년 연변 용정시 녹전마을 가구 바닥 보일러 작업 중

사진 24  2019년 연변 도문시 북대촌마을회관 화장실 보수작업

사진 25  2019년 연변 용정시 녹전마을 집수리 작업. 책임자 주대관 교수와 함께(사진 왼편)

한 번 점검하고, 북측의 요구와 우리의 가능성 이런 것들이 잘 맞을 수 있는 부분을 찾아내는 게 앞으로 큰일이죠.

## 19. 연변지역 조선족 동포 지원 협력사업과 북한의 임농 복합사업

범한민족공동체 지원활동 방향과 관련해서 보니까 북측에 직접 지원하는 것을 넘어서서 연변동포 돕기, 겨울나기 사업을 하였는데 주거환경 개선사업을 (사)문화도시연구소와 협력 사업으로 진행했습니다. 연변에 지원하면 풍문으로라도 북한에까지 소문이 나고 다 들어가는 거죠? 나선시에 어떤 사업이 들어가 있습니까, 사과 농장 규모는 어느 정도가 됩니까? 임농복합사업과 민간 지원활동에 대한 인식 변화에 대해 말씀 듣겠습니다.

포럼하고 약간 비슷한 취지였는데요. 북한을 지원하는 게 완전히 막히니까, 남쪽 사업에 주력을 할 수밖에 없었죠. 그럼에도 불구하고 "우리의 설립 취지가 '따뜻한 한반도'인데 이것을 놓칠 순 없다"해서 공부하다 포럼을 한 거죠. 이렇게 연결된 분들이 "연변에 있는 동포들이 북측하고 굉장히 가깝다. 북한도 자유롭게 드나들기도 하고, 또 연변의 삶이 북한의 북부지역 주거 환경과 유사하다"라고 얘기해서 저희가 한 번 찾아갔었죠. 연변과학기술대학교에 계셨던 곽승지 교수, 연합뉴스 북한 담당 기자 출신의 국제관계 담당하고 학위도 받으셨던 그분이 월급 없이 연변과기대에 봉사하는 마음으로 가 계시면서 저희와 만나게 됐어요. 그분이 적극 주선해서 연변 동포 단체들과 연계가 됐고요.

2016년인가 만나서 얘기를 들어보니, "따뜻한 한반도라고 하는 게 지리적 의미로만 생각했는데 결국은 사람 아니냐." 디아스포라(diaspora), 분단, 일제 치하와 전쟁, 이런 과정에서 우리 동포 사회가 일본과 연변 지역으로 흩어지게 되었죠. 연변동포들 얘기 들어보니까 독립운동하셨던 선조들의 후예이기도 하고, 다양한 사연들이 많으시더라고요. 우리가 개념을 조금 확대해서 '따뜻한 한반도'라고 하는 것이 지리적 의미가 아니라, '한민족 공동체'라고 하는 것까지 포함해야겠다 싶었어요. 연변 동포를 돕는 사업의 근거를 삼았어요.

여기서 연탄을 싣고 갈 수 없고, 또 거기는 연탄을 안 때더라구요. 석탄을 그냥 때요. 중국의 흑룡강성이랑 연변 일대에 탄광이 있으니까. 그중에서 제일 어렵게 사는 분들이 장애인 동포들이더라고요. 몸이 성하고 일할 능력이 있는 분들은 일자리를 찾거나 한국으로 엄청 많이 와 있는 상태죠. 장애인 동포들은 현지에서도 일자리가 없고 한국으로 들어올 수도 없고 중국의 장애인 복지 사업이 낮은 상태죠.

현장을 방문해보니 우리가 상상한 거 이상으로 극한적인 상황에 놓여있더라구요. "아 이분들을 돕는 게 의미가 있겠다" 싶었어요. 장애인협회는 아주 건강하게 운영되고 있더라고요. 연변지체장애인협회. 거기랑 저희랑 MOU를 체결하고, 그 협회가 연변에 여섯 개 지역에 있어요. 석탄 1t씩, 1t이 연탄 300장 정도 돼요. 3.6kg에 300장이면 1,000kg잖아요. 석탄 1t을 주면 거기서도 1달 반, 2달을 때신다고 그러더라고요. 가구당 1t씩, 100가구를 돕고 200가구를 돕고 해서 매년 지원하는 거죠.

이 사업은 의미 있게 하자고 해서 저희가 방문단을 만들어 연변동포들하고 다양한 교류를 했어요. 다음에는 장애인들 사진을 찍어주는 '바라봄'이라는 사단법인이 있는데, 거기에서 적극적으로 비용을 부담해 협력하는데 장애인 가족사진을 그럴듯하게 찍고 액자까지 만들어서 딱 그 자리에서 줬어요. 또 집수리 사업도 필요하겠다 싶어, 북한에 연탄만 줄 게 아니라 집의 단열을 보강하고 에너지가 낭비되지 않도록 하는 것을 해야 하는데, 연변에 그런 모델들이 다 있는 거예요. 문화도시연구소라고 하는 건축 전문가 집단이 있는데, 거기 분들이 한국에서 집수리 사업을 계속 했거든요. 그 사업을 연장해서 우리랑 같이 3년 동안 코로나19 이전까지 3년 동안 연변에서 봉사자들하고 같이했어요. 단순히 노력봉사가 아니라 이분들은 전문가들이니까, 가옥 구조를 보고 어디를 보강할 건지 어떻게 할 건지 이런 걸 파악해서 주거환경 개선 사업을 했어요.

그렇게 해서 또 만난 분이 북한의 산림 지원, 산림 복구 사업에 오랫동안 남쪽하고 연계한 분이 연변에 계시더라고요. 그분을 만났는데, 그분이 남쪽에서 산림을 지원하는 방식의 한계에 대해 문제의식을 느끼고 있었죠. "그럼 대안이 뭐냐?" 그랬더니 "북한 사람들한테 비즈니스 방식으로 산림을 복구하게 해야 된다. 나무를 심어서 거기서 소득을 얻는 것을 경험하게 해야 된다. 그리고 그냥 주는 게 아니라 책임을 부여해서, 성과를 '너희가 얼마 갖고, 내가 얼마 갖고.' 합자 형식으로 했으면 좋겠다" 그래요. "저희가 지원할 테니 한번 해보시오." 했어요.

나선시(市)가 연변하고 붙어 있거든요. 본인이 책임지고 저희는 그분을 돕는 건데 그분이 나선시하고 협력해서 마을 한 곳에 공동으로 2년간 사과나무 한 2만 그루를 넘게 심었죠. 아로니아도 심었어요. 그분이 직접 기술 지원을 위해서 연변의 전문가, 사과나무 이걸 전문으로 하는 전문가를 대동해서 현지 농민들한테 가지치기나 농약 치는 방식 물을 어떻게 줘야 하는지를 가르쳤어요. 2년간 꾸준히 하고 이제 3년째 하려는데 코로나19로 인해 국경이 봉쇄되면서 끊어진 거죠. 지금 그것도 계속 이어가야 하는데, 그분도 답답해하고, 아예 국경이 봉쇄되었으니까.

북한에서 추구하는 임농복합사업, 임업과 농업을 겸했으면 좋겠다는 게 북한의 최근의 산림 정책 중의 하나입니다. 북한도 나무 심기를 매년 수억 그루를 심는다고 언론에도 발표하는데, 나무가 제대로 뿌리가 내려서 잘 자라는지 검증이 안 되거든요. 이유가 여러 가지 있지만 일단 심는 것도 부실하거니와 육림을 제대로 못 한단 말이죠. 이유는 아무 소득이 없으니까. 임업과 농업을 결합하시는 것이 좋겠다. 나무도 잣나무를 심는다든지, 야산에는 사과나무를 심어서 농장을 한다든지. 이런 식으로 소득이 식량에 도움이 되는 것으로 적극적으로 하는 거죠.

거기에 저희가 모델을 만들어 보자. 마을 단위 공동 사과농장을 조성해서 나무의 고유한 역할을 하면서 또 과실을 맺은 거니까. 과실을 소득으로 창출해 보자. 2년 동안 했는데 잘했어요. 기술 지원하고 여러 가지 영농 자재를 지원하고, 물 주는 거라든지 이런 걸 본인들이 열심히 해서 나무가 뿌리를 잘 내리고 자라서 3년째에는 사과를 따야 하는데 못 들어간 거죠. 지금 4년, 5년째 되어 가는 거잖아요. 2022년이면 5년 되는데 뭔가 거기에 또 다른 새로운 사업을 할 수가 있지 않겠나 싶어요.

지금까지 심은 나무는 2만 그루 정도밖에는 안 돼요. 매우 넓은 편은 아닌데 그쪽에서 봤을 때는 적은 그루는 아니죠. "더 넓히자." 첫해 해 놓고 잘 되니까 그쪽에서 "더 많이 하자"라고 했는데 우리 재정이 또 무한대로 있는 게 아니니까. 나무값이 생각보다 비싸거든요. 나무 1그루 심는 게 중요한 게 아니라 거기에 필요한 비료와 농약 이런 게 있어야 하고요. 매년 적게는 5천 그루 많게는 1만 그루 늘려가자고 했어요.

이렇게 시작했는데 아직 결론이 안 난 거죠. 남쪽에서 지원받는다는 것을 짐작할 거예요. 왜냐하면 중국에서 무슨 돈이 있어서 이런 것을 하겠어요. 명목상 중국, 우리 연변동포가 지원하는 사업이니까. 그쪽에서는 하나의 명분이구요. 저희는 저희대로 중국을 통해서, 연변동포를 통해서 그쪽 상황을 공유하면서 하죠. 굳이 우리가 이름을 내걸어서 할 일은 아니니까. 그렇게 알고도 모른 체 하고 일하는 겁니다.

사진 26  2007년 4월 27일. 개성에서 나무 심고 있는 남측 시민

사진 27  2007년 4월 27일. 개성에서 나무 심는 모습 뒤로 멀리 보이는 개성공단

사진 28    2006년 4월 4일. 개성에서 나무심기에 참여한 故 리영희 선생

사진 29    2007년 04월 20일 개성나무심기. 나무마다 애틋한 마음을 적어서 걸어놨다

사진 30   2007년 4월 6일 개성 나무심기에 참가한 남측 인사들(사진 왼편부터 원기준 총장, 북측 인사, 손장래 고문, 변형윤 이사장, 이동섭 이사)

## 20. 남북교류의 다양한 방향과 지방정부 차원의 협력 사업

대북 지원사업의 다각화라고 그럴까요. 장기적인 방향 모색에 대해서 고민하는 부분들을 쭉 얘기하셨거든요. 남한 측의 교류사업도 중요하지만 북측에서 원하는 것, 북측에서 진정으로 남한과 교류 협력을 통해서 얻으려고 하는 게 뭘까 이런 고민에 대해 좀 더 들어 보겠습니다. 그리고 입장을 좀 바꿔서 우리나라의 많은 NGO들이 있지 않습니까. 남북 교류와 관련해서 활동하고 있는 사회단체가 많은데 지방정부 차원에서 지원에 나서고 있고 또 조례를 제정한 곳도 많죠. 기금도 많이 쌓여가고 있습니다. 대북지원사업 관련해서 협의회가 있습니다만 협력사업으로서 중장기적으로 사업을 개발하거나 구상하는 의향은 없습니까?

그런 단면이 뭐냐면 나무 심기, 나무를 갖다 주는 것을 처음에는 좋아했었는데, 나중에 양묘장을 계속 요구했고요. 그다음에 기술 지원이나 이런 것들을 요구한 걸 보면 북측도 단순한 소비재거나 물품을 지원받는 것은 한계가 있다라는 거죠. 자체적으로 생산하거나 지역에서 지속 가능하게 할 수 있는 방법을 고민하게 되는 거죠. 연탄과 직접 관련된 것은 연탄 자체는 너무 좋은데 북측도 석탄이 나오잖아요. 이것이 민간용으로 배급이 거의 끊어진 상태에서 저희가 들어간 거기 때문에 그 부분은 되게 고마워했는데 북측도 가공되지 않은 석탄보다는 사람의 손으로 만들어진 구명탄이 더 좋다는 걸 알고 있어요. 남쪽에서 지원 받아본 기계로 찍은 연탄 이것이 훨씬 더 효율성이 좋고 열도 좋고, 지속 가능하니까. 8시간을 지속하니까요. 북측의 구명탄은 얇아서 2~3시간을 못 가거든요.

연탄 지원이 끊어진 지 10년이 지났는데, 얼마 전에 북한 뉴스에 아주 작은 규모지만 연탄 공장이 세워졌다는 기사가 나왔어요. 그런 걸 보면 북측도 언제까지나 남쪽에 의존할 수만은 없으니까 나름대로 그쪽으로 방향이 가고 있는 거죠. 그래서 향후 연탄나눔운동이 재개되면 연탄을 직접 주는 것도 마다하지는 않겠지만, 그쪽에서 요구하는 것은 남쪽에서 훨씬 발전된 기술력으로 연탄 공장을 만들게 되면 더 좋아할 수 있겠죠. 대북 지원사업을 과거에 했던 그냥 그대로 하는 방식이 아니라, 좀 더 북측의 실정에 맞고 북측이 스스로 할 수 있는 뭔가, 매개랄까 이런 계기를 마련해 주는 방식을 그쪽도 원하는 거고 또 우리도 그렇게 가야 된다고 봐요.

구상이야 100번도 더 하죠. 대북 지원하는 단체들 사이의 협업은 오히려 잘 안될 수 있는 조건이 있어요. 뭐냐면 지역, 자기들이 연고가 있는 게 있으니까, 자기들이 지금 주력으로 하고 있는 것을 때려 치고 다른 지역에 가서 보조할 수는 없잖아요. 연관되어 있는 파트너가 북측에 있으니 기존에 하던 걸 끊어버리고 새로운 일을 하는 것보다는 쉽지 않죠. 대북 지원단체들이 그동안 자기 영역이 있어요. 의료분야, 농업 분야 등등, 무슨 분야가 있는데 대체로 한 지역에 있는 게 아니라 지역별로 또는 분야별로 나누어져 있잖아요.

대북 지원은 사전에 통일부에 등록하고 인가를 받은 단체들이 하거든요. 분야별로 전문 단체들이 있어요. '연탄'의 입장에서 보면, 나무와 관련된 단체 또는 집수리와 관련된 단체, 태양광과 관련된 단체 이런 단체들과 연계해서 대북 지원의 패키지를 이루지만 이걸 총괄하는 코디네이터 역할을 하는 거죠. 다른 단체들은 저희가 이미 닦아놓은 길과 통로와 북쪽과 관계에 같이 참여해서 쉽게 할 수 있는 거죠. 이런 부분에 전문성이 있는 거고요.

엄밀히 말하면 대북 지원단체들도 다 코디네이터지, 그 자체가 전문 단체는 아니죠. 왜냐하면 '우리민족서로돕기운동'이다 그러면 거기에 전문가가 있어요? 아무 전문성이 없죠. 거기는 수많은 다른 단체들 다른 지원을 연계해 주는 코디네이터 전문 단체죠. 그 사람들이 자체적으로 뭘 다 하는 건 아니거든요. 결국은 단체들은 어느 정도의 전문성을 갖게 되지만, 진짜 전문가들은 바깥에 있는 사람들이거든요. 그런 사람들이 북한을 잘 모르고 북한과 연계해서 어떤 분야에 어떻게 하는지를 모르니까, 그거를 연결해 주고 조율해 주는 역할을 하는 거거든요. 그런 의미에서 이 코디네이터 단체들끼리 협력할 일은 오히려 없는 거죠.

## 21. 남북교류가 가져오는 여러가지 변화의 가능성

총장님이 오랫동안 북한과 교류, 협력, 지원을 해오셨는데 남한도 변하는 게 있고 북한도 변하는 게 있지 않습니까. 북한 사람들이 총장님을 보는 입장도 바뀌었을 것이고 신뢰 문제는 여러 차례 얘기하였는데, 그들이 남한 사람에 대해 가진 선입관이나 편견이 있었을 거고 또 남한 자본주의나 체제가 다른 사회니까 남한에 대한 북한 사람들의 인식이나 변화가 남북 교류 과정에서 어떤 방식으로 진행되거나 전개된 것으로 보고 계십니까?

처음에 만났을 때, 그 사람들은 남한 정부의 조종이거나 아니면 정부가 민간을 앞세워서 한다고 생각했어요. 저희가 누누이 설명했죠. "이거는 정부와 아무 상관이 없는 거고. 민간에서 일반 시민들이 '십시일반 돈을 모아서 동포의 정을 나누자' 이렇게 해서 온 거다." 이것을 이해 못해요. 납득 못 하죠. "어떻게 그게 가능하냐?"고 해서 갈 때마다 설명하니까 나중에는 고마워했죠. 이것은 정부 돈이 한 푼도 안 들어가고 온전히 후원받은 연탄과 트럭을 운전해 주신 분들까지 자원봉사한 거니까. 솔직히 얘기했죠. "제 돈이 아니다. 이거는 일반 시민들이 돈을 모아서 연탄을 사서 보낸 거다. 나는 지금 그 소임을 맡아서 온 거다." 이것에 대해 놀라워하고 또 고마워했어요.

　북측에서 남쪽의 민간에 대해 이해하는 어떤 계기가 되지 않을까 생각해요. 나중에 친해지고 여러 가지 얘기를 했는데, "제가 국가보안법으로 감옥에도 갔다 왔다. 문익환 목사님하고 같이 있었다." 그러면 놀라죠. "그런데 어떻게 여길 왔냐?", "왜 문제냐 그게? 우린 그런 거 괜찮다." 이런 것이 주는 메시지가 분명 있을 것 같아요. 남쪽은 민간의 영역이라는 게 있는데 자기들이 경험하지 못하는 거죠. 북한은 정부가 통제하고 모든 것을 상부의 지시에 따라 하는, "상부에 보고하겠다." 이런 얘기 말이죠. 우리는 그 자리에서 결정해 버리니까, "좋다. 다음 일주일 뒤에 오겠다." 이게 되거든요. 북측에서 나중에 이런 부분을 이해하게 되었어요.

더군다나 저희 같은 단체는 남쪽에 가서 북한 주민들을 만났더니 어떻더라 이런 얘기를 일체 하지 않고, 홍보도 안 하거든요. 홍보하지 않고 그러니까 이것을 또 고마워하더라고요. "따뜻한 한반도는 마음을 다해서 우리에게 해주신다. 굉장히 고맙다"라고 얘기하더라고요. 그런 것이 북측이 남쪽을 새롭게 받아들일 수 있는 게 아니겠나? 그런 생각은 들어요. 우리랑 남쪽 사람들하고 오랫동안 만나고 있는 사람들이 뭐 아무리 당성이 높고 뭐 이래도 남쪽에 대해서 경이롭게 생각할 수 있겠다 싶어요.

## 22. 남북교류 분야의 전문성과 역할, 성격에 대하여

대북 지원사업을 바라보는 관점이 변할 수 있는데, 연탄을 지원하기 이전과 그 이후 총장님 개인의 정체성에 어떤 영향을 끼친 것 같습니까? 1980년 초부터 북한에 대해 이념적이거나 어떤 이상적인 그런 상대로 생각하지는 않으셨습니다. 이제 태백의 경험과 민주화운동, 시민운동, 주민자치운동 이런 다양한 활동을 주도하였는데, 석탄이라고 하는 걸 가지고 경제적으로 북측과 깊이 있게 교류해오면서 사업 자체가 총장님의 정체성에 어떤 변화를 끼친 것 같지는 않습니까?

학생운동이나 노동운동할 때 막연하게나마 통일에 대한 필요성을 긍정적으로 생각했고, 같이 공감하는 시기였죠. 80년대에 주체사상이 휩쓸 때 부정적으로 봤고, 친구들도 비슷해서 PD( People's Democracy) 계열의 사상이 확고히 있었죠. 현장에서 주사파들하고 싸우고 감옥에 가서도 주사파들하고 많이 싸우고 나왔죠. 나는 인제 황당한 거죠. 국가보안법에 북한을 이롭게 할 목적으로 어쩌고저쩌고 해놓고, 주체사상 책이 있다는 이유 하나로 내가 주체사상 신봉자가 되었는데, 나는 안팎으로 계속 싸웠거든요.

인도적 지원이라든지 북한 동포들에 대한 것은 우리가 함께 해야되지 않겠나, 라고 생각했었죠. 연탄 사업으로 북측을 만났을 때 다시 충격을 받았죠. 상상 이상으로 어렵구나, 우리가 생각했던 것보다 훨씬 더 열악하다는 것이 분명했죠. 느꼈던 것 중에 하나는 내가 어렸을 때 엄청 가난했는데, 하루 종일 먹을 것만 생각했던 그 시절에도 조국을 배반하거나 나라를 떠나야겠다는 생각을 한 번도 한 적이 없거든요. 즐거운 어린 시절이었죠. 북한에 가보니까 그런 거 같아요. 북한의 아이들은 세상을 모르고 노는 거죠.

경제 수준이 낮다고 해서 애국심이 부족하다거나 또는 나라에 대해 원망하거나 하는 것은 아니죠. 생각했던 것처럼 배고프니까 나라를 원망하는게 아니더라구요. 솔직히 배가 부르니까 지금 나라를 원망하는 거예요. 남한 국민들이 배가 부르면 부를수록 점점 더 나라를 원망하는 게 커지는 거야. 물론, 아예 굶어서 죽는다는 것은 차원이 다르죠. 저희가 갔을 때만 해도 고난의 행군을 넘어 개혁 개방하면서 조금 달라질 때니까 또 상황이 달라서 그렇기는 해요.

아주 극한 상황에서 굶어 죽는다고 하면 나랏님이 아니라 모두가 다 원망스럽겠죠. 자기 자신도 원망스러울 정도니까요. 인간으로서는 차마 표현할 수 없는 고통이겠지만, 그 정도가 아니라면 조금 모자라고 부족하고 가난하다고 해서 우리가 생각하는 것처럼 그 사람이 불행하냐,

그렇지 않다는 거죠. 저는 북한에 다니면서 외형적으로나 객관적으로 보면 "남한 사회와 비교할 수 없을 만큼 경제적으로 어려운 상황인 것은 분명하다. 그렇다고 '불쌍하다'라고 얘기하면 안 된다"라고 생각을 가졌어요. 북한 주민들 중에 탈북을 생각하는 사람들은 대개 외국하고 접촉이 많은 국경지대, 북중 국경 그쪽이 많다고 그러더라고요. 우리가 북한 동포를 돕는 것을 '불쌍하니까' 또는 '불행하게 사니까' 지원한다는 관점은 아닌 것 같아요.

똑같은 마음으로 남쪽에서 우리 이웃들한테 연탄을 갖다 줄 때도 봉사자들한테 신신당부합니다. "연탄을 받는 어르신들이 절대로 불쌍하거나 불행하지 않다. 불쌍하다고 당신이 연탄을 주러 간다면 큰 오산이다. 사실은 당신이 더 불행할 수 있다." 그분들은 세상을 행복하게 살아, 근데 불편해. 행복하긴 한데 너무 없으니까 불편해. 그죠? 그리고 몸이 불편한 데다, 그래서 우리가 조금 거들어 주는 차원으로 연탄을 드리는 거다. 그렇게 해서 봉사하잖아요. 그러면 다들 끝나고 나서 소감을 얘기하면 "제가 오늘 준 것보다 더 많은 걸 얻어가는 것 같습니다." 이렇게 얘기하거든요. 사실 그게 맞는 거잖아요.

북한하고 만날 때 동포들이 GDP 이런 것은 분명히 낮죠. 그렇다고 남쪽 사람들이 더 행복한 거냐, 꼭 그런 것은 아니라는 거지, 그렇게 절대화할 일은 아니다. 그럼 우리가 이걸 왜 줘야되느냐, 마땅히 할 일이다. 한쪽에서 굶는데 어떻게 나만 편하게 밥을 먹고 있냐, 이거잖아요. 그래도 여유가 있으니까, 하다못해 아프리카를 돕기도 하는데 북한 동포를 돕는 것은 형제로서 마땅히 할 일이다.

남과 북이 덜 싸우고, 서로 원수졌던 일을 언제까지 이고 살 수는 없지 않냐. 민간 차원에서라도 이런 지원을 계속했지만, 혹시 그 사람들 중에 누군가 탈북한 사람이 남쪽에 와서 보니까 화가 난다는 사람들도 많았어요. 이렇게 먹고, 버리고 흥청망청 쓰면서 북한을 외면했냐 그러죠. 선망의 대상이기도 하지만 극심한 차이가 현실로 왔을 때, 모멸감 같은 것도 있는 거지요. "그래 내가 북한에서 배고플 때 남한 동포들이 따뜻한 정을 보내왔다." 그런 게 좋은 거라고 생각해요.

남북 간에 교류가 활성화돼서 문호가 활짝 열렸을 때, "알고 보니 남쪽은 막 먹고 버리는 게 북쪽 주민들이 1년 먹고 살 거보다 더 많았더라." 이러면 굶어 죽은 자식 생각하고 부모님 생각하면 남쪽 사람들이 결코 예뻐 보이지 않을 거예요. 그런 의미에서 민간 교류라는 게 인간의 모멸감과 증오심을 상당 부분 완화시킬 수 있는 작은 행동이라고 보고요. 그런 의미에서 연탄이 별거 아니지만 그래도 연탄 하나라도 "추울 때 당신들을 기억하고 있었다." 그랬을 때 남과 북의 화해에 조금이라도 기여할 수 있지 않을까 기대하는 거죠.

대북지원 또는 교류하는 단체들의 코디네이터 역할과 성격에 대해 말씀하셨습니다. 그리고 또 "대북지원 전문가 또는 대북 전문가는 아니다." 이렇게 얘기하셨는데, 대북지원 분야의 전문가, 이런 호칭이나 명명에 대해서 어떻게 설명할 수 있겠습니까?

글쎄요. 전문가라는 게 부담스럽기는 한데. 전문이라도 영역이 다 있잖아요. 교류 협력의 전문가로서는 대북 지원단체들의 실무를 맡았던 분들이 전문가로서 대접받을 수 있죠. 그동안에 보면 종합적으로 많이 했어요. 그나마 북민협 회원 단체들을 보면, 영역들이 조금씩 분화됐다고 그럴까, 본인들 전문가가 직접 만든 단체들도 있어요. 서울대병원 같은 경우는 북한 지원으로 북민협에 들어와 있죠. 전문가 단체가 대북 지원 단체가 된 경우죠. 처음부터 전문가로서 그런 단체는 아직 상대적으로 경험이 많진 않아요. '우리민족'이나 저희같이 북한을 수백 번 왔다 갔다 한 단체는 경험은 많은데 어떤 한 분야에서 "그럼 너희가 병원 만들어."

그러면 못 만들죠. 우리는 그런 걸 못 하지만 별의 별건 다 해봤어요. 쌀도 갖다 주고 비료도 갖다 줘보고 다 해봤는데 어떤 한 분야에서 북한이 원하는 정도의 것을 만들고 기술지도는 할 수 없죠. 사람을 끌어갈 수는 있는 거지요.

그동안 대북 지원단체에서 주력했던 분들은 대부분 북측과 남측을 연결해주고 분야별로 다양한 소스들을 필요에 따라 매칭(matching)해주는 데 전문적인 역할을 했던 거죠. 앞으로 이 영역이 점점 줄어들 수 있겠다는 생각이 들어요. 건축사협회가 직접 북한을 지원한다든지, 그다음에 병원협회가 뭘 한다든지, 기술을 갖고 전문성을 가진 단체들이 직접 북측으로 가면 좋은데, 계속 문제가 됐던 것은 이게 지속적이지 않았거나 또 이쪽에서 북측을 모르니까, 전문가 집단이 북측을 모르니까 몇 번 하다가 망가지는 경우가 많았어요. 석탄공사에서도 북한의 석탄성(省)이라고 정부 차원의 MOU를 체결하고 "북한의 탄광 개발을 하자"까지 했는데 안되었어요. 저희가 주선했죠. 연결을 해줬죠. 그후부터 그쪽에서 알아서 했는데, 전문가가 있긴 했지만 현장에 여러 가지 문제가 생기면서 사업을 이어가지 못했던 것도 있거든요.

상호 보완이 돼야 되는 거죠. 현재로서는 북측과 오랫동안 접촉해 보고 경험들이 쌓여 있는 대북 지원단체들이 갖고 있는 협상 능력이나 연결 능력, 북측과의 신뢰관계를 잘 활용하면서 분야별로 실질적인 전문성을 갖고 자금력도 있고 기술력도 있는 단체들이 북측과 연결할 수 있도록 서로 협력하는 게 필요하다고 봐요. 이렇게 진행되면 북측으로부터 우리를 통하지 않고 남측에 매칭되는 데를 직접 연락, 팩스로 주고받고 "와라", "가라" 할 수 있겠죠. 아직까지는 제도적으로 잘 안 돼 있고요. 개별 단체들이 북측에 못 가요. 저희 같은 단체들은 북측에 연락할 수가 있어요. 남북교류협력법에 근거해서 연락할 수 있고 사전 신고도 할 수 있고 사후 신고도 할 수 있고 다 돼요. 그런 게 없이 하게 되면 남북교류협력법에 위반되거든요. 북측과 만나는 게 허가된 단체들인 거죠. 우리는 최대한 전문 단체들이 활용할 수 있도록 다리를 놔주고, 그런 의미에서 지금 코디네이터 얘기를 하는 겁니다.

대한석탄공사와 북한 내각 산하의 석탄성 사이에 MOU를 체결한 것으로 압니다.. 사랑의 연탄나눔운동이 주선해서 MOU를 체결한 것으로 알고 있는데 이 과정을 자세하게 말씀해 주십시오.

석탄공사와 사랑의 연탄나눔운동이 거의 같이 움직여서, 초기에 사무실이 석탄공사 마당에 컨테이너를 설치해서 있었어요. 석탄공사 감사님이 우리 단체를 주도해서 만들었고 거의 한 몸처럼 움직였고요. 우리 인력으로는 여러 가지 비용도 비용이고 그래서 석탄공사의 감사실에 조찬제 과장님이 대북 지원 사업에 상당 부분 함께 했어요. 그분이 이걸 하면서 노하우가 쌓여갔죠. 석탄공사가 자본잠식 상태이고 사양산업에 부채가 누적되어 왔어요. 석탄공사 자체가 미래를 어떻게 가져가야 되느냐 고민이 많았어요.

　북한은 자원은 많은데 효과적으로 캐지 못해서 제대로 활용 못하고 있다. 남쪽은 석탄에서 에너지가 바뀌었는데 북한은 여전히 70-80% 이상이 석탄이 주요 에너지인데, 필요한 만큼 못 캐고 있죠. 매장량은 풍부하지만 캐낼 수 있는 기술력이 모자라기 때문에 그렇죠. 남쪽은 기술이 있고 장비가 다 있고 북한은 땅에 묻어있는데 이걸 제대로 못 캐고 있으니까 결합하면 시너지가 있지 않겠냐는 거죠. 학자들의 이야기이고 또 많은 전문가들의 지적이에요.

　저희가 연탄을 지원하는 과정에서 새삼 현실적으로 가능하겠다고 봤어요. 조찬제 과장님이 그걸 또 기획했죠. 석탄공사가 북한과 협력하는 것을 추진했어요. 사랑의 연탄나눔운동이 북측에 채널이 있으니까 그런 의향을 전달했고, 북측에서는 "좋다"고 해서 석탄공사 사장을 평양으로 초대했죠. 2008년인가 그랬을 거예요. 석탄공사 사장님이 우리 이사이기도 한데 평양에서 MOU를 체결했죠. 실무에서 추진하고 기획하는 과정에서 비용, 예상치 않은 비용이 너무 많이 나왔어요. 북한에 전기가 거의 안 되잖아요.

석탄을 잘 캐야지 발전소가 돌아가는데 발전소가 돌아가야 또 석탄을 캘 수가 있는 거잖아요. 이게 깨진 거야. 순기능으로 석탄을 많이 캐서 발전을 더 많이 하고, 발전을 많이 해서 석탄을 더 많이 캐고 해야 하는데, 석탄을 못 캐니 발전을 못하고 발전을 못하니 석탄을 못 캐는 악순환이 된 거잖아요. 금강산 갈 때나 개성에 갈 때 전봇대를 보면 옛날 나무 있잖아요, 일반 나무를 잘라서 대충하는 게 많고요. 전선이 하나로 간 게 별로 없어. 가다가 끊어지고 연결하고 또 끊어지고 연결하니 전기가 얼마나 품질이 안 좋겠어요. 또 전선 도둑도 많고. 배전에 문제가 너무 많은 거예요. 더군다나 석탄공사에서 북측하고 개발하려는 광산지역에 남측의 전기를 다 끌어가든지, 끌어가도 전기가 간다는 보장이 없는 거예요.

그러면 발전소를 우리 쪽에서 지어야 되겠네요 이렇게 되죠. 그 비용이 1년 유지비가 80억인가 얼마가 되는 거예요. 배보다 배꼽이 더 큰 거지. 그런 어려운 여건에다가 도로 상황도 너무 안 좋은 거예요. 남쪽서도 탄광을 개발할 때 철도부터 놓고 그러거든요. 운반할 수 있어야 되잖아요. 철도부터 놓고 태백에서 캔 탄은 묵호항으로 가서 거기서 배로 실어 보내거든요. SOC가 너무 안 돼 있으니까 이걸 처음부터 만들어야 되는 거죠. 그런 것을 종합해 봤을 때 도저히 석탄공사가 할 수가 없죠. 정부 예산 지원받고 허락받아야 하는 일인데, 정부 쪽에서도 "이거는 너무 무리다." 아무리 명분이 좋아도 사업이 진척될 수 있는 여건이 안 된 거죠. 저희가 많이 배웠죠. 그때 계속 도와준다고 했지만 명분과 필요만 있

사진 31    2007년 8월 24일. 개성시에서 북한의 젊은이들과 함께 쉬면서 이야기하는 모습(앞치마를 두른 두 명의 여성은 남측 봉사자)

사진 32    2007년 12월 12일. 개성 봉동역에서 북한 주민들과 연탄을 하역하는 모습 (한국기독교장로회여신도회 전남연합회 해남군지회 회원과 함께)

사진 33  2007년 11월 23일. 개성 봉동역에서 비가 오는 날 하역 중에 비를 피하는 남측 참가자들(가운데 남성은 북한 주민)

사진 34  2008년 10월 17일. 개성 봉동역에서 연탄 하역을 마치고 개울가에서 북한 주민과 이동섭 이사(사진 가운데)가 손을 씻는 모습

Ⅲ. 마음으로 주고 받는 남북한의 온정: 사랑의 연탄나눔운동

사진 35   2006년 10월 20일. 개성 봉동역에서 연탄 하역을 마치고 배분을 기다리고 있는 북한 사람들

사진 36   2008년 11월 27일. 개성 봉동역에서 북한 주민과 남측 봉사자들이 함께 연탄을 하역함

어서 되는 게 아니라 여기에 수반되는 많은 것들, 필요충분조건이 잘 맞아야 하는데 그게 안 된 거죠. 안타깝게도 그 사업을 결국 못하게 되었어요. 계획서만 오고 가고 하다 말았죠. 일을 추진하기 전에 북한의 사정을 좀 더 전문적으로 알아야 하는데. 우리는 그 분야의 전문가가 아니잖아요. 석탄 공사가 전문가로서 해야 하는데, 조찬제 과장님도 전문가지만 한계에 부딪혔죠. 북한에 대한 정보와 그런 것을 알 수 있는 사람이 석탄공사에 없는 거잖아요. 아무도 가본 사람이 없으니까. 그게 전문 분야의 문제, 우리가 그것을 할 수는 없잖아요.

우리는 편지 써주고 "누구를 만나라." 이런 건 해주지만, 굴을 파고 도로를 만들고 전신주를 만드는 것은 차원이 다른 문제인데 그것조차도 북한 전문가가 있어야 하는 거죠. 향후에 많이 발생할 거예요. 언젠가 북한의 여러 분야와 협력사업이 되잖아요. 남쪽에서 했던 것에 조금 플러스 알파(+α) 비용이 될 거예요. 예를 들자면 100억이면 북한이 원하는 A라는 사업을 할 수 있다 했는데, 실제로 가면 1,000억이 들 수 있는 거예요. 900억이라고 하는 건 남쪽에서는 이미 조성되어 있는 환경, 사회간접자본 같은 거예요. 거기는 맨땅에서 시작해야 하니까. 그런 게 한 두 개가 아닐 거라는 거죠. 그런 부분에 대해 전문적인 인력을 키우고 시행착오도 많겠죠.

## 23. 사랑의 연탄나눔운동이 남북교류협력에 끼친 영향과 평가

사랑의 연탄나눔운동이 꾸준히 해온 남북교류에 대한 평가가 궁금합니다. 남북교류 또 남북한 관계에 있어서 사랑의 연탄나눔운동이 나름대로 기여하거나 활동한 것에 대해 어떻게 평가할 수 있겠습니까?

큰 그림을 그리고 시작한 건 아니었고요. 소박한 마음, 북쪽의 주민들하고 남쪽 주민들이 서로 정을 나눌 수 있다고 한다면 연탄이 좋지 않겠냐, 그런 마음으로 시작했고요. 개성과 금강산에 1천만 장까지 전달했는데, 연탄만 지원하다 보니까 북측에서 저희를 연탄 전문으로만 하니까 편하게 대해주신 것 같고요. 가끔 "이것도 좀 할까요? 저것도 할까요?" 제안했을 때 "아이, 우리 사랑의연탄은, 연탄만 많이 갖다 주십시오" 이래요.

이렇게 반응을 보일 정도로 연탄이라고 하는 한 품목이 북측에는 생활에 중요한 도움이 됐던 것 같고요. 호의적으로 대해주셨는데 남북교류라고 하는 큰 틀에서 보면 아주 사소한 거죠. 액수도 어마어마한 건 아니죠. 왜냐하면 1천만 장해야 국내 시가로 따지면, 지금 시세로 하면 한 칠십억 정도 되겠네요. 천만 장이 공장도 가격으로 70억이고 운반비 포함하면 100억 정도 되겠네요.

다른 단체들이 하는 거 보면 저희는 적은 거고, 숫자가 1천만 장이라니까 굉장한 것 같은데 그것도 매년 나눠서 보면 1년에 100만 장에서 150만 장 정도죠. 또 가정으로 나눠보면 북측의 한 가정에 300~500장 드리는 정도에요. 북한이 필요로 하는 것에 아주 작은 양이죠. 민간 영역에서 의미가 있다고 한다면, 2004년부터 2010년까지 일정하게 갔어요. 정기 배달하듯이 일정하게 매년 약정하고, 약정한 대로 계획을 세워서 약속한 날짜에 정확하게 갔죠. 북측하고 좋은 신뢰 관계를 형성하는 데 도움이 됐던 것 같고요.

이제 아쉬운 게 연탄 외에는 다른 전문성이 없다 보니까, 소모되는 연탄만 계속 전달했는데 그 과정에서 알게 된 북한의 여러 가지 어려운 사정들이 있어요. 또 연탄만 지원하는 것은 지속가능하지 않은 방식이잖아요. 남쪽에 있는 연탄 공장에서 찍어서 가져가는 거니까. 중간에 석탄공사를 연결해서 북한의 석탄 개발에 도움이 되는 방법을 추진했지만 안되었고, 연탄 공장 건립 문제도 몇 번 시도했는데 안 되었죠. 아쉽고요. 앞으로 남북관계가 재개된다고 하면 훨씬 업그레이드된, 지속가능한 에너지와 복지라는 큰 틀에서 대안을 가지고 북측하고 만나야 되지 않을까 해요.

남북교류가 활발할 때 식량, 의료 등등 다양한 지원 분야가 있는데 우리는 기타, 항상 기타로 분류해요. 에너지 분야의 협력이 낯설지만 생각해보면 나름대로 의미 있는 분야에서 최소한의 교류를 했죠. 지금 나무 심기와 연관되어 있잖아요. 앞으로 확장 가능성은 있겠다 싶어요. 남북 간의 에너지 협력 분야가 국가적 차원에서 경수로 문제도 있었고 석탄을 지원하는 문제도 있었고 여러 가지 있었는데 소비 분야에서 난방 에너지, 취사 에너지 협력 가능성에서 한 몫 했다고 여겨요. 북한 실정에 맞는 적정기술이라든지 취사 연료, 난방 연료에 기여할 수 있는 방안을 찾을 수 있도록 노력해야겠죠.

교육 전문가가 여기 있는 건 아니고요. 남북 교류가 중단되어 있으니까 다르게 할 수 있는 방법이 뭐가 있을까 해서 교육을 기획한거죠. 봉사에 청소년들이 많이 참여하거든요. 그들에게 나눔교육만 할 게 아니라 "우리가 이런 단체다. 너희들도 기회가 되면 평화 쪽에 관심을 가져라.", 이렇게 생각했던 거죠. 평화나눔교육이라고 이름 붙인 것은 나눔이라고 하는 것이 평화에도 도움이 되는, 우리 사회를 좀 더 따뜻한 사회로 만드는 것이고 그런 마음으로 또 북한 동포들과 따뜻하게 나누면서 평화를 이루자는 거에요. 1천만 장 지원하면서 겪었던 에피소드 중에 북한 주민들과 접촉해서 그들을 이해하는 데 도움이 되는 몇 가지 사례들을 모듈로 만들어 청소년들에게 알기 쉽게 해주면 간접적으로 평화에 대해 생각할 수 있는 거죠. 추상적인 이야기가 아니라 연탄을 매개로 평화의 이

사진 37　2008년 11월 18일. 금강산 온정리 마을에서 연탄을 하역하는 북한 주민과 이동섭 상임이사

사진 38　2010년 2월 25일 개성 봉동역에서 연탄 일 1천만 장(200회)을 북한 인민에게 전달하는 변형윤 이사장(사진 가운데 안경쓴 이)

야기를 나눌 수 있겠다 해서 그런 시도를 하는 거에요. 전문가들의 도움을 받아서 교재를 만들거나 정식화할 필요는 있겠다 싶어요. 누구라도 갖다 쓸 수 있는 교재를 만드는 것은 조금 더 투자해보려고 해요.

금강산 관광객 피살 사건과 사랑의 연탄나눔 활동에 대한 사안입니다. 박왕자 씨 사건이 2008년 7월에 발생했는데, 정부가 얼마 뒤에 금강산 관광을 전면 금지시켰습니다. 사랑의 연탄나눔운동은 그 이후로도 거의 1년 반 동안 금강산 쪽으로 북측과 교류를 계속했는데, 여기에 대해 말씀 듣겠습니다.

사건이 난 이후에도 저희는 갔어요. 웬만한 건 다 중단되었고 금강산 관광도 멈추었을 때 저희는 육로를 통해서 금강산에 갔죠. 북측에서 초청장이 왔고 남측에서도 허락했고. 그때 가면 금강산이 완전히 적막강산이잖아요. 아무도 없이 우리만 가잖아요. 새로운 걸 많이 경험했죠. 북측도 되게 고마운 거예요. 우리가 다른 제재 없이 가니까 북측이 아쉬운 것도 있었을 거 아녜요. 박왕자 사건에 대해 살짝 물어봤을 거 아니에요. "무슨 그런 일이 벌어졌냐?"라고 물어보니까 "자기들도 이건 황당한 일이다. 넘어오지 마라, 넘지 말라고 하는 데를 왔는데…" 입장은 그러더라고요. "넘지 말라는 걸 넘은 것도 그렇고, '서라!' 그랬으면 서야 되는데 왜 도망가냐?" 그러니까 자기네들도 "사건이 우발적인 사건이고 유감 표명했는데 뭘 더 사과하냐." 이런 걸 계속 얘기했어요.

　그 얘기를 듣고 남쪽으로 넘어오면 국가정보원 관계자들이 따로 만나자고 해요. 고성으로 넘어오면 대기하고 계셔요 "혹시 뭐 들은 얘기 없냐?" 우리는 얘기하죠. "이런 얘기 했더니, 이러더라. 저쪽에서 사과했는데 왜 여기서 뭘 더 사과하라고 그러냐?" 저희가 이런 얘기를 메신저 역할을 했었죠. 난감해했죠. 그 사람들도 난감한 거죠. 사람을 죽이려면 그 민간인 1명을 뭐하러 죽이겠어요. 남쪽이나 어디나, 수칙에 따라서 하는 거잖아요. 도망가면은 누구라도 쏘지 않겠어요? 그 부분은 결과적으로 유감스러운 일이죠.

민간인이 희생됐으니까 북측이 좀 더 성의 있게 하고, 남쪽이 생각하는 성의라는 게 있잖아요. 그런데 북측 사람들은 유감 표명해서 자기 딴에는 사과했다고 하지만 남쪽으로 봐서는 미흡한 거니까. 사과를 한 건지 안 한 건지 애매하니까 계속 기싸움 같은 게 있었다고 봐요. 그 기저에는 이명박 정부가 들어서고 나서 그런 거잖아요. 이명박 정부 입장에서는 울고 싶은데 뺨 맞은 게 아니었을까. 진상규명을 같이 하든지, 여러 가지 제안할 수 있는데 결국은 그게 빌미가 되어 금강산 관광을 전격 중단한 거죠.

중단한 것은 남쪽 입장에서는 북측에 타격을 준다고 생각했을지 모르지만, 우리 스스로 자해 행위처럼 돼버렸잖아요. 거기에 우리가 어마어마하게 투자했는데 스스로 활용못하게 된 거니까. 금강산이든 개성이든 쌍방의 이익이 서로 공유되면서 협력하는 공동지대잖아요. 그런데 일방에서 중단했을 때는 저쪽도 피해가 있지만, 이쪽도 피해를 보는 거죠. 박근혜 정부에서 개성공단을 폐쇄했지만, 북측에서 볼 때는 "남쪽하고 협력해서는 신뢰할 수가 없다"라는 메시지를 준 게 되었죠. 남쪽에서는 또 할 말이 많죠. 왜냐하면 북측이 빌미를 줬다는 건데, 싸움이 나면 먼저 양보하거나 한쪽이 약간 받아주는 입장이어야지, 기싸움을 해서 상대방을 꺾겠다고 하면 협력은 안 되는 거거든요.

애당초 전쟁할 거면 몰라도 전쟁이 아니잖아요. 협력사업인데 다툼이 생겼고 갈등이 생겼으면 그걸 해결하려고 2보 전진을 위해서 1보 후퇴하는 마음으로 해야죠. 큰 이익을 위해 할 수 있는 선택을 해야 하는데 이미 정치문제가 되어 버렸어요. 정권의 문제가 된 상황이면 합리적인 선택은 사라지게 되죠. 그다음에 이념이 올라오는 거고, 증오와 혐오가 더 커지는 거니까. 남북관계가 늘 아슬아슬한 게 있어요. 명분은 민족 화해라고 하면서 사소한 거 하나만 있어도 이념 문제로 분쟁이 되고, 퍼주기 논란이 되죠. 그다음에 종북이냐 친북이냐 이런 문제가 돼 버리니까, 그런데 이것은 북한도 마찬가지래요.

　　북한도 개성공단 만들 때 군부가 엄청난 불만이 있었다고 그러더라고요. 거기에 군부대가 주둔했는데 밀어낸 거고, 금강산 관광도 장전항이 북측 입장에서는 전략 요충지, 잠수함 기지인데 그걸 다 없앤 거잖아요. 군부 입장에서는 자기네 영역이 그만큼 사라진 거니까요. 남북 화해 분위기에서 자기네들이 밀려난 느낌이었을 텐데, 북측도 강경파들이 언제든지 반대하고 나올 수 있는 그런 게 필요했겠죠. 결국 강 대 강으로 가버린 거니까. 북측에서도 남측과 화해해서 인민들에게 도움이 되고 또 북측 정권 차원에서도 "남과 화해하면서 다양한 교류가 되면 북측에 이익이 되겠다." 그래서 진행하다가 이런 일이 벌어지게 되니까 다 망가지는 거죠.

시민사회단체는 북측과 교류를 지속하면서 유연해지는 게 있는 것 같거든요. 대처 방식도 좀 더 알게 되고 우리 사회의 논리와 북측의 다른 논리도 알게 되죠. 현장에서 느낀 접근법이라고 할까, 방법론을 제시할 수 있는 사람은 드문 것 같습니다. 북한과 교류하는 차원에서 볼 때 시민사회가 어떤 방식으로 접근할 수 있는지, 남북교류와 관련한 매뉴얼이라고 할까요 '북측과 접촉할 때 기본 절차'처럼 주의할 점이나 사전에 필요한 정보를 담은 자료 같은 게 있습니까?

오리무중인데요. 교과서처럼 만들어서 효과가 있을지는 모르겠어요. 다양한 단체들이 경험을 가지고 각각의 한계와 장점들이 조화를 이루면서 북측과 계속 해나가는 수밖에 없다고 보고요. 일부 단체는 잘 안 되기도 하지만 또 일부는 잘 되는 것을 중심으로 더 잘 되게 하고. 실패와 성공을 민간에서 하면 정부는 많은 정보와 노하우를 알게 되고 "이 부분은 정책적으로 법과 제도와 예산을 투입해서 적극적으로 하면 북한에도 실질적인 도움이 되고, 남북 교류에 상당한 시너지가 있겠다"라고 할 수 있는 게 생기잖아요. 정부가 뒤따라 올 수 있는 게 아닌가 생각하는데 여기서 다양성이 무너지면 곤란하죠.

아무리 특별한 사람이라도 사람이 갖고 있는 경험은 한계가 있는 거죠. 북민협에 다양한 분야의 단체들이 있잖아요. 더 많은 분야의 더 많은 민간단체들이 북민협이 아니라도 북측과 교류 협력 과정에서 경험을 쌓는 게 크게 보면 통일로 가는 밑거름이 되는 거죠. 설사 거기까지 못 가더라도 남북 교류에서 꽉 막혀 있는 것을 민간 차원에서 다양하게 시도하는 게 필요하다고 보죠.

북민협에 많은 단체들이 대북 사업에서 통일부의 남북협력기금을 지원받아 해야 하는 거죠. 들여다보면 후원금은 얼마 안 되는 거지요. 단체를 유지하는 정도이거나 그 정도도 안 되는 거죠. 만약 북한에 몇억 원을 지원한다 그러면 남북협력기금에 계획서를 내고 기금을 받아서 하죠. 저희는 다행히 한 번도 그렇게 하지 않고 순수 민간모금으로 했어요, 사실은 사랑의연탄도 늘 빠듯했어요. 많은 단체들은 다른 수입이 없으니까 북한만 지원하게 될 경우 종종 어려워지는 거죠. 인도적 지원 사업이 활성화될 때도 또 이런 문제가 생길 거고 북한은 초기처럼 조금이라도 주는 것에 대해서는 더 이상 고마워하는 존재가 아니게 될 거에요.

북한의 형편이 나아져서가 아니라, 이미 "그런 수준은 별로 도움이 안 된다. 괜히 골치만 아프고 그렇다"라고 하는 게 북측의 인식이에요. 북측도 이제는 가려서 받을 거라는 거죠. 규모가 있고 또 나아가 지속 가능한 에스디지(SDGs: Sustainable Development Goals)를 따라서 그런 원칙의 문제예요. 지속 가능성의 문제도 규모의 문제인 거죠. 저쪽에서는 100억 정도를 기대하는데 "1억 원어치밖에 못 가져왔는데요?" "아, 고맙지만 안 받겠다"라고 할 가능성이 많은 거죠. 배부르다 이럴 문제가 아니에요. 이제 그런 시대가 다 지난 거죠. 북민협 단체들이 규모를 어떻게 키울 거냐, 남북교류협력기금만 가지고 하는 것은 우리 스스로 명분을 많이 잃게 하거든요. 활용을 잘해야죠. 좀 더 의미 있게, 규모 있게 사업을 하는데 그에 못지않게 국민을 설득해서 모금해야 하는데 여기에 장애가 많아요.

남북교류에 있어서 북한이 개선해야 할 점이 있을 것 같은데, 제한된 영역이긴 하지만 북측도 변화해야 되지 않겠습니까. 북측이 남한과 대화와 교류 차원에서 "이런 부분은 불필요하거나 좀 바꿨으면 좋겠다"하는 것들이 있을까요?

북한 사회에서 아주 한정된 사람들을 만난 거고. 오고 가기는 100번 넘게 갔다 온 사람이지만 만난 게 담당자나 세관원, 이런 분들 만난 거고. 금강산에서는 우리를 담당하는 접대원(서비스 담당자), 그중에서 책임자, 매니저급을 만나고. 장님이 코끼리 만진 것보다도 더, 작은 부분이죠. 섣불리 말하기는 좀 어려운데, 제가 만난 상황을 보면 또 다른 단면일 수 있겠죠. 북한은 고도의 관료주의 사회다, 아주 잘 짜여진 관료사회라는 뜻이 아니고 관료화가 아주 극한으로 가는 사회죠. 어떤 것도 상부의 지시와 상부에 보고해서 지시받아야 움직이는 방식이니까, 그렇게 느낀 거죠.

이북은 자율적이고 뭔가 재량을 갖고 하는 게 거의 없다시피 할 정도에요. 불편해요. 만나서 얘기해 보면 하나도 즉시 해결되는 게 없어요. 처음엔 이게 너무 짜증나고 이랬는데 나중에는 미리미리 얘기하고, "빨리 좀 상부의 지시 받아라." 오히려 그렇게 얘기할 정도가 되었어요. 남쪽에서 우리가 민주화를 경험하고, 민주주의를 했던 사람 입장에서 볼 때 북측이 전체주의 사회라는 느낌이 확 드는 거죠.

남북 교류 협력하면서 만났던 관료나 담당자를 보니까, 자율성과

재량권이 극히 제한되어 있죠. 관료주의에서 제일 안 좋은 부분이 남아 있는 형태라고 할까. 이런 걸 감안해서 협상해야 되고 여러 가지를 해야 되지 않나 생각해요. 친해지니까 조금 융통성이 생기더라고요.
 하지만 근본적인 문제에 있어서 재량권은 없죠.

사무총장님은 사회운동가이지만 현재 태백선린교회 담임목사를 동시에 맡은 사역자입니다. 1980년부터 우리 사회문제 또는 사회변화를 직접 몸으로 겪고 마음으로 부딪혀 온 게 거의 40년이 되었습니다. 사회활동과 목회활동을 일관되게 할 수 있었던 근원적인 가치 지향이 무엇이었습니까?

그러네요. 신앙이 그렇게 깊지 않고, 그렇다고 열렬한 이념주의자도 아니고. 그것 때문에 구속이 되었지만 제가 이념에 빠진 건 아니거든요. 오히려 실용주의, 스스로 선택의 기준을 잡고 나가다 보면서 결국 주변에 좋은 사람들을 많이 만난 것 같아요. 고비마다 다른 사람과 맺은 인연이에요. 사랑의 연탄나눔운동 역시 이동섭 이사장님을 만나면서 이렇게 도약한 거죠. 태백지역에서도 봉사하러 갔는데 거기에 있는 좋은 목사님을 만나서 일하게 됐고. 그 목사님한테 또 배신도 당했지만 또 다른 목사님이 또 거둬주고. 그 과정에서 좋은 선배들, 좋은 동지들을 또 만나서. 그리고 사람이 좋으니까 같이 해야 되죠. 그걸 안 할 수 없잖아요. 제가 독창적이고 뭔가 계획을 세워 한 적이 별로 없거든요. 고맙죠. 다른데 빠지거나 하지 않고, 남들이 봤을 때 목사로서 할 수 있는 일을 하는 게 고마운 거죠. 안 그랬으면 목사도 벌써 때려치웠을 거예요. 교인 몇 명 안 되는 교회에서 뭘 버티고 있겠어요.
 이런 일을 하고 있으니까 오히려 목회 일이 더 소중한 거예요. 일주일 동안 일하는 느낌과 경험을 성도들하고 같이 삶을 나누고, 일종의 루틴(routine)처럼 되었어요. 태백에서 1주일에 한 번 주일을 지키는 것이 정체성을 유지하는데 의미 있는 거죠. 또 설교라는 게 좋은 얘기, 메시지를 주잖아요. 거꾸로 또 그렇게 메시지를 줬는데 그런 것이 나 스스로에게 방향을 주면서 상호작용을 해왔던 게 아닌가 싶어요. 지나고 보면 이동섭 이사장님 만난 것과 박원순 변호사님을 만난 거, 다 이런 것들이 삶에서 큰 변곡점이었어요. 그분들이 큰 마당을 그리고 거기에 제가 조금 참여할 수 있었던 기회가 마침 있었던 거죠. 그런 것을 하다 보니까 많은 걸 배우고 성장하는 거잖아요. 변한 거죠. 삶에서 큰 축복이었던 것 같아요.

# Ⅳ
# 평화로운 세상을 향한 길: 시민사회운동은 이렇게

**방용승**
- 2013년~현재      전북겨레하나 공동대표(상임이사)
- 2021년~2022년   6·15공동선언실천남측위원회 상임대표
- 2020년~2024년   여행협동조합평화소풍 이사장
- 2019년~현재      전북평화회의 상임대표
- 2017년~2021년   민주평화통일자문회의 상임위원
- 2014년~2020년   6·15 공동선언실천남측위원회 조직위원장
- 2014년~2017년   세월호참사전북대책위원회 공동대표
- 2010년~2016년   통일쌀보내기 전북도민운동본부 공동대표
- 2001년~2007년   전북통일연대 상임집행위원장
- 1993년~1995년   전북청년노동자회 회장
- 1991년~1993년   놀이마당 새뚝이 대표

## 1. 꿈을 꾸는 어린 시절과 5·18 광주

앞에도 산 뒤에도 산 옆에도 산. 온통 산으로 둘러싸인 전북 장수에서 태어난 구술자는 어렸을 때 저 산을 뛰어넘어 가면 어떤 세상이 있을까, 항상 그걸 생각하면서 자랐다. 5·18광주민주화운동의 여파 속에서 청소년기를 보내고 대학에서 학생운동에 참여한다. 학창 시절 5·18의 영향을 크게 받았다.

1979년 고등학교 1학년 때 10·26이 났죠. 그때는 집에 티브이가 없을 때였어요. 그 당시에는 라디오 뉴스를 들으면서 아침을 먹고 그랬죠. 그날 아침 식구들이 모여서 아침밥을 먹는데 여동생이 "교도소에서 사람들이 몰려나오고 그 맨 앞에 오빠가 태극기를 들고 달려가는 꿈을 꿨다"는 거예요. 저도 꿈을 꿨거든요. 제가 꾼 꿈은 서울에 있는 남산 위에 올라가서 보니 서울에 사람들이 엄청나게 몰렸어요. 대통령 환갑이라고 온 나라 사람들이 몰려든 꿈이었어요. 서로 꿈 이야기를 나누는 중에 박정희 대통령이 사망했다는 뉴스가 나오는 거예요.

소름이 돋았어요. 두 사람의 꿈이 연관이 있다고 생각한 거죠. 환갑이라고 하면 살 만큼 살았다는 걸 상징하는 것이고, 동생 꿈에 교도소 문이 열리고 사람들이 엄청나게 쏟아져 나오는데 내가 군중들 맨 앞에서 태극기를 들고 달려가더라. 역사적 소명 같은 것이 운명처럼 다가오는 그런 느낌이 들었어요.

그 당시에 교회를 다녔어요. 전주성결교회라고, 집이 학교와 가까운 완산동에 있었는데 교회는 그 반대쪽 시내 고사동에 있었어요. 밥을 먹는 둥 마는 둥 하고 바로 교회에 가서 기도하고 학교에 갔어요. 고등학교 1학년 그때 여러 가지로 세뇌 교육이 많이 되어있어서, 박정희 대통령이 나쁜지 어쩐지 모르는 사람, 모르는 친구들이 많을 때였어요. 저는 이러저러한 영향을 받아서 조금 의식이 있었던 편이었어요.

　교회에서 이 나라에 제대로 된 민주주의가 정착될 수 있도록 해달라고 기도하고 학교에 갔죠. 교실에 들어가니 수업 시간이 지났는데 수업은 하지 않고 시끌벅적 했어요. 제가 교실에 들어서는데 저랑 친했던 친구가 큰 소리로 "우리 국부가 돌아가셨는데 이렇게 철딱써니 없이 떠들고 있느냐"고 친구들을 나무라고 있더라고요. 그 모습을 보면서 놀랐어요. 평소에는 친구들이랑 이런 얘기를 할 기회가 별로 없다보니 서로 성향을 잘 몰랐지요. 그 친구는 순진한 친구인데, 그러다 보니까 그런 반응을 보인거죠. 숙연한 분위기를 기대했는데 아무 생각 없이 떠드는 친구들 모습에 진심 화가 났던 거 같아요. 한참 세월이 지난 후에 이 얘기를 하면서 놀랐던 기억이 나요. 친구가 "그 때는 내가 정말 아무것도 모르는 순딩이였다"고 하면서 웃더라고요.

　2학년 때는 1980년 광주를 접하게 되는데, 당시 기독 명문이던 신흥고등학교에 다니는 선배를 통해서 대략의 얘기를 전해 들었어요. 신흥고등학교가 5월 27일에 전교생이 '전두환 물러가라'고 시위를 했어요. 신흥고 시위를 주도했던 선배들이 성결교회에 많이 다녔는데 그 선배들에게 영향을 받은거죠. 비슷한 시기에 저희 학교에서도 시위를 준비하는 움직임이 있었는데 어떻게 선생님들이 알게 됐는지 실장들을 불러서 자중하라는 얘기를 했다고 들었는데 저도 교무실에 불려가서 주의를 받고 온 기억이 가물가물 생각납니다.

　사실은 신흥고등학교뿐 아니라 전주 시내 대부분의 학교가 연합으로 시위를 하기로 했는데 다른 학교는 미리 학교에서 손을 써서 시위를 못했다고 했어요. 신흥고도 학교에서 시위를 못하게 설득을 했는데 워낙 꼼꼼히 준비가 잘 되어있어서 3학년 학생들이 밀고 나오면서 전교생이 참여하게 되었다고 합니다. 이 일을 잊고 지내다가 대학에 들어가서 광주영상을 보고 그때 인생이 바뀌게 된 거죠. 자신의 권력욕을 채우기 위해서 선량한 국민을 무참히 학살한 자가 권좌에 앉아 있는, 그런 세상에서 나의 안위만을 위해서 산다는 것 자체를 인정할 수 없었어요. 그때부터 학생운동을 시작해서 여기까지 온 거죠.

대학 진학 과정 및 학생회 활동과 학생운동. 많이 비교가 될 텐데 5·18을 알고 심정으로는 어떻게 하고 싶었을까요? 광주 문제와 학내 민주화라든지. 1983년은 전두환 신군부가 학원자율화조치를 시행하기 이전이고, 전두환 정권으로 보면 안정기에 접어드는 시점이기도 했는데, 이 일의 끝을 어떻게 예상했습니까?

재수했어요. 고등학교 다닐 때 책 읽기는 좋아했는데 학교 공부는 안하고 많이 놀러다녔어요. 그 당시에 고등학교 분위기는 저와 맞지 않았어요. 선생님들과 많이 다투기도 하고. 중학교 2학년 담임선생님과 한바탕 하고 난 뒤에 "아 이런 학교는 다니기 싫다"해서 아버지에게 "학교 그만 두겠습니다"고 했더니 고등학교는 졸업해야 사람 구실 한다고 어찌 사정하시길래, 고등학교 졸업장이나 따드리자고 다녔어요, 그러니 무슨 재미가 있겠어요.

그러다 보니 대학 갈 생각도 안했고, 고등학교를 졸업하고 전주 남부시장에서 과일을 파는 노점상을 했어요. 그때 연세대 입학한 중학교 때부터 친했던 친구가 전주에 내려와서 소주 한잔을 했어요. 1982년 봄. 그때 대학교가 난리가 났을 거 아니에요. 촌놈이 엄청난 경험을 하고 내려온 거죠. "대학이야말로 너 같은 애들이 진짜 다닐만 한 데다. 자유와 낭만과 정열과 민주가 넘치는 곳이다.", "공부해서 대학에 들어오라.", 그 말 듣고는 바로 재수했죠. 5년 놀다가 하려니깐 잘 안됐어요. 전기대 떨어지고 당시에 후기대였던 전주대학교에 83학번으로 들어갔습니다.

저는 학생운동을 불교학생회에서 시작했어요. 그 이전 종교가 기독교였는데. 제가 다니던 해성중학교가 가톨릭 학교여서 거기서 세례를 받았는데, 신앙심이 깊지 않아서인지 성당에 함께 다닐 친구도 없고, 미사 보는 게 지루하고 재미가 없었어요. 친구가 제일 중요한 때잖아요. 그러던 차에 친구 따라서 성결교회라는 교회에 구경 갔다가 고등학교까지 그 교회를 다녔죠. 그 교회가 당시에 전주에서 가장 큰 교회 중 하나였어요. 그 큰 교회에서 전도를 가장 많이 한 전도왕에 오르기도 했어요. 친구들 전도를 엄청 많이 했어요. 그랬던 제가 대학에서 탈춤반 모집한다는 말을 듣고 가봤더니, 불교학생회더라고요. 거기에서 광주 얘기 듣고, 그날부터 운명이 바뀌기 시작했어요.

내가 가야 할 길이 이 길이구나 고민하던 중에 외국 기자가 찍은 광주 영상을 보고 완전히 마음을 굳히게 되었죠. 불교학생회 활동은 1년 정도 했어요. 대학생불교연합회(대불련) 문화부에 들어서 탈춤과 풍물을 하면서 사회과학 공부도 했지요. 활동을 열심히 하다보니 문화부장을 맡게 되었는데 얼마 안 지나서 선배들이 "용승이는 학교에 들어가서 학내에서 운동을 하는 게 좋겠다"고 해서 2학년 2학기 때 학교에 와서 '개땅쇠'라는 탈춤반 동아리를 만들고 그 동아리를 거점으로 학생운동을 시작했죠.

그때 당시 심정을 그대로 말씀드리면, 온 국민이 들고 일어나 5·18 광주학살 진상을 규명하고 전두환, 노태우를 광화문 네거리에 포박해 놓고 심판을 받게 해야된다고 생각할 정도로 분노가 컸지요. 그날은 반드시 올 거라고 확신했어요. 우리 청년학생들이 앞장서서 이 문제를 풀어나가지 않으면 안 된다는 생각에 정신없이 살았어요. 그때 여러 가지 사회적 모순을 알게 되었는데, 그중 하나가 분단 모순이었어요. 5·18 민주화운동을 접하게 되면서 의문점이 강하게 들었던 것이 아무리 그래도 그렇지 우리 군인들이 어떻게 시민들에게 총부리를 겨누고 학살할 수 있지? 이해가 안 갔어요. 학습하고 공부하면서 조금씩 실마리가 풀리기 시작했어요.

사진 1, 2   1980년 고등학교 시절의 방용승 상임이사(사진 위 가운 입은 소년. 사진 아래 오른편)

사진 3  1987년 6월 항쟁. 전주시 관통로 사거리에서 연좌시위 중인 청년 학생과 시민들

사진 4  1987년 6월 항쟁. 전주시 관통로 사거리에서 연좌시위 중인 청년 학생과 시민들

Ⅳ. 평화로운 세상을 향한 길: 시민사회운동은 이렇게

분단체제가 문제구나. 이런 말도 안 되는 상황을 만든 결정적인 요인이 분단체제라고 생각하게 된 거죠. "저것들은 북한 사주를 받은 폭도들이다. 빨갱이다. 죽여도 괜찮다"라고 하는 말, "'빨갱이'는 어떻게 해도 된다. 저것들은 짐승보다 못한 것들이다"라는 식의 증오심이 주입된 거죠. 빨갱이는 사람의 탈을 한 짐승만도 못한 존재로 인식시켰기 때문에, 이것이 광주 시민을 학살하면서 죄의식을 느끼지 않게 했다고 생각하면서 분단체제를 극복하지 않고는 진정한 민주주의를 이루기 힘들다는 생각을 했어요.

당시 "이게 분단 문제로부터 시작된 것이구나. 분단이 우릴 이렇게 제정신을 갖고 살지 못하게 하는구나"라는 생각을 갖게 되면서 통일운동에 관심 가지게 되었지요. 동시에 이것저것 노동문제, 농촌문제, 여성운동 등 여러 가지 시야가 터졌죠. 지금 생각해 보면 여러 다른 선택지도 있었을 텐데 하는 생각을 해보기도 하는데, 다시 돌아가더라도 그 상황에서는 다른 선택을 하지 못했을 거 같아요. 저의 성격 유형이 착하게 살자로 나오던데 이런 성격 영향도 있겠고 또 어렸을 때 위인전을 많이 본 영향이 큰 것 같기도 하고요. 위인들은 다 불의를 보고 참지 못하고 응징할 때까지 뜻을 굽히지 않잖아요.

## 2. 전주대학교, 1987

1987년으로 가보겠습니다. 그해 민주화투쟁이 크게 일어났고 6·10항쟁으로 이어지는데 전주대학교와 지역사회는 어떤 상태였습니까. 선거 투쟁을 주도하고 나중에 구속과 재판까지 받게되는데, 한국 민주주의 이행에서 최고조에 달했을 때 활동은 어땠습니까?

그때가 그 이후의 삶을 결정하는 아주 중요한 계기가 되었죠. 상반기에는 다른 대학과 같이 군부독재 퇴진투쟁을 6월항쟁까지 같이 했죠. 6·29선언하고 나서 숨쉴 공간이 열리니까 노동현장에서는 7, 8, 9월 노동자 대투쟁이 일어났고 전주대학교에서도 억눌려 왔던 모순들이 터지기 시작한 건데. 사학비리 문제가 드러나기 시작해서 바로 개학하자마자 전주대학교 민주화추진학생협의회(민학협)를 결성해서 투쟁을 시작했어요. 초대 의장을 제가 맡았어요. 당시 전주대학교가 기채상환 즉 재단이 갚아야 할 학교의 빚을 신동아 재단이 학생들 등록금으로 갚아나가고 있는 것이 알려지면서 학생들이 들고 일어난 거지요.

기억이 뚜렷하지는 않지만 한 달 정도 시위하다 학생총회를 통해 결의하고 수업 거부 투쟁을 했어요. 87일간 수업 거부 투쟁을 했고 전교생이 거의 다 같이 했어요. 당시에는 매일 시위를 했는데. 과별로 집회를 한 후에 과 깃발을 앞세우고 단과대학에 모여 단과대 집회를 한 뒤에 단대별 깃발을 앞세우고 전교생이 중앙도서관으로 집결했어요. 그 모습이 참 장관이었어요. 졸업을 앞둔 4학년들은 학교에 거의 안 나올 때니까, 4학년을 제외하고 거의 다 시위에 참여할 정도로 엄청났죠.

학원민주화투쟁을 우리보다 조금 일찍 시작한 곳이 조선대학교였는데요. 10월 경에 전주대 총장이 사퇴하면서 처음에는 저희들 싸움이 더 일찍 끝날 줄 알았는데 학생운동의 역사가 짧고 하다 보니까 활동가 층이 얇아서 제가 구속되고 난 뒤에는 동력이 많이 줄어들어서 소기의 성과를 제대로 이루지 못했습니다.

1987년 11월 30일에 구속된 것으로 기억해요. 그때는 학원민주화투쟁을 하면서 내부에서 논쟁이 붙었어요. 87년 당시 대선이 있었잖아요. 저를 비롯해서 지도부 일부는 대통령을 제대로 세우는 것이 무엇보다 중요하다. 노태우가 되도록 가만두면 안 된다, 선거투쟁, 사회투쟁에 함께 나서야 한다는 입장이었어요. 정부가 바뀌면 학원민주화도 훨씬 빠른 속도로 진행이 될 것이라는 입장이었죠. 또 한쪽에서는 정치에 휘말리면 안 된다, 순수한 학내문제에만 집중해야 된다는 입장이 있었죠.

결국 설득해서 11월 30일 전주 시내에서 예정된 광주학살 진상규명, 노태우 퇴진을 요구하는 기습시위에 참여하기로 했어요. 이 대회는 전북지역 대학생들이 주관하는 행사로 시내 팔달로에서 하기로 했어요. 예정된 시간에 팔달로에 가니 전경들, 백골단이 쫙 깔려 있더라고요. 시위에 참여하려고 온 학생들까지 팔달로 주변은 발 디딜 틈이 없을 정도로 사람이 많았어요. 경찰과 학생들이 섞여 있었지요.

분위기가 살벌한 가운데 시간이 지나도 집회 시작이 안 되는거에요. 도저히 안 되겠다 싶어 제가 앞장을 섰습니다. 손을 번쩍 들고 '광주학살 진상규명, 노태우 처단' 구호를 외치고 사람들을 모으려고 하는 순간 순식간에 백골단이 달려왔습니다. 순식간에 백골단의 먹이가 되었고 그들은 시민과 저를 격리시키기 위해 제 머리에 백골단 하이바를 씌우고 에워싼 채 경찰차에 태웠습니다. 이렇게 상황은 끝나버렸지요.

**수감도중 가족에 큰 일이 있은 것으로 압니다. 선친의 사고 소식을 전해 들은 당시 어떤 심정이었습니까. 삶의 중심을 잡게해준 김남주 시인의 직언, 선친의 전주교도소 근무와 이사님이 재판 받는 도중에 발생한 사고는 마음 속에 오래도록 남을 것 같습니다.**

학내투쟁에만 집중하자고 했던 친구들 중에는 제가 너무 싱겁게 잡혀가니까, 방용승이 투항한 거 아니냐, 이런 얘기가 나오기도 했다고 해요. 입장이 조금 다르면 학생들은 순수하고 어리다 보니까 별 생각을 다하는 거죠. 몇 가지가 병합되어 재판을 받았죠. 시내에 나가기 전에 학내시위 과정에서 교직원들이랑 부딪히고 했던 건으로 이미 수배 중이었거든요. 거기다가 팔달로 시위 건이 추가된 거지요. 재판받던 중에 아버지가 돌아가셨어요. 정상참작이 되고 해서 집행유예로 나왔습니다.

그때가 1월 정도로 기억해요. 남자들은 누구나 그렇듯이 저도 아버지 영향을 많이 받은 것 같은데. 아버지가 '야'성이 강한 편이어서 김대중 대통령, 그 당시 김대중 선생을 열성적으로 지지하는 분이셨고 가끔 술 한잔 드실 때면 "이번에 김대중이 안되면 나는 지리산으로 들어가불란다"라고 하실 정도였지요. 희망이 없다 이거지요. 그러던 차에 6월항쟁이 터지고 제가 시위를 주도하게 되니까, 당시에 아버지는 전주교도소 교도관으로 근무하고 계셨는데 안기부 직원이 전주교도소에 와서 "방 선생은 여기 있지 말고 학교로 가라"고 압력을 넣었다고 해요. 그때는 그게 가능했던 때였어요. 공무원이니까 어쩔 수 없죠. 아버지는 학교에서 저와 마주치기라도 하면 "나 안 본 걸로 해라." "너 할 일 해라." 그랬죠. 지금 생각하면 참 눈물나는 얘긴데.

6월 10일 그날은 작정하고 오셨더라고요. 안기부에서 "큰일난다, 이번에 앞장섰다가는 큰일 날 테니까 당신 아들을 가서 좀 막아라." 그랬다고 해요. 아버지가 그 전에 이런저런 시위 때는 그냥 눈감아주고 그러셨는데, 그날만큼은 제 허리춤을 꽉 잡고 안 놔주시는 거예요. 정작 6월 10일에는 아버지에게 끌려가서 시위 참여를 못했어요. 그때 아버지 힘이 그렇게 센 줄 몰랐어요. 후배들에게 아버지 손 좀 뜯어말려라, 제가 큰소리로 외쳤는데 후배들이 감히 어떻게 아버지를 뜯어말리겠어요. 어쩔 수 없이 끌려서 집으로 왔어요. 집 앞에 있는 식당에서 아버지하고 저하고 처음으로 대작했는데, 서로 한마디도 없이 침묵 속에 소주 4병을 마시고 나왔어요. 아들이 구속되어있으니까, 얼마나 마음이 아프셨겠어요. 아버지가 아들을 지키는 꼴이 되었으니. 교도소에서 매일 틈만 나면 잘 있는가 보고 가세요.

"뭐 불편한 건 없냐?" 하고 가시고 그랬죠. 어느 날 아침엔가 보안과에서 나오라고 하더니, 사복으로 갈아입으라고 그래요. 무슨 일인가 했지요. 보안과에 갔더니 큰외숙이 와 계세요. 큰 외숙이, 제 손을 꽉 잡더니 "용승아, 정신 바짝차려라잉." 그러면서 아버지 소식을 전한 거죠. 장례를 치르기 위해서 잠깐 나왔다가 들어갔죠.

돌아와서 독방에 앉아 있는데, 그때가 스물다섯인데 어린 나이에, 가만있을 수가 없어요. 학생운동 몇 년 안 했지만 드는 생각은 오로지 가족뿐이었어요. 가족애, 아버지가 이렇게 돌아가신 것이 어쩌면 나 때문에 그런 거 같기도 하고. 여러 가지 생각이 들면서 내가 장남이다 보니까 나가면 동생들과 집안을 돌봐야겠구나. 학생운동, 이 세상을 한번 바꿔보자고 했지만, 뒤로 미루고 가족부터 챙겨야겠구나, 이런 생각하면서 눈물을 많이 흘렸어요.

김남주 시인이 제가 있던 미결수 바로 옆 사동에 있었어요, 병사에. 김남주 시인이 어느 날 신호를 보내서 그쪽 병사동에서 우연히 만나는 것처럼 해서 만났어요. 그때 김남주 시인이 제 손을 잡고는 그런 말씀을 하시더라고요. "선친은 전주교도소에서 몇 안 되는, 우리와 말이 통하는 분이셨다. 참 애석하다." 이 말씀을 하시면서, 당신 얘기도 하는 거예요. 오랫동안 옥살이 하는 동안 지금은 기억이 가물가물한데 면회하러 오다가 가족 중에 누군가가 교통사고로 돌아가셨다는, 그런 얘기도 하셨죠. "아버지는 방 선생 때문에 돌아가셨다. 아버지의 죽음이 헛되지 않도록 하기 위해서라도 방 선생이 정신 바짝 차리고 살아야 할 거 아니냐!" 그런 말씀을 하시더라고. 그때 정신이 '바짝' 들었어요. 이게 논리고 뭐고 없어요 그냥. 아버지의 죽음을 헛되지 않게 해야 한다는 그 말씀이, 저에게는 너무 크게 다가왔던 거죠.

아버지는 많이 엄하신 편이었어요. 제가 대학에 들어가고 난 뒤 아버지에 대한 여러 가지 부정이랄지 이런 것이 새롭게 형성될 시기였어요. 나이가 들면서 말이 통할만 하고 이런 저런 세상사를 나눌만 하니까 돌아가셨어요. 더 깊이 나누지 못한 부정에 대한 아쉬움, 그리움 그런 여러 가지 생각들이 바로 아버지의 죽음을 헛되게 하지 않아야겠구나, 내가 정말로 잘 살아야겠다는 생각으로 정리가 됐던 거 같아요. 그 뒤부터는 중심이 딱 잡히고, 흔들림이 없었어요. 그 힘으로 지금까지 왔다고 생각해요.

1980년대 당시에 학생운동을 많은 학생들이 했잖아요. 그 시절에 학생운동 했던 사람 중에, 다른 지역은 몰라도 전북에서 지금까지 전선에 남아 통일운동하고 있는 사람은 찾아보기 힘든 것이 현실이에요. 그만큼 쉽지 않은 일인데 여기까지 올 수 있었던 것은 그때 아버지와 저의 관계. 어떻게 보면 아버지는 지키고 자식은 갇혀 있는 그런 서글픈 현실에서 또 아버지가 돌아가시게 되고 그것이 김남주 시인과의 만남 속에서 의식의 반전이 이뤄지면서 제가 여기까지 오는 데 큰 힘이 됐던 거죠.

아버지는 저를 찾아오시면 "나쁜 짓 해서 들어온 것 아니니까 기죽지 말아라" "다른 잡범들하고 다르니까" 하시고 다른 얘기는 하지 않았어요. 오시면 잘 있는지 보고 가시고, "안 춥냐?" 빨간 물통을 건네주시면서 "따뜻한 물 넣어서 보듬고 있으면 좀 나을 거다" 하고 가시고, "재판 잘 될 거다" 이런 말씀들 하셨던 것이 기억에 남아요.

아버지 돌아가시고 아쉬웠던 것 중 하나가 있었는데. 제가 구속되기 전 언젠가 교도소 내에서 한바탕 크게 소동이 있었던 모양이더라고요. "학생들이 들고 일어나니까 이제는 빨갱이들까지 덩달아 일어난다"고 언짢아 하셨어요. 당시 교도소에는 학생들을 비롯한 양심수들이 많을 때여서 소내 인권 확보를 위한 투쟁이 많았어요. 여기에 비전향 장기수들도 포함되는 것이고요.

아버지가 말씀하신 빨갱이는 이런 분들을 말하는 것이라고 나중에 알게 되었지요. 아버지가 돌아가시지 않았다면 그 점에 대해서 제 생각을 말씀드렸을 거예요. 그분들도 자신의 신념을 지키기 위해서 싸워오신 분들이고 분단의 피해자들이다. 이런 얘기를요. 그 당시에는 감수성이

사진 5　방용승 상임이사의 아버지. 전주교도소 원예과에 근무하던 시절

사진 6　1990년 2월. 대학 졸업식에서 결혼 전 아내와 함께

사진 7　1991년 6월. 전주대학교 학생회관에서 결혼식을 한 후 학생운동을 함께한 친구 선후배들의 축하

예민하고 옳고 그름을 세세하게 따지던 때라 그 말씀을 못 나누고 가신 것에도 아쉬워했던 기억이 남아있네요.

## 3. 전북지역 청년노동운동

이사님 가정에 큰 일이 있었는데, 전주대학교 복학 이후 학생운동을 주도하며 느낀 점이 많았을 것 같습니다. 대중에 대한 믿음이라고 할까요. 집행유예로 출소해서 복학한 이후 진로에 대한 고민이 상당했겠죠. 1987년을 전후로 민주주의 이행과 전북지역의 청년운동, 노동운동 조직 특히 전북청년노동자회 활동이 궁금합니다.

교도소에서 봄에 나왔고 1년 후에 복학했어요. 나오고 나서도 오로지 학생운동밖에는 생각이 없었어요. 하루빨리 군부독재를 종식시키고 사회를 바꿔야 한다는 생각. 장기적으로 진로에 대해서도 차분히 생각해 보고 여러 가지로 모색도 해봐야 하는데 그때는 그런 생각을 전혀 못했어요. 먹고사는 문제를 포함해서 전혀 개인의 안위에 대해서는 생각하지 못할 때였지요. 지금 생각해보면 참 순수하고 뜨겁게 살았던 때였던 거 같아요. 너무 단순했던 거 같기도 하고. 제 마음에 조금이라도 동요가 있을 때는 당시에 후배들에게 자주, 민주, 통일이 이루어지는 그날까지 이 마음 변치 말고 함께 가자고 다짐했던 그 말이 떠오르는 거예요. 다른 생각을 할 수가 없더라고요.

아버지의 죽음을 헛되이 말아야 한다는 생각과 함께 후배들과 한 다짐이 저를 그렇게 만들었어요. 세월이 지나고 후배들도 모두 운동을 그만 두고 떠나간 뒤에도 그렇게 늘 운동의 한복판에서 한길만을 묵묵히 걸어왔어요. 가끔 바보 같았다는 생각이 들 때도 있지만 사회 모순을 알고 난 뒤에는 사람이 살만한 세상을 만들기 위한 운동보다 의미 있는 일이 없다고 생각했어요. 운동을 떠나서는 행복한 삶을 살 수 없을 거 같았던 거지요. 한참 뒤에야 다른 일을 하면서도 의미 있는 삶을 살 수 있다는 것을 생각하게 되었어요.

한번은 고등학교 졸업하고 저에게 대학 진학을 권했던 친구가 군대 다녀와서 저에게 같이 고시 공부하러 들어가자고 했는데 그냥 웃으면서 너나 열심히 해라. 나는 내 갈 길 가겠다고 했어요. 그 친구도 학생운동을 잠시 했던 친구인데 나중에 행정고시에 붙어서 세무공무원이 됐어요. 김영삼정부 들어서고 나서 운동에도 많은 변화가 있었고 운동을 하던 많은 사람들도 새롭고 다양한 접근을 할 때였는데.

가끔 그때 그 친구 따라갔더라면 어떻게 되었을까? 하는 생각을 할 때가 있어요. 그 시기를 알차게 준비하고 보냈더라면 사회를 바꾸는데 좀 더 많은 기여를 할 수도 있지 않았을까 이런 생각들이 드는 거지요. 사범대를 나왔으니까 교사를 하면서 그 영역에서 여러 가지 역할을 할 수도 있었을테고. 세상을 바꾸자고 하는 것도 이 사회와 소통하면서 바꿀 수밖에 없는 건데. 사회가 원하는 눈높이가 있는 것이고 전문적인 직업이나 영역에서 일가를 이루고 나면 사회에 대한 발언권도 커질 수 있잖아요. 정신없이 운동에 푹 빠져 살다가 나이를 한참 먹고 난 뒤에야 생각하게 된 거지요. 사람들이 어떻게 이렇게 한 길을 올 수 있었냐? 하고 물어오면, 글쎄 운동에만 열중하다 보니 다른 재주를 못 가져서 그랬던 것 같다. 다른 재주가 있었으면 다르게 했을 텐데 이렇게 대답하곤 합니다.

1987년 8월에 충남대에서 전국대학생대표자협의회(전대협) 1기가 출범했어요. 말 그대로 대표자 협의회잖아요? 저희 대학에서는 학원민주화투쟁을 하는 과정에 총학생회가 참여를 안 했어요. 하반기부터 자연스럽게 전대협에는 전주대 민학협 의장이었던 제가 대표로 참여하게 됐어요. 전대협 산하 지역 조직인 전북지역학생협의회 부의장을 겸했지요. 학원민주화투쟁을 주도하다 보니 구교대 쪽에서 방용승이 총학생회장 출마하려고 데모 한다는 소문을 퍼뜨렸어요. 바로 집회에서 그럴 생각이 없다고 했지요. 몇 달 후 총학생회장 선거가 다가오자 제가 나가야 한다는 주장이 있었으나 제가 학우들과의 약속을 이유로 거절했습니다. 그러다 우왕좌왕하다가 후보를 내지 못하고 선거 보이콧을 하게 됩니다.

선거를 보이콧 하는 것이 지금 생각하면 참으로 바보 같은 결정인 것인데. 88년에 민학협 2기를 새롭게 구성해서 학원민주화투쟁을 이어갔지만 87년과 비교할 수 없을 정도로 동력이 떨어졌어요. 총학생회를 장악하고 투쟁을 했다면 달랐을 거라고 생각했어요. 88년 한 해를 보내면서 제도권을 기반으로 하는 것이 얼마나 중요한지 뼈저리게 느끼게 되었지요. 이 교훈은 이후 운동을 하는데 큰 영향을 주게 됩니다. 89년 총학생회장 선거에는 민학협 후배가 출마해서 두배 가까운 차이로 당선이 되었습니다. 민학협에 대한 학생들의 지지가 여전하다는 것을 확인한 셈이지요.

제가 87년 학원민주화 투쟁하면서 개인적으로 얻은 것이 있다면 대중에 대한 신뢰입니다. 전주대학교는 당시 지방대에 후기대학이었습니다. 전주대를 비하해서 쭈대라고 많이 했어요. 전주대 학생들도 당연하게 받아들이는 분위기였는데 저는 이 말이 정말 듣기 싫었어요. 학우들에게 전주대를 전대라고 하자고 제안했지요. 당시에 전남대는 민족전대, 전북대는 애국전대라고 하니 우리는 '구국전대'라고 하자고.

학원민주화 투쟁을 하려고 해도 학교에 대한 자부심이 없으면 투쟁에 힘이 실리기 어렵다고 생각했어요. 매일 집회에서 힘들여서 캠페인을 했습니다. 학우들의 반응은 좋았어요. 지속적으로 캠페인을 하다 보니 자연스럽게 학우들도 구국전대라고 따라서 하고 있더라고요. 어느 날 학생회관에 점심을 먹으러 들어가다가 "민학협 애들이 전주대학교 격을 높여준 것은 잘한 것이다"라며 수군대는 소리를 들었어요. 역시 잘했다는 생각이 들었지요.

투쟁이 길어지면서 언론의 관심도 멀어지고 점점 지쳐가고 있을 때였어요. 그때가 87년 대선 시기였지요. 김대중 대통령후보가 전주역에 유세 오는 날을 활용해서 우리의 투쟁을 알리고 새로운 전기를 만들자는 결정을 합니다. 그 전에 광주에서 김대중 후보 유세가 있었는데 조선대에서도 조선대 투쟁 상황을 알리기 위해 무대 근처에 접근했는데 수행원들에게 밀려서 접근도 못했다는 말을 들었기에 우리는 제대로 해야겠다고 생각했어요. 최소한 유세장을 들었다 놓을 정도로 많은 대오가 참여하는 것이 중요하다는 생각에 사실대로 학우들에게 알렸습니다.

"조선대는 집회 참석자 수가 적어서 근처에도 못가고 말았다고 한다. 조선대가 2만 명 중에 1천여 명이 참여했다고 하는데 우리는 7천 학우가 한 사람도 빠지지 말고 참여해서 김대중 후보 바지가랭이라도 잡고 우리 문제를 해결해 달라고 하자. 우리는 해낼 수 있다"며 자존심을 자극하면서 독려했지요. 매일 아침마다 학우들에게 호소했어요. 유세장에 많은 사람들이 몰릴 것이 예상되었기에 전주대 대오를 알아보기 쉽게 팔뚝에 묶을 띠를 준비하기로 했습니다.

7천 개를 만들어 가자고 했는데. 밤새 4천 개 조금 넘게 만들어서 갔어요. 미리 무대 바로 앞자리를 차지하기 위해 3시간 전에 모이기로 했는데 저희 집행부가 현장에 도착했을 때 이미 수천 명의 전주대 학생들이 모여 있었습니다. 그때 대중의 위대함을 알았지요. 준비해간 띠가 모자랐어요. 당시에 학교에 잘 나오지 않던 4학년을 제외하고 거의 전교생이 다 나온 거예요. 놀라지 않을 수 없었지요. 믿고 따라준 학우들이 눈물나게 고마웠어요.

김대중 후보 유세 직전에 군부독재종식전북청년학생결의대회를 전북지역학생협의회(전북학협) 주최로 하기로 예정되어 있었는데. 그때 전주대를 제외하고 다른 학교에서 모인 전체 학생 수가 500여 명 정도 되었어요. 원래는 다른 학교에서 집회 사회를 보기로 했는데 집회 통제가 잘 안됐어요. 수 개월간 투쟁을 하다보니 저희만의 독특한 집회 문화가 있어서 혼란이 있었던 거지요. 현장에서 급히 저로 사회가 바뀌었어요. 어마어마한 군중 앞에서 사회를 보게 된 거지요.

엠프가 어찌나 좋던지 말을 하기도 전에 소리가 쑥쑥 빨려들던 느낌이 지금도 선합니다. 학우 대중들과 약속했던 저희 입장을 김대중 후보에게 전달하지는 못했어요. 막상 그 자리에 가보니 그럴 분위기도 그럴 조건도 아니더라고요. 우리가 순진했지요. 비록 완전한 승리를 거두지는 못했지만 87년 학원민주화투쟁 과정을 통해서 대중과 솔직하게 호소하고 소통하는 것, 대중을 존중하는 투쟁, 대중을 주인으로 세우는 투쟁이 얼마나 중요한지 알게 됐어요. 이때 형성된 대중관이 저를 오늘까지 이끌어왔다고 해도 과언이 아니에요.

대중은 헌신하는 만큼 또 솔직하게 다가가는 만큼 반드시 호응한다, 그리고 대중을 주인으로 세웠을 때 이들이 변화의 주역으로 나설 수 있다는 것을 확인했죠. 그들을 동원 대상으로만 대했다면 당시 우리 역량으로 그렇게 큰 투쟁을 이끌어내지 못했을 거예요. 대중을 믿고 진실하게 다가가면 반드시 화답한다는 것에 대한 신념이 확고히 서다 보니까, 이후에 운동하면서 어려운 과정이 많이 있었지만 쉽게 절망하거나 나가떨어지지 않았었던 것 같아요. 저에게는 엄청난 경험이었죠.

졸업 이후 활동에 대한 이야기입니다. 1989년 90년 당시에 전국적으로 애국적 사회진출이 제기될 즈음 전국적으로 청년운동이 활성화 되었어요. 이전에는 학교를 나온 활동가들이 주로 노동현장과 농촌현장에 투신을 했는데 이때부터 청년운동, 여성운동 등의 부문 영역에도 활동가들이 결합하기 시작했어요. 이전부터 있었던 '민청련'에 이어 '나라사랑 청년회' 등 많은 청년운동 단체들이 전국적으로 유행처럼 결성될 시기였지요. 이런 흐름 속에서 전주에서도 '전주새길청년회'가 결성되었어요. 이렇게 결성된 전국의 청년운동 단체들이 모여서 '전국청년단체대표자협의회'(의장 이범영)를 결성했고 전북지역에서도 전주새길청년회, 김제사랑청년회, 부안사랑청년회 등이 모여서 전북청년단체대표자협의회를 결성했지요.

저는 전주새길청년회 초대 부회장으로 활동을 시작했어요. 새길청년회는 취미문화별로 '사랑'이라는 이름으로 6개의 분과로 구성되어 활동했는데 저는 '놀이사랑' 대표를 겸했어요. 놀이사랑은 탈춤 풍물 등을 주로 하는 분과였지요. 풍물을 하다 보니 독자적인 연습 공간이 필요해서 놀이사랑 회원들이 십시일반 해서 따로 연습 공간을 만들어 운영했어요. 시간이 지나면서 놀이사랑의 규모가 커지면서 새길청년회 놀이사랑이라는 정체성과 함께 독자적인 이름으로 활동을 병행했어요. 일하는 청년들의 놀이마당 '새뚝이'라는 이름으로 새길청년회와 함께 하면서도 독자성을 지닌 활동을 한 겁니다. 처음에는 새길청년회 6개 사랑 중 하나였는데 시간이 지나면서 새길청년회보다 양적으로 더 커지고 조금씩 노선 차이가 드러나면서 결국에는 새길청년회로부터 독립을 하게 됩니다.

지금 생각하면 그때 독립할 때 서로 충분히 대화하고 소통하면서 정리할 수도 있었는데 서로 좋지않은 감정으로 갈라섰어요. 그것이 아쉬운 지점으로 남아있어요. 소통 능력이 많이 부족했던 거지요. 그 당시 청년운동을 하면서 내걸었던 구호가 17만 전주지역 청년들을 정치적으로 일상적으로 책임지는 청년회, 청년들의 자주적 삶을 보장하는 청년회였어요. 저는 취미 문화별 모임만으로는 전주지역 청년들을 올바로 책임지기 어렵다는 생각을 많이 했구요.

취미 문화별 중심의 활동은 문턱이 낮아 많은 청년들이 들어오기도 쉽지만 회원들의 높아지는 정치적 요구를 채워주지 못하다 보니 물갈이도 심했어요. 그러다 보니 청년회는 시간이 지나도 뚜렷한 발전을 하지 못하고 제자리걸음에 머물렀어요. 저는 청년들 대부분이 직장에서 많은 시간을 보내기 때문에 일터에서 자주적인 삶을 보장하고 지원하는 것이 중요하다고 생각했어요.

놀이마당 새뚝이에서 처음 한 것이 '일하는 청년들을 위한 풍물 강습'이었어요. 풍물강습 포스터를 전주 시내에 도배하다시피 했죠. 시청에 30만 원이라는 거액의 벌금을 물기도 할 정도로 열심히 알렸지요. 강습 때마다 들어오는 신입들이 3~40명에 이르렀으니 새뚝이에는 늘 사람이 넘쳐났지요. 이들을 중심으로 현장 활동을 지원하기 시작했어요.

일터에서 자주적 삶을 보장받는 게 결국은 민주노조를 세우고 활동하는 것이라고 봤어요. 결국 노동운동으로 귀결된 거지요. 그렇게 되다 보니 취미나 문화별 활동을 중심으로 하는 새길청년회와는 같이 활동하는 것이 어색하게 되더라고요. 결국 익산과 군산에서 노동운동하던 이들과 의기투합해서 '전북청년노동자회'를 결성하고 본격적으로 노동운동

사진 8  전주새길청년회 회원들과 함께

사진 9  1992년 12월. 전주새길청년회 부회장 시절, 대통령 선거를 앞두고 민주정부 수립 기원 촛불문화제에서 큰딸 새별이를 안고

사진 10  일하는 사람들의 놀이마당 새뚝이 회원들과 연수 중에 고사 지내는 장면

사진 11  1999년 8월 15일 전북지역 노동자들과 함께 참가한 통일대축전 행사

에 뛰어들게 됩니다. 제가 회장을 맡았어요. 이때가 93년 정도 일이에요. 가장 먼저 노동조합 결성을 지원하게 된 곳이 강습생으로 들어왔던 20대 초반의 여성 노동자들을 중심으로 한 전북대병원노조 였어요. 그 당시에 20살의 나이에 만났던 노동자가 이후 보건의료노조 전북본부장까지 하게 되지요.

전북청년노동자회 결성 1년 후 '전국노동조합협의회(전노협)' 지역조직인 '전북노련' 사무차장으로 들어갔다가 '민주노총전북본부'가 결성되면서 조직국장으로 일하게 됐어요. 활동가 조직인 전북청년노동자회 활동과 대중조직인 민주노총 활동을 함께 했지요. 낮에는 대중조직인 민주노총에서 밤에는 활동가 조직인 전북청년노동자회에서 정신없이 활동했어요.

## 4. 노동자 통일운동과 분단 문제

1990년대 후반 전주지역에서 통일문제가 의제로 부상할 때 시민들의 인식은 어땠을까요. 이른 시기에 노동자들이 통일운동에 참여한 부분이 눈에 띄는데, 이것은 어떻게 해서 가능하게 되었는지, 분단문제에 대한 체험 또는 직관에서부터 분단 문제와 노동자 통일운동에 대한 관점을 듣겠습니다.

통일운동은 그 당시 노동자들에게는 좀 낯선 주제였었죠. 1993, 1994년 정도에 문익환 목사님을 중심으로 통일원년이라는 화두가 던져졌었죠. 분단 50년이 되는 1995년을 통일원년으로 하자. 통일원년이라고 하면 통일의 분위기가 전국에서 들끓어 올라와야 할텐데 노동현장을 보면 노동자들은 통일에 관심이 전혀 없었어요. 당시 순수한 열정에 구호로만

운동을 해서는 안 되지. 통일원년을 맞으려면 실제 그에 맞는 노력을 해야 하지 않는가. 정세가 그걸 요구한다고 한다면 실제로 대중들을 만나서 그들을 정세에 맞게 끌어올려야 하지 않겠는가. 이런 고민을 하고 있을 때 인천에서 노동자통일대를 결성해서 모범적으로 활동하고 있다는 것을 알게되었어요. 아 저것이구나! 해서 전북지역 노동자통일대 '녹두'를 만들고 각 사업장별로 들어가서 대원들을 모집했죠.

매년 구성되는 노동자통일대 녹두 대원이 기본적으로 적을때는 200명 많을 때는 400명이 넘었을 정도였던 것으로 기억해요. 그들이 '현장에는 민주노조! 조국에는 평화통일!' 이런 구호를 내세우며 노동자 통일운동이 거의 불모지였던 전북지역에서 대중적인 노동자 통일운동이 일어났어요. 당시에 제가 노동자통일대 녹두 집행위원장을 했어요. 1기 녹두 대장은 우리와 성향이 좀 다른 민주노총전북본부 임원 중 한분을 세웠지요. 통일운동의 품을 넓히기 위해서 그렇게 했어요.

노동현장에는 여러 편향이 있었는데 학생운동을 하다가 노동운동에 투신한 활동가들이 현장에서 자리를 잘 잡지 못했어요. 현장에서 일하면서 비밀스런 비합 조직활동을 같이 하다보니 움츠러들어서 활동을 제대로 못하는 경우가 많았어요. 노조가 없는 곳에서는 노조를 만들고 어용노조가 있는 곳은 민주노조를 만들기 위해 대중들 속에 들어가 그들과 어울리면서 방법을 찾아야 하는데 이런 구체적인 활동을 위한 논의와 학습보다는 현장 활동과는 동떨어진 원서들을 중심으로 학습을 하다 보니 현장에서의 활동력이 떨어질 수 밖에 없는 거지요. 당시에 학생운동을 하고 노동현장에 투신한 많은 활동가들이 이렇게 현실과 동떨어진 관념적인 활동을 하다가 지쳐서 운동을 그만둔 경우가 많았어요. 당시에 그들을 보며 안타까운 마음이 컸어요.

노조운동에 그치지 않고 민주노조운동과 통일운동을 함께 했어요. 당시 한국 사회에서 노동운동을 하다 보면 자주 듣는 말이 빨갱이라는 말이었어요. 분단 문제를 해결하지 않고는 완전한 노동해방도 이루기 어렵다고 생각했어요. 그래서 저희가 내 걸었던 구호가 '현장에는 민주노조', '조국에는 평화통일'이었지요. 분단현실을 올바로 인식한 노동자는 놀라울 정도로 빠르게 정치의식이 성장하는 것을 확인할 수 있었어요. 전북청년노동자회가 활동가 중심의 단체였다면 노동자통일대 녹두는 대중적인 조직이었어요.

노동자통일대 녹두는 산업별로 지대를 두고 그 아래 단위노조별로 지회를 두는 방식으로 활동했어요. 율동과 노래, 연극, 영화 등 다양한 문화적 요소를 결합해서 재미있고 유쾌하게 활동했어요. 매년 노동자 통일대 녹두 발대식을 했는데, 한 번은 당시에 유명했던 꽃다지를 초청해서 콘서트와 결합해서 1,000여 명이 모여서 노동자통일대 녹두 발대식을 하기도 했지요. 이전에 청년학생들이 중심이었던 지역 통일 행사에서 노동자들이 한 몫 단단히 하기 시작했어요. 이전에는 우리 지역에서 범민족대회 등에 수십명이 참여했다면 노동자통일대 녹두 활동이 시작된 이후 수백명의 노동자들이 중앙대회에 단일한 복장으로 참여하기 시작했어요. 노동자 통일운동의 획기적인 전기를 열어냈던 거지요.

힘들고 복잡한 일이 1990년대에 많았어요. 동구라파가 무너지고 소련이 무너지면서 남한 운동 내부에서도 여러 가지 혼란이 있었지요. 그때 전북총련이 한국대학총학생회연합(한총련)을 가장 먼저 탈퇴했어요. 가장 먼저 학생운동이 집단으로 우경화된 곳이 전북이에요. 김영환을 중심으로 하는 민혁당 사건, 민혁당의 하부조직 중 하나였던 전북지역은 김영환의 전향에 가장 빠르게 영향을 받았어요. 그때 국정원에서 전향서를 쓰고 학생운동의 우경화를 이끌었던 주역 중에 지금 지역에서 잘나가는 정치인도 있어요. 극단적인 우경화로 가기 전에는 좌편향에 빠졌었던 사람들이지요.

그들 중에는 저에게 비합활동을 같이하자고 제안한 사람도 있었어요. 그때가 김영삼 정부 때였어요. 지금도 기억이 나요. "지금 문민정부가 들어섰는데, 비합 활동도 반합으로 올라서고, 반합은 합법으로 올라서야 될 마당인데, 무슨 비합이야?" 이러면서 거절했죠. 그들이 전북지역 학생운동을 단일하게 통합을 했어요. 당연히 제가 나온 전주대 후배들도 통합이 되었지요. 그리고 얼마 안돼서 전북지역 학생운동이 집단적으로 우경화 된 것이고요.

처음부터 제가 그들과 조직활동을 같이 하지 않다 보니 제가 활동하고 있는 전북청년노동자회에는 학생운동을 정리하고 사회에 나온 후배들을 보내주지 않았어요. 저수지에서 들어오는 물길이 끊어진 거지요. 당시 모든 운동의 저수지 역할을 했던 곳이 학생운동인데. 학출 활동가가 충원이 되지 않으면 재생산 구조에 심각한 타격을 받게 되는 거잖아요. 그때 재생산 구조가 끊어진 조직은 오래 못간다는 생각에 전북청년노동자회를 떠나간 사람도 있었지요. 이중 삼중으로 어려움이 밀려왔어요. 그러나 학생운동에서 충원되지 않은 활동가를 노동현장에서 세워내면서 버텨냈어요. 그러다 보니 전북청년노동자회는 학생운동출신 보다 노동자 출신이 압도적으로 많았어요. 이것이 나중에는 큰 강점이 되기도 했지요.

전북총련이 한총련을 탈퇴하고 얼마 안돼서 당시 전선조직이었던 민주주의민족통일전북연합이 해산했어요. 그때가 아마 1999년이었을 겁니다. 당시 민주주의민족통일전국연합도 위기에 놓여 있었는데 역시 지역연합을 가장 먼저 해산한 곳이 전북이었던 것으로 기억합니다. 사실 전북청년노동자회를 창립하면서 전북연합에 가입 신청을 냈었는데 가입이 안됐어요. 뚜렷한 이유 없이 가입이 보류되었는데. 몇 년 후 가입 결정이 나고 첫 번째 회의에 참석했는데 안건이 전북연합 해산에 관한 건이었어요. 해산 대의원 대회에서 전북연합 해산 반대 토론을 유일하게 혼자 했어요.

민주주의가 이루어졌다 하더라도 제대로 된 것도 아니고 나라의 자주화가 됐느냐 통일이 됐느냐, 이런 마당에 자주, 민주, 통일 전선의 깃발을 내린다고 하는 것은 일제 강점기에 해방도 되기 전에 "민족해방투쟁 전선의 깃발을 내린 거와 같습니다"라고 감히 얘기했죠. 제가 그렇게 항의하니 한 선배가 "수십 년을 통일과 민주화를 위해서 살아온 어르신들이 있는 자리에서 새파란 젊은 대표가 막말을 한다"고 하는 겁니다. 제가 또 반론을 제기하려고 손을 들었지만 발언 기회를 안 주더라고요. 대세를 되돌릴 수는 없었지요. 이렇게 혼란스럽게 90년대를 보냈어요.

전북연합이 해산되던 날 전북청년노동자회 회원들을 긴급 소집했어요. 그날 민주주의민족통일전주완주연합 결성을 결의하고 준비위원회를 결성합니다. 전북연합이 아닌 전주완주연합을 준비하게 된 것은 역량이 안되기도 했지만 해산되고 바로 그 이름으로 연합을 다시 세우는 것은 지역 선배와 어른들에게 예의가 아니라는 생각도 있었던 것 같아요. 그 이후에 전북청년노동자회와 전주,완주 지역 노동조합, 농민회를 중심으로 '민주주의민족통일전주완주연합'을 결성하고 전북연합 대신 전북지역 전선을 책임지고자 했어요.

저는 완주군 농민회 회장님과 함께 전주완주연합 공동의장을 맡았어요. 그렇게 혼란스럽던 90년대를 넘어섰어요. 2000년 들어와서 6·15 공동선언을 맞이했는데. 그동안의 피로감이 모두 사라지는 거에요. 됐구나 이제. 우리가 87년 전대협 깃발을 들면서부터 대학에서 대중적인 통일운동을 시작했잖아요. 이제 곧 통일을 볼 수 있겠다고 생각했지요. 그때는 사실 구름 위를 붕붕 떠다니는 기분이었어요.

통일운동 하는 분들 중에도 북한에 대한 관점이 서로 많이 다른 것을 볼 수 있는데요. 북한에 대한 이해와 인식, 바라보는 시각은 어떻게 형성되고 변해왔는지 궁금합니다.

북한을 바라보는 저의 생각을 말해보자면 제가 어렸을 때는 무술을 연마해서 북한에 잠입해서 김일성을 없애버려야겠다는 생각을 했던 기억이 있어요. 생각하면 어린 나이에 끔찍한 상상을 했던 건데요. 반공 교육이 상상 이상이던 시절이라 저만의 생각은 아니었을 겁니다. 학생운동을 하면서 현대사를 객관적으로 보는 눈이 생기고 어렸을 때 배운 것들이 대부분 왜곡되었다는 것을 알게 되었지요. 현대사를 접하면서 가장 충격이 컸던 것은 친일파 청산을 하지 못한 거였어요.

남한이 이승만정권의 노골적인 방해 공작으로 친일파 청산을 하지 못하고 반민특위가 해산된 반면 북한은 친일파 청산을 했잖아요. 남한은 반민족행위자들을 단죄하기는커녕 오히려 반민족행위자들에 의해 항일 애국 세력이 빨갱이로 몰려 단죄당한 사실 앞에서는 분노가 일었지요. 현대사 공부를 하면서 북에 대한 막연한 동경심이 생겼던 것은 현대사 특히 해방전후사를 접한 학생들에게는 어쩌면 자연스런 일이었지요. 민족의 정기를 바로잡지 못한 남한의 기득권층에 대한 반감이 북에 대한 선호로 바뀌게 된 것이지요.

6·15공동선언 이후 북을 자주 방문하게 되고 북의 실상을 부분적으로나마 볼 수 있게 되면서 사람들의 의식에 혼란이 생기기 시작했어요. 제가 아는 어떤 분은 평양에 다녀오면 몇날 며칠을 문을 걸어 잠그고 펑펑 울었다고 해요. 그동안 상상했던 북과 실제로 접한 북의 모습을 보면서 일어난 혼란 때문인 거지요. 특히 북한 일꾼들의 여러 모습을 보면서 실망한 분들도 있었지요. 당연히 모든 일꾼들이 교과서에 나오는 것처럼 혁명적 열정으로 뜨겁고 순결할 줄만 알았는데 그렇지 않은 모습에 실망한 거지요.

저는 그런 모습을 보면서 "여기도 사람 사는 곳이구나" 이런 생각을 했어요. 다양한 부류가 존재하는 것이 저에게는 오히려 신선하게 보였어요. 북의 일꾼들을 만나보면 정말 고지식하게 애국심과 순수한 열정으로 일하는 사람들도 있고 그 반대의 모습을 보이는 이들도 있지요. 그런 모습을 보면서 저는 편향을 경계하면서 있는 그대로를 보기 위해 노력했던 거 같아요. 김일성 주석이 사망하고 난 뒤부터 북한 붕괴론이 한참 기승을 부렸잖아요. 당시에는 빠르면 3일 안에 망한다. 3개월 안에 망한다. 늦어도 3년 안에는 망한다고 했어요. 물론 지금도 종종 나오는 얘기지만요. 북에 가면 저는 이런저런 궁금한 것을 알아보기 위해 많이 물어보기도 하고 알아보려고 애를 썼던 거 같아요. 실상이 어떤지.

2004년 평양 방문했을 때 기억에 남는 대화 중에 이런 게 있어요. "90년대에 참 많이 힘들었다던데, 얼마나 힘들었냐?"고 한 여성 접대원에게 물어본 적이 있어요. 제 말이 떨어지기도 전에 여성 접대원이 눈물을 주룩주룩 흘리더라고요. "정말 힘들었다"고 해요. "그렇게 가서는 안 될 고위 당 간부들 40~50여 명이 아사와 과로로 죽었다. 그럴 정도로 힘들었다"라고 해요. 그 얘기를 들으면서 저는 소름이 돋았어요. 제가 요즘에도 가끔 그 접대원을 같이 만났던 당시 룸메이트였던 친구에게 "자네 그때 그 말 기억나는가?" 하고 물어보거든요. 소름이 돋은게 뭐냐면 "야! 이 나라 쉽게 안 망하겠구나" 이런 생각이 든 거죠.

보통 힘없고 가난한 사람부터 굶어 죽지 어떻게 지도급 인사들이 같이 죽어요, 상상하지 못할 일인데. 이 나라가 이렇게 지탱되는구나 그 뒤에 비슷한 얘기들을 여기저기에서 듣게 되더라고요. "김일성종합대학 교수들도 그 당시에 12명이 과로로 죽었다." 그리고 또 듣게 된 얘기가 그 당시에 죽은 사람들이 일반 대중들보다 당원들의 비율이 더 높았다. 그중에서도 고지식하고 순수한 교사들이 더 많이 죽었다는 얘기예요. 이런 말을 듣게 되면서 북한의 통치 방식에 대한 관심이 생겼어요. 아 이 사람들은 인민들이 굶으면 당도 같이 굶고 고위 간부들도 같이 굶는구나. 이게 통치술이구나. 이것이 포장술이든 사실이든 어쨌든 이들의 정형화된 통치술이구나. 이건 대단한 발견이라고 생각했죠. 그렇게 일체화를 시도하는 사회구나.

　지금은 좀 어떨지 모르지만 예전에는 우리 남한의 교사들도 대체로 순수하고 고지식하고 그런 분들이 많았잖아요. 이해가 가더라고요. 산업화가 덜된 사회다 보니 그럴수도 있겠지만. 이 사회를 지탱하는 힘이 거기 있구나. 저는 북에 대해서 있는 그대로 보자, 스스로 내가 생각했던 대로 보지 말고 내가 생각했던 것과 다른 지점들을 보게 되면 놀라지 말고 깊이 들어가서 있는 그대로의 실상이 어떤가를 잘 보고 판단하자.

　이런 관점을 갖고 북을 대하려고 노력했어요. 제가 좋아하는 말이 신화도 냉소도 아닌 있는 그대로의 모습을 보자는 겁니다. 보고 싶은 대로 보지 말고 있는 그대로를 보자. 북을 이해하는 대는 여러 가지 제약과 한계가 있어요. 하지만 객관적으로 보려고 노력은 해 봐야 한다고 생각했어요. 과학을 근거로 운동하자는 것이니까요.

사진 12　2001년 6월 15일. 금강산에서 열린 6·15공동선언 1주년 기념 민족대토론회

사진 13   2005년 10월 10일. 광복60주년기념 평양문화유적 참관

사진 14   2006년 7월 4일. 금강산에서 콩우유 생산설비 2차 인도식

## 5. 전북겨레하나 결성 과정

북한 사람들이 말하는 통일문제, 민족문제에 대해서 어떻게 보셨습니까? 2000년 6·15남북공동선언 이후 전북지역 통일운동 재조직과 대중화 성과, 2005년 전북겨레하나가 결성되는 배경을 듣고 싶습니다.

통일을 대하는 태도나 자세가 많이 다르죠. 남쪽하고 북쪽하고 여러 가지 차이가 있죠. 2001년에 금강산에서 6·15공동선언 1주년을 기념해서 남북해외민족대토론회가 열렸을 때 처음 북한에 갔어요. 그때 북한 사람들을 처음 봤는데 제 파트너였던 일꾼이 저를 보자마자 "방 선생, 제 머리 좀 한 번 만져 보시죠.", "머리를 왜요?" 그래도 만져보래 자꾸. "에이 방 선생 뿔이 있는가 없는가 만져보라"는 거야. 그만큼 그쪽 사람들도 우리가 어떤 교육을 받고 자랐는가를 잘 알고 있는 거라. "뿔 없지요?" 그러면서, "저희들도 같은 동포입니다.", "저희들도 통일이라는 말만 들어도 가슴이 벅차오르는 그런 같은 동폽니다." 이런 얘기를 북쪽 일꾼을 처음 만났을 때 들었고 그 뒤에도 통일문제를 얘기하면 그냥 조용조용하던 사람들도 목소리가 커져요. 흥분하고. "우리가 왜 통일이 안 됩니까?" "외세 때문에", "외세가 갈라놓은 분단을 언제까지 끌고 가서야 되겠습니까?", "우리민족끼리 힘을 합해서 외세의 간섭을 뿌리치고 우리 대에 통일을 해야하지 않겠습니까?" 절절한 모습들을 접해보면서 통일에 관한 문제에 있어서는 이 사람들은 완전 한덩어리가 돼있구나 생각했죠. 물론 모든 인민들을 다 만나보지 않아서 알 수 없는 일이지만 그런 느낌을 많이 받았어요.

　　북쪽 사람들이 핵 문제를 거론할 때가 있는데. 보통 "방 선생 우리가 핵을 왜 만들겠습니까? 우리와 적대하면서 우리의 통일을 가로막고, 분단을 고착시키고 있는 미제 때문에", "미제의 위협에 맞서기 위해서 그런 것 아니겠습니까?" "미국이 우리를 적대하는 정책을 철회하면 우리는 핵을 만들 이유가 없습니다." 이런 얘기를 거의 똑같이 하죠. 이런저런 과정을 보면서 분단문제를 극복해야 우리 민족이 잘살 수 있겠다는 생각은 북쪽의 인민이라면, 다같이 갖고 있는 것 같았어요. 위나 아래나 할 거 없이. 그 지점에서 남쪽의 국민들과 비교하게 되더라고요. 그런 생각이 들죠. 그 사람들은 통일을 얘기하면 어떤 사람들은 목소리가 높아지기도 하고, 어떤 사람은 눈물을 흘리기도 하고,

2000년 6·15공동선언이 있고 난 이후 통일운동에는 많은 변화가 있었어요. 2001년, 기억이 정확한지는 모르겠습니다만, 2001년에 한반도 평화와 통일을 위한 통일연대가 결성되었을 겁니다. 중앙에도 결성되고. 전북에서도 전북통일연대를 결성했고 비로소 전북지역을 포괄하는 연대조직이 모양을 갖추게 돼요. 그동안은 해산한 전북연합을 대신해서 노동조합과 농민회 이런 단체들을 포괄해서 전선의 깃발을 유지하고 있었던 전주완주연합이 있었어요, 전북연합으로 나아가야 한다는 목표를 갖고 활동하고 있었지요. 2000년 6·15공동선언이 터지고 나니까 폭넓은 대중적 통일운동이 가능하겠다 싶어서 민주주의민족통일 전주완주연합 이름으로 전북지역에 있는 모든 시민사회단체에 제안했죠. 통일에 대해서 분위기가 확 올라올 때니까.

오래전부터 해온 사람들도 소중한 사람들이지만 지금 막 시작한 사람, 그 사람들도 참 귀하게 보였어요. 이런 사람들이 많아져야 통일을 이룰 수 있다고 봤어요. 박노해의 '역사 앞에서'라는 시를 제가 많이 인용했어요. "이제 곧 통일이 될것인데 평생 통일운동 안 하다가도 막판에라도 통일운동을 하면, 통일에 기여한 사람이 되는 거니. 지금이라도 힘을 모아봅시다!" 87개 단체를 모아서 전북통일연대를 결성했죠. 그야말로 조그마한 전주완주연합에서 전라북도 전체를 책임지는 통일운동 연대조직으로, 그때 품을 넓히게 되었어요. 그 틀을 중심으로 6·15공동선언

이듬해부터 시작한 통일마라톤 대회 등 많은 일을 했어요. 통일마라톤 대회는 그때부터 지금까지 매년 해왔지요. 처음에는 몇백 명부터 시작해서 얼마 안 지나서 3,000여 명 규모로 증가해서 계속 그 규모로 지금까지 해오고 있어요.

그러는 중에 2005년에 6·15공동선언실천민족공동위원회가 공식 출범했죠. '6·15공동선언실천남측위원회' 지역으로는 전북본부가 가장 먼저 결성되었어요. 2005년 3월 9일 전북통일연대를 해소하면서, 6·15 전북본부로 전환했지요.

한편으로는 통일연대 하면서 아쉬운 점이 하나 있었어요. 통일연대는 단체 중심의 연대단체잖아요. 통일사업에 대해 대표자회의를 통해 결의가 되어도 각 단체에 돌아가 그 단체의 본 사업들을 다루다 보면 회의에서 통일문제는 맨 뒤로 빠지는 거죠. 바쁘면 논의도 안 해버려요 그냥 광고나 지면으로 대체하는 거죠. 그러다 보니까 사업 집행이 잘 안돼요.

결국 시민 개인들과 직접 연결되고 영향을 미칠 수 있는 구조로 가야겠다는 생각으로 전북통일연대 사업 중 하나로 2004년부터 '하루백원 통일운동'을 했어요. 하루에 100원씩이라도 통일을 위해서 마음을 모으자 그러면 한 달 3,000원이거든요. 한 구좌 3,000원이에요. 적지만 폭넓게 최대한 만 명 정도를 모아볼 생각이었죠. 지금은 일반적으로 모든 단체들이 하고 있는 것이지만 이 운동이 가능했던 것이 개인들에게 단체로 문자를 보낼 수 있는 시스템이 가능해지고 씨엠에스(CMS)로 해서 자동이체가 되는 시스템이 있어서 가능했어요.

우리가 직접 3,000원씩 걷으러 다니지 않아도 되는 그런 기술 발전이 되니까 그걸 활용해서 한 번 해보자 했는데 대박이 터진 거죠. 1,000명을 넘기고 나면서 더 빠른 속도로 쭉 늘어나던 중에 보다 대중적인 통일운동을 하기 위해서 우리겨레하나되기운동본부(겨레하나)라는 단체를 함께 만들어 보자는 제안을 들었어요. 좋은 제안이라고 생각해서 통일연대를 해산하면서 단체를 중심으로 하는 연대단위는 6·15공동선언실천 전북본부로 하고, 개인 가입을 원칙으로 하는 하루 100원 통일운동을 기반으로 해서는 전북겨레하나를 결성했어요.

전북지역에서 통일운동단체를 만든 과정이 궁금합니다. 전북겨레하나가 그 중심에 있는데요. 이 시민단체를 소개해주십시오. NGO는 후원회원의 회비로 사업하는 경우가 대부분인데, 전북겨레하나가 추진한 하루백원통일운동이 시민들로부터 굉장히 좋은 성과를 거둔 것 같습니다. 시민들의 참여가 쉽고 호주머니 사정에 따라 부담없이 후원할 수 있게 마련한 계기가 있을까요?

앞서 말씀드렸지만 6·15공동선언 이후에 본격적인 대중 통일운동 시대가 왔구나 싶어서 전북지역 대부분의 시민사회단체를 망라해서 전북통일연대를 결성해서 활동을 시작했는데 대중들과 바로 소통하고 대중의 참여를 확대하는 방안을 고민하는 과정에서 2004년 가을부터 '하루 백원 통일운동'을 시작하게 됐어요. 그 성과를 모아서 2005년 9월에 전북겨레하나를 결성하게 되었고요. 전북겨레하나를 결성한 것은 보다 대중적인 통일운동을 해보자는 의미가 컸어요. '하루백원통일운동'을 통해 재정과 대중적 참여라는 두 마리 토끼를 모두 잡을 수 있었어요. 이에 기반하다 보니 대중적인 통일운동 하면 전북이라는 말을 들을 정도로 폭이 넓은 여러 사업을 실행할 수 있었지요.

하루백원통일운동은 후원 금액이 적다고 할지라도 통일을 위해서 조금이라도 기여할 수 있도록 마음과 관심을 모아내기 위해서 시작했어요. 이전에 통일연대와 같이 단체간의 연대를 통해 해왔던 통일운동과 다른 점은 우리가 많은 회원 대중들에게 메세지를 직접 전달할 수 있다는 거죠. 통일 관련된 소식을 바로바로 그분들과 함께 공유할 수 있고 그분들과 함께 통일운동을 만들어 나갈 수 있는 계기를 만들게 된 거지요.

이 사업을 통해 무엇보다 재정적으로 자립할 수 있었어요.

통일운동의 재정자립을 결심하게 된 계기가 있는데 에피소드 하나를 소개해 볼께요. 2004년에 제가 여러 가지로 많이 힘들어서 자동차부품 공장에서 6개월 정도 용접 일을 한 적이 있었어요. 공교롭게도 그때 금강산 육로 관광이 열리면서 급하게 소형버스가 많이 필요하게 되었는데 이와 연관된 일감이 제가 다니던 회사에 많이 들어왔어요. 제가 다니던 회사는 버스 외관을 만드는 회사였는데 아침 7시에 출근해서 밤 12시에 퇴근했어요. 토요일 일요일도 없이 일했어요. 어느 날 몸이 너무 좋지 않아서 병원에 갔더니 간 수치가 3,000이 넘었어요. 급성간염에 걸렸더라고요. 대학병원에 1달 정도 입원 치료를 했지요.

그때 한상열 목사님이 찾아와서 몸도 좋지 않으니 공장 일은 그만두고 다시 통일연대 집행위원장을 맡아달라고 했어요. 집행위원장을 다시 하는 조건으로 제가 제안했던 조건이 생계비 보장이었어요. 상근자들이 생활할 급여를 책임져 주시라고. 원칙만 세워주면 재정은 제가 마련하겠다고 했어요. 생활비도 책임지지 않고 오로지 활동가들의 희생만 강요하는 운동은 오래가지 못한다고 생각했어요. 퇴원하고 나와서 다시 전북통일연대 집행위원장을 맡으면서 시작한 운동이 하루백원통일운동이었어요. 이 운동을 통해서 비로소 재정자립을 했어요.

그 이후로 상근하는 활동가들 4대 보험은 기본이고 급여를 밀려본 적이 없게 했어요. 시작할 때 목표는 1만 명을 넘겨보자고 했는데 현안에 밀리다 보니 그 일에만 매달릴 수 없어서 4,900명 선에 그쳤지요. 당시에는 여기서 들어온 후원금이 적지 않았는데 요즘에는 물가도 많이 오르고 하다 보니 문자 한번 보내는 것도 겁날 정도가 됐어요. 3,000원씩 후원하는 소액 후원자가 워낙 많다 보니. 그래서 고안해 낸 것이 돈 있는 자는 돈으로 참여하게 하자는 취지로 후원이사 제도를 만들었어요. 한 달에 5만 원 이상 후원할 분들을 모은 거지요. 1년 만에 100여 명이 넘게 조직이 되었어요. 재정자립에 큰 기여를 하고 있어요. 지금은 꾸준히 140여 명 선을 유지하고 하고 있습니다. 참 고마운 분들이지요.

사무실에 여섯 명이 상근해요. 단일 통일운동 단체로는 상근자가 제법 많은 편이지요. 전국적으로도 드물어요. 예산 중에 급여로 나가는 것이 가장 많아요. 이걸 문제 삼는 분들도 있는데 여기는 원자재를 가지고 생산하는 제조업이 아니잖아요. 그것도 비영리단체이고 당연히 다른 수입 구조가 없이 사람이 모든 일을 추진하고 만들고 하니까 사람에게 많은 예산이 들어가는 것이 맞지요. 아직도 많이 부족하다 싶어요. 활동가의 희생으로 운동을 하던 시대는 지났다고 봐요. 상근자들이 어려운 여건에서 고생한다는 것을 잘 알고 있기 때문에 후원자들도 꾸준히 응원하고 함께하고 있다고 봐요. 이렇게 전북겨레하나는 물적 토대가 단단한 편입니다. 돈 가는데 마음도 따라오면서 통일에 대한 마음도 깊어지고…

사진 15  2007년 하루백원통일운동 참여자 일동 교과서 용지 지원

사진 16  2007년 7월 10일. 북녘 교과서용 종이를 지원하는 화물

사진 17  2007년 10월 18일. 전북도민이 북한 수해를 지원하기 위해 물자를 보내는 차량

## 6. 남북교류협력과 민간 거버넌스

2000년대 이후 통일사업은 정부가 주도하는 게 일반적입니다. 하지만 남북경협은 민간 차원에서 아주 많은 분들이 노력해 북한과 교류한 사례가 많습니다. 지방의 경우는 자치단체에서 조례를 제정함으로서 대북사업을 지원할 수 있게 되었는데요. 민관 거버넌스(governance)와 통일운동, 남북교류협력에서 광역자치단체와 기초자치단체의 중요성, 또는 지자체와 전북겨레하나의 교류협력 사업에 대해 말씀해주십시오.

교류협력지원에 관한 조례와 평화통일교육지원에 관한 조례가 전라북도교육청, 전라북도를 비롯해 전주시와 전북지역의 어지간한 시, 군에 다 만들어졌어요. 전라북도, 전라북도교육청과 각 시군에 제정된 교류협력지원에 관한 조례에 근거해서 남북교류협력위원회가 구성됩니다. 남북교류협력에 관한 내용은 민관이 함께 구성한 교류협력위원회에서 논의하고 결정하게 되어있습니다.

  교류협력위원회 구성은 대부분 자치단체장이나 부단체장이 위원장을 맡고 담당 부서 국장 혹은 과장이 당연직으로 참여하고 광역의원, 기초의원과 각계의 민간위원이 참여해서 구성을 합니다. 남북교류협력을 위한 민관 거버넌스를 구성한 좋은 사례라고 봅니다. 전북지역의 경우 전라북도와 전북교육청 그리고 주요 시군의 교류협력위원으로 전북겨레하나 관계자들이 참여하고 있습니다. 전북겨레하나가 지역에서 남북교류협력 사업에서 독보적인 전문성을 인정받고 있는 셈이지요.

  전라북도교육청과 전북겨레하나가 협력해서 남북교육교류협력 사업을 많이 했어요. 대표적인 것이 북한 어린이 교과서용 종이 보내기 운동이었습니다. 2006년부터 2008년까지 8억4천2백만 원 상당의 종이를 지원하고 전라북도교육청 관계자와 교사, 학생 대표 60여 명과 함께 두 차례의 평양 교육기관 방문을 추진했습니다. 문재인 정부 들어와서는 처음으로 3억 원 상당의 북한 어린이 영양 지원을 위한 분유도 보냈습니다. 후속 방문 사업은 하노이 회담이 불발되고 남북관계가 경직되면서 이루어지지 못했습니다.

전라북도와 전북겨레하나가 함께 추진한 협력사업으로 라면공장 설립 지원 등 여러 가지 사업을 위해 노력했으나 성과를 보지는 못했습니다. 전북겨레하나의 주선으로 전라북도 관계자와 북의 민화협 관계자가 개성과 평양 등에서 수 차례 만나 협의를 했습니다만 이명박정부가 들어서면서 모든 사업이 중단됐습니다. 군 단위 사업으로는 완주군과 함께 추진한 북한 협동농장 지원 사업이 있습니다.

2008년 1억 6천만 원 상당의 페인트를 지원하고 완주군수를 비롯한 완주군민 20여 명과 함께 지원 사업 모니터링단을 구성해서 평양 만경대협동농장을 방문하기도 했습니다. 독자적인 지원 사업으로는 2006년부터 2017년까지 자체 기금과 도민 성금을 모아 2억 원 가량 홍수피해지원을 했습니다. 북한 어린이 콩우유 지원 사업으로는 자체 기금으로 4천 2백만 원을 지원하기도 했고요. 그밖에 통일쌀 식량 지원 사업으로 모금을 통해 약 2억 3천만 원 상당을 지원하기도 하고. 전북겨레하나를 통해 지원된 총액을 합하면 17건에 18억 원이 넘습니다. 지금은 교류협력사업이 멈추어 있지만 언젠가는 다시 재개될 것이라고 생각합니다.

그동안은 인도적 지원사업이 교류협력사업의 중심이었지만 다시 재개될 때는 일방적인 인도적 지원이 아닌 남과 북이 서로에게 이로움을 줄 수 있는 방향으로 사업이 진행될 것으로 보입니다. 용어 자체도 인도적지원 사업이라는 말은 점점 사라지고 협력사업으로 바뀌어 가고 있어요. 남쪽에도 일방적인 지원에 대한 부정적인 시선도 있고 북 또한 일방적인 지원에 대한 거부감이 큰 것도 사실입니다. 남쪽의 일방적인 지원 자체를 받고 싶어하지 않고 있습니다. 그만큼 세월이 흘렀고 북의 사정도 많이 달라진 거지요.

　지금은 지자체도 직접 북과 협력사업을 진행할 수 있도록 교류협력법이 바뀌었습니다. 그렇지만 민관이 협력해서 추진해야 할 필요성이 줄어든 것은 아니라고 생각합니다. 무엇보다 지방자치단체는 이 사업을 추진할 전문역량이 축적되어 있지 않습니다. 그런 측면에서도 민간단체와의 협력이 필요하고 주민들의 참여를 이끌어내기 위해서도 민관의 협력은 필수적이라고 생각합니다.

　올바른 통일교육사업을 하는데서도 민관의 협력이 중요합니다. 제가 올바른 통일교육이라고 말하는 것은 보수정부가 들어서면 엄청 열성을 부리는 것이 통일안보교육이거든요. 그 통일안보교육과 구별하기 위해 올바른 통일교육이라고 표현합니다. 제대로 된 평화통일교육이어야 하는 거죠.

　전주 YMCA가 최근에 통일운동에 관심을 갖고 열심히 하는 단체입니다. 참으로 고맙지요. 전주 YMCA와 연대해서 뜻이 맞는 도의원이나 시의원과 함께 통일교육지원에 관한 조례 제정운동을 했죠. 교류협력위원회는 거의 모든 지자체에 구성되어 있지만 통일교육을 위한 위원회는 구성된 곳이 아직 없습니다. 넘어서야 할 산이 많이 있어요. 담당 공무원의 경우에 좀 말이 통할만 하면 순환 근무제라고 해서 바뀌고, 중요한 것은 선출직 자치단체장들에게 통일교육은 주민들의 주요 관심사가 아니라는 거죠. 표가 되는 인기 항목이 아니에요. 아무래도 다른 사업보다는 소극적이지요. 어려움은 있는데 꾸준히 노력하고 있죠.

　지자체장을 만나서 호소를 많이 했어요. 전주시민 혹은 전북 도민들만큼은 1년에 한 번 정도는 제대로 된 평화통일교육을 하도록 해보면 어떻겠느냐? 많은 국민들이 평화통일교육이 제대로 안 되다 보니까 가짜뉴스에 노출된 채로 이상한 논리에 빠지게 되잖아요. 전북에서라도 제대로 한 번 해보자. 그렇게 노력은 하는데 쉽지가 않아요. 예산 몇천만원

세우는 것도 엄청나게 힘들어해요. 중대성으로 볼 때 몇십억을 평화통일교육 예산으로 세운다고 해도 많은 예산이 아니잖아요.

4~5년 전에 전주시에 민관이 함께 협력해서 평화통일교육센터를 만들어 보자고 제안을 했어요. 콘텐츠는 걱정하지 마라, 평소에 우리가 해온 거니까요. 추진이 안됐어요. 그래서 독자적으로 전북겨레하나 부설기관으로 평화통일교육센터를 만들었어요. 전라북도교육청에도 예산이 없어도 괜찮으니 학생들을 만날 기회만 달라고 했어요. 우리가 준비하고 육성한 강사들은 전국적으로 어디다 내놔도 문제가 안 될 정도로, 특히 분단체제가 공고하고 국가보안법이 살아있으니 자체 내부검열을 철저히 해서 학부모들에게 문제 제기가 들어오지 않도록 사실에 근거한 필요한 교육만 하겠다고 했어요. 교육청이 학부모들의 민원에 민감한 곳이잖아요.

그렇게 청소년 평화통일교육이 학교로 들어가기 시작했고, 2019년도에 2만 명 가까이 교육했어요. 시민 평화통일교육도 한 해에 몇천 명씩 했죠. 2019년도에 오천명 정도 했나. 예산에 한계가 있는 민간단체에서 1년에 2만 명 규모로 청소년, 시민 평화통일교육을 했어요. 민관이 함께하는 거버넌스를 구성해서 해보려고 하는데 아직 거기까지는 나가지 못하고 있지요. 지금은 교육청에서 많은 액수는 아니지만 예산을 세워주고, 그 예산이 부족하면 우리 예산도 보태면서 해요.

저희가 모아놓은 대북지원기금이 조금 있거든요. 이건 교류협력 사업에만 써야 하는 특별 기금인데요. 담당 일꾼이 학교에서 신청이 너무 많이 들어 와서 예산 때문에 일부 학교는 못하겠다고 해요. "교육해달라고 요청이 들어온 건데 우리 돈을 들여서라도 하자"고 했어요. 이사회에서 논의해서 기금 중 일부를 평화통일교육에 쓰기로 했지요. 이런 식으로 꾸준히 확대해 가려고 해요. 단체장이 바뀔 때마다 부침은 있지만. 그야말로 민관이 협력해서 전북지역에 있는 모든 청소년과 도민들이 제대로 된 평화통일교육에 참여할 수 있도록.

대중과 함께 하는 통일운동에서도 관과 협력하는 것은 중요하다고 생각했어요. 2001년부터 통일마라톤대회를 시작했는데 가능하면 전라북도나 전북교육청, 전주시청의 보조금 후원을 받으려고 노력했어요. 재정 후원이 안되면 명의 후원이라도 받으려고 했지요. 물론 재정적인 도움도 도움이지만 대중들 참여의 폭을 넓히기 위한 점이 컸어요. 시민사회운동 일부에서는 관과 함께 사업을 하는 것을 자주성이 침해된다고 곱게 보지 않는 경향이 있는데 다른 운동은 몰라도 통일운동은 그래서는 안된다고 생각했어요. 여러가지 이유가 있지만 결국 통일은 남북 정부 간의 역할이 가장 중요하잖아요.

따라서 지방자치단체가 당연히 앞장서야 할 일이지요. 그래서 민간 통일운동의 역할 중에는 통일운동에 관이 참여하도록 안내도 하고 협력하는 일 또한 중요하다고 생각했어요. 외세의 침략이 있을 때 의병의 역할처럼요. 관군과 협력하는 것은 의병으로서는 당연한 일이잖아요. 단체장의 성향에 따라 조금씩 다르기는 하지만 그래도 다른 지역보다 전북은 상대적으로 관과의 협력이 잘되는 편이지요.

통일운동을 하면서 통일운동 방법에 대해서 여러 의견을 받기도 했지만 저는 통일운동만큼은 합법적이고 대중적으로 해야 한다고 생각했어요. 이것이 꼭 맞다고는 할 수 없지만 저는 그렇게 생각했어요. 통일운동을 하면서 저의 기준은 오로지 한가지였어요. 통일운동을 한다고 하는 사실 그 자체에 만족하지 말고 실질적으로 통일에 도움이 되는 운동을 하자는 것이었지요. 저는 실질적으로 평화통일에 도움이 된다면 뭐든지 해야된다고 생각했어요.

실제로 분단체제가 오랫동안 지배해온 상황에서 급진적이고 선명한 운동 노선은 활동가들에게는 환영받을 수 있지만 대중들을 설득하고 운동에 동참시키는 데는 어려움이 많다고 본 거지요. 모든 운동은 대중의 눈높이에서 반 발자국 앞서 나가야 한다고 생각했어요. 특히나 통일운동에서는 더욱 그래야 한다고 생각한 거지요. 통일이 되지 못하고 분단이 지속되는 것은 분단을 통해서 이익을 보는 집단과 세력의 힘이 통일을 원하는 세력보다 힘이 세기 때문이잖아요. 이 힘의 판도를 뒤집는 것이 통일운동이라고 생각해요.

통일은 결국 정부의 역할이 결정적이기 때문에 정부와 지자체가 통일을 위해 올바른 정책을 펼치도록 돕는 것도 중요하다고 봤습니다. 그래서 지역에서는 지자체와의 협력이 중요합니다. 통일이라는 주제가 대중들에게는 아무래도 무거운 주제이고 분단체제를 통한 여러 가지의 영향으로 대중들에게 통일운동 하면 색깔이 들어간 느낌을 많이 주는 것이 현실이지요. 그렇기 때문에 통일을 위해서 민관이 협력하는 모습은 운동의 공신력을 높이고 대중들이 통일에 대해서 자연스럽게 접근하도록 하는데 도움을 준다고 봤어요.

사진 18  2013년 10월 5일. 전주대학교 스타센터 다목적홀에서 열린 대학생 통일골든벨 대회

사진 19    2019년 6월 1일. 전주 청소년광장에서 출발한 통일마라톤대회 참가자

사진 20    통일마라톤대회 참가자들이 출발에 앞서 체조하는 장면

통일마라톤대회는 많을 때는 4,000여 명까지 참가자가 늘어났어요. 6·15km 단일 코스로 치르는 대회로는 이례적인 일이지요. 가장 참여자가 많았던 때는 배우 최수종씨가 해신(장보고역)을 통해 인기가 최고조로 올랐을 때 추진한 '최수종과 함께하는 통일마라톤대회'였지요. 대중적인 인지도가 높은 분들이 조금만 거들어도 시민들의 참여의 폭이 확실히 달라지는 것을 확인했지요.

## 7. 여행협동조합 평화소풍에 대하여

전북겨레하나가 다양한 사업을 하고 있습니다만, 남북경협 관련해 전문가 교육을 하는 걸로 압니다. 그리고 사업 중에 조금 특이한 사업이 있습니다. 여행협동조합 평화소풍 설립인데요. 평화여행, 기행이라고 할 수 있겠습니다. 이런 사업을 하게 된 배경과 성과는 어떻습니까. 국내외 주요 '평화'와 관련한 여행지를 구상한 것으로 압니다. 참여한 시민들의 반응이 궁금합니다. 2018년, 이사님은 6·15공동선언실천민족공동위원회 대표단 일원으로 평양을 방문한 적이 있는데, 이때의 일을 여쭤겠습니다.

요즘에는 통일운동과는 거리가 멀었던 분들 중에 남북관계에 관심을 갖는 분들이 많아진 경우를 자주 봅니다. 한국경제가 장기침체로 빠져드는 과정에서 특히 제조업 같은 경우에는 인건비 문제 등 여러가지 문제 때문에 중국으로 갔다가 지금은 베트남으로 많이 빠져나가잖아요. 그분들이 그보다 좋은 데가 있다는 것을 알기 시작한 거죠. 개성공단 사례를 통해서 남북경제협력이 이루어지면 새로운 경제 도약의 시기가 열릴 수 있겠구나, 제조업이 또 한 번 도약하는 시기가 오겠구나 하고 인식이 바

뛰는 것을 보고 있어요. 건설업 하는 분들의 관심도 특별하고요.

궁하면 통한다고 기업 하는 분들이다 보니 직감적으로 알게 되는 것 같아요. 그런 분들을 한 번 모아보자 해서 결성한 것이 '코리아경제포럼'이에요. 건실한 중소기업을 중심으로 한반도 평화경제를 준비하는 주체들을 모아보자고 한 거지요. 먼저 공부하는 모임부터 해보면 좋겠다 해서 처음에는 평화경제포럼으로 시작했죠. 3년 정도 포럼을 진행하다가 작년에 코리아경제포럼으로 이름을 바꾸고 사단법인으로 통일부에 등록을 마쳤어요. 지금은 30여 명의 중소기업 대표들이 모여서 활동하고 있는데 매달 전문가를 초청해서 포럼을 진행하고 있고 얼마 전에는 대중적인 행사로 '한반도평화경제 컨퍼런스'를 개최하기도 했어요. 기업인 일반 시민 250여 명이 참여한 가운데 성황리에 마쳤습니다. 이 모임에는 전북지역의 대표적인 기업인 단체 대표들이 함께 하고 있어요.

2020년에 또 하나 사고를 쳤어요. 법인은 법인인데 비영리법인이 아니고 영리법인을 하나 만들었어요. 여행협동조합 평화소풍. 여기 사무실에 들어올 때 큰 간판 보셨나요? 유럽에 있는 관광 대국들이 가장 부러워하는 나라가 한반도라고 한다는 얘기를 들은 적이 있어요. 한반도 바로 옆에 가파르게 경제성장을 이루고 있는 10억이 넘는 인구가 살고 있다는 거지요. 남북이 연결되면 이 사람들이 1년에 1억씩만 왔다 갔다 해도 엄청나지 않겠느냐는 거지요.

남북이 연결되면 관광으로도 먹고 살 수 있는 나라가 될 거다. 이렇게 남북이 연결되는 시대가 열리면 다양한 통로를 통해 북으로, 만주로, 시베리아로, 유럽으로 엄청난 사람들이 오가고 할 텐데 이것을 대중적인 통일운동과 연결시킬 방법을 찾아보자. 그런 생각을 해봤어요. 테마가 있는 평화여행으로 관광사업을 하고 조금 가볍고 즐겁게 여행을 하면서 평화에 대해서 공감대도 넓히고요. 잘되어서 돈도 벌면 그 돈으로 더 통큰 통일운동도 하면 좋겠다는 생각을 했어요. 이런 고민 끝에 '여행협동조합평화소풍'을 만들게 돼요.

　　평화소풍을 만들고 얼마 안되어서 코로나가 터졌어요. 고민이 많은 가운데 5월에 법인 설립 절차를 최종 마무리했어요. 코로나가 몇 달 가다가 끝나겠지 하고 생각했는데 계속 가는 거예요. 시작도 못해보고 폐업을 해야되나 고민이 많았어요. 이사회에서 기왕에 설립한 거니까 한번 해보자고 해서 8월부터 영업을 시작했지요. 파주, 연천, 철원, 고성, 강화도 등 접경 지역을 중심으로 평화여행을 조직했어요. 12월에 결산을 해보니 1,500만원 흑자가 났어요. 당시에 내로라 하는 하나투어, 모두투어 이런 여행사들이 모두 90% 이상 적자라고 했는데. 대단한 성과였지요. 코로나가 종식되면 백두산, 오키나와, 베트남 등 국외로 평화여행을 추진할 계획입니다.

　　교육청에서 하는 교장, 교감, 통일교육 담당 교사들이 참여하는 평화통일교육 관련 연수 프로그램을 맡아서 6회 정도 접경지역 연수를 진행하기도 했지요. 평이 좋았어요. 접경지역으로 평화여행을 다녀온 분들의 반응이 대체로 좋았어요. 몇 번 강의 하는 것보다 여행을 통해 보고 느끼는 것이 훨씬 평이 좋았어요. 대중적인 통일운동의 또 다른 방식을 개발한 셈이지요. 재미있게 평화에 대한 의식을 공유하고 돈도 벌고. 이보다 좋은 사업이 없는 거예요. 하하.

　　남북관계가 내년쯤에 열리면 좋겠는데 안 열린다고 해도 백두산, 두만강과 압록강 일대 평화여행을 추진하고 다음에 오키나와, 거기도 아픔이 많은 섬이잖아요, 베트남 역시 우리가 빼놓을 수 없는 곳이고. 우리 국군에 의해 자행된 베트남 양민학살 지역을 둘러보면서 평화의 중요성을 함께 나누는 시간을 갖고 싶어요. 우리가 일본에게 위안부 문제와 노동자 강제동원 문제에 대해 진실규명과 더불어 사과를 요구하고 있는데 베트남 양민학살 문제는 어떻게 바라봐야 하는지.

　　그다음에 통이 커지면 독일까지 가보고 싶어요. 베를린장벽이 무너지면서 통일이 됐는데 우리는 어떤 통일로 가야할까? 베를린장벽이 무너지듯 우리에게도 휴전선이 무너지는 일이 있을 것인지. 아니면 우리만의 가장 멋진 통일방안은 무엇일지 공부하고 고민하는 시간이 되겠지요. 남북이 열리고 개성 지나, 평양 지나, 의주 지나 만주로 시베리아로 평화여행을 다닐 수 있는 시대가 열린다고 한다면, 그때 평화여행을 신나게 다니면서 여생을 보내면 좋겠다는 즐거운 상상을 해봅니다.

2018년 평양에 다녀온 얘기를 해보겠습니다. 6·15공동선언실천민족공동위원회 남북해외위원장단 회의에 참석하기 위해 2018년 6월에 다녀왔습니다. 10년 만에 다시 가본 평양. 환해졌어요. 건물이나 이런 게 전에는 회색빛이었다면, 화사하게 바뀌었고 또 환해졌어요. 전기 사정이 좋아졌어요. 지금은 모르겠어요. 코로나도 있고 그래서 어떻게 변했는지 모르겠는데. 아무튼 우리가 상상했던 이상으로 많이 변했어요. 택시도 10여 년 전에는 못 봤는데 많아졌고 일반 차량도 많아졌어요. 여기가 평양이 맞나 싶은 생각이 들 정도였죠. 사람들 표정도 밝아지고 자신감이 넘쳐 보였어요. 10여 년 전에 평양에 갔을 때는 가슴 아픈 얘기들을 많이 들었는데, 2018년 그때는 편하게 다녀왔어요.

남한 지자체 등에서 가장 많이 하고 싶어 하는 것이 북쪽 지방 도시와 자매결연 맺자는 겁니다. 그런데 북한에서는 도시 간 자매결연에 대해서 별로 관심이 없어요. 여러 가지 사정이 있을 것이라고 생각해요. 남쪽과 사회운영 원리가 다르니까. 아직 중앙집중이 강한 사회여서 지역의 도시가 자율적으로 자매결연을 맺고 한다는 것 자체가 어려울 것이라고 생각해요.

북한이 교류협력에 대한 입장이 변했어요, 남쪽에서는 지원하고 싶다. 어떻게든 좀 도와줘야겠다, 여전히 이런 입장이 크지요. 북에서는 단호했어요. 남이나 북이나 서로 이득이 될 수 있는 협력사업을 하자고 해요. 협력사업을 해도 남과 북이 서로 간에 이득이 되는 방향으로 해야지,

사진 21   2017년 6월 26일. 무주 세계태권도선수권대회 북측 태권도시범단 응원 연습

사진 22   2017년 무주 세계태권도선수권대회에 참가한 선수단을 응원하는 장면

사진 23   2018년 8월 18일. 자카르타–팔렘방 아시안게임 원코리아 응원단 활동

사진 24   2018년 6월 21~22일. 평양에서 열린 6·15공동선언실천 민족공동위원회 회의

"일방적으로 누가 누구에게 지원하고 시혜를 베푸는 이런 방식은 원치 않습니다." 이렇게 단호한 입장을 취해요. 그것이 예전과 달라진 모습이었어요. 남쪽에서 특히 보수 쪽에서 퍼주기 그만하자고 하는데 특히 문재인 정부에서 뭘 엄청 퍼준 것처럼 말하잖아요. 사실은 퍼준 것도 없는데. 북에서는 억울하기도 할 것 같아요. "퍼줄 생각하지 말아라." 그런 입장이더라고요. 서로 민족의 일원으로서 번영과 발전을 위해 동등하게 협력하자 그런 입장으로 보였어요.

## 8. 2017년 무주 세계태권도선수권대회 시범공연 응원단 조직

전북에서 열린 무주세계태권도선수권대회에 대한 질문입니다. 이 행사가 전주에서 아주 성황리에 있었는데요. 남북한의 태권도 합동시범공연에 참가한 북측의 태권도 시범단과 가진 행사는 어땠는지, 이사님께서 만나본 북측 관계자나 임원에 대해서는 어떤 느낌을 받았는지 궁금합니다. 남북관계 개선이나 북측에 대한 기대감도 있었을 것 같은데, 시민 환영단과 응원단에 참여한 시민들의 반응은 어땠을까요?

동네가 들썩거렸지요. 하하. 시민들 반응은 뜨거웠어요. 그런데 지방정부는 우리들 마음과 같지 않더라고요. 우리가 응원단이든, 환영단이든 조직해서 뭐든지 해보겠다고 했죠. 그런데 참 반응이 별로였어요. 주최 단위가 태권도연맹이 있고 또 대한체육회가 있고 전라북도가 있어요. 그래서 도를 통해서 환영단을 구성하고 분위기를 잘 만들어보자 그랬죠. 그런데 이 일이 전라북도 소관이 아니고 대한체육회 소관이다, 태권도연맹 소관이다. 이러면서 민간의 참여를 보장해주지 않았어요. 그렇게 우왕좌왕 하면서 시간이 흘렀지요. 당연히 개막식 때 결합을 못했죠.

그러던 중 전라북도 도청 강당에서 시범행사를 한다는 소식을 듣고 전라북도와 상의해서 도청 강당 1,000석 중에 우리가 절반을 책임지기로 했어요. 우리가 책임지고 분위기도 만들어 보겠다고 했지요. 환영단을 공개적으로 모집을 했어요. 단체로 신청한 곳 중에는 어린이집도 있었어요. 기꺼이 받았어요. 아이들에게 북녘동포를 만나는 것이 얼마나 놀라운 경험과 추억이 되겠어요.

한 목소리로 목이 터져라 응원했어요. 북한 올림픽위원회 장웅위원이 마지막에 퇴장할 때 우리를 바라보면서 웃으면서 고맙다는 손짓을 해주고 갔어요. 서로 마음과 마음이 통했다고 할까요? 북쪽에서는 만들어진 송판을 깨지 않고 원목 그대로 된 소나무를 격파해서 깨잖아요. 이게 사실 굉장히 힘든 거라고 해요. 두께가 제법 있는 건데, 이것을 무주 개막식 때 못 깼다고 해요. 그런데 우리 응원 덕분에 기운을 받아서인지 그것을 도청에서 깼어요. 반쪽으로 쫙~. 송하진 지사가 북쪽 관계자에게 부탁해서 깨진 송판을 기념으로 받았답니다. 장웅 위원 사인도 받아서 지사실에 걸어놨더라고요.

행사가 끝나고 통일부 과장에게 전화가 왔어요. "방 대표님 덕분에 북쪽에서 기운 받아서 격파를 해부렀다"고, "너무 고맙다고." 10년 만에 겪어보는 남북이 함께하는 행사여서 설레였어요. 전주가 온고을이 잖아요, 광주는 빛고을이고. 온고을은 온전한 고을, 온전히 하나된 고을이란 말이에요. 여기가 통일하고 기운이 딱 맞는 고을이에요. 우리나라에서 온전할 전(全)자를 쓰는 유일한 고을이래요. 삼천리 반도 내에서 온전할 전자를 앞에 쓰는 그런 데가 있는가 찾아봐도 없어요. 전주 밖에는 없죠. 전주 바로 옆에 온전할 완(完)자를 쓰는 완주가 있고. 통일운동에 있어서 우리가 메카가 되지 않을 수가 없다. 웃으면서 이런 얘기를 많이 하

사진 25   2019년 금강산에서 새해맞이 연대모임

사진 26   2019년 11월 28일. 전주시 그랜드힐스턴호텔에서 열린 한반도 평화경제 컨퍼런스

죠. 민도도 굉장히 높아요. 통일에 대해서는 다른 어떤 지역보다도 관심이 높고, 조금만 해도 성과가 나오는 곳이지요. 그날 온고을이 들썩들썩했습니다. 하하

그날 초대된 시민들에게 몇 달 동안은 그 얘기가 화재였어요. "너무 좋았다.", "불러줘서 고마웠다." 동포들을 만난다는 것이 이렇게 설레이는 것을. 이런 반응을 보면서 남북이 함께하는 행사들을 지역을 돌면서 하면 참 좋겠다는 생각했지요. 남북공동행사가 보통 서울 중심으로 열리잖아요, 이렇게 지역을 돌면서 공동행사를 하다 보면 지방자치단체들이 남북교류협력사업을 하는 것에 대해 시민들이 적극적으로 지원할 것 같아요. 사실 지역에서 남북 교류협력 사업을 하자고 할 때 많은 시민들의 호응을 얻기가 쉽지 않아요. 이런 행사 한번씩 하고 나면 시민들의 생각이 확 바뀔 수 있을 것 같아요.

이런 측면에서 저는 남북 공동행사를 남쪽에서 하게 되면 행사의 특징에 따라서 지방을 돌면서 해야 한다고, 기회가 있을 때마다 강력하

사진 27   전북지역 1000인 평화원탁회의 경과보고 하는 방승용 상임이사 .

사진 28  전북지역 1000인 평화원탁회의에 참가한 시민

게 주장하죠. 도청행사를 성공적으로 마치고 나니까 폐막공연에 우리가 참여할 공간이 열렸어요. 자리 확보가 되니까 각 지역에 오고 싶은 사람들 다 오라고 알렸어요. 울산과 대전, 서울, 광주에서도 많은 분들이 와서 함께 했지요. 폐막식이다 보니까 개막식보다는 좀 덜했는데, 그때도 목이 터져라고 신나게 응원했죠. 북측에서는 우리에게 고맙다는 표시를 뜨겁게 보내주고 갔어요. 그분들도 남쪽 동포들의 정을 느끼고 뜨거워진 가슴으로 돌아갔을 겁니다. 사람의 정이라는 게 다 같지요.

## 9. 3·1운동 100주년 기념 1000인 평화원탁회의

전북지역에서 3·1운동 100주년을 기념해 시민들이 모이는 원탁회의를 결성한 것으로 압니다. 전북평화회의를 조직하게 된 계기와 참여하게 된 시민들의 면면을 듣고 싶습니다. 평화회의와 관련해 지역의 현황과 활동에 대해 말씀해주십시오.

전북겨레하나는 통일운동 그중에서도 평화통일교육에 집중하는 편입니다. 그리고 남북해외 삼자연대 운동과 6·15공동선언실천남측위에서 제시하는 이슈에 대응하는 사업 등은 6·15전북본부에서 주로 합니다. 서로 역할을 분담해서 하는 거지요. 6·15전북본부 사업도 가능하면 대중적인 지지와 공감을 얻기 위해 노력하고 있지만 한미연합군사훈련 반대 등 매 시기 제기되는 이슈에 대응하다 보니 아무래도 단체 대표자와 활동가 중심의 활동이 주를 이루게 됩니다. 그것도 주로 진보적 성향의 단체들 중심으로 활동이 전개되는 한계가 있지요.

2018년 4월 27일 판문점선언이 있고 난 이후 6·15전북본부를 넘어서는 보다 폭넓은 통일운동 연대기구에 대한 요구가 제기되었어요. 판문점선언에 동의하는 모든 단체와 공동체를 망라할 수 있는, 그런 고민을 하고 있던 중에 2019년 3·1절을 맞게 됩니다. 3·1운동 백주년이 되는 해지요. 이렇게 뜻깊은 날을 그냥 보낼 수 없다는 생각에 3·1운동 100주년 1000인 평화원탁회의를 소집하게 됩니다.

1000인 평화원탁회의를 처음 제안할 때는 많은 분들이 성사 여부를 확신하지 못하는 눈치였어요. 그 시기가 4·27판문점선언 이후 한반도 평화 실현에 중대한 고비를 맞고 있었고 많은 국민이 안타까운 심정으로 이를 지켜보고 있을 때였지요. 하노이 북미 정상회담이 불발로 끝난 직후였어요. 뭔가 해야 한다는 생각들을 많이 하고 있었어요. 이런 마음들을 하나로 모아낼 틀이 필요했고 그것이 1000인 평화원탁회의였지요. 대중을 믿고 한번 제대로 해보자고 했어요. 1000명이 넘는 분들이 이름을 올렸고 행사 당일 원탁회의 참석자만 840명에 이르게 되었습니다. 만족할 만한 성과를 거둔겁니다.

당시 한반도 정세를 안타깝게 바라보던 많은 분들의 마음이 잘 모아진 것이지요. 평화원탁회의에 이름을 올린 분들은 1만 원의 회비를 내고 참여했어요. 행사비에 보태고 당일 결의한 평화선언문과 함께 중앙일간지에 전면광고를 내기 위해서였지요. 일간지에 전면광고를 내고 행사비를 제하고도 돈이 남았어요. 10명에서 15명씩 원탁에 앉아 한반도 평화실현을 위한 회의를 하는 장면은 장관이었지요. 진보와 보수를 가리지 않고 판문점선언에 동의하는 모든 세력이 한자리에 모인 자리였어요.

원탁회의에서 4·27판문점선언 1주년을 맞아 전국적으로 추진하는 DMZ인간띠 잇기 운동을 적극 조직하기로 결의를 했어요. 원래는 평화원탁회의를 준비할 때부터 DMZ인간띠 잇기 전북운동본부를 결성하자는 제안이 기독교 단체로부터 있었어요. 그분들에게 이 모든 것이 하나의 목적을 갖는 운동이니 함께 평화원탁회의를 먼저 잘 추진하고 그 성과를 모아서 DMZ인간띠 잇기 운동으로 나가자고 설득했지요. 1000인 평화원탁회의가 끝나고 약속한 대로 바로 인간띠 잇기 운동본부로 전환해서 조직에 나섰지요. 기획회의를 구성해서 매일 아침 조찬 모임을 통해 점검회의를 했어요. 우리민족에게 너무나 중요한 시기라는 생각에 열심히 뛰어다녔지요. 14개 시군에서 한반도 평화와 판문점선언에 동의하는 모든 단체와 공동체를 모아보자고 했지요.

DMZ 인간띠잇기 행사 당일 전북에서만 4,000명이 참여했어요. 수도권(수도권지역은 정확한 집계가 안됨) 이남 지역 중에 전북이 압도적으로 많이 참석해요. 100대 가까운 관광버스가 14개 시군에서 동시에 출발했어요. 열기가 대단했지요. 이렇게 큰 행사를 마무리하고 그 조직적 성과를 모아서 결성한 것이 전북평화회의입니다. 불교, 천주교, 원불교, 개신교 등 주요 종단 지도자를 고문으로 모시고 186개의 단체와 공동체가 모여 평화회의를 결성합니다. 전북지역 통일운동사에서 가장 폭넓은 연대기구가 만들어졌어요. 6·15전북본부보다 훨씬 더 넓은 연대단위가.

6·15공동선언실천민족공동위원회 명칭을 바꾸자는 말이 2018년

6월에 평양에서 열린 남북해외위원장단회의에서 나왔어요. 기존 6·15 민족공동위원회는 시대의 제한성이 있다. 남북공동선언이 10·4선언도 있고 판문점선언도 있고 앞으로도 계속 중요한 공동선언이 있을 수 있잖아요. 6·15민족공동위가 명칭을 바꾸는 시점이 오면 평화통일과 6·15공동선언, 판문점선언 정도에 동의할 수 있다고 한다면, 같이할 수 있는 거니까 지금 결성된 전북평화회의 그 틀을 그대로 가져가면 좋겠다는 생각을 하고 있어요. 하도 변수가 많은 것이 남북관계이니 이렇게 생각대로 잘 될지는 모르겠어요. 이후에도 전북평화회의 이름으로 개성공단, 금강산관광 재개 등 대중적인 이슈를 중심으로 굵직한 사업들을 하고 있어요.

### 10. 청소년 평화통일교육과 청소년 기자단

평화와 통일이라는 구호가 항상 애매한 개념으로 비춰질 때가 있습니다만, 올바른 평화통일교육을 위한 시민사회단체의 역할이 중요한데요. 이사님은 미래세대의 평화통일교육에 주안점을 두고 있는 걸로 압니다. 이 교육 활동과 여기에 참여하는 학생들의 조직과 활동은 주로 어떻게 이루어지고 있습니까?

전북겨레하나는 청소년 평화통일교육에 주안점을 두고 있고 최대한 많은 청소년이 1년에 한두 차례라도 '올바른' 평화통일교육에 참여하도록 노력하고 있어요. 그동안은 통일교육이라고 하더라도 냉전교육, 안보교육인 경우가 많았어요. 2020년 3월 모 교육청에서 업무지침을 통해 전체학교에 보낸 통일교육 지침 공문에 평화통일 교육 강사 자격요건으로 제시된 것을 봤는데요 교원, 군인, 경찰 등 업무 관련 공무원 경력이 있는 자, 6·25전쟁 참전 등 국가유공자가 포함되어 있어요. 문재인 정부 시기에 말이지요. 퇴직한 교원, 군인, 경찰은 다른 자격 요건이 없어도 누구나 평화통일교육을 할 수 있다는 것인데 그 기준이 너무 모호하잖아요.

저는 평화통일교육에서 가장 중요한 것은 평화의 개념부터 제대로 인식하게 하는 것이 중요하다고 생각해요. 평화통일이기 때문에 그래요. 평화통일을 하기 위해서는 평화적인 방법이 무엇인지 평화가 무엇인지부터 알아봐야죠. 우리 주변의 많은 사람이 다름을 틀린 것이라고 인식하는 습성이 있어요. 서로 생각이 다를 때 그 다름을 존중하면 서로 다툴 일이 없어요. 그런데 다름을 틀렸다고 하면 서로 얼굴을 붉히게 되고 그것을 강요하게 되면 다툼으로 번지잖아요. 평화통일은 서로 다름을 존중하는 것에서부터 시작될 수 있다고 봐요.

평화통일교육에서 가장 중점을 두어야 할 교육이 바로 남북 간 상호존중이에요. 상호 간에 존중하기 위해서는 서로의 실상에 대해서 편견이 아닌 있는 그대로 정확히 알아보는 과정이 중요하지요. 평화롭게 통일한다는 전제가 붙을 때는 이런 관점이 필수적으로 필요합니다. 진정으로 흡수통일을 전제로 하는 것이 아니라면 말이지요. 이런 측면에서 남북교류 업무를 보는 정부 주요 관료들부터 올바른 평화통일관을 형성하기 위한 교육이 필요하다고 봐요.

75년 동안 이어져 온 분단체제는 우리 국민이 한반도 평화와 통일에 대해 올바로 인식하는 것을 막아왔어요. 분단체제는 통일에 대한 국민의 열망을 차단하고 수많은 사실을 왜곡함으로써 생명을 이어온 체제지요. 오랜 세월 남과 북의 대립과 반목을 부채질하고 북에 대해서는 악마화를 강화해 왔어요. 분단체제가 끼친 영향에 따라 남한 사회에서 진실과 거짓, 통일과 반통일의 대립 구도의 골은 깊어지고 국론은 극심하게 분열되어온 것이 사실이지요. 많은 국민이 공감하는 것 중 하나가 통일이 안되는 이유 중에 외세의 압력이라고 생각하고 있어요. 외세의 압박을 극복할 방법이 뭐겠어요? 외세의 압박을 이겨낼 가장 강력하고 유일한 방법은 내부의 단합된 힘에 있잖아요. 그래서 진실을 알려 나가는 올바른 평화통일교육을 통해 내부의 단합된 힘을 키워나가는 것이 평화통일 운동에서 무엇보다 중요해요.

박근혜 정부는 열성적으로 통일안보교육에 매달렸어요. 박근혜 정부 통일부는 모든 시도교육청과 통일교육 MOU를 체결하고 공세적인 통일안보교육에 앞장섰어요. 당시 전라북도 교육청을 제외한 모든 교육청이 통일부와 통일교육 MOU를 체결했다고 해요. 예비역 장성들과 탈북자들이 학교현장을 누비고 다녔지요. 이들은 북에 대해 혐오감을 키우고 냉전적 의식을 키우는 역할을 합니다. 이명박, 박근혜 정부 밑에서 청소년기를 보낸 지금의 20대가 북과 통일에 대해 편향적이고 부정적인 의식이 높은 것은 우연한 일이 아닐겁니다. 어떻게 보면 분단을 통해 기득권을 유지해온 세력들의 전략과 집요한 노력에 놀랍기도 하지요.

민주당 정부에서는 평화통일교육을 어떻게 해요? 제가 보기에는 별 관심이 없어요. 남북 간에 큰 이벤트에나 관심이 있는 것으로 보여요. 모든 광역자치단체에 있던 통일교육센터도 줄였어요. 여기서 차이점이 있어요. 실력 차이가 나는 거지요. 장기집권전략 말로만 하면 뭐해요. 답답하지요. 아마도 사실에 근거한 올바른 평화통일교육만 전국민적으로 지속적으로 몇 년간 실시해도 동서 대립은 완화될 것이고 6·15공동선언이 북의 적화통일에 동조한 것이라고 하는 태극기 부대가 설 땅이 없어질거에요.

통일이 어느 날 갑자기 베를린장벽이 무너지듯 휴전선이 무너지는 모습으로 올 것으로 상상하는 국민이 많아요. 그렇게 할 수도 없고 해서도 안되는 건데. 실제로 독일이 통일될 당시를 보면 통계마다 차이가 있지만 동, 서독의 경제력 차이가 작게는 6배 많게는 9배 정도 났다고 해요. 남과 북의 차이에 비하면 큰 차이가 아니에요. 그리고 서독은 우리와 비교할 수 없는 세계 2, 3위를 다투는 경제 대국이었어요. 그럼에도 통일을 이루고 나서 많은 혼란을 겪었잖아요. 지금 남과 북의 경제력 차이를 비교하면 상상할 수 없는 일이지요.

더구나 요즘은 우리 경제가 장기침체에 빠져들고 있다고 하는데. 남한의 경제가 서독과 비교할 때 갑작스런 남북통합을 감당할 수가 없어요. 더군다나 독일 통일은 동독 주민들의 결정으로 된 것인데 북의 경우를 보면 동독과는 많이 다르잖아요. 곧 망한다고 했지만 아직까지 건재해요. 오히려 군사적으로나 정치적으로 더 강해지고 안정되고 있잖아요. 독일식의 통일은 가능하지도 해서도 안되는 상상인 거지요.

통일대박을 얘기하면서 곧 통일이 이루어질 것처럼 박근혜 정부에서 떠들어대니까 영리한 우리 청소년들이 그런 통일은 쪽박이라고 생각해서 통일을 반대하는 여론이 높아진 거지요. 한쪽에서는 북한에 대한 혐오감을 키우기 위해 열을 올리면서 통일 대박이라니. 우리도 먹고 살기 힘든데 가난하고 혐오스러운 북의 동포들까지 책임질 마음이 나지 않는 거지요. 이런 염려들은 보수 정부에서 만든 대한민국 공식 통일방안에 대해서 제대로 알리기만 해도 쉽게 해소될 문제라고 봐요. 비록 최종적으로 흡수통일을 전제하고 있지만 통일의 과정에 대해서 합리적으로 밝히고 있어요.

1단계가 상호협력 단계고 2단계가 국가연합 단계, 3단계가 최종 통일을 이루는 단계에요. 여기서 3단계가 문제인데 1단계에서 2단계로 넘어가기 위해서 많은 시간이 필요하듯이 2단계에서 3단계로 넘어가는 데도 수십 년의 시간이 필요할 거에요. 중요한 것은 그때 우리 세대는 없어요. 유럽연합처럼 남북연합 혹은 연방 단계로 서로 존중하면서 남과 북이 함께 번영을 이루면서 오고 가다 보면 서로 일치하는 것이 있을 수도 있고 그렇지 않을 수도 있겠지요.

형편에 맞게 후대들이 정해 나가면 되는 것인데 수십 년 후 미래세대들이 결정할 것을 지금 우리가 자유시장체제로 해야 한다. 뭐로 해야 한다고 하는 것은 월권이잖아요. 가능하지도 않은 얘기고. 그 말꼬를 풀어나갈 수 있는 것이 대한민국의 공식 통일방안을 국민에게 알리는 것에서부터 시작할 수 있다고 생각해요. 특히 민주당 정부에서는 명분도 있어요. 그 통일방안을 보수 정부인 노태우, 김영삼 정부에서 만들었잖아요.

그런 교육을 보수정당에서 반대할 명분이 없잖아요. 그 방안대로 하자고 남과 북이 6·15공동선언에서 합의를 했고요. "남과 북은 나라의 통일을 위한 남측의 연합제안과 북측의 낮은 단계의 연방제안이 서로 공통성이 있다고 인정하고, 앞으로 이 방향에서 통일을 지향시켜 나가기로 하였다." 이렇게 합의한 내용을 북의 적화통일 노선에 놀아났다고 우기는 세상에 우리가 살고 있는데. 이것부터 바로 잡아야지요.

남한의 공식 통일방안이 일정한 한계는 있지만 한 술에 배부를 수 없잖아요. 여기서부터 출발하자는 거지요. 이런 과정을 통해 통일을 어느 날 갑자기 도둑처럼 올 수 있는 하나의 사건으로 이해하는 것이 아니라 과정으로 이해할 수 있는 합리적인 인식으로 나갈 수 있다고 생각해요. 우리 국민 중에 우리나라 공식 통일방안에 대해서 제대로 알고 있는 국민이 0.6% 밖에 되지 않는다는 설문조사 결과가 있어요. 이처럼 분단체제는 올바른 평화통일교육이 설 땅을 허용하지 않고 있는 겁니다.

이런 현실을 직시하는 것으로부터 평화통일교육은 시작되어야 해요. 보통 저희는 연합연방에 대해서 설명할 때 땅콩집에 비유해서 설명해요. 땅콩이 곁에서 보면 하나인데 까 보면 둘이잖아요. 서로 사이좋은 이웃들이 한 마당에서 집을 짓고 살지만 살림은 따로 독립적으로 한다. 서로 바쁠 때 아이를 돌봐 주거나 간장이 떨어지면 빌리기도 하고 가끔 바비큐도 같이 하고 즐겁게 지낼 수 있지만 옆집 아저씨 주식 투자가 잘못되었다고 해서 우리 집에서 연대 책임질 일은 없는 것이다.

"우리가 북쪽의 주민들을 먹여 살리는 게 아니고, 살림은 각자 알아서 하는 거다. 서로 교류하고 협력하면 시너지가 나서 북쪽도 우리도 더 잘 살 수 있다. 이런 방식으로 통일을 하면 남이나 북이나 서로 번영발전할 수 있다. 유럽연합처럼 남과 북이 오고 가는 것만 자유롭게 되어도 대륙과 해양이 만나는 세계 물류의 중심지가 되지 않겠는가? 이런 식으로 멋지게 통일하기로 이미 남과 북이 합의를 했다." 강의하기 전에는 통일에 부정적이던 청소년, 시민들도 강의가 끝날 때면 그런 통일을 왜 빨리 안하느냐고 해요.

민주당 정부든 어떤 정부든 한반도의 평화와 통일을 지향하는 진정성 있는 정부라면 무엇보다 제대로 된 평화통일교육을 국정 제일의 목표로 삼고 전면화해야 해요. 평화 지향적이라는 문재인 정부 밑에서도 끈질기게 생명줄을 이어가고 있는 분단체제는 하루아침에 극복되지 않는다는 것을 확인할 수 있어요. 정부가 세밀하고 치밀한 계획을 세우고 지속적으로 평화통일교육을 해나갈 때 분단체제를 극복할 국민의 단합된 힘이 형성될 수 있을 겁니다. 그래서 우리 지역에서라도 모든 청소년과 시민들에게 올바른 평화통일교육을 1년에 한두 차례라도 할 수 있도록 해보자고 작정을 한 거지요.

전북겨레하나에서 부설 기관으로 평화통일교육센터를 신설해서 2016년부터 강사양성 프로그램을 시작한 이래 매년 신규 강사를 발굴 양성해 왔어요. 현재 30여 명의 평화통일강사단이 활동 중입니다. 찾아가는 학교 평화통일교육은 전라북도교육청과 연계하여 사전신청을 받아서 진행해요. 일반적으로 5월부터 12월까지 진행합니다.

초등학생은 동화를 읽고 영상을 보며 전쟁으로 인한 문제점을 알아봐요. 평화를 무기로 지킬 것인가, 평화를 평화로 지킬 것인가를 카드 게임을 통해 체험하고 토론하기도 하고요. 다름은 틀린 것이 아니며 다름을 존중할 때 평화가 시작될 수 있음을 알아봅니다. 중고등학생은 남북이 만났던 장소를 따라 여행하면서 남북화해의 기쁨과 비전을 느끼고, 통일 시사 이슈를 낱말 퍼즐로 익힙니다.

남북교류와 협력을 통해 점진적이고 단계적으로 평화를 제도화하는 과정이 통일임을 이해하는 내용도 강조하지요. 첫해인 2016년 31개 학교, 202개 학급, 5,686명에게 찾아가는 학교평화통일교육을 실시했어요. 교육현장에 입소문이 나면서 2018년 102개 학교 1만 385명, 2019년에는 138개 학교 1만 9,161명으로 꾸준히 교육 대상이 증가했어요. 2만 명을 넘길 것으로 기대됐던 2020년에는 코로나19로 인해 9,314명의 학생을 만나는데 그쳤어요. 그동안 통일안보교육에서는 북한에 대한 혐오감을 키우는 방향에서 진행되어왔어요. 오래되고 칙칙한 사진과 영상을 통해 북한과 통일 하고 싶은 마음이 들지 않게 하는 효과가 있는 거지요.

전북통일교육센터의 목표는 '통일교육은 지루하고 딱딱하다'는 편견을 뒤엎고 '통일교육이 가장 재미있고 쉽다'는 인식을 확산시키는 것입니다. 북녘 동포들의 생활상은 가장 최신의 자료, 밝고 선명한 컬러의 영상과 사진을 사용하여 소개하죠. 지금의 모습을 있는 그대로 보여주려고 노력합니다. 한반도 상황 역시 가장 핫한 이슈를 통해 본질을 이해하도록 재미있고 쉽게 풀어냅니다. 어린이들의 경우 동화를 적극 활용하여 흥미를 돋우고 감성적으로 접근하는 것도 빼놓을 수 없는 학습 방법이죠.

수업 제목도 흥미와 호기심을 느끼도록 해요. '호랑이가 아파요', '내 강냉이는 어떻게 됐을까?', '평양 소녀의 하루', '남북 말모이', '대통령과 함께 평양 가요', '펭수와 떠나는 한반도기 여행' 등으로 제목을 붙이고 슬라이드 디자인에도 각별히 정성을 쏟지요. 수업 활동은 다양하게 준비합니다. '1박2일 평양 여행지도 만들기', '통일가로세로(퍼즐)', '빙고 게임', '부루마불', '평화 마인드맵' 등을 활용해요.

강의를 들은 청소년들의 반응을 알아보기 위해 2019년 센터에서 찾아가는 학교 평화통일교육 이후 1,016명에 대해 실시한 설문조사에

의하면 평화통일교육이 재미있었는가를 묻는 설문에 매우 재미있었다 43%, 재미있었다 35%, 보통이었다 18%, 재미없었다가 4%로 나타났어요. 재미있었다가 78%로 나타나죠. 북한과 통일 문제를 이해하는데 도움이 되었는가를 묻는 설문에는 아주 유익했다가 45%, 유익했다 38%, 보통이었다 16%, 유익하지 않았다가 2%로 나타납니다. 유익했다가 83%로 나타났어요. 평화통일교육에서 가장 재미 있었던 것은 무엇이었는지를 묻는 설문에는 동영상 보기가 47%, 빙고 게임 30%, 퀴즈 맞히기 20%, 기타 3%로 나와요.

학교에서 청소년들에게 가장 많은 영향을 주는 사람은 일선 교사들입니다. 교사들의 일상적인 평화통일교육이 중요한 이유죠. 그런데 지금 일선 교사들이 집중적으로 평화통일교육에 대해 연구하고 준비할 조건이나 여건이 마련되지 못하고 있는 것이 현실이에요. 이런 조건에서 일선 교사들에게 평화통일교육의 상을 제시하고 재미있고 유익하게 준비해 나갈 수 있도록 자극을 주는 것 역시 현재 센터의 역할 중 하나로 잡고 있어요. 앞으로 일선 교사들과 함께하는 워크숍 등을 통해 지역과 학교가 함께 만들어 가는 평화통일교육을 만들어 가면 좋겠다는 생각입니다.

청소년평화통일기자단에 대한 얘기를 해볼까요? 찾아가는 평화통일교육이 많은 청소년을 대상으로 하는 일회적인 교육 사업이라면 청소년평화통일기자단 사업은 1년 동안 평화와 통일에 대해 찾아보고 알아보면서 미래의 평화통일 일꾼을 키우기 위한 사업입니다. 청소년평화통일기자단은 매년 활동의 결과물로 메아리라는 책자를 한 권씩 만들어요. 맨 뒤에는 다음 기수를 모집하는 광고가 들어가죠. 매년 수천 권을 찍어서 학교 등 연관된 곳에 나누어 왔어요. 작년까지 12기를 했고 올해는 13기를 모집하고 있습니다. 매년 30~40여 명을 모집해요. 처음에는 중고등학생들을 대상으로 모집했어요. 나이 차이가 많이 나서 서로 잘 어울리지 못해서 고등학교 2학년으로 한정을 했다가 지금은 1학년까지 같이 받아요. 1~2학년을 받아서 1학년들은 이듬해에 2학년이 되어서 집행부와 같은 운영위원 역할을 하면서, 그해에 들어온 친구들을 도와주도록 하고 있어요.

　작년에 코로나 때문에 여기저기 돌아다니지도 못한 가운데 어렵게 성과물을 남겼어요. 발대식이 끝나면 파주, 연천 이런 곳에 평화여행을 가고 가능하면 많이 돌아다니려고 하죠. 우리 지역 갑오농민전쟁 유적지를 둘러보기도 하고 인물탐방도 하면서 1년을 보내요. 한번은 김대중 대통령을 뵙기로 했는데 기자단과 만나지 못하고 돌아가셨어요. 김대중 대통령 대신 이희호여사를 뵙고 왔어요. 이 친구들이 3학년이 되면 입시준비에 집중하고, 수능이 끝나고 졸업여행을 가요. 제주 4·3 평화여행을 주로 가지요. 대학에 들어가면, 대학생 겨레하나로 안내하는데 모두 연결되지는 않더라고요.

　청소년과 대학생들이 통일에 대해서 올바른 관점을 갖는 것이 무엇보다 중요하다고 보죠. 이들이 만들어 나갈 세상이니까. 갈수록 청소년, 청년들의 평화통일에 대한 관심은 작아지고 있죠. 사실 할 수만 있으면 모든 역량을 집중적으로 투입해서 하고 싶은 사업이 청소년, 청년 사업이에요. 이 사업은 중요하면서도 정말 욕심대로 잘 안되는 사업입니다.

사진 29　2020년 9월 28일. 북한 어린이영양식 지원

주변 환경이나 교육청과의 협력 등이 잘 이루어져도 쉽지 않은 사업이에요. 그 안에서 주체들이 나오는 것이 가장 좋은 것인데 그것이 어렵지요.

우리 나름대로는 열심히 노력하고 있는데 우리만 노력하면 안 되잖아요. 제 얘기는 통일부에서, 교육부에서 작정하고 청소년과 전 국민을 대상으로 1년에 한두 차례라도 올바른 평화통일교육을 해야 한다. 그 정도의 야심찬 포부를 가지고 남북관계를 풀어보겠다고 해야 한다는 거죠. 이런 과정 없이 교류사업에 매달리는 것은 이벤트로 끝날 가능성이 높다고 봐요, 진정성이 없는 거죠. 대한민국 사회가 남남갈등이 심화되는 데에는 이를 의도적으로 조성하고 즐기는 세력이 존재하기 때문이기도 하지만 다른 편에서도 사실관계를 제대로 알리기 위한 노력이 부족한 측면들도 많이 있어요. 아직 갈 길이 멀죠.

사진 30  도라산역에서 청소년평화통일 기자단

사진 31   압록강 철교에서 청소년평화통일 기자단

## 11. 평화통일에 대한 전망과 북한 사회에 대한 이해

북한에 대해서는 쉽게 알 수 없고 또 말할 수 없는 사회인데, 평화통일을 생각할 때마다 상대로서 이북 사회에 대한 이해를 어떻게 하고 있는지 궁금합니다. 깊이 있게 들여다 볼 수 있는 기회가 거의 없는 상황에서 김정일 시대를 지나 김정은 시대에까지 이르렀는데, 북쪽 사회에 대해 어떤 인식을 갖고 계십니까?

통일운동 하는 사람으로서 같이 살아가야 할 상대다 보니 관심을 많이 가질 수밖에 없죠. 서적을 통해서 본 것을 떠나 진짜 실상이 어떠한가. 그걸 정확하게 과학적으로 인식하는게 중요하겠다 싶은 생각을 늘 했죠. 그런 측면에서 신화도 아니고 냉소도 아닌 있는 그대로의 실상을 과학적으로 인식하는 게 중요한데 쉽진 않죠. 북한이라는 사회에 대해서 한

마디로 말하기는 어려워요.

북한은 스스로 북한식의 독특한 사회주의라고 하는데 저의 느낌으로는 봉건제에 가까운 면이 있다고 봤어요. 북한의 남성들과 대화하면서 가부장적인 요소가 많이 남아 있는 사회라는 것도 자주 확인하기도 했고요. 우리가 집에서 설거지랑 자주 하느냐고 웃으면서 물으면 그 사람들은 펄쩍 뛰지요. "세대주가 그런 것을 왜 합니까? 세대주는 그런 자잘한 일을 해서는 안됩니다. 큰 일을 해야지요." 저의 주관적인 생각을 단순화 해보면 성군정치, 그러니까 맹자가 얘기했던 왕도정치를 지향하는 것처럼 보였어요. 성군정치, 왕도정치도 권위주의 체제라고 자유주의 정치학에서는 정리하는데요. 지도자가 백성을 하늘처럼 떠받들고 정치를 해야된다는 이념, 그런 지향이 있어 보였어요.

사회와 공동체에 기여한 사람들 대하는 태도가 남다른 사회라는 인상도 받았지요. 아무래도 개인의 자유보다는 집단을 중시여기는 사회다보니 그러겠지만. 남쪽하고 달랐던 몇 가지가 저에게 확 들어온 게 있어요. 항일투쟁했던 1세대가 중심이 되어 북한을 세웠는데, 그들이 항일투쟁하면서 가족과 같이 만주 이런 곳을 전전했겠죠. 그 전사들이 들어와서 북한의 주류가 되었는데 그때 만주에서 전사한 투사들의 가족들은 모두 흩어져 있었을 거 아니에요. 거의 거지꼴이 되어 있었겠죠. 북한 정부가 수립되고 얼마 지나지 않아서 많은 사람들을 만주로 보냈다고 해요. 만주에서 함께 활동했던 만주 지리를 잘 아는 이들을 보내서 먼저 간 동지들의 유가족들이 죽었다는 걸 확인하기 전까지는 돌아오지 마라. 그 유자녀, 고아들을 데려다가 만든 것이 혁명유자녀학원이라고 들었어요. 당시에 김정일 위원장이 다섯 살 정도 됐나요? 같이 어울리면서 형, 동생으로 지냈다고 그러는데. 김정숙 등이 직접 빨래도 하고 그러면서 아이들을 같이 길렀다고 해요. 이것이 이 나라의 통치술의 단면을 볼 수 있는 것이라는 생각이 들었죠.

그 이후에 한국전쟁에서 남과 북에 10만 명 가까운 고아가 또 생기잖아요. 남한과 북한이 독립운동했던 후손들을 대하는 것이 달랐고, 또 남한과 북한이 전쟁고아들을 대하는 것, 상이군인들 대하는 것도 달랐지요. 사회와 공동체를 위해서 헌신한 분들에 대한 예우는 중요합니다. 그래야 공동체를 위해서 사회를 위해서 헌신하겠다는 사람들이 많아질 수 있는 것이고 그 힘으로 공동체가 유지되는 것이니까요. 우리 남한 사회도 요즘은 사회와 공동체를 위해 헌신한 분들에 대한 존중과 예우가 예전에 비해서 많이 좋아지고 있어요. 다행스런 일이지요.

북한은 한국전쟁 당시 전쟁 고아들을 모아서 동유럽 등으로 유학을 보냈다고 해요. 고아들을 동유럽에 보내야 되는데 민족의 정체성을 잃어버릴 수 있으니 고아 10명에 교사를 한 명씩 짝을 지어 보냈다고 합니다. 민족의 정체성을 잃지 않도록 해야된다고 젊은 교사들을 전쟁터에서 빼내서 보내기도 했다고 해요. 그런 식으로 고아들을 키웠고 그들이 60년대 이후에 성장해 돌아올 즈음 김정일 국방위원장 후계 구도가 완성되어 갑니다. 집단적인 후계 구도를 이렇게 구축한 측면도 있다고 볼 수 있지요.

이런 식으로 2세대 엘리트층이 형성되는 과정을 보면서 여러 가지 생각을 하게 되지요. 부모는 민족과 혁명을 위해 목숨을 바치고 조국은 부모와 같은 품으로 길러주니 조국과 공동체를 배신하기 쉽지 않겠지요. 이렇게 엘리트층이 형성되고 단결해 있는 구조가 북한이라고 봐요. 엘리트층이 공고한 거죠. 사회와 국가를 위해 헌신하고 희생한 데 대해서는 반드시 사회와 국가가 책임지고 보상한다는 원칙을 중시하고 있다는 인상을 받았어요. 그 힘으로 북한식의 집단주의를 유지 발전시키고 있다고 봤습니다.

'이민위천'(以民爲天). 이런 사상이 진실성 여부를 떠나서 어쨌든 통치이념화 되어 있고 또 체계화되어 있는 건 분명한 거 같아요. 덧붙여서 말씀을 드리면 "북이 뭐 망하네 마네" 그런 얘기할 때, 그 사회의 정치 엘리트층이 얼마만큼 단결력이 공고한가를 보는 게 중요한데요. 이러저러한 과정을 볼 때 정치 엘리트층의 단결력이 공고해서 쉽게 흔들리지 않을 거 같아요. 쉽게 안 망한다는 거죠. 그리고 김정일 국방위원장이 심장마비로 사망한 것으로 알려져 있는데, 현지 지도를 다녀오는 길에 기차 안에서 사망했다고 전해지잖아요. 사실이 아니면 그러한 관점을 중요하게 여기고 대중 조작에 능한 것이고, 사실이라고 한다면 여러 가지 생각이 들지요. 몸이 안 좋았을 거 아닙니까. 전조 증상이 있었을 텐데 그런 몸으로 현지 지도를 다녀오다가 기차 안에서 사망했다는 것을 접한 주민들이 어떤 생각을 하겠어요. 대중 조작이든 사실이든 지도자의 헌신을 중요하게 강조하는 사회라는 것으로 저는 느꼈어요.

이것이 어느 단위까지 내려가는지 그리고 진정성이 있느냐 없느냐 하는 것은 우리가 알 수 없지만, 최소한 직간접적으로 접해 본 바로는 통치 이념으로 일관되게 정립되어 있다고 봐요. 북의 독특함, 그런 정치체제라는 생각이 들었어요. 김정은 시대에 들어와서는 이전과 조금 달라진 모습을 보고 있는데요. 대중들에게 보다 친숙하고 솔직하게 접근한다든지 본인의 부족한 점을 시인하는 모습이라든가 리더십의 변화가 있어 보입니다. 북한 사회가 워낙 공개된 내용이 적고 통제와 관리가 잘된 사회다 보니까 내적인 상황을 정확히 알기는 쉽지 않아요. 내부에서 구체적으로 어떤 일이 벌어지고 이해관계가 어떻게 조정되는지에 대해서 과학적으로 세세하게 규명하기는 좀 어려운 사회라고 생각합니다. 국가보안법으로 인해서 북한에 대한 정보를 자유롭게 접하기도 어려운 측면도 있고요.

숨가쁘게 살아온 날, 수많은 일들이 있었습니다. 사회환경이 많이 바뀌었고 이사님께서는 새롭게 공부하고 계신 것도 있는데, 평화통일운동에 대한 전망을 어떻게 보십니까?

제가 환경운동 하는 활동가들을 만나면 분단 문제가 없었다면 나는 환경운동을 했을 거 같다고 웃으면서 말해요. 기후 위기 등 환경문제가 갈수록 심각해지고 있어서 관심을 안가질 수도 없지만, 운동하기는 훨씬 수월할 것 같다는 뜬금없는 생각을 가끔 해요. 환경문제는 바로 피부로 느낄 수 있잖아요. 평화통일은 피부로 쉽게 느끼기가 어려워요. 환경운동도 아직 성장주의, 개발주의를 지속적으로 울궈먹는 세력이 있어서 쉽지않은 점이 있겠지만요. 분단체제가 장기화 되다 보니 비정상이 정상화되어 있어서 이것을 풀어내기가 갈수록 쉽지않은 면이 많아요. 아직도 통일운동 하면 무거운 느낌이 커요. 그래도 대학 때 몸으로 익힌대로 대중을 믿고 진정성을 가지고 접근하면 된다고 생각하고 해왔는데. 크게 답답함, 절망감을 느낀 것이 판문점 선언이 있던 2018년이에요.

2018년에 엄청난 희열에 차 있었던 해이기도 하지만, 문재인 대통령이 평양에 다녀와서 쭉 진도를 뺄 줄 알았죠. 당시에 국회에서 금강산 관광 재개해야 된다는 얘기를 하다가 백악관에서 미국 승인 없이는 아무것도 할 수 없다고 트럼프(Donald John Trump)가 몇 마디 하니까 그냥 쏙 들어갔어요. 그때부터 너무 답답했어요. 아! 이렇게 꺾이나. 그렇게 5~6개월 골든타임을 놓쳐버리고 결국에는 하노이 불발로 끝이 났죠. 이건 예정된 거 아니겠어요? 미국의 선의에 기댄 한반도 평화 정책의 결말이라는 것이. 미국의 입장에서는 본래부터 한반도 분단체제의 현상유지를 원했던 것인데.

중국이 패권국으로 올라오지 못하도록 막고 일극체제를 유지하기 위해서 미국 입장에서는 한반도가 대결적인 분단체제 그대로 유지되어야잖아요. 북이라는 악마를 만들어서 남한에 올라타고 동북아시아 패권을 유지하려는 거죠. 미국은 미국의 이익을 위해서 그렇게 하는 거죠. 미국은 미국의 이익을 위해서 그런다고 한다면 우리는 우리의 이익을 위해서 복무해야 하지 않느냐, 북은 북대로 남은 남대로 말이죠. 그런데 이 지점에서 문재인 정부의 정책의 오류 판단의 오류로 인해 미국의 이익에 완전히 농락당하고 천재일우의 기회를 날려버린 걸 보면서 너무 안타까웠죠.

항상 생각해왔던 것이지만 중요한 것은 민간 통일운동을 아무리 열심히 하더라도 결국에는 정부의 정책이 중요하다는 거죠. 정부가 어떤 입장을 취하느냐가 결정적이잖아요. 그래서 정부가 올바른 입장을 취하도록 해야 하고, 올바른 방향을 잡았을 때는 적극 밀어주기 위해서 민간 통일운동이 필요한 건데. 한반도 평화를 지향한다는 문재인 정부도 중심을 못 잡는 거 보면서, 아! 민간 통일운동만 죽으라고 한다고 되는 것이 아니구나, 이런 생각을 하게 되더라고요. 물론 통일운동을 좀 더 잘하지 못한 것도 성찰하고 돌아봐야 하지만 정부가 올바르게 들어서야겠구나. 이런 생각이 많아요.

문재인 정부의 정책 기조인 한반도 평화프로세스의 가장 큰 한계는 비핵화를 전제로 하는 것이었어요. 북핵 문제의 발단은 미국의 대북 적대 정책으로부터 시작된 것인데. 미국의 적대 정책을 먼저 해결하기 위해서 노력하거나 북핵 문제를 남북문제에서 떼어내는 것이 필요했다고 생각해요. 먼저 남과 북의 전쟁 상태 대결 상태를 해결하고 북핵 문제는 미국과 북한 사이에서 풀도록 했어야 문제의 실마리를 풀 수 있었다고 생각합니다. 미국이 만들어 놓은 선 비핵화라는 프레임에 갇혀 있다 보니 할 수 있는 것이 아무것도 없었던 거지요. 순서가 바뀐 것이지요.

그나마 민주당 정부가 들어서면 될 줄 알았는데 정책 기조를 제대로 잡지 못하고 헤매는 것을 보고 많은 생각을 하게 된 거죠. 지도자도 중요하고 대통령을 보좌하는 정책 결정 단위에 제대로 된 참모들이 들어가는 것도 중요하겠구나! 하는 생각을 하면서 이번 대선에 많은 관심을 갖게 됐어요. 솔직히 고민의 끝자락에는 초조감도 있어요. 앞으로 10년 동안 지지부진해버리면 누가 통일을 주장하고 말하고 그러겠나 싶어요. 세대가 바뀌어 버리는데 우리 세대가 지나버리면. 70~80 나이 먹어서 통일운동하는 거야 두렵지 않겠지만 힘이 그만큼 떨어지는 거잖아요. 더 힘들어지는 건데.

중요한 것은 운동한다는 것 자체가 아니라 실제로 평화통일, 한반도의 평화를 앞당기는 것이 중요한 것이잖아요. 민간 통일운동의 한계를 절실하게 느끼면서 고민이 깊었어요. 통일운동을 사심 없이 하는 사람들이 제도권으로 많이 들어가면 좋겠다는 생각 등. 한미연합 군사훈련 재개하면 남북관계는 끝난다고 그렇게 많은 사람들이 목소리를 높여도 문재인 정부가 기어이 하잖아요. 어찌됐든 지도자가 중요하다는 생각을 요즘에 많이 해요. 주변에 올바른 참모들이 많이 포진되는 것 역시 중요하고. 모든 것은 결국 기승전 정치더라고요. 정치가 바뀌지 않으면 어떤 것도 쉽지 않아요.

제가 국회의원에 출마한 적이 있어요. 2012년 19대 총선에 통합진보당 전북도당위원장을 할 때 출마했어요. 민주노동당 초창기부터 당원으로 가입은 했지만 출마하는 것은 다른 사람들의 몫이라고 생각했죠. 나는 밖에서 역할을 하겠다고 했어요. 그런 사람도 필요하지 않느냐, 고 했는데 민주노동당 마지막 시기에 선배들이 도당위원장을 못 하겠다고 다들 고개를 저어서 떠밀려서 하게 되었죠. 하는 김에 제대로 해보자고 했어요. 다섯 명 후보 중에 21.9%를 받아서 2등 했어요. 그때 선거를 4개월 준비했는데 그 정도 나왔으니까. 선거 끝나자마자 바로 선거운동 다시 시작한다 생각하고 4년 동안 하면 4개월의 열 배잖아요. 그러면 민주당 벽을 넘을 수 있겠다 싶었죠.

선거가 끝나고 한 달 동안 하루도 빼놓지 않고 낙선 인사를 했어요. 그런데 한 달 만에 당에서 난리가 났잖아요. 결국 분당으로 끝났고. 힘을 합해도 어려운데 이건 아니다 싶었어요. 당시에 강기갑 대표를 비롯해서 많은 분들과 함께 분당을 막기 위해 나름 최선을 다했지만 역부족이었죠. 결국 당이 갈라지는 것을 보고 9월에 도당위원장직을 내려놓고 통일운동으로 복귀했어요. 10여 년이 지난 지금 다시 현실 정치를 고민하게 됩니다. 결국은 정치가 바뀌어야 한다는 생각이 들어요. 그런데 진보정치는 사분오열되어 여전히 희망이 안보이고, 고민이 많습니다.

최근 대학원에 입학했어요. 전북대학교 정치학과 석사과정. 그동안 필드에서 활동한 내용을 학문적으로 정리해 보고 싶은 마음에 진학을 결정했습니다. 공부 좀 해보자고 하니 노안이 심해져서 어려움이 많아요. 아, 이래서 공부는 때가 있다고 했나보다 하는 생각이 들죠. 지금 제가 정리해 보고 싶은 것은 북의 통치 원리입니다. 나이를 먹을수록 일 욕심이 많아지는 것 같아요. 하고 싶은 것은 많은데 어디까지 할 수 있을지는 잘 모르겠어요.

# V
# 평화와 통일을 노래하는 불굴의 스포츠 아리랑

**김경성**
- 2006~ 현재 (사)남북체육교류협회 이사장
- 2014~ 현재 아리스포츠컵 국제축구대회 조직위원장
- 2014~ 현재 대한체육회 남북교류위원회 위원
- 2022~ 현재 서울올림픽레거시포럼 위원
- 2023~ 현재 경기도체육회 국제교류위원회 위원장
- 2024~ 현재 통일부 통일교육위원
- 전) 한국체육대학교 특임교수
- 전) 강원도청 평화협력관
- 전) 2024 강원동계청소년올림픽 지원위원회 위원장
- 전) 2024 강원동계청소년올림픽 평화올림픽 홍보단 공동대표
- 전) 경기대학교 한반도전략문제연구소 부소장
- 전) 경기도지사 통일정책 특별보좌관

**저서**
불굴의 아리랑(함께가면 길이된다)
벽을 넘어서(포화속에 핀 평화의꽃)
공은 둥글다 우리는 하나다(민족의 혼을잇다 위기마다 평화를잇다)
불굴의 스포츠 아리랑(남북축구 역사이야기)

**수상**
2015 DMZ 평화상(강원도)
2019 골든몽구스 최고어워즈 훈장(우크라이나 오데사)

한반도는 역사적으로 정치적 대립과 갈등을 겪어왔지만, 스포츠는 이를 뛰어넘어 소통과 협력의 장을 마련하는 중요한 역할을 해왔다. 특히, 남북한의 축구 교류는 단순한 경기 이상의 의미를 가지며, 스포츠를 통한 화해와 평화 정착의 가능성을 보여준다.

1959년 포천에서 태어난 김경성은 2002년 한일월드컵을 계기로 포천축구센터 운영을 시작했다. 이후 중국 쿤밍에서 활동을 이어간 결과 2006년 북한 4·25체육단과 해방 이후 최초의 민간 '남북체육교류계약'을 체결하고 10여 년간 남북 12차례, 중국 8차례의 축구 교류 사업을 진행하였다. 2007년에는 북한 청소년 대표팀의 남한 전지훈련을 유치하였으며 인천평화컵 국제유소년대회, 아리스포츠컵 국제유소년대회 등을 연천(한국), 평양(북한), 쿤밍(중국) 등지에서 개최하기도 했다. 특히 2015년 평양에서 개최된 제2회 아리스포츠컵 국제유소년 대회는 휴전선 목함지뢰 폭파, 대북 확성기 가동으로 인한 폭격 등 남북관계가 악화되는 가운데 치러진 경기로 어렵게 진행되었으나 성공적으로 마무리되었다.

이 밖에도 2007년 북한 청소년 축구 대표팀의 남한 전지훈련을 유치하고 북한 대표팀의 해외 전지훈련을 적극적으로 지원하여 실질적인 북한 축구의 경쟁력 향상에 기여하기도 했다. 북한은 김경성에게 2007년 FIFA U-17 월드컵 조 추첨식에서 북한 공동단장으로 참가할 수 있는 기회를 제공하고 평양 능라도에 '김경성 체육인 초대소'를 건립하는 등 다양한 신뢰와 네트워크를 보여주고 있다. 이러한 공로는 북한 정부의 신뢰를 얻고 남북 체육 교류를 지속적으로 추진할 수 있는 기반이 되었다.

김경성은 남북한이 정치적으로 긴장 상태를 유지하는 상황에서도 축구를 통한 협력의 가능성을 꾸준히 모색해왔다. 그는 북한 축구 관계자들과의 직접적인 협의를 통해 남북 유소년 축구 교류, 친선 경기, 그리고 평양에서의 축구 대회 개최 등 다양한 활동을 이끌어냈다. 이 과정에서 그는 스포츠가 이념을 초월하여 사람과 사람을 연결할 수 있는 강력한 도구임을 증명했다. 축구라는 공통의 관심사를 매개로 남북 선수들이 직접 만나고 경쟁하며 협력하는 경험을 통해, 분단된 한반도에서도 소통과 공존이 가능하다는 희망을 심어주었다.

김경성의 이러한 활동은 경평축구(京平蹴球) 정신을 계승한다. 경평축구란 1929년부터 1946년까지 서울과 평양 간에 열렸던 축구 대항전으로 당시 평양은 '조선 축구의 메카'로 불릴 정도로 축구 열기가 높았으며, 경성(서울)팀 또한 수준 높은 팀들을 보유하고 있었다. 이 대회는 매년 두 도시를 번갈아가며 열렸고, 조선인들이 한마음으로 응원하며 민족적 단합을 경험할 수 있었던 중요한 행사였다.

김경성의 노력은 단순한 체육 교류를 넘어 문화와 스포츠를 활용한 남북 관계 개선의 가능성을 시사한다. 과거에도 남북은 예술, 음악, 전통 문화 등의 교류를 통해 긴장 완화와 상호 이해 증진을 도모해 왔다. 2018년 평창 동계올림픽 당시 남북 단일팀 구성은 스포츠가 정치적 대립을 해소하는 데 중요한 역할을 할 수 있음을 보여준 대표적인 사례다. 축구 교류 역시 같은 맥락에서 해석될 수 있으며, 이는 앞으로 남북 관계 개선을 위한 새로운 접근법으로 더욱 확대될 필요가 있다.

남북 간 정치적 협상이 난항을 겪고 있는 현실 속에서도, 스포츠와 문화 교류는 상대적으로 부담이 적고, 대중적인 공감을 얻기 쉬운 방식이다. 이러한 특성을 활용한다면, 적대적 관계를 완화하고 남북 간 신뢰를 구축하는 데 중요한 역할을 할 수 있다. 김경성이 보여준 남북 축구 교류의 성과는 한반도의 미래를 위해 스포츠와 문화가 가져올 수 있는 긍정적인 변화를 잘 보여주는 사례이며, 이를 바탕으로 남북 간의 협력과 소통을 지속적으로 확대해 나가야 할 것이다.

## 1. 포천스포츠센터 설립과 중국에 꽌시를 만들었던 과정

이사장님, 중국에 가시기 전 고향 포천에서 하셨던 활동에 대해 이야기 부탁드립니다.

국내에서는 제가 포천축구센터를 창단을 했고, 한일 친선레슬링 도쿄 대회 단장 등을 하면서 스포츠 쪽에 지원 활동을 조금씩 했습니다. 어릴 때는 시골학교에서 여러 운동을 했지만 선수 생활은 안 했고 취미로 스포츠를 즐겼습니다. 사회 생활을 하면서도 스포츠는 제가 가장 좋아하는 취미활동이 되었고 그러다 보니 관심이 커지고 나중에는 스포츠센터를 직접 운영하는 계기가 되었죠. 모든 스포츠는 대부분 다 좋아하면서도 가장 대중적인 축구나 야구 등은 더 좋아했던 거죠.

사진 1   포천축구센터 창단식[1]

---

[1] 2002 한일월드컵 대한민국 4강의 열기. 사단법인 포천축구센터가 설립되고 포천체육관에서 창단식을 가졌다. 1만여 명의 시민들의 관심 속에 진행된 행사에는 월드컵 4강의 주역 박지성, 안정환과 김주성, 차범근, 허정무 등이 함께했다.

포천축구센터는 어떻게 해서 만들게 되신 거죠?

2002 한일 월드컵에서 어느 단체 홍보단장을 맡으면서, 축구가 대한민국을 하나로 만들고 어려움을 해소하고 용기와 희망을 줄 수 있다는 것을 눈으로 보면서 놀랐습니다. 2002 월드컵 기간의 뜨거운 열기는 엄청났지요. 그땐 한일 갈등도 우리 국민들간의 갈등도 없었어요. 스포츠는 국가간의 갈등이나 지역간·세대간의 갈등을 해소하는 가장 효과적인 수단이라는 것을 알게 되었죠. "정치는 분열을 먹고 살고, 스포츠의 가장 큰 이념은 화합이다"라는 것을 그때부터 느끼게 되었죠.

월드컵이 끝나가던 시기 저는 결심했죠. 스포츠 관련 일을 해야겠다는 뜻을 굳히게 된 거죠. 제가 어릴 때 친한 친구가 있었는데 축구를

사진 2  길림성 공안청 방문사진[2]

---

[2] 길림성 공안청 현관. 대한민국 이병곤 강원경찰청장님을 열열하게 환영한다는 전자게시판 앞에서 길림성 공안청장, 부청장, 외사처장 등의 환영을 받으며 나의 중국 꽌시가 시작되었다.

V. 평화와 통일을 노래하는 불굴의 스포츠 아리랑   379

무척 잘 했어요. 그런데 형편이 어려워 포기하는 것을 보며 가슴 아파했었죠. 그래서 형편이 어려워도 재능만 있으면 선수로 육성시키는 지원 프로그램을 만들어서 운영하기 위해 포천축구센터를 설립하게 된 거죠.

포천에서 축구센터를 하다가 중국으로 넘어가시게 된 계기가 있을까요?

제가 지금까지 걸어온 길을 돌이켜 보면 저의 직업이나 해왔던 일들이 대부분 인간 관계에서 시작되었어요. 중국 운남성 쿤밍에 있는 홍타스포츠센터를 운영하는 계기나 오늘 날 북한과의 교류도 마찬가지로 꽌시에 의해 시작된 거죠.

  제 고향 선배님 중에 강원지방경찰청장을 지낸 이병곤이란 분이 계십니다. 이병곤 선배님 이야기는 좀 뒤로 미루고, 저는 1993년도에 중국을 갔습니다. 그때는 중국에 가려면 지금의 북한 가는 거 만큼 어려웠죠. 저는 삼국지 책을 보고 중국을 꼭 가고 싶어서 노력하던 끝에 우연히 중국 인민일보 사람을 소개받아 중국에서 초청장을 받고 천진, 북경, 장춘, 연변 두만강을 다녀온 거죠. 당시 연변의 조선족들은 저를 보고 '남조선 괴뢰 동포를 환영합니다'라는 팻말을 흔들어서 놀랬는데 그만큼 당시 연변은 남한과는 교류가 없었던 거죠. 당시 연변엔 북한식당도 있었는데 북한 종업원이 저를 보고 남쪽에서 왔다 하니까 신기해 하기도 했어요. 저는 당시 길림성 관광국장과 인사를 나누게 되었고 친구로 형제로 지내기로 했습니다.

  몇 년이 지난 후 이병곤 선배(강원지방경찰청장)와 술자리가 있었는데 저는 1993년 중국을 다녀온 이야기를 재미삼아 자랑을 했습니다. 그 후 어느 날 이병곤 선배님이 그러더군요. 한국과 중국이 수교가 되면서 한국의 경찰청과 중국의 공안청이 상호 자매결연을 맺게 되어 한국 강원지방경찰청과 중국 길림성 공안청이 자매결연을 맺게 되어 상호 초청

방문을 하게 되었고 자신(이병곤)도 길림성에 가서 백두산까지 다녀왔다고 하더라고요. 저는 너무 부러워서 저도 길림성 공안청장 초청으로 다녀오게 해달라고 끈질기게 이병곤 선배님께 매달렸죠.

이병곤 선배님을 따라 중국 길림성 공안청을 드디어 공식 방문하게 된 겁니다. 그런데 당시 길림성 진점욱 공안청장은 1946년 흑룡강성 목단강 출신이였고, 이병곤 선배님도 1944년 목단강 출신인 겁니다. 모두가 이 사실에 크게 놀랐죠. 이병곤 선배님 가족들은 일제강점기를 피해 흑룡강성 목단강에 가서 정착하다 1944년에 이병곤 선배님을 낳은 겁니다. 해방 이후 경기도 포천으로 다시 와서 살게 된 거죠. 이러한 스토리를 알게 된 진점욱 길림성 공안청장은 진심으로 이병곤 선배님께 형님으로 예우를 갖추고 의형제를 맺게 되었습니다. 이병곤 선배님은 진점욱 공안청장에게 저를 소개하며 고향의 친동생 같은 의동생이라 소개했고 세 명은 정식으로 의형제를 맺게 되었습니다. 큰형 이병곤, 둘째형 진점욱, 셋째 김경성이 된 거죠. 진점욱 공안청장은 공안청 외사처장인 유장청을 불러 "김경성 내 의동생에게 앞으로 의전 잘 해라"라고 지시하고 저에게 소개해 주었습니다. 이렇게 해서 제가 중국 고위급 간부들과 꽌시를 갖게 된 겁니다.

중국은 당시 33개 성급(23개 성/4개 직할시/6개 자치구) 단위가 있었는데, 우리로 보면 광역자치단체로 보면 됩니다. 중국 공안청 33개 성급 단위 외사처장들이 한꺼번에 서울을 전세기로 방문한 적이 있는데 길림성 외사처장 유장청이 유연풍 공안청 외사국장에게 "서울에 가면 김경성이란 길림성 공안청장 의동생이 있다"고 소개하며 다 같이 만나 볼 것을 권유한 거죠. 저는 63빌딩 백리향으로 이분들을 초청하여 점심때부터 저녁때까지 술을 마시며 친분을 다지게 되었죠. 중국에서 가장 권위 있는 33개 성급단위 공안청 외사처장들을 한꺼번에 사귀게 된 거죠.

월드컵 역사에서 중국은 딱 한 번 본선에 진출했는데, 바로 2002

한일월드컵이죠. 그동안 저와 친분을 맺었던 중국 인사들이 2002 월드컵 기간 중 한꺼번에 저를 찾아 오게 되었고 저는 중요한 분들은 호텔, 식사, 차량, 월드컵 관람표를 제공했고, 일반적인 분들도 최선을 다해 식사나 차량, 월드컵 관람표 등 여러 편의 제공을 하면서 중국에서 온 귀빈들을 만족시켰습니다. 중국 귀빈들이 돌아가면서 저에게 제대로 대접 받았다고 하면서 신세를 꼭 갚겠다고 했어요.

월드컵이 끝난 후 저는 포천축구센터 선수들을 전지훈련 시키는 사전답사 목적으로 2002년 10월에 중국 운남성 쿤밍을 방문하게 되었는데, 중국 공안청 유연풍 외사국장과 지방 공안청 외사처장들이 운남성 고위급간부들과 관계기관에 김경성은 중요한 인물이니 편의제공을 잘 해야 한다고 연락을 해줘서 운남성과 좋은 인연이 시작된 거죠.

## 2. 홍타스포츠센터 임대 및 운영의 과정

홍타스포츠센터는 어떤 곳입니까?

중국 홍타그룹이라 하면, 중국에 있는 국영 담배회사인데 우리로 치면 담배인삼공사라고 보면 됩니다. 하지만 우리 담배인삼공사와는 비교가 되지 않을 정도의 훨씬 큰 담배회사죠. 홍타그룹 회장은 거의 운남성 성장급으로 보면 됩니다. 홍타그룹은 돈이 많아서 우리나라 국가대표 선수촌 같은 스포츠센터를 자체 설립했는데 그게 홍타스포츠센터입니다. 실내 아이스링크부터 축구장 16개, 농구, 배구, 배드민턴, 테니스, 수영, 다이빙 등 거의 올림픽 전 종목의 훈련시설을 갖추고 있는데 홍타스포츠

사진 3, 4 홍타스포츠센터[3]

센터는 5성급 호텔과 2,000명이 동시에 숙박 할 수 있는 시설과 식당 등을 갖춘 스포츠 왕국 같은 곳입니다.

**그런 엄청난 규모의 스포츠센터를 중국에서 지원한 것인가요?**

그건 아닙니다. 그 당시 중국 공안 관료들이 저를 운남성에 소개할 때 김경성은 스포츠 전문가고 대단한 능력을 가진 사람이라 소개하다 보니 운남성 관료들이 저에게 홍타스포츠센터를 소개한 거죠. 그 당시 홍타스포츠센터에는 홍타프로축구단이 있었는데 도박에 연루되어 축구단을 해체시키고 잠시 문을 닫고 있는 상황이었어요. 당시 홍타그룹 회장은 담배로 돈을 많이 버는 입장에서 사회 환원 차원으로 기업의 이미지 제고를 위해 엄청난 규모의 스포츠센터를 설립하고 중국에서 가장 매력적인 프로축구단을 만들었는데, 홍타프로축구단이 도박에 연루되어 사회적 문제로 파장이 커지면서 오히려 기업이미지를 스포츠가 망치고 있다고 생각하자 스포츠에 대해 짜증났고 축구단을 전격 해체시키고 스포

---

[3] 중국 운남성 쿤밍에 있는 홍타스포츠센터는 해발 1,900m의 고원지대에 있으며 4계절 봄의 기후로 축구장 8면, 테니스, 배드민턴, 수영, 다이빙, 농구, 배구 등 종합 스포츠 시설 및 1,000개의 객실과 식당 등이 갖춰진 호화 선수촌이다.

센터를 잠시 닫아놨던 거죠. 그런데 중국 관료들이 인정하는 한국 전문가가 왔다고 하니까 훙타회장이 한국 전문가에게 훙타스포츠센터 운영을 맡기게 된 겁니다.

그래서 제가 파격적인 조건으로 훙타스포츠센터를 운영하는 임대계약을 맺게 된 겁니다. 연간 사용료를 우리 돈으로 100억 원 이상 주어야 하는데 10억 원 정도에 계약을 맺게 된 거죠. 제가 중국 꽌시가 없었더라면 불가능한 거죠. 그때가 2003년도 봄이었는데, 훙타와 제가 계약을 맺은 내용을 중국 국영방송부터 주요언론 수십 개에서 보도하며 난리가 났었습니다. "이제 중국 국가대표도 한국인에게 허락을 받아야 훈련을 할 수 있다', '중국 조개지(최고 좋은 시설)가 한국인에게 점령 당했다'"라는 제목의 부정적인 보도와 "'이제 중국도 변해야 한다', '외국의 전문가들이 들어와서 선진적으로 운영해야 한다'" 등의 제목으로 긍정적인 보도가 팽팽하게 맞서면서 한참 동안 제가 중심에서 논란의 대상이 되었던 거죠.

그러던 중 스페인의 명문구단 레알마드리드 프로축구단이 훙타스포츠센터로 전지훈련을 온 겁니다. 아마도 세계에서 역대 최고의 명문구단을 평가한다면 2003년 레알마드리드일 겁니다. 당시 레알마드리드에는 브라질의 호나우두, 카를로스, 프랑스의 지네딘 지단, 포르투갈의 루이스 피구, 영국의 베컴 같은 당대 최고 선수들이 한 팀에 다 모인 겁니다. 앞으로도 이런 스타들이 한팀을 이룬다는 건 어렵다고 봅니다. 역대 세계 최고의 프로축구단이 훙타스포츠센터에서 훈련을 하고 돌아 가면서 훙타스포츠센터 시설을 극찬 했는데, 그중 베컴은 "전 세계의 축구장을 돌아 다녀봤는데 이탈리아의 AC 밀란 축구장 이후 가장 아름다운 축구장을 봤다. 아시아 최고다"라고 좋은 평가를 언론 인터뷰를 통해 전달하면서 훙타스포츠센터가 국제 무대에 알려지기 시작했죠.

그 이후에 2004년 3월엔 제가 '대한민국 2004 아테네올림픽 대표팀' 전지훈련을 유치했죠. 당시 대한민국 대표팀은 이란 원정경기 역사에서 한번도 이기지 못했는데, 이란은 해발 1,500m의 고원지대다 보니 이란 원정경기 성적이 안 좋았던 거죠. 그러나 홍타스포츠센터는 해발 1,900m라 고원 적응 훈련으로 아주 좋은 거죠. 그래서 2004 아테네올림픽 대표팀이 홍타스포츠센터에서 고원 적응훈련을 마치고 이란 원정 경기를 가서 1대 0으로 사상 원정경기 첫 승을 올리게 된겁니다. 그러면서 홍타스포츠센터가 다시 한번 국제무대에서 인정 받게 되었고, 저에 대한 부정적이었던 언론도 좋은 평가를 내리게 되었고, 운남성축구협회는 운남성 축구발전에 크게 기여 했다면서 외국인으로는 최초로 운남성축구협회 명예주석으로 저를 임명하게 되었습니다. 훗날 운남성축구협회 명예주석 명함은 북한과의 교류에서 중요한 역할을 하게 되었죠.

## 3. 북한 축구단과의 연결 과정

홍타스포츠센터에 북한 리찬명 단장이 이끄는 사이오(4·25) 체육단이 오게 된 과정은 어떻게 됩니까?

제가 운남성축구협회 명예주석으로 운남성 체육인들로부터 신뢰를 쌓고 있는 무렵 2006 독일월드컵 최종예선이 시작되었고, 북한은 일본, 이란, 바레인과 같은 조에 편성되었죠. 아시다시피 최종예선은 홈 앤 어웨이(Home and Away) 방식으로 경기를 치르는데 북한 독일월드컵 대표팀이 이란 원정 경기를 앞두고 운남성 쿤밍으로 전지훈련을 오게 되었죠. 북한은 남한이 쿤밍 고지대 훈련을 받고 이란 원정경기에서 첫 승을 했던 효과를 기대하고 온 겁니다. 그런데 북한은 제가 운영하는 홍타스포

사진 5  북한 2006 독일월드컵 축구팀[4]

츠센터는 훈련비용이 많이 나오니까 쿤밍에서 비교적 비용이 적게 들어가는 해경훈련기지로 왔는데, 저는 운남성축구협회 명예주석 자격으로 북한 월드컵 선수단과의 첫 만남이 이뤄지게 된 거죠. 북한과의 인연은 이렇게 시작된 겁니다. 저는 북한선수단에 제가 운영하는 홍타스포츠센터에서의 무상훈련을 제안했고 북한이 받아 들이면서 북한과의 관계가 시작되었어요. 처음엔 북한선수단이 제가 운남성축구협회 명예주석이다 보니 중국사람으로 알고 홍타스포츠센터로 왔는데 태극기가 붙어있고 남한 사람들이 많이 있는 걸 보고 다시 해경기지로 돌아가겠다고 하는

---

[4]  2006 독일월드컵 북한축구종합팀(국가대표). 2005년 5월부터 1개월간 홍타스포츠센터에서 이란 원정경기를 위한 고원 적응 훈련을 지원하였다. 이후 남북체육교류협회(이사장 김경성)는 북한 4·25체육단과 남북체육교류계약서를 체결하고 축구뿐만 아니라 탁구, 마라톤 등 여러 종목의 훈련지원과 장비지원을 해주며 '아리스포츠컵 남북교류전'을 22회 정착시켰다.

사진 6  북한 11세 축구팀 훈련
사진 7  북한 15세 축구팀 훈련[5]

5   북한 연령별 축구팀은 매년 6개월 간 홍타스포츠센터에서 훈련지원을 받으며 약 70회 정도의 훈련경기를 해외팀과 치르며 경기력을 향상시켰고, 이후 국제대회에서 좋은 성적을 내며 김경성의 대북신뢰를 키웠다.

겁니다. 그래서 제가 설득했죠. 남한 직원들은 훈련기지에서 싹 빼겠다고 하면서 원하는 방안대로 편의제공을 해주겠다고 했지요. 그러니까 북한선수단은 평양으로 연락을 해서 저에 대한 보고를 하고 정식으로 제가 운영하는 훈련기지에서의 체류를 승인 받아 훈련이 시작된 겁니다.

저는 북한선수단의 훈련을 보면서 많이 놀랐어요. 100m를 11초에 주파하는 선수들이 몇 명 있고 빠른 패스가 이뤄지는 개인기를 보며 놀라게 된 거죠. 그런데 그러한 장점을 잘 못 살리더라고요. 그 이유는 북한 선수단은 오랜기간 동안 해외전지훈련도 안 나오고 국제경기를 잘 안하다 보니 경기력이 떨어져 있던 겁니다. 예를 들어 어려서부터 남미 축구팀과 경기를 하면서 남미의 기술축구를 익히고 이겨내는 능력을 말하는 건데 북한은 그런 부분에 약한 겁니다. 어릴 때부터 아프리카, 유럽, 남미 등 다양한 국가와 경기를 하면서 그 나라 선수들의 장점도 배우고 이겨내는 능력을 키워야 되는데 북한은 이런 게 부족했던 거죠.

그래서 저는 북한 단장에게 새로운 제안을 하게 된 겁니다. 홍타스포츠센터에는 전 세계의 좋은 축구팀들이 많이 오는곳이니까 북한 선수들을 유소년선수단부터 성인선수단까지 홍타스포츠센터에서 무상훈련을 시켜 주겠다고 한 거죠. 북한 선수들이 어릴 때부터 이곳에서 훈련을 받으면 다른 나라 팀들과 많은 훈련경기를 하게 되니 경기력 향상에 큰 도움이 될 거라고 했더니, 북한단장은 잘 알겠다고 하면서 자신은 장군님(김정일 위원장)께 그러한 보고를 하기가 어려우니 제가 제안한 내용을 글로 써달라고 해서 저는 제안서를 김정일 위원장 앞으로 쓰게 되었죠. 북한단장은 평양으로 돌아가면 장군님(김정일 위원장)께 저의 제안서를 전하겠다고 했어요.

북한단장이 돌아간 지 얼마 후에 북한 대외협력부장 강경수가 천진으로 나와서 저에게 만나자고 연락이 왔어요. 저는 천진에서 강경수를 만났는데, 강경수는 베이징 북한대사관 무관 신동근과 같이 나왔죠. 무관은 우리로 보면 국정원 고위급이죠. 강경수와 신동근은 저에게 4·25 축구팀에게 무슨 이유로 무상훈련을 제안했냐고 질문을 했어요. 저는 솔직하게 대답했지요. 사실 북측선수단이 홍타스포츠센터에 오면 북측선수단과 경기를 하고 싶어하는 다른 나라 축구팀들이 많기 때문에 북측선수단에게 무상훈련을 시켜줘도 다른나라 팀들에게 많은 돈을 받을 수 있으니 우리는 이익이 더 많이 생긴다. 그러니 북측선수단은 무상훈련을 받으니 좋고 홍타스포츠센터는 이익이 더 많이 생기니 서로 좋은 거 아니냐고 답했죠.

사실 북한은 "너희가 어려우니 그냥 도와주고 싶다"하면 안 받아요. 서로에게 도움이 된다 해야 북한이 편하게 받을 수 있어요. 이러한 과정을 거치면서 북한은 평양에서 남녀 유소년, 청소년, 성인 축구팀이 한꺼번에 홍타스포츠센터에 오게 되어서 제가 본격적으로 북한 선수단을 공식적으로 지원하게 된 겁니다. 이때 총 단장으로 온 사람이 바로 1966 잉글랜드 월드컵 북한 8강 진출의 주역 전설적인 수문장 리찬명이였습니다.

## 4. 리찬명과의 만남과 경평축구단 정신

북한 리찬명 단장을 만나서 경평축구단의 정신을 깨달으셨다고 들었습니다. 경평축구 정신이 무엇입니까?

리찬명 단장은 월드컵 역사상 가장 전설적인 골키퍼죠. 우리가 세계에서 전설적인 골키퍼하면 러시아 야신을 떠올리는데 그 야신도 리찬명의 경기를 보고 신이라고 찬사를 보냈죠. 하여간 1966 잉글랜드 월드컵에서

사진 8  1954 도쿄 대첩 토크 콘서트[6]

우승 후보 이탈리아를 1대 0으로 꺾으며 아시아 최초로 월드컵 8강에 오르는데 1골을 넣은 박두익 공격수보다 수십 개의 결정적인 강력한 이탈리아 슛을 퍼펙트로 막아낸 리찬명을 영웅으로 보는 거죠. 그 당시 19세 198일의 골키퍼 퍼펙트 기록은 월드컵 100년 역사에서 아직도 깨지지 않고 있습니다.

저는 리찬명을 만난 게 레알마드리드 슈퍼스타 선수들을 만난 거보다 훨씬 더 흥분되고 기대되었어요. 그래서 리찬명 단장과 날마다 축구 역사이야기를 나눴어요. 리찬명 단장은 홍타스포츠센터에서 6개월을 체류했는데 저와 엄청난 대화도 하고 친분을 쌓게 된 거죠. 남북을 떠나서

---

6  남북체육교류협회가 광복절을 하루 앞둔 2019년 8월 14일 경기도 고양시 일산 원운트 스포츠클럽에서 토크 콘서트 행사를 열었다. 이 자리에서 1954년 첫 한일전 축구 스타 최정민 선수의 축구화와 유니폼을 공개했다. 왼쪽부터 이회택 전 축구 감독, 이재형 축구 역사 연구원 겸 축구 수집가, 최정민 선수 딸 최혜정씨. 딸 최 씨가 입고 있는 옷이 당시 유니폼이다.

사진 9   1966년 북한의 월드컵 8강 〈진출기 천리마축구단〉 선수단 포스터[7]

전설적인 골키퍼를 만나 무용담이나 축구역사 이야기를 들으면서 큰 교훈을 얻었어요. 그동안 뒤죽박죽 알고 있던 축구역사에 대해 비로서 제대로 알게 된 거죠. 저는 대한축구협회 이회택 부회장과도 친분이 있는데 그 분에게도 저는 축구역사를 많이 들어서 한반도 축구역사를 조금은 이해하고 있었거든요.

　　1966년 잉글랜드 월드컵에서 북한이 8강에 진출하자 강력한 군정체제 대결 시기였던 박정희 대통령은 당시 김형욱 중앙정보부 부장에게 특별지시하여 북한의 천리마축구단을 이길 수 있는 양지축구단을 창단하게 했어요. 당시 중앙정보부 정문에는 '음지에서 일하고 양지를 지향

---

[7]  1966년 잉글랜드월드컵에서 세계적인 강호 이탈리아를 1대 0으로 꺾고 8강에 진출하는 기적을 이뤄낸 당시 북한 축구단의 후일담을 담은 2001년에 개봉한 다큐멘터리 영화 〈천리마축구단〉 포스터, 오른쪽 네 번째 인물이 북한의 전설적인 골키퍼 리찬명

사진 10   1966 잉글랜드 월드컵 예선전 이탈리아 경기에서 리찬명 골키퍼의 경이로운 모습[8]

사진 11   1966 천리마축구단 유니폼[9]

한다'라는 슬로건이 붙어 있었고 거기에서 양지를 따와 양지축구단을 창단하게 된 거죠. 양지축구단과 천리마축구단은 강력한 군정체제 대결 속에서 축구 대결로 이어진 거죠. 양지축구단은 천리마축구단을 이기기 위해 사상 첫 105일 동안의 유럽전지훈련이라는 최고 대우와 살인적인 훈

---

[8] 주먹을 길게 뻗고 있는 오른쪽 검은색 유니폼의 리찬명 골키퍼. 2007. 4. 3 수원 캐슬호텔에서 이재형 축구 역사연구원에게 1966년 경기 사진에 리찬명 당시 골키퍼가 직접 사인을 해주었다.

[9] 리찬명 당시 골키퍼가 이재형 축구 역사연구원에게 사인을 해서 넘겨주었다.(2007. 4. 3 수원 캐슬호텔)

련을 시키며 사생결단 정신으로 1969년 AFC 챔피언스 리그 첫 준우승, 멕시코 월드컵 예선 한일전 2대 0 승리를 하면서 천리마축구단과 대결을 준비했으나 대결은 성사되지 않았지요. 당시 천리마축구단 최고 스타는 1947년생 리찬명 골키퍼였고 양지축구단 최고 스타는 아시아 황금의 다리 1946년생 이회택 공격수였어요. 이러한 대결체제로 인해 남북축구는 엄청난 발전을 가져오는 계기가 되었죠. 이후 김형욱 중정부장이 실각하고 양지축구단은 해체되어 대한민국 대표팀으로 복귀했고, 천리마축구단은 오늘날 4·25축구단이 된 겁니다. 그러니까 저는 당시의 남북의 최고 스타 리찬명과 이회택을 만나 엄청난 친분을 쌓으며 남북축구 역사를 완전하게 이해하게 된 겁니다.

당시 북한 천리마축구단 감독은 일제강점기 시절 평양축구단 선수였던 명려현 감독이였는데 리찬명은 명려현 감독으로부터 경평축구 이야기와 정신을 수없이 들으며 경평축구정신으로 축구를 배웠다고 했어요. 양지축구단 감독도 일제강점기 경성축구단 선수출신으로 활약한 최정민과 김용식이였으며 이회택도 두 감독으로부터 경평축구 정신과 기술을 전수 받았다고 했어요. 아시다시피 일제강점기 시절 경평축구전은 극일정신을 키우며 조선인의 긍지를 심으면서 조선인을 하나로 묶는 역할을 하면서 민족의 축제로 발전했잖아요. 1933년에 경성축구단이 탄생하는데 초대 이사장이 바로 여운형 선생입니다. 여운형 선생은 조선축구연맹 회장도 역임했고 바로 경평축구전이 항일정신을 키우는 역할을 하게한 거죠. 경평축구전은 봄에는 서울에서 가을에는 평양에서 경기를 치르는 상호 왕래 방식 정기교류전입니다. 이러한 내용으로 경평축구교류전 계약서가 만들어진 거죠. 양지축구단 김용식 감독은 경성축구단 창단 선수출신으로 고향팀 평양축구단으로 스카웃 되었다가 다시 경성축구단에서 활약했고 1948년 런던올림픽 대한민국 대표선수로도 뛰었어요. 마찬가지로 최정민 감독은 평양축구단 선수로 활약하다 경성축구단으로 온 선수이며 대한민국 간판 선수로 1954 스위스 월드컵 최초의 한일전 도쿄대첩 일본 원정경기에서 5대 1로 대승을 할때 결승골을 넣은 선수죠.

이렇게 일제강점기 시절 "축구공을 왜놈으로 알고 차라"는 은밀한 유행어로 조선인들을 단합시키며 "조선축구가 일본에게만은 지지 않는다"는 정신으로 무장하며 축구발전을 이룬 경평축구 정신을 이어 받으면서 남북축구 발전의 결정적인 계기를 만든 천리마축구단 리찬명과 양지축구단 이회택의 저와의 인연은 운명적이라 느껴졌어요. 저는 이회택 감독을 선배님이라 부르고 리찬명 단장은 단장님이라 호칭하며 오랜 친분을 유지하고 있습니다. 리찬명 단장이나 이회택 선배는 저에게 경평축구교류전 같은 남북축구정기교류전을 만들어 중단되었던 경평축구전을 다시 부활시켜 달라 하더군요. 저는 두 사람과의 운명적인 인연이 경평축구교류전을 부활시킬 수 있는 뿌리가 될 거라고 생각했죠.

## 5. 축구 지도를 통한 북한으로부터의 인정과 남북체육교류 계약

리찬명 단장이 오기 전에 어떤 것들을 준비하셨나요?

북한 선수단이 홍타스포츠센터를 방문하기 전에 선수단 명단이 먼저 옵니다. 명단을 보고 저는 오는 사람들에 대해 확인을 합니다. 이 분은 선수출신이고 이 분은 보위부이고 위치는 어느 정도인지 등을 사전에 파악 하는데 북한도 마찬가지죠. 그런데 명단에 단장으로 리찬명이 있어서

## 통 일 부

수 신 자    김경성 귀하

(경 유)

제 목    남북사회문화협력사업(자) 승인 통보

1. 남북교류협력에관한법률 제16·17조 및 동법시행령 제31·34·36조 관련입니다.

2. 귀하의 남북사회문화협력사업(자) 신청에 대하여 다음과 같이 승인합니다.

　가. 승인내용
　　(1) 사 업 자 : 사단법인 남북체육교류협회(대표: 김경성)
　　(2) 상 대 자 : 4.25체육단(단장 박정훈)
　　(3) 사업내용 : 남북유소년축구선수단 상호교환 경기
　　(4) 승 인 일 : 2007.5.23
　　(5) 사 업 비 : 매년 10억 8천만원씩 5년간 54억원 소요

　나. 승인조건
　　(1) 제1·2차 교환경기는 예정대로 6월에 실시하되 3차 교환경기부터는 합의서 3항대로 3개월 전에 머리 시기와 실무적 문제를 협의하여 주시기 바랍니다.
　　(2) 자체자금 조달 추진시 개최 도시 등의 협찬 및 후원 문제에 민원이 제기되지 않도록 주의하시기 바랍니다.
　　(3) 5.1 보조경기장에 인조잔디 지원에 협력기금(5천만원) 지원 검토는 유소년축구교환경기장 사용담보 및 양측 선수단의 부상방지를 위한 안전 확보 목적이라는 점을 확인하기 위해 합의서를 보완(부속합의서 제출)하여 주시기 바랍니다.
　　(4) 지난 3.20~4.20간 남한 체류 후 귀환한 북한청소년축구대표팀의 남한 체류기간중 발생한 사례 (부상 선수 수술비 등)를 면밀히 검토하여 향후 대처 방안을 자체적으로 강구하시기 바랍니다.
　　(5) 기타 사업목적외 금품제공은 불허하며, 사업 추진과 관련된 사항들은 정부와 긴밀하게 협의하시기 바랍니다.

　다. 준수사항
　　(1) 상기 승인내용을 변경하고자 할 경우에는 남북교류협력에관한법률 제17조 제1항에 의거 사업내용 변경승인을 받아야 하며, 승인받은 사업이 아닌 다른 사업을 시행하고자 할 경우에는 별도의 협력사업 승인을 얻어야 합니다.
　　(2) 사업의 착수·만료 또는 계약의 해지·해제, 사업진행중 분쟁 또는 사고 등이 발생한 경우에는 사유발생일로부터 10일 이내에 관련내용을 통일부장관에게 보고하여야 합니다.
　　(3) 동법 제18조의 규정에 의하여 통일부장관이 남북교류협력 촉진을 위하여 행하는 조정명령에 따라야 합니다.

3. 동 사업이 민족동질성 회복 및 남북교류협력 증진에 기여할 수 있도록 사업추진에 만전을 기하여 주시기 바랍니다. 끝.

사진 12   통일부-남북체육교류 사업승인서

통일부는 남북협력사업 승인 및 매년 10억 5,000만원씩 5년간(2007~11년) 54억을 지원하기로 하였으나 2008년 이명박 정부 출범 후 중단되었다. 정권의 성격에 따라 들쑥날쑥한 대북정책이 스포츠 교류마저 승인과 불승인을 반복하며 남북 스포츠 교류 정례화 정착이 안 되는 원인이 되었다.

동명이인으로 생각했는데 알아보니 천리마축구단 전설 리찬명이 맞다는 겁니다. 그래서 리찬명 단장이 오기 전에 리찬명에 대해 자세하게 알아보니 그간 제가 알고 있던 사실보다 훨씬 더 많은 활약을 했던 북한축구 영웅이였어요. 19세때 국가대표 선수로 발탁되어 20년간 대표선수로 뛰었고 대표팀 감독도 오래 했어요. 60년대 천리마축구단은 그야말로 무적 축구단이였는데 바로 리찬명 골키퍼가 수문을 지키고 있어 무적팀이였던 거죠. 저는 그런 리찬명 단장을 설레는 마음으로 기다렸었죠.

리찬명 단장을 통해서 북한 체육계에 대해 알게 된 내용도 있을까요?

리찬명 단장과 오랜기간 같이 있었기 때문에 엄청 많은 이야기를 나눴고 북한 스포츠에 대해 많이 알게 되었지요. 당시 김정일은 국방위원장으로 북한을 통치했는데 국방위원회 산하에 여러 위원회가 있는데 체육위원회(4·25)도 국방위원회 소속이였죠. 우리로 보면 대통령실 기구 같은 거죠. 4·25 체육위원회는 군인올림픽 조직위원회를 같이 맡았고 위원장은 장관급으로 리종무였어요. 저는 북한 체육체제를 이해하게 되면서 북한과의 교류에도 자신이 생겼고 경평축구교류전을 이어받을 남북축구정기교류전을 준비하게 되었어요. 경평축구계약서와 같은 방식의 남북체육교류계약서를 체결하려면 김정일 위원장에게 신뢰를 받아야 되니까 북한선수단 훈련지원에 최선을 다해주게 된 겁니다.

　　북한 4·25축구단은 평양에서 쿤밍 홍타스포츠센터에 보내기 전에 9세, 13세, 15세 남녀선수단에서 성인선수단까지 연령별로 각각 2개팀씩 뽑아 한팀은 쿤밍에 저한테 보냈고, 한팀은 평양에 남겨서 훈련을 시키는 방식으로 진행을 했어요. 김정일 위원장 지시로 쿤밍 훈련효과도 검증하고 탈북 등 부작용이 없는지도 은밀히 확인하려 했던 거죠. 다행스럽게도 부작용이 전혀 없었어요. 쿤밍 홍타스포츠센터에서 훈련을 받고있는 남녀 연령별 북한 선수들은 브라질 코치 등에게 기술훈련을 전수 받으며 2~3일에 한번씩 다른나라 팀들과 연습경기를 하면서 실력이 눈에 띄게 좋아졌어요. 훈련을 마친 북한선수단이 평양으로 돌아가서 김정일 위원장과 4·25체육위원회 리종무 위원장 등 평양 시민 5만 명이 지켜보는 가운데 김일성종합경기장에서 평가전을 치렀죠. 쿤밍 훈련팀과 평양훈련팀의 경기를 통해 저에 대한 검증을 하는 방식이였어요. 그런데 쿤밍훈련팀이 평양훈련팀을 일방적으로 이긴 겁니다. 9세 여자팀은 8대 0, 남자팀은 11대 0, 13세 여자팀은 15대 0, 남자팀은 16대 0 등으로 이긴 겁니다. 쿤밍훈련효과가 크게 입증되면서 김정일 위원장이 저를 교장선생이라 호칭을 해주게 되는 계기가 된 것입니다. 이 때문에 리종무 4·25위원장은 저에 대해 크게 신뢰했고 4·25선수단 훈련방식에 대해 쿤밍 훈련기간 중에는 저에게 맡겼습니다. 그리고 이때부터 저를 북한 사람들이 교장선생이라 호칭하며 존경하게 된 거죠.

경평축구 정신을 계승하기 위해서 어떤 활동들이 이어지나요?

북한4·25축구단이 쿤밍훈련효과를 보면서 국제대회에서 좋은 성적을 내기 시작했고 북한 4·25체육단은 저에 대해 고마워 하면서 2006년 5월에 저를 단장으로 조직한 남한유소년축구단을 평양으로 초청해 줬어요. 저는 2주간 평양에 체류하며 3번의 남북축구 친선경기를 했어요. 그러면서 리종무 4·25위원장에게 '경평축구교류전 계약서'와 같은 방식으로 남북체육교류계약서를 체결해 달라고 정식으로 요청했어요. 저에 대한 신뢰가 매우 컸던 리종무 위원장은 김정일 위원장 승인을 받아 남북체육교류계약서를 평양에서 체결하게 해준 겁니다. 남북역사상 최초로 '남북체육교류계약서'를 정식으로 체결하는 큰 성과를 저의 개인 노력으로 거두게 된 거죠. 계약서 내용은 매년 남북을 상호 방문하여 남북

축구교류전을 치르고 겨울에는 따뜻한 지역인 제3국(중국 쿤밍)에서 남북합동훈련과 친선경기를 치르자는 내용으로 경평축구계약서와 유사한 내용으로 계약서를 체결한 거죠.

저는 남북체육교류계약서를 바탕으로 통일부 승인 '사단법인 남북체육교류협회'를 2006년 7월에 설립하고 남한에서 6번, 평양에서 8번, 중국에서 8번, 총 22번의 남북축구정기교류전을 성사시켰지요. 아리스포츠컵 남북교류전이 이러한 과정을 거치면서 경평축구교류전을 이어받게 된 겁니다.

## 6. 북한의 핵실험과 남북 축구 교류

북한에서 크게 인정을 받았다고 들었습니다. 어떤 대우를 받으셨나요?

2006년 10월에 북한이 1차 핵실험을 했어요. 그때 국제사회 제재가 북한을 크게 압박했는데 중국도 제재에 참여하면서 북한이 고립됐었어요. 북한 사회가 무척 어려울 때, 쿤밍 홍타스포츠센터에서 저에게 훈련지원을 받았던 20세 이하 북한여자축구가 FIFA 주최 월드컵에서 아시아국가 최초로 우승을 했어요. 당시 북한은 월드컵 우승을 통치수단으로 잘 활용해서 국제사회 제재로 인한 어려움을 극복하고 주민을 하나로 뭉치게 하는 효과를 충분히 보게 되었죠. 마치 우리나라가 IMF시절 경제가 어려울 때 박세리 LPGA 우승이 국민들에게 희망을 준 거와 같은 거죠. '2006 모스크바 20세이하 여자월드컵'에서 북한이 중국을 5대 0으로 크게 이기고 우승을 한 건 북한이 평생 잊지 못 할 만큼 대단한 성과였는

◇ 남북 단일팀, 통일부 사업사업비 지원 공문

> # 통 일 부
>
> 수 신 자  김경성 남북체육교류협회 이사장
> (경 유)
> 제   목  남북 사회문화협력사업 승인 통보
>
> 1. 남북교류협력에관한법률 제16, 17조 및 동법시행령 제31조, 제36조와 관련입니다.
> 2. 귀하의 남북사회문화협력사업자 및 남북사회문화협력사업 신청에 대하여 다음과 같이 승인합니다.
>
>    가. 협력사업(자) 승인내용
>       (1) 사 업 자 : 사단법인 남북체육교류협회
>       (2) 상 대 자 : 4.25체육단
>       (3) 사업내용 : 태국 차야퐁컵 국제친선청소년축구대회 남북단일팀 참가
>          o 일시 및 장소 : 2006.10.22 ~ 10.29
>          o 참가인원 : 48명(남 24명, 북 24명)
>          o 단일팀 구성 : 2개팀 (12세, 13세 각 1개팀)
>       (4) 승 인 일 : 2006.10.18
>       (5) 총사업비 : 2억3백여만원
>
>    나. 승인조건
>       (1) 사업 추진과 관련, 정부와 긴밀한 협의 및 보고
>       (2) 사업비용 외 일체의 부당한 금품 제공 금지
>
>    다. 준수사항
>       (1) 상기 승인내용을 변경하고자 할 경우에는 남북교류협력에관한법률 제17조 제1항에 의거 사업내용 변경승인 받아야 하며, 승인받은 사업이 아닌 다른 사업을 시행하고자 할 경우에는 별도의 협력사업 승인을 얻어야 합니다.
>       (2) 사업의 착수·만료 또는 계약의 해지·해제, 사업진행중 분쟁 또는 사고 등이 발생한 경우에는 사유발생일로부터 10일 이내에 관련내용을 통일부장관에게 보고하여야 합니다.
>       (3) 동법 제18조의 규정에 의하여 통일부장관이 남북교류협력 촉진을 위하여 행하는 조정명령에 따라야 합니다.
>
> 3. 위 준수사항이 이행되지 않을 경우에는 동법시행령 제32조 등에 따라 협력사업 승인이 취소되거나 협력사업이 제한 또는 취소될 수 있습니다.
>
> 4. 동 사업이 민족동질성 회복 및 남북교류협력 증진에 기여할 수 있도록 사업추진에 만전을 기하여 주시기 바랍니다. 끝.

데 그 당시 핵실험으로 인한 고립에서 탈피하는 엄청난 기회가 된 거죠. 김정일 위원장은 "김경성 교장 선생은 민족의 우수성을 축구로 전세계에 알리는데 기여를 했다"고 하면서 저에 대한 신뢰가 더 커지게 되었지

사진 12 　북한 17세 여자대표팀 2008 뉴질랜드 월드컵 우승(2008.11.16)

사진 13 　김경성 체육인 초대소(2009년 2월 완공)

요. 그때 북한은 '우리들의 여자축구'라는 제목으로 〈조선중앙TV〉에서 36부작으로 다큐멘터리를 방영하며 우승 감동을 이어갔어요. 그리고 저에 대한 고마움으로 저의 어머니, 아내, 아들, 누나, 조카를 한꺼번에 평양으로 초청하여 환대를 해 줬지요. 그때 북한 정부는 북한 체육발전에 대한 공로를 공식적으로 인정하여 저에게 평양 능라도에 '김경성 초대소'를 설립해 주었고 '평양토지 35만 m²를 무상제공'해 준 겁니다.

북한의 핵실험이 전화위복의 계기가 되었다고 들었는데 그 이야기를 들려주세요.

북한의 1차 핵실험으로 저에게 엄청난 시련이 다가왔어요. 당시 홍타스포츠센터를 운영하는 미래아이엔티라는 회사가 있었는데, 저는 남북역사상 최초로 민간단체가 구성한 '남북유소년축구 단일팀'을 태국 킹스컵 국제청소년축구대회에 참가시키기 위해 쿤밍 홍타기지에서 합동훈련을 추진하고 있었지요. 물론 정부 승인도 받았고 통일부 예산도 나왔지요. 기업 후원도 충분하게 예약되어 있어서 예산문제도 해결 되었던 겁니다. 그러나 모든 예산 정산은 대회 참가가 이뤄져야 되거든요. 그래서 우선 제가 운영하는 회사에서 대출을 받고 부족한 부분은 저의 사비와 주변에서 차입하여 '남북유소년축구 단일팀' 합동 훈련비를 어렵게 마련했었죠. 그런데 대회 1주 전에 북한이 1차 핵실험을 하는 바람에 국제사회 제재가 추진되었고 통일부는 대회 참가 승인을 취소시키고 대회 지원금도 환수조치를 시켰어요. 그러자 기업 후원도 다 취소된 거죠. 결국 북한의 1차 핵실험으로 제가 고립된 겁니다. 은행과 채권자들의 상환 독촉이 한꺼번에 시작되었고 결국 제가 설립했던 미래아이엔티는 부도가 나서 역사속으로 사라지고 직원들도 뿔뿔이 흩어졌지요. 이러한 상황 속에서도 저는 사상 최초로 민간단체가 성사시킨 '남북유소년축구 단일팀'을 이끌고 태국으로 갔으나 태국 정부가 북한선수단 입국을 불허하여 남한선수단만 대회에 참가했고 예선에서 탈락했지요. 당시 저의 충격은 무척 컸죠. 제 명의로 된 집이나 건물은 모두 경매로 나가고 가족들은 저를 원망했고, 남북교류에는 이런 시련이 따르고 예측이 어렵다는 것을 알게 되었죠.

2006년 10월 북한의 1차 핵실험으로 남북관계는 또다시 꽁꽁 얼어붙었어요. 그러나 북한은 저에게 고마움과 미안함을 가지고 있었고 저와 남한유소년축구단을 11월에 평양으로 초청했어요. 북한 핵실험 1달만에 평양을 방문한 건데 그때가 평양은 김장을 담글 때였죠. 참 맛있게 먹었어요. 북한은 우리를 환대했고 핵실험으로 최악의 남북상황에서도 평양에서 이뤄진 '남북유소년축구교류'는 경평축구교류전을 이어받을 아리스포츠컵 남북교류전으로 정착하는 계기를 만들게 되었죠. 당시 우리 정부(통일부)도 제가 추진하는 남북교류전을 높이 평가하면서 저에게 이런 제안을 하더군요. 내년(2007년) 봄에 북한선수단을 남한에 데리고 내려오면 정부지원과 기업후원을 크게 받을 수 있으니 한번 시도해 보라고요. 저는 다시 평양으로 갔습니다. 리종무 위원장을 바로 만났습니다. "4·25축구팀을 내년 봄에 남쪽으로 내려 보내 주십시요. 1개월간 남측 도시에서 전지훈련을 시키게 해 주십시요."했더니 리종무 위원장이 처음엔 난색을 표하더니, 계속되는 저의 요청에 장군님(김정일 위원장)께 보고하겠다 하더군요. 바로 그날 밤 리종무 위원장이 승인받았다고 하면서 "장군님은 김경성 교장선생 일이라면 무조건 해주시네" 하면서 크게 웃더라고요.

남북관계가 북한의 1차 핵실험으로 꽁꽁 얼어 붙은 상황에서 2007년 3월 한미연합훈련이 시작되었죠. 한반도는 초긴장 상황이었죠. 이러한 상황에서 저는 북한 17세 청소년축구팀을 중국에서부터 직접 인솔하여 인천공항에 도착했어요. 인천공항에는 전쟁이라도 날 것만 같았던 긴장 고조 상황에서 북한청소년축구팀 방문에 대한 놀라움에 내외신 기자들이 수백 명 모여 있었고 정부 관계자들도 엄청 많이 와서 관심을 가졌지요. 그때 며칠 간 톱뉴스로 지상파 방송 및 주요언론이 매시간 보도했었죠. 당시 북한청소년축구팀을 이끄는 공동단장이 바로 저와 북한축구 전설 리찬명 단장이였어요. 그래서 외신기자들도 관심이 더 많았던 거 같아요. 당시 저를 잘 모르는 사람들은 제가 북한 사람이라고 생각했던 거 같아요. 내가 남한 사람이라고 이해시켜도 이해를 못하는 사람이 있을 정도로 북한선수단을 어떻게 남한 사람이 이끌수 있을까 생각했던 거죠.

많은 사람들이 공동 단장, 특히 북측 단장 이렇게 이야기했기 때문에 우리나라 사람이라고 생각하지 못했을 것 같아요. 이후에 어떤 교류가 이어졌나요?

북한의 1차 핵실험과 한미연합훈련으로 꽁꽁 얼어붙은 남북 긴장상황 속에서 북한청소년축구팀 방남은 단번에 남북경색 국면을 해소하며 평화를 몰고 왔어요. 공동단장으로 북한선수단을 이끄는 나와 리찬명 단장은 계획대로 제주, 수원, 광양, 서울 등 전국을 투어하며 남한의 지역팀들과 친선경기를 가졌죠. 북한선수단이 남한지역을 1개월 간 전국을 순회하며 훈련을 추진하는 날이 다시 올까 하는 생각이 들 정도로 정부도 지역에서도 대단한 환영도 해주고 성공적으로 일정을 소화했어요.

제주도에서 하얏트호텔에 북한선수단이 체

사진 14  2007년 3월 20일 인천공항을 통해 입국하고 있는 리찬명 단장과 김경성 이사장[10]

---

[10] 한미연합훈련 기간 중, 2007년 3월 20일부터 4월 20일까지 북한 4·25 U-17 축구선수단은 리찬명, 김경성 공동단장과 함께 인천공항을 통하여 입국하였다. 4·25 U-17 팀은 제주, 광양, 수원, 서울 등 전국을 돌며 10여 개의 남한 축구팀과 친선경기를 진행하였다.

류할 때, 저는 박정희 유신체제와 김일성 유일체제 대결시기였던 천리마 축구단 주역 리찬명과 양지축구단 주역 이회택, 김재한, 조중연 등을 만나게 주선했어요. 그야말로 남북축구 영웅들의 만남이 이뤄진 거죠. 특히 이회택과 리찬명의 만남은 저와 함께 밤을 새우며 일제강점기 시절 경평축구전부터 1966 잉글랜드 월드컵 북한 8강 진출로 탄생된 양지축구단의 스토리를 끝도 없이 이야기 했어요. 이회택, 리찬명 그리고 저 세 사람의 만남은 경평축구전을 잇는 운명적인 만남이라 생각됐어요. 리찬명과 이회택은 저에게 경평축구교류전을 잇는 남북축구정기교류전을 성사시키는 역할을 해달라고 몇 번을 말하더군요. 이회택 부친은 6·25 때 월북해서 당시 평양에 살고 있었고, 이회택은 1992년에 남북축구로 평양을 방문했을 때 아버지를 만나 하룻밤을 보낸 기억을 더듬으며 눈시울을 붉혔어요. 그래서 이회택은 누구보다도 남북축구로 평양을 자주 가고 싶었던 겁니다.

　　북한선수단이 전국투어 마지막으로 서울 올림픽파크텔에서 체류할 때였어요. 당시 MBC는 2008년 2월에 뉴욕 필하모닉 오케스트라 평양공연을 추진하고 싶어했는데, 중간역할 하는 사람들이 자꾸 실패를 했나봐요. 그래서 최문순 MBC 사장은 저를 찾아와 북한과의 연결을 요청했어요. 그래서 저는 MBC 통일방송추진단 박정근 단장을 평양으로 안내하여 북한과 연결을 잘 해줘서 마침내 뉴욕 필하모닉 오케스트라 평양공연이 성사되었고 MBC가 전 세계에 생중계를 하게 되었지요. 2008년 2월 미국 뉴욕 필하모닉 오케스트라 평양공연은 실로 엄청난 사건이였어요. 동평양대극장에서 미국 뉴욕 필하모닉 공연악단의 초청 공연은 북한 국가 연주로 막을 열었으며, 이어 '미국 국가 성조기여 영원하여라'가 연주되었는데 양국 국가가 연주되는 동안 관객들은 일어나 경청하였고, 전 세계는 MBC 위성 생중계를 통해 실로 가슴 벅찬 순간을 지켜봤지요. 아리랑 앵콜 공연을 마지막으로 역사적인 공연이 막을 내리자 공연장은 감격과 감동 그 자체였어요. 당시 최문순 MBC사장, 윌리엄 페리 미 국무차관, 리근 북한 외무성 부국장, 김영남 북한 상임위원장도 가슴 벅찬 순간을 함께 했어요. 이후로 최문순 사장은 저와 함께 남북축구정기교류전을 10여 년간 같이 추진하면서 2018 평창 동계올림픽에 북한 선수단과 고위급 초청을 성사시켰어요. 최문순 지사는 저와 함께 2008년 2월 평양에서 미국 뉴욕 필하모닉 평양공연으로 북미 만남을 주도했고, 10년 뒤 2018년 2월에는 평창에서 북미만남을 연결했어요. 저는 최문순 지사 임기 말에 부지사 대우를 받고 평화협력관으로 2024 강원동계청소년올림픽 유치와 지원사업을 주도 하기도 했지요.

숭실대학교는 평양에서 넘어온 학교입니다. 평양 숭실대학교 자리에는 김일성 아버지 이름으로 설립된 김형직사범대가 있는데, 숭실대는 김형직사범대와 학술교류 추진을 저에게 요청했어요. 그래서 저는 제주에서 북한청소년축구팀과 숭실대축구단의 친선경기도 추진해 주었고, 당시 조문수 학생처장을 평양으로 안내해서 김형직사범대와 자매결연을 맺게 해줬어요. 근대사 역사에서 남북이 서로 다른점이 많아요. 그래서 저는 남북 학술교류가 꼭 필요하다 생각했어요.

황영조는 우리나라 마라톤 영웅이잖아요. 황영조가 저에게 평양에서 열리는 만경봉대상 국제마라톤대회에 참가할 수 있게 해달라고 요청을 하더군요. 저는 황영조를 평양에 갈 때 같이 데리고 갔어요. 그후 황영조는 평양 마라톤대회에 국민체육진흥공단 마라톤팀을 인솔해서 참가했지요. 요즘도 가끔 저를 만나면 황영조는 평양대회 참가했던 이야기를 하며 저에게 감사하곤 했어요.

## 7. 북한 청소년 대표팀의 전국 순회와 이회택과 리찬명의 만남

2007년 3월에 북한 청소년 국가대표팀이 들어와 친선경기를 일곱 차례 진행했는데 반응이 어땠습니까?

한반도 축구역사에서 일제강점기 시절 경평축구전과 박정희 유신체제와 김일성 유일체제의 강력한 군정체제 대결 속에서 천리마축구단과 양지축구단 대결 시대가 가장 극적이고 긴장되었지만, 축구 발전을 이룬

사진 15  박재동 화백의 손바닥 그림

## 김경성 이사장, FIFA 북한 청소년 월드컵 단장으로 임명되다

사진 16    김경성 이사장, FIFA 북한 청소년 월드컵 단장으로 임명되다

시기였다고 보여져요. 경평축구전이 한반도 축구 발전의 뿌리였다면, 천리마축구단과 양지축구단 대결은 한반도 축구발전을 한단계 업그레이드 시킨 시대인 거죠. 한반도 축구발전 역사의 주인공인 이회택과 리찬명의 만남은 40년 전 양지축구단과 천리마축구단의 만남인 거죠. 그런데 재밌는 사실이 있어요. 천리마축구단이 잉글랜드 월드컵 8강 진출로 자극받아 탄생된 양지축구단은 오로지 천리마축구단을 이기기 위해 살인적인 훈련을 한 거 잖아요. 공교롭게도 두 팀은 한번도 만나지 못했어요. 만일 만났다면 어떻게 되었을까 하는 생각이 가끔 들었어요. 아무래도 두 팀이 만나지 않은 게 다행이라는 생각도 들어요. 만일 양지축구단과 천리마축구단이 그 당시 단일팀을 이뤄 월드컵에 나갔더라면 어땠을

까 하는 생각도 들었어요. "당대 최고의 골키퍼와 최고의 공격수가 뛰는 모습을 남북주민들이 보았다면 어땠을까"하는 생각만 해도 기뻤지요.

리찬명과 이회택이 제주에서 만남을 갖을 때 대한축구협회 김호곤 전무도 참석했는데, 이분은 저와도 아주 친해요. 양지축구단과 천리마축구단의 대결은 성사되지 않았지만 박정희 체제와 김일성 체제에서 남북대표팀이 만났는데, 78년 방콕아시안게임 축구 결승전에서 만난 겁니다. 김호곤 전무는 당시 남한팀 주장을 맡고 있었는데 패하는 건 상상조차 하기 어려운 시대였죠. 정말 죽을 힘을 다해 뛰었다고 하더라고요. 정말 다행인 건 연장전까지 하면서도 승부가 나지 않아 결국 무승부로 공동금메달을 남북이 함께 받은 거죠. 두 팀이 공동금메달을 수상하는게 과연 앞으로 다른 종목에서라도 나올 수 있을까요? 결국 박정희 체제와 김일성 체제의 마지막 축구대결은 무승부로 막을 내리게 되었죠. 하여간 리찬명 단장이 남한을 북한선수단과 함께 방문하면서 잊혀졌던 남북축구역사가 다시 살아나는 거 같았어요.

옛날의 군사정권에서 축구를 체제 경쟁을 위해 전쟁처럼 해야했던 천리마축구단 주역과 양지축구단의 주역들이 밤새 웃으며 지난 날의 아픔을 추억으로 이야기 하는 모습을 보며 저는 다시 한번 남북축구정기교류를 일회성 이벤트가 아닌 중단되지 않는 한반도 축제로, 정기교류전으로 정착시켜야겠구나하고 다짐하게 되었어요. 두 축구단 주역들이 한결같이 저에게 그간의 고생을 격려하며 어떠한 위기에도 중단하지 말고 남북교류전을 이어나가 달라고 당부하더군요.

사실 남북 민간교류는 정치적 갈등에서도 중단되지 않고 추진되잖아요. 그러나 정부가 추진하는 남북 이벤트 사업은 대부분 일회성으로 끝나거든요. 정치적 성과를 목적으로 추진되었던 이산가족 상봉행사가 매년 정기적으로 추진되지 못하는 이유도 정치적 목적으로 이뤄지기 때문이죠. 만일 처음부터 민간단체가 추진했다면 아마도 몇 배는 교류가 이뤄졌고 이산가족이 만났을 것입니다.

민간교류와 정부간 교류에 대해 대표적인 비교 사례를 들어 소개할께요. 2018 평창동계올림픽은 '4·27 판문점 선언'과 '6·12 북미만남' 성과를 냈고 문재인 정부는 남북교류를 정부중심으로 돌리는 실책을 저지르고 말았어요. 그래서 남북관계가 다시 얼어붙은 거죠. 그러니까 2018년 4월, 남한공연단 평양공연이 정부 주도하에 잘 끝났지요. 그리고 세 달 뒤 7월에는 통일부 장관이 이끄는 남한 농구단 평양 남북농구교류도 잘 마쳤습니다. 그때는 정부간 갈등이 없을 때라 잘 된 거죠. 우리 정부는 북측 정부에 가을(10월)에는 '평양공연단'이 서울에 내려와 공연을 하고, '평양농구단'도 서울에서 남북농구 교류를 하자고 제안했고, 북측 정부도 동의했어요. 2018년 9월 19일 평양에서 남북정상이 만나 '9·19 공동선언'을 했고 남북 평화가 꽃 필 것 같았지요. 그러나 우리 정부가 9·19 공동선언 직후 '한미워킹그룹'에 사인을 하자 북한은 크게 반발했고 문재인 정부와는 다시는 상종 못 할 정부라 비난하면서 남북 정부간 갈등은 더 커졌고 평양공연단과 평양농구단은 내려오지 않았지요. 그런데 제가(민간단체) 추진했던 아리스포츠컵 남북교류전은 같은 해(2018년)에 남북 왕래교류를 성사시켰잖아요. 저는 2018년 8월에 200여 명의 선수단을 이끌고 개성을 지나 서해선 육로로 평양을 방북하고 10일간 아리스포츠컵 남북교류전을 성사시켰고, 두 달뒤(10월) 북한 4·25선수단 100여 명이 평양에서 서해선 육로를 이용하여 개성을 지나 춘천을 방남하여 10일간 아리스포츠컵 남북축구교류전을 성공적으로 개최하였으며 사상 첫 상호 육로 방문교류시대를 열었잖아요. 똑같은 시기에도 정부가 추진했던 교류는 반쪽짜리 교류가 되었고 민간단체로 제가 추진한 교류는 완전하게 성공했잖아요. 이처럼 정부간 교류는 늘 정치적 목적으로 추진되었기 때문에 거의 일회성 행사로 끝나는 거죠. 제가 추진했던 아리스포츠컵 남북교류전이 남북갈등에서도 22번의 교류를 이어가는 이유를 이해해야 합니다.

　　현재 한반도 국제정치적 환경으로 남북 정부간 대화추진은 어렵죠. 우리 정부는 비핵화를, 북한은 대북제재 해제를 주장하지만, 이것은 남북정부가 해결할 수 없는 문제죠. 이럴 때일수록 민간단체가 남북교류를 주도해야 남북 갈등이나 긴장을 완화시킬 수 있는 거죠.

리찬명 단장과 북한 청소년 축구단의 소회는 어땠습니까?

우리는 바나나 같은 열대 과일을 쉽게 먹잖아요. 그러나 북한엔 바나나, 귤 등 열대 과일이 없어요. 북한 선수들은 아직 아이(17세)잖아요. 제주도와서 실컷 먹고 남쪽 바다를 보며 무척 신기해 했지요. 해산물 같은 건 북에도 많으니까 새롭지 않지만 김밥이나 컵라면 이런 걸 무척 좋아했고 호텔 방으로도 많이 가져 갔어요. 그래서 제가 아예 호텔 복도에 좋아하는 과일이나 컵라면 이런 걸 매일 잔뜩 가져다 놓게 했어요. 하여간 북측 아이들 못지 않게 리찬명 단장을 포함해서 북측 간부들도 남쪽 바다 풍경을 신기해 했어요. 그리고 과거 박정희·김일성 체제 대결 시기였던 상대 편 선수들을 만난 것도 의아해 했고요. 이번 방문으로 북한선수단도 우리에 대한 경계심을 많이 푼 거 같았어요. 저에게도 고마움을 많이 표현했구요. 한달 동안 전국투어를 마친 북한선수단은 중국 쿤밍으로 이동하여 추가 훈련을 마치고 평양으로 무사히 돌아가면서 한미연합훈련 기간 중에 이뤄진 최초의 기록을 남기게 되었죠. 북한 간부들도 한 달 동안 전국을 돌며 책임자로서 선수들에 대한 여러가지 안전 등 여러 부분에 부담이 컸으리라 생각해요. 그러나 시간이 지나면서 그들의 부담감과 경계심이 줄어드는 거 같았어요. 더구나 17세 북한아이들은 한 달 동안 남한 도시 대부분을 다녀보고 전국에 많은 사람들도 만났고 맛있는 음식도 많이 먹고 굉장히 소중한 경험을 쌓고 갔을 겁니다. 나도, 그들도 그리고 당시 만났던 수많은 우리 국민들도 평생동안 그때가 그리울 거라 생각해요.

## 8. 남북 축구 선수단의 끊임없는 교류와 균형적 교류에 관한 생각

정부가 할 수 없는 일을 큰 사명감을 가지고 해 내셨어요. 경평축구의 정신 덕분인가요?

일제강점기 시절 경평축구전에서 경성축구단은 연희학교, 지금의 연세대 선수 중심으로 창단했고 평양축구단은 숭실학교 선수 중심으로 창단했어요. 그러니까 연세대축구단과 숭실대축구단은 경평축구교류전의 모체라고 봐도 되죠. 그러므로 경평축구교류전을 생각하며 북한팀과 연세

사진 17  민간 교류 역사상 처음으로 평양가는 버스 안에서 설렘과 기쁨

대, 숭실대팀과 친선경기를 각각 몇 번씩 조직해줬고 당시 연세대 정창명 총장은 저에게 감사패를 주기도 했어요.

저는 리찬명, 이회택을 같이 만나면서 정치는 분열되어도 스포츠는 화합할 수 있다는 확신을 갖게 되었어요. 정치는 분열을 먹고 살지만 스포츠의 최고 이념은 화합이잖아요. 그러므로 저는 한반도에 정치적 갈등이 있더라도 제가 추진하는 아리스포츠컵 남북교류전은 중단시키면 안 된다고 생각했어요. 지금까지 그렇게 실천했구요. 2006년 1차 핵실험, 2008년 금강산 관광객 사망 사건으로 꽁꽁 얼어붙은 남북상황에서도 2006~2008년에 남한선수단이 매년 2회씩, 3년간 6회 평양 방북 교류를, 같은 기간 북한 4·25선수단이 4회 방남교류를, 총10회 성사시키며 남북상호방문교류 정기전으로 정착시켰죠.

2009년 북한의 2차 핵실험, 2010년 천안함 사건과 연평도 포격사건, 2011년 김정일 위원장 사망 등으로 한반도 긴장은 그야말로 최고조 상황이였어요. 우리정부는 남북지역에서 스포츠 교류도 불허했지요. 하지만 저는 남북교류 장소를 중국으로 돌려 남북축구 정기교류전을 이어나갔죠. 2009~2014년엔 5년간 매년 중국 쿤밍 등에서 총 7회 교류를 성사시켰어요. 당시 경기도(김문수 지사)는 3회 후원을, 인천광역시(송영길 시장)는 4회 후원을 하면서 2014 인천아시안게임에 북한선수단 참가에 결정적인 기여를 했죠.

2014년에 연천에서 대북전단지 살포에 의한 남북포격전, 2015년에 경기도 접경지에서 목함지뢰폭발로 우리 부사관이 중상을 입은 사건과 대북확성기 문제로 일촉즉발의 군사적 충돌 위기 상황이였어요. 하지만 7년만에 북한선수단이 연천으로 방남(2014)했고, 남한선수단이 평양을 방북(2015)하여 아리스포츠컵 남북교류전을 성사시키면서 남북상호방문교류 원칙을 이어나갔죠. 당시 아리스포츠컵은 남북고위급 회담 타결과 이산가족상봉행사로 연결되며 남북 갈등을 완화시키는 역할을 했었죠.

2016년 북한 핵실험으로 우리정부는 개성공단을 중단시켰고, 2017년 북한의 핵실험과 ICBM 발사 등으로 한반도는 전쟁 위기상황이였어요. 이러한 위기에도 아리스포츠컵은 2017년 12월에 중국 쿤밍에서 남북축구교류전을 성공적으로 치르면서 평창동계올림픽에 북한선수단을 참가시키는데 기여를 했어요. 그리고 2018년엔 평양과 춘천을 오가며 교류전을 성사시키며 남북역사상 최초로 상호육로방문 교류시대를 아리스포츠 남북축구교류전이 활짝 열었죠.

이처럼 한반도에 수많은 사건으로 전쟁 위기의 갈등 상황에서도 아리스포츠컵 남북교류전은 한번도 중단하지 않고 22번의 남북축구 정기교류전을 성사시킨 겁니다. 어쩌면 일제강점기 시절 민족의 혼을 잇는 경평축구정신 같은 거라 생각되요. 제가 가장 걱정되는 것은 통일문제만큼은 여야가 일관되게 추진해야 하는데 정권교체마다 정권의 성격에 따라 들쭉날쭉한 대북정책으로 일관성이 없는 겁니다. 이런 거를 정치가 해결해야 하는데 앞을 보면 답답하기만 해요.

서독의 동방정책 성공은 정권의 성격에 관계없이 일관성 있게 추진되어서 효과를 보고 통일을 이룬 겁니다. 처음엔 1949년 정부 수립 이후 콘라트 아데나워(Konrad Adenauer) 정부는 "동독은 주민의 자유의사에 따라 수립된 정권이 아니므로 불법이며, 독일연방공화국만이 독일 국민을 대변할 권한이 있다"는 할슈타인 원칙을 동독에 적용, 실질적으로 힘의 우의를 바탕으로 한 서방정책을 추진했죠. 서독의 서방정책은 프랑스와 화해하면서 성공했지만, 동서독 간의 단절과 베를린 장벽이 구축되고 주민들의 고통과 불만을 고조시켰죠.

주민들의 고통과 불만이 계속되자 서독에서는 대동독 정책을 변화시켜야 한다는 움직임이 나타났으며, 1963년 베를린 시정부의 대변인이였던 에곤 바르(Egon Bahr)의 '접근을 통한 변화(Wandel durch Annäherung)'의 동방정책(Ostpolitik)이 추진되었어요. 서독의 동방정책은 동독체제를 인정하고 동독 지도부에 많은 것을 양보하고 동독정권을 안정화시켜주면서 서독의 수출을 동독, 체코, 폴란드 등으로 확대시키고 동독주민들의 개방과 변화를 끌어냈어요. 서독의 동방정책은 데탕트(긴장완화) 정책이였어요. 접촉을 통한 변화는 동독만 변화시키자는 것이 아니라 서독도 변화한다는 것이였죠. 서로 진화하자는 거죠. 여기서 변화는 작은 실천을 쌓아 나가는 거죠. 아리스포츠컵 남북교류전 같은 정기교류 정착으로 왕래를 자유롭게 하는 것이 중요한 거죠. 서독의 동방정책의 성공은 정권변화와 관계없이 통일 전까지 일관성있게 추진되었기 때문에 가능한 거죠. 우리에게 주는 시사점이 매우 크잖아요. 우리처럼 정권만 바뀌면 모든 걸 뒤집어 놔서는 안되는거죠. 적어도 북한 문제에 대해선 여야가 초당적으로 협력해야 합니다. 동방정책 설계자 에곤 바는 우리 가슴에 와닿는 말을 많이 남겼어요. "큰 담론보다 작은 실천이 중요하다", "독일의 통일은 모스크바에서 시작된다"고 했죠. 북한 문제는 실천 가능한 정책으로 접근해야 하는데 우리는 큰 담론으로 발표만 하는 게 많잖아요. 서독의 동방정책의 성공으로 동독주민들을 자연스럽게 변화시키고 개방을 이끌어냈죠. 그리하여 독일통일을 이뤄낸 겁니다. 사실 아리스포츠컵 남북교류전으로 인해 많은 남북주민들이 만났고 서로 진화하고 자연스럽게 변화를 이끌어 냈잖아요.

그 후에 북한에서 피파 북한 청소년 월드컵 단장으로 임명되셨어요. 이 당시 이야기를 들려주세요.

북한선수단이 돌아간 뒤 저는 평양에서 온 특별한 공문을 베이징에 가서 받았어요. 대외협력부장 강경수가 공문을 가지고 나왔는데, 'FIFA 17 세이하 청소년월드컵 조직위'로 보내는 공문이였어요. 북한 축구협회가 저를 공식적으로 '2007 FIFA 17세이하 청소년 북한팀 대표'로 보낸다는 공문인 거죠. 그래서 제가 서울 하얏트 호텔에서 진행되는 월드컵 조추첨식에 북한대표로 참석했어요. FIFA 주최로 진행되는 조추첨식엔 청소년월드컵 본선에 참가하는 32개 국가 대표가 모두 참석했고 조직위 임직원들도 참석해 엄청 큰 축제로 진행되었어요. 그때 NORTH KOREA 대표 명함을 다른 나라 대표에게 전달하려니 왠지 이상해지더라고요. 조추첨도 잘 했어요. '17세 이하 청소년월드컵'이 2007년 8월에 우리나라에서 열리는데 북한은 제주도에서 예선 3경기(잉글랜드, 브라질, 뉴질랜드)를 같은 조에서 하게 된 거죠. 물론 8월에 열리는 월드컵에도 제가 북한 공동단장으로 참가하게 됩니다.

무척 바쁜 한 해 였던 거 같아요. 전남 강진군 황주홍 군수님이 저에게 북한 유소년축구팀 강진 방문을 요청했어요. 황주홍 군수는 논밭을 축구장으로 수십 개나 만들었는데 강진군을 스포츠 도시로 발전시키고 싶다는 겁니다. 그러려면 북한선수단이 방문을 해서 남북축구를 새로 건설한 강진 축구장에서 해야 홍보가 많이 된다고 저에게 강력하게 요청했어요.

하얏트 호텔에서 조추첨식이 끝난 지 한 달 후 6월에 저는 15세 이하 북한 유소년축구팀을 인솔해서 전남 강진을 방문했어요. 인천공항에서 버스로 서해고속도로를 이용해 여수를 지나 남쪽 해안가 도로로 무려 9시간만에 북한선수단은 숙소로 정해진 강진 정약용 청소년수련관에 도착했어요. 9시간 동안 버스에서 북한 아이들은 남쪽 나라 여러 도시를 한꺼번에 보고 놀랐죠. 시골에도 아파트가 많잖아요. 전남 강진은 우리나라에서 가장 남쪽 도시이고 시골이잖아요. 아파트 사이에 있는 논밭도 신기해 했고 시골아이들도 핸드폰을 모두 가지고 있는 것도 신기해 했어요. 강진에서 북한선수단은 남측 축구단과 3번의 친선경기를 하면서 2주간 체류했어요. 강진에 있는 제 후배와 전남축구협회장님이 전복과 세

발낙지를 무척 많이 가져와서 실컷 먹었는데 처음에는 세발낙지를 통채로 먹는걸 이해 못 했는데 나중에는 맛있다고 모두 잘 먹더라고요. 북한선수단이 정약용 청소년수련관에서 경기장으로 이동할 때 논으로 된 넓은 들판을 매일 지나 다녔는데 마침 그때가 모내기 때였어요. 북한간부들은 모내기를 기계로 하는 방식을 보고 어떻게 하는 것인지도 묻고 관심이 많았어요. 강진 황주홍 군수는 가을에도 북한선수단을 또 오게 해달라고 했죠.

    4개월 후 10월에도 저는 북한 15세 선수단을 인솔해서 강진을 다시 왔어요. 북한선수단은 봄 모내기 철에 왔다가 가을 추수 철에 또 온겁니다. 한반도 최남단 강진의 모내기와 추수 방식을 자세하게 알아본 북한 간부들에 의해 어쩌면 북한도 남한 방식으로 벼 농법을 시도할 수 있겠다 생각했죠. 북한선수단이 봄 가을에 2번이나 방문을 하니 강진 시민들의 환영도 대단했지요. 북한 선수들은 강진에서 반찬으로 홍어가 나왔는데 못 먹더라고요. 하여간 강진 선수들과 북한선수들은 같이 밥도 먹고 핸드폰에 있는 사진도 서로 보고 같은 학교 다니는 친구들 같았어요. 1개월 동안 북한 17세 선수단의 전국투어 교류나, 북한 15세 선수단의 강진에서 2번의 교류는 아이들에게 엄청난 변화를 줬을 겁니다. 저는 진정한 남북교류는 자주 만나고 상호 방문교류를 해야 한다고 생각해요. 그래야 서로 진화하고 서로 이해할 수 있게 되거든요. 이런 만남이 많다면 서로에게 상처주는 오해가 쌓이지 않을테니까요. 북한 아이들의 방문으로 북한 아이들도 변화를 가져왔겠지만 이를 지켜보는 강진주민들이 더 많이 진화되고 변화를 가져 왔을 거라 생각했죠. 사실 남북 교류에서 가장 중요한 것은 상호방문교류이거든요. 그런데 지금까지 남한사람이 평양을 간 것은 약 150만 명이나 되는데, 북한사람의 방남인원은 9,000명 수준에 불과합니다. 그러나 제가 추진하는 교류는 상호방문을 지켰어요. 지금까지 22번의 교류에서 남한이 올라간게 8번, 북한이 내려온게 6

번이거든요. 그래서 스포츠 교류가 중요해요.

북한선수단이 강진을 2번 방문하면서 지상파 방송 및 주요언론에 강진에 새로 생긴 천연잔디 축구장이 자주 소개되었고 홍보가 잘 되어서, 그해 겨울 120개 축구팀이 전국에서 강진으로 몰려와서 전지훈련을 하다보니 겨우내 강진을 찾는 사람들이 하루 평균 1만 명 이상 되어 200억 이상의 경제적 파급효과가 강진주민들에게 돌아갔다 하더군요. 강진군수 목적은 달성이 되고도 남았지요.

북한선수단이 두번(6월 초/10월)을 강진에 왔고 남한선수단이 2번(6월 말/11월) 평양에 갔어요. 남북 아이들이 서로 2번씩 왕래하는 교류를 성사시킨 겁니다. 이것은 유소년이나 청소년 교류니까 가능한거죠. 그래서 제가 경평축구교류전을 남북유소년축구교류로 부활시킨 겁니다. 6월 평양교류에 참가한 남한선수들은 12세였어요. 사상 최연소 방북 기록을 세웠지요. 그때 감독이 유상철이었는데 지금은 고인이 되었죠. 6월 평양 거리는 살구가 익어가고 있는 조용한 풍경이었고 이번엔 남한아이들이 평양거리를 보며 놀라고 신기해 했어요. 남한 아이들은 평양 문수대 초대소에서 묵었는데 그곳 안내원들이 얼마나 친절하게 잘해줬는지 헤어질 때 친누나랑 헤어지는 거 같다며 많이 울기도 했어요. 천진난만한 아이들이 북에서 겪은 소중한 경험은 평생 자랑거리가 될 거라고 생각해요. 아이들은 북한사람에게 가졌던 막연함 불신감을 버렸을 겁니다. 11월에는 인천 15세선수단이 평양교류에 참가했는데 안상수 시장과 300여 명의 남한응원단이 김일성종합경기장에서 남북교류전을 지켜보며 응원을 했는데, 남한응원단은 5만 명의 북한 관중을 보면서 북한 주민들의 축구열기에 놀라기도 했어요.

이렇게 상호 2번씩 남북을 오가며 성사시킨 이때의 남북교류전은 경평축구교류전을 이어받으며 정기교류전으로 자리잡는 씨앗이 되었고, 함께했던 남북 주민들은 서로를 조금씩 이해하고 가까워졌을 거라 생각

사진 18  묘향산 계곡에서의 방북단 피서

했죠. 자주 만나면 갈등은 사라지고 동질감이 자연스럽게 생기는 거죠.

## 9. 어린 선수들의 남북교류 의의와 마라톤, 탁구 합동 훈련

2007년 6월 남측에 12세 이하 최연소 축구팀이 평양에 갔습니다. 이건 어떻게 성사시키게 된 것입니까?

2006년 5월에 평양에서 체결했던 남북체육교류계약서 내용대로 남북상호방문교류를 성사시킨 거죠. 2007년 6월 초에 북한 15세 이하 선수단이 전남 강진을 2주간 방문했잖아요. 그러므로 상호방문교류 원칙에 의해 남한선수단이 6월 말에 평양에 가서 남북교류를 성사시킨 거죠. 그러니까 같은 달 6월 초에는 북한 15세 선수단이 남한으로 내려오고, 6월 말에는 남한 12세 선수단이 평양으로 올라간 거죠. 저에겐 힘든 일정이였죠. 2007년엔 남북축구교류가 무척 많았어요. 1월에는 쿤밍 홍타스포츠센터로 남한의 초등학교, 중학교, 고등학교, 대학교, 프로축구팀 등 20여 개 팀 천여 명의 선수단이 전지훈련을 왔어요. 북한은 4·25유소년, 청소년, 성인팀 등 6개 팀 200여 명의 선수단이 왔는데 거의 1달 이상을 같은 연령대 남북선수들이 훈련도 같이 하고 친선경기도 했어요. 숙소도 같은 건물이고 식당도 같이 쓰니까 자연스럽게 같이 만나고 같이 식사도 하고 간부들은 같이 술도 마시고 친해질 수 밖에 없는 거죠. 그런데 같이 운동하던 북한선수단이 3월에 남한으로 내려와 전국투어를 할 때 겨울에 쿤밍에서 같이 훈련하던 남한선수 친구들이 북한선수를 만나러 오고 찾는 걸 보면서 이래서 남북교류를 자주해야 한다고 느꼈죠. 북한선수단은 6월에도 내려오고, 8월에도, 10월에도 내려오다 보니 남북 친구들이 자주 만나서 무척 친해지게 된 한 해였어요. 남한선수단도 6월과 11월에 평양에 올라갔고 그땐 자주 보다 보니 어색하지도 않았고 남북의 아이들이 참 편하게 스스럼없이 교류했었죠. 인사말부터 달랐죠. "그간 잘 지냈어?" "실력 많이 늘었네" 등 옛 친구를 만나는 그런 교류가 되었죠. 어른들은 형님 동생 하면서 남북 임원들 술자리가 자주 있었지요. 남 모르게 서로 선물도 주고받고 교류를 하면서 서로 정도 많이 들은 거죠.

축구로 교류를 이어가는 와중에 마라톤과 탁구도 남북한 합동훈련을 합의했다고 하는데 어떻게 진행된 것인가요?

제가 2006년 5월에 평양에서 체결했던 '남북체육교류계약서'는 축구뿐만 아니라 여러 종목 모두 다 할 수 있도록 했던 거죠. 2007년 3월 초에 북한선수단의 남한전지훈련 일정을 조율하기 위해 평양을 방문했어요. 그때 마라톤 금메달리스트 황영조가 "저도 데리고 가 주세요"하여 같이 갔어요. 황영조는 평양에서 열리는 만경봉대상 국제마라톤대회에 참가 요청을 수없이 했어요. 저는 리종무 4·25위원장에게 황영조를 소개하며 4월 만경봉대상 국제마라톤대회에 황영조 감독이 이끄는 국민체육진흥공단 마라톤팀을 참가시켜 달라고 했죠. 그리하여 사상 최초로 남한 마라톤팀이 평양대회를 참가하게 된 거죠. 마라톤 교류는 그렇게 시작된 거죠. 황영조는 제가 평양에서 특별 대접을 받는 걸 직접 보고 무척 놀랐나 봐요. 북한 사람들이 저를 교장선생이라 호칭하며 존경하는 모습도 신기해 하기도 했어요.

　2007년 4월에 북한선수단이 남한 전지훈련을 마치고 돌아간 직후 서울올림픽파크텔에서 대한탁구협회 정현숙 전무를 만났어요. 남북 탁구 교류에 대해 의견을 나누고 북한 4·25탁구팀과 대한항공 탁구팀의 합동훈련에 대해 협의를 했어요.

　그리하여 8월에 중국 쿤밍 홍타스포츠센터에서 황영조가 이끄는 국민체육진흥공단 마라톤팀과 북한 4·25 마라톤팀이 합동훈련을 하게 되었고, 대한항공 탁구팀과 북한 4·25 탁구팀의 합동훈련도 같은 시기 같은 장소에서 합동훈련이 진행 된 겁니다.

## 10. 북한과의 교류 매개체로서의 경험과 북한에서 단장으로 세웠던~?

북한과의 교류 매개체로서 큰 역할을 하셨는데 그때 달성한 기록들이 궁금합니다.

북한 선수단의 쿤밍 전지훈련 효과는 갈수록 커지면서 북한선수들이 각종 국제대회에서 좋은 성적을 더 많이 냈어요. 훈련지원을 받은 효과로 아시아 최초로 FIFA 주최 대회 여자월드컵 우승을 연이어 했지요. 2006 러시아 20세 이하 여자월드컵 우승, 2008 뉴질랜드 17세 이하 여자월드컵 우승으로 북한 정부의 저에 대한 신뢰는 확고해 졌고 저는 그러한 북한을 상대로 다양한 분야에서 남북교류 성과를 확대시킨 거죠.

4·25 체육단은 군인올림픽 조직위원회를 겸하고 있어요. 북한은 군인올림픽대회를 가장 크게 비중을 두고 있죠. 4·25 체육단에는 축구뿐만 아니라 올림픽 전 종목을 다 보유하고 있어요. 4·25체육단이 북한 국가대표라고 생각하면 됩니다. 2008년 4월에 제주에서 아시아 유도 대회가 열렸어요. 당시 김정행 대한유도협회장이 북한 참가를 제게 요청하여 저는 김정행 회장을 안내하여 평양을 갔고, 북한과 대화가 잘 되어 북한이 대회에 참가를 했어요. 김정행 회장의 관심사업이 성과를 낸 거죠.

2014 인천아시안게임에 북한선수단 참가를 성사시키기 위해, 당시

사진 19  우승을 거둔 4·25 체육단에게 트로피를 건네는 김경성 이사장

송영길 인천시장과 저는 계약을 맺어 제가 인천광역시 대북사업을 대행하면서, 2011년부터 2014년까지 매년 중국에서 인천평화컵 남북축구교류를 성사시켰지요. 그리하여 2014 인천아시안게임에 북한선수단과 고위급 3인방 황병서, 김양건, 최용해의 참가에 역할을 했지요.

    2008년 1월에는 북한 정부로부터 평양 사동구역에 토지(35만 $m^2$)를 무상제공 받고, 5월에 우리정부 승인(이명박정부)을 받고 평양대동강 1호 공장 착공식을 했어요. '스포츠 용품 생산공장'을 건설하는 착공식이었어요. 하지만 2010년 천안함 사건 이후 우리정부의 5·24조치로 평양공장이 중단되었어요. 저는 중국 단둥으로 공장을 이전하여 투자규모가 비교적 적은 '축구화 생산공장'을 탄생시켰어요. 남한이 투자하고, 중국법인이 경영하며, 북한근로자가 생산하는 새로운 패러다임의 남북경제협력체제를 만들었죠. 이곳에서 생산하는 축구화가 아리축구화이고, 이것을 기념하기 위해 남북축구 교류전을 '아리스포츠컵 남북교류전'이라 하게 된 겁니다.

    2014 인천아시안게임 전 지원프로그램이 있었는데, 아시아 지역 30개 약소국가 지원 프로그램이었어요. 저는 인천광역시를 대행해서 중국 단둥에서 생산하는 아리축구화를 북한을 포함해서 아시아 30개 국가에 보냈지요. 북한 근로자가 수제로 만든 축구화를 보낸거죠. 박근혜 정부가 2016년 북한의 핵실험으로 개성공단과 함께 단둥 아리축구화 생산공장 문을 닫게 했지만 언젠가 제가 설립했던 평양공장에서 생산을 재개하여 예전처럼 남북이 같이 사용하고 수출도 하는 날이 오리라 생각합니다.

    2018 평창동계올림픽이 평화올림픽으로 성공 개최되었죠. 북한선수단과 응원단, 그리고 김여정을 포함한 고위급 참가가 이뤄졌기에 평화올림픽이 가능했던 거죠. 그러나 올림픽 개최 3개월 전 북한의 ICBM 발사로 한반도는 전쟁위기 상황이었어요. 이때 제가 추진하는 아리스포츠

컵 남북교류전이 중국 쿤밍에서 성사되었고, 올림픽 개최지인 최문순 강원도지사가 북한 고위급대표단에게 참가제안을 하면서 극적으로 평창동계올림픽에 북한참가가 이뤄진 거죠. 그간 상호신뢰가 쌓여 있었기에 가능했던 겁니다.

2015년 4월에 중국 남경에서 남북양궁교류전이 있었어요. 북한 4·25 남녀 양궁선수단과 남한 코오롱 남자양궁선수단, 여주시청 여자양궁선수단이 참가해서 합동훈련과 친선경기를 치렀어요. 당시 저는 경기도지사(남경필) 특보였는데 경기도에서 매년 양궁교류전을 추진하려고 했었지요.

제가 이사장으로 있는 남북체육교류협회 슬로건은 '스포츠 데탕트 코리아' 입니다. 2014년 10월, 경기도 연천에서 대북전단지 살포에 의한 남북포격전 발생으로 남북 군사적 긴장이 최고조에 이르렀죠. 이때 제가 북한선수단을 방남시켜 아리스포츠컵 남북교류전을 연천에서 성사시켰지요. 아리스포츠컵이 남북간 군사적 충돌을 막고 긴장을 완화시키는 역할을 한 거죠. 2015년 8월에는 경기도 접경지에서 목함지뢰폭발로 우리 부사관이 중상을 입었고 대북확성기 문제로 남북포격전으로 이어지면서 일촉즉발의 군사적 충돌 상황이었어요. 이때 평양에서 아리스포츠컵 남북교류전에 경기도선수단과 강원도선수단이 참가하면서 남북 고위급 대화로 연결되었어요. 아리스포츠컵이 위기마다 평화를 잇는 역할을 한 거죠. '스포츠 데탕트 코리아'는 아리스포츠컵에서 시작된 거죠. 2014 아리스포츠컵 연천교류전과 2015 평양교류전은 군사적 충돌 위기를 완화시키는 역할을 하면서 남북상호방문교류 원칙도 지킨 거죠.

2018년 8월, 아리스포츠컵 평양대회에 남한선수단이 버스를 타고 개성을 지나 서해선 육로를 이용하여 평양을 방북하고, 두 달뒤 10월에는 북한선수단이 평양에서 버스를 타고 서해선 육로를 이용하여 개성을 지나 춘천을 방남하였지요. 남북상호방문교류 원칙을 지키며 육로교류

시대를 새롭게 활짝 열었죠.

북한 4·25체육단이 쿤밍에서 훈련지원을 받아 국제대회에서 좋은 성적을 거두며 얻은 신뢰를 바탕으로 저는 지금까지 수많은 남북교류를 성사시켰지요. 저는 일관성있게 남북교류를 추진했는데 우리 정부의 정권교체마다 정권의 성격에 따라 들쭉날쭉한 대북정책으로 저는 압박도 받고 오해도 받을 때가 많아요. 요즘 북한에서 오물풍선이 날아오고 대북확성기는 커지고 있는 걸 보면서 반복되는 남북상황에 답답하기만 해요. 남북관계는 눈 앞 현상에 일희일비해서는 안 되며, 보이는 거 보다 그 너머를 바라봐야 합니다.

스포츠 교류뿐만 아니라 평양에 홍수가 났을 때 구호물자도 전달해주셨다고 하는데 이런 것은 어떻게 구상하셨습니까?

북한을 도와주고 싶어도 길이 없으면 도울 수가 없죠. 북한을 돕는 것도 신뢰가 쌓여야 가능한 거죠. 북한은 절대 아무거나 아무에게나 받지 않습니다. 그들만의 방식이 있지요. 2008년도 여름에 북한에서 큰 홍수가 났어요. 우리 지상파 뉴스에서 커다란 홍수 피해를 보고있는 북한 주민들의 모습을 시간마다 보도하면서 MBC에 많은 구호품이 접수됐어요. MBC 통일방송추진단 박정근 단장이 저에게 하는 말이 정수기 200대(4억 원)와 운동화 6,000켤레를 북한에 전달해야 하는데 전달할 방법이 없다 하는 겁니다. MBC가 보낸다니까 북한이 거절한 거죠. 그리하여 MBC는 남북체육교류협회를 통해 4·25체육단에 전달한 겁니다. 북한을 돕는 것도 북한과의 교류를 성사시키는 거와 같은 거로 보면 됩니다.

언론에서 북측 단장으로 소개가 되었는데, 오해를 받은 적은 없습니까?

2007년도에 4번(3, 6, 8, 10월)이나 제가 북한선수단을 인솔하여 인천공항에 도착했고 그때마다 지상파 방송이나 주요언론에 저를 북한 단장이라 소개하다 보니, 저를 몰랐던 사람들은 제가 북한 사람인줄 알았던 거죠. 그러나 차츰 차츰 저에 대한 관심이 커지면서 오해가 풀린 거죠. 그 당시 생긴 별명이 '북한사람'입니다.

에피소드 하나를 소개할게요. 2007년 4월 전국투어 마지막 일정을 서울올림픽파크텔에서 북한선수단이 보내고 있을 때입니다. 저를 만나러 찾아오는 사람들이 하루에도 수십 명이 넘었어요. 호텔 직원들 몇명이 저를 찾아와 너무 궁금하다며 저에게 물었어요. "김경성 단장님, 다른 북측 사람들은 모두 배지를 달고 있는데 단장님은 배지도 달지 않고 남측 사람들을 어떻게 많이 아는 건가요?" 이 질문에 저는 잠시 당황했었죠. 그런데 농담으로 답했죠. 저는 웃으며 이렇게 말했어요. "나는 비밀요원이니 더는 묻지 말아요." 하면서 소문내면 안된다고 하니까 직원들이 긴장하더라고요. 북한선수단이 한 달간 전국투어를 마치고 돌아간 직후 저는 서울올림픽파크텔에서 남북탁구교류를 협의하기 위해 대한탁구협회 정현숙 전무를 만났어요. 저를 본 호텔직원들이 놀라면서 "북한 비밀요원이 또 왔어요." 하면서 상급자에게 보고하는 바람에 지배인이 뛰어오고 소동이 잠시 벌어졌어요. 나중에 제가 남한 사람이란 것을 알게된 종업원들은 저에게 자신들을 골려먹었다며 한참을 웃기도 했죠. 남북교류가 정착되지 못하다보니 생긴 에피소드 입니다.

북한에서 남한사람을 공식 국가 기구 장으로 임명했는데, 이것이 어떻게 가능했다고 생각하십니까?

북한 스포츠가 저의 훈련지원 효과로 국제대회 우승 등 좋은 성적이 늘어나다 보니 당시 리종무 4·25위원장은 저에 대한 신뢰가 깊어졌어요.

그러다 보니 저에게 17세 대표팀을 맡기게 된 거죠. 당시 김정일 위원장의 저에 대한 신뢰가 컸기에 가능한 거죠. 그래서 2007년 8월, 우리나라에서 열린 'FIFA 대한민국 17세이하 청소년월드컵' 공동단장을 공식적으로 맡게 된 겁니다. 선수들도 거의 제가 추천한 선수들로 대표팀이 구성되었죠. 당시 북한도 선수구성을 할 때 가장 좋은 선수를 뽑을 때도 있지만 위에서 누구 선발해라 하면 거절 못하는 분위기가 있어서 그런 부조리를 해결하는 차원에서 선수구성을 저에게 맡겼던 거 같아요. 제가 선수단을 구성하면 가장 좋은 성적을 낼 수도 있겠다는 생각을 북측에서 한 거죠. 그러다 보니 저는 성적에 대한 부담이 점점 더 커졌죠. 리종무 위원장은 농담삼아 "히딩크 감독이 월드컵에서 4강을 했으니 우리도 4강은 가야하지 않나"하는 겁니다.

대회 개최 3개월 전, 서울 하얏트 호텔에서 조추첨식이 있었고 저는 공식적으로 북한 대표로 조추첨식에 참가했고, 북한은 잉글랜드, 브라질, 뉴질랜드와 같은 조에서 예선 3경기를 제주에서 치르는 것으로 결정되었죠. 이후 저는 브라질, 잉글랜드, 뉴질랜드 훈련경기 비디오를 보고 상대팀의 요주의 선수와 전술 취약한 수비 포지션 등을 분석해 북한 감독과 전술상의를 수없이 했어요. 북한 17세 선수단 감독은 안예근인데 저랑 나이가 같았어요.

2007년 8월, 대회 2주전에 현지적응훈련을 위해 저는 '2007 FIFA 대한민국 17세 이하 청소년월드컵' 북한 대표단 공동단장으로 북한선수단을 인솔하여 인천공항으로 입국하여 광양 필레모 호텔에서 1주간 전지훈련, 제주에서 1주간 전지훈련 일정을 소화하고 첫 경기 잉글랜드 전을 준비했지요. 당시 저와 공동단장으로 북한선수단을 이끈 사람은 조선축구연맹 김정식 부위원장이었고, 이후 평양에서 자주 봤지요. 첫 경기 잉글랜드는 1대1 무승부, 두번째 브라질은 1대4 패, 세번째 뉴질랜드는 1대0 승으로 1승1무1패로 북한은 16강 진출에 성공했어요. 당시 개최국 대한민국 팀도 일본도 모두 예선에서 탈락하여 아시아에선 북한만 16강에 진출했어요. 저와 북한 선수단은 무척 기뻐했지만 아쉽게 울산에서 치러진 스페인과의 16강전에서 0대3으로 패했죠. 잘한 것도 못한 것도 아닌 그냥 보통 성적으로 막을 내린 북한선수단 공동단장 성적이 된 겁니다.

**실질적으로 단장으로서는 굉장히 많은 권한을 위임받아서 축구단을 이끄셨네요.**

공동단장으로 대회 기간엔 김정식 단장이 이끌었고 저는 대외적인 일을 맡았지요. 대회 개최 전까진 제가 훈련이나 훈련경기 등을 조직했지요. 그러나 모든 건 감독과 상의하고 의견을 주는 정도의 수준을 늘 유지했지요. 물론 감독은 제 의견을 존중해줬지요.

## 11. 정부 차원에서의 교류 역기능

**북한의 전폭적인 지지를 입고 활동하셨는데 믿음과 신뢰를 얻는 과정에서 중요했던 계기가 무엇이라고 생각하십니까?**

남북교류는 민간교류를 통해 정부간 대화로 연결되어야 해요. 정부가 직접교류를 추진하면 역기능이 커지는 원인이 될 수 있어요.

독일의 통일은 서독이 동방정책을 정권변화에 관계없이 통일 전까지 수십 년간 일관성있게 추진했기 때문에 이뤄졌어요. 우리처럼 대북정책을 정권만 바뀌면 모든 걸 뒤집어 놔서는 안되는 거죠.

사진 20   ANOCA (아프리카국가올림픽위원회연합총회) 업무계약 체결[11]

    지금까지 우리정부의 대북정책이 일관성있게 추진되지 않았기 때문에 정부간 교류는 일회성 이벤트로 끝나는 거죠. 앞서 언급했지만 2018 평창동계올림픽 성공개최에 이어 4·27 판문점선언으로 문재인 정부는 북한과 직접교류를 선택했죠. 결과가 어떻게 되었죠? 4월에 서울공연단이 평양공연을, 7월에 통일부장관이 이끄는 남한농구단이 평양에서 남북농구교류를 성공적으로 마쳤지요. 하지만 10월에 서울로 내려 오기로 한 평양공연단과 평양농구단은 내려오지 않았어요. 오히려 남북관계는 더 악화되고 북한은 개성에 있는 남북공동연락사무소를 폭파시키는

---

11   2022년 3월 이집트 카이로에서 열린 ANOCA 개막식에서 개막연설을 한국인 최초로 김경성이 하였고, 무스타파베라프 아프리카 IOC 위원장과 상호협력 MOU 계약을 체결하였다. 2개월 후 아프리카 13개국 청소년선수단 113명의 2주간 훈련지원을 남강원도 평창에서 성사시키며 북한 마식령에서 훈련지원 계획을 ANOCA와 공동 추진하였다.

원인이 되었어요. 당시 정부가 직접교류를 추진만 하지 않았더라면 하는 아쉬움이 남아요. 왜냐하면 같은해 같은시기에 추진되었던 민간교류 아리스포츠컵 남북교류전은 8월에 남한축구단이 평양에서 남북축구교류를 성사시키고, 10월에는 북한선수단이 평양에서 남한 춘천으로 내려와 사상 최초로 서해선 육로 상호방문교류를 성사시켰잖아요. 그러므로 정부 차원에서의 교류는 역기능이 커지니, 정부는 민간교류 확대방안을 마련해 주고, 민간교류의 성과를 정부간 대화로 연결시켜야 되는 거죠.

북한이 신뢰하는 것은 일관된 정책입니다. 저는 북한과 맺은 남북체육교류계약서를 기초로 북한과의 교류를 아무리 어려운 남북환경 속에서도 중단시키지 않았어요. 물론 북한이 저를 신뢰하게 된 배경에는 2005년부터 15년 이상을 매년 4·25체육단 선수단에 대해 훈련지원 및 장비지원을 하며 북한 스포츠 발전에 일조하여 북한이 아시아 최초 FIFA 17세 이하(2008) 및 20세 이하(2006) 여자월드컵에서 우승하는 공로를 인정받은 성과가 가장 크다고 볼 수 있지요.

그러한 면에서 봤을 때 북측이 남측과 교류협력을 하는 것은 정부 차원에만 국한할 수 없는 게 있지 않습니까?

현재 한반도 국제정치적 환경에서 정부가 직접 추진할 수 있는 교류는 매우 적고 어렵지요. 우리가 원하는 건 '비핵화'고, 북한이 원하는 건 '대북제재 해제'거든요. 남북 정부간에 할 수 있는게 아니잖아요. 우리가 서방국가 미국이나 유럽과의 외교는 정해진 시스템이 있으니 그대로 하면 되는 것이지만 북한은 우리 정부와 정한 교류 시스템이 없잖아요. 그러니 아직은 신뢰를 갖고 접근해야 됩니다. 다른 나라 상대하듯 외교 조례를 기준으로 하면 안되는 거죠. 중국 같은 경우는 정부는 국제사회 수준으로 대북제재에 참여하는데 지방정부 길림성이나 요령성 등은 이익을 따라 북한과 교류를 하니 북한과 중국의 교류는 끊을 수 없는 그런 교류가 정착이 된 거죠.

정부는 통일을 거시적 차원의 난제부터 해결하려 하고 있어요. 그래서 더 멀어지는 거죠. 실천가능한 작은 통로부터 연결하는 속에서 다가와 익숙하게 해야 하죠. 그러기 위해선 접근이 쉬운 스포츠 통로를 열어야 하는 겁니다.

남한도 정부차원에서 할 수 없는 일에 대해 좀 더 전향적으로 접근을 해야 하지 않을까요?

남북교류는 진보가 하고 보수는 뒤집는다는 생각을 버려야 해요. 반대로 보수가 남북교류를 성사시키면 확대 발전될 수 있는 거죠. 보수 정부가 만일 대북정책의 변화를 주고 스포츠교류를 통로로 남북정부간 대화를 시도해 남북교류에 대한 합의를 이뤄낸다면 정권의 성격에 관계없이 일관성 있는 정책으로 추진될 수 있죠. 그런 합의에 야당이 반대할 이유가 없는 거죠.

저는 2019년 2월에 하노이에서 트럼프와 김정은의 회담이 결렬되어 평창올림픽의 평화가 사라질 때 '다시' 평화를 찾기 위해 최문순 강원지사를 도와 2020년에 2024 강원동계청소년올림픽 유치를 성시시켰어요. 그리고 저는 2024 강원동계청소년올림픽 지원위원회 위원장으로 선임되어 '눈 없는 나라, 아프리카 등 50개국 지원프로그램'을 만들고, 2022 베이징동계올림픽에 참가하여 토마스 바흐 위원장, 세르미앙 응 재정위원장 등에게 브리핑하고 IOC 사업으로 승인받았어요. 2022년 3월에 한국인 최초로 이집트 카이로에서 열린 ANOCA 개막연사로 참가하여 무스타파 베라프 아프리카 IOC 위원장과 상호협력 MOU를 체결했죠. 두 달 뒤 5월에 아프리카 13개국 청소년선수단 113명을 남강원도 평창으로 초청하여 2주간 훈련지원을 했어요.

당시 제가 추진했던 '눈 없는 나라, 아프리카 등 50개국 지원프로그램' 주요내용은 아프리카 청소년 선수단을 초청하여 남강원도 평창에서 2주간 훈련지원을 하고, 북강원도 마식령으로 이동하여 2주간 훈련지원사업을 하는 것이었죠. 평창에서 마식령으로 아프리카 아이들이 이동할 때 일부는 버스로 땅길을, 일부는 양양공항에서 갈마비행장으로 하늘길을, 일부는 속초에서 원산까지 배로 바닷길을 이용했지요. 아프리카 선수들을 활용하여 하늘길, 바닷길, 땅길을 여는 프로그램이었어요. 제가 추진하는 과정에서 2022년에 강원도지사와 우리정부가 바뀌면서 중단되었죠. 하늘이 준 절호의 기회를 날려버린 심정이었어요. 그땐 북한도 제가 추진하는 지원사업에 관심이 있었고 가능성이 컸어요.

아직 기회는 남아있어요. 2027 하계유니버시아드대회를 충청권(세종, 대전, 충남, 충북)에서 2022년 11월에 유치를 했어요. 제가 추진하다 중단되었던 '2024 강원동계청소년올림픽 지원사업' 프로그램과 유사 방식의 지원사업을 재개하는 거죠. 아프리카는 북한과도 우호적인 지역이죠. 아프리카 국가올림픽위원회 연합총회도 당시 제 사업의 중단을 아쉬워했어요. 이전과 유사한 방식으로 남북을 오가는 지원사업을 추진하면서 자연스럽게 남북간 대화가 이뤄진다면 북한선수단과 고위급 참여를 성사시킬 수 있다고 봅니다. 아직 시간 여유도 있고 방안도 있잖아요. 북한 고위급이 참가하면 특별한 의제 없이 자연스러운 만남과 대화로 큰 진전을 이룰 수도 있어요. 스포츠 교류는 국가간의 갈등을 해소하는 가장 효괴적인 대화 수단입니다.

## 12. 북한이 바라보는 남한 정부의 모습, 그리고 한미워킹 그룹

북한을 안다는 많은 사람들도 현재 정확한 북한의 의도를 파악하지는 못하고 있는 것 같습니다. 이 상황에 대해 어떻게 생각하시나요?

북한과 대화없이 의도를 판단하기 때문에 정확한 의도를 모르는 거죠. 김정일은 국방위원장으로 북한을 통치했는데, 국방위원회가 국무위원회로 변경됐죠. 김정은은 국무위원장으로 북한을 통치하는데 국무위원회 기구에 군인올림픽위원회가 있어요. 4·25체육단이죠. 2019년 10월에 중국 우한에서 군인올림픽이 열렸어요. 그때 제가 참가하여 북한 국무위원회 장성급과 리종무 위원장과 몇 경기를 같이 참관했어요. 2019년 10월이니 '9·19 평양공동선언'이 불과 한 달도 안지났는데, 북한 국무위원회 장성급들은 하나같이 모두 우리정부를 노골적으로 크게 비난했어요. 심지어는 우리정부를 양아치 집단이라 해서 저와 트러블이 있었어요. 북한 군부가 하는 말을 정리하면, 우리 정부가 북한에게 정치적 성과물의 단물만 다 빼먹고 허울 좋은 말만 계속 해대고 있다고 하면서 그러한 비겁하고 비열한 사람들과는 다시는 마주하고 싶지 않다는 겁니다. 그러니까 북한은 문재인 대통령이 평양에 왔을 때 거리 환영도 해주고, 5·1경기장 10만 관중 앞에서 연설도 하게 해주고, 백두산 이벤트를 해 준 것은 '9·19 평양공동선언'을 잘 지키자고 한 건데, 공동선언 잉크도 마르기 전에 우리정부의 한미워킹그룹 사인으로 북한은 우리정부를 이해하지 못하는 거죠. 북한은 우리정부가 정치적 성과물을 가져가고 자신들을 이용만 했다고 생각하고 있는 거죠. 북한이 이렇게 생각하는 것을 우리는 이해하나요? 남북 입장은 이렇게 달라요. 만일 우리 정부가 한미워킹

사진 21  제5회 아리스포츠컵 춘천대회 강원도 선수단

그룹 사인을 하고 9·19 공동선언 행사를 하지 않았다면 남북관계는 이렇게까지 파탄나지는 않았을 겁니다. 민간교류의 성과는 크게 내더라도 정부의 정치적 성과는 천천히 갔어야 했는데 당시 우리정부가 직접교류를 선택하여 주도하는 바람에 남북 문제에서 정부의 입지는 더 좁아지

게 됐죠. 문재인 정부는 뒤늦게 민간교류 중심으로 정책을 변화시켰지만 이미 북한과의 무너진 신뢰를 되돌릴 수 없었어요.

　　북한을 어떻게 생각하든, 북한을 변화시키고 시장개방과 함께 핵을 내려놓을 방법론에 대한 의견차는 크고, 견해 또한 다양하죠. 그러나 아무리 강경한 사람이라도 문제해결의 수단으로 전쟁과 무력을 찬성할 사람은 거의 없을 것입니다. 저는 북한과의 오랜 교류를 통해 신뢰를 쌓아왔고, 스포츠 교류를 통해 그들을 변화시키는 기회를 만들 수 있다는 것을 눈으로 봤어요. 저는 2024 강원동계청소년올림픽 지원사업을 통해 남북간 하늘길, 땅길, 바닷길을 여는 사업을 추진했었고 완성 단계에서 새 정부의 정책 변화로 중단되었죠. 제가 추진했던 아리스포츠컵 남북교류전은 22번의 개최를 성사시키면서 정착되었지요. 아리스포츠컵이 뿌린 씨앗을 우리정부가 지원한다면 싹을 키워 잎과 가지, 열매를 맺게 될 거라고 생각해요. 아리스포츠컵은 누군가 언젠가는 우리나라에서 열리는 '국제스포츠대회 남북공동개최 꿈'을 앞당기는 역할을 하게 될 거라고 확신합니다.